社会学史

大澤真幸

講談社現代新書

2500

序　社会学に固有の主題

社会学の社会学

これから社会学の歴史について話していきます。社会学は、数ある学問の中では新しい学問です。歴史は非常に短い。

もちろん、「いつから社会学が始まったのか」というのは難しい問題ですが、大雑把に言えば十九世紀なので、まだ二百年ぐらいの歴史しかありません。たとえば、哲学とは比ぶべくもないし、あるいは物理学の始まりをどこと見るかにもよりますが、仮に科学革命からだとしても、物理学のほうがずっと古い。

歴史が浅いことには理由があります。たまたま誕生が遅かったわけではないのです。先取りして、私の言葉でポイントを言えば、社会学は、「近代社会の自己意識の一つの表現」なのです。近代社会というものの特徴は、比喩的な言い方をすれば、「自己意識をもつ社会」です。自分が何であるか、自分はどこへ向かっているのか、自分はどこから来たのか。それが正しい認識かどうかはわかりませんが、近代社会とはこういう自己意識をもつ社会です。

その自己意識の一つの表現が、広く見れば社会科学、その中でも社会学という学問なのです。だから、自己意識をもつ社会の中にしか、社会学は生まれません。それ以前の社会には——社会学的なものにつながりうる思考のパターンはありますが——社会学はないのです。

そういう意味で、社会学の歴史が短いのは、たまたま何かの発見が遅かったからではなくて、いわば社会学的な理由があるのです。

少し序文っぽいことを言っておきます。

これから話すのは、いわば「社会学の内部から社会学の歴史を書く」という方法です。どんな学問にも歴史があります。だからたいていは、初めに○○史というのを勉強するでしょう。しかし、社会学の歴史は、他の学問の歴史とは違った性格をもっています。

社会学が、今日の目で見て社会学らしい社会学になるのは十九世紀のことです。「近代」というのは曖昧な言葉ですが、とにかく近代社会がある程度成熟しないと、つまり産業革命やフランス革命を経て、かなり今風の社会にならないと社会学は出てこない。なぜならば、社会学自身が社会現象だからです。

つまり、社会現象を説明するのが社会学だとすれば、社会学そのものも社会学の対象になる。したがって、社会学の歴史は、それ自体が一つの社会学になるのです。

たとえば、生物学の歴史を書いたとしましょう。知的には十分興味深いものになると思いますが、生物学の歴史を知っていることと、生物学それ自体とは別のものです。あるいは、より社会学に近い学問で、たとえば経済学の歴史を書いたとすると、経済学の歴史自体は経済学ではありません。しかし、社会学の歴史はそれ自体が社会学になる。そこに社会学という学問の特徴があるわけです。

「直進する学問」「反復する学問」

学問には二種類あります。

たとえば、いま生物学の歴史を挙げました。生物学の歴史も重要だし、おもしろいと思います。しかし、生物学をやるのに生物学の歴史を知らなくてもいい。もちろん、ダーウィンの進化論とか、いまでも生きている学説は知らなければいけません。しかし、二百年も三百年も前の学説を知らなくても生物学はできます。物理学はもっとそうです。だから、歴史についての研究と生物学や物理学は完全に別の話になる。

逆の学問もあります。典型は哲学です。哲学というのは――ジャンルにもよりますし、分析哲学系の人にとってはやや違いますけれど――、基本的には哲学即哲学史なのです。哲学史と哲学が別にあるわけではない。そのような哲学をやった一番典型的な学者はハイデガーです。彼の哲学はすべて哲学史。もっと新しいドゥルーズやデリダにしても、みんな哲学史です。たとえば「スピノザについて論じる」というかたちで、自分の説を語っているわけです。

だから、歴史について論じることがその学問そのものになるものと、その学問そのものは歴史とは別物になるものと、二種類の学問があると言えます。

どうしてそういう違いが出るのかを考えるとけっこうおもしろいのですが、ここでは簡単に言っておくと、学問には「直進するタイプ」と「反復するタイプ（螺旋状に反復しながら進むタイプ）」があるような気がします。

たとえば、自然科学系のものは直進するわけです。前の説があって、それを捨てて新しい説がある。だから、過去にすでに捨てられた説についてわざわざ知らなくても――たとえばアリストテレスが運動についてどういうふうに考えたかを知らなくても――、一流の物理学者になることができる。

それに対して「反復するタイプ」では、同じ問題に何度も何度も回帰します。だから、プラトンが考えたことを現在のわれわれも考える。それで、哲学ができるという構造になっています。

こういう二種類の学問があって、社会学はどちらに属するか。社会学の場合は、両面あります。

われわれがいま生きている社会は、広い意味での近代社会なので、社会学が生まれた時と基本的には同じロジックで動いています。だから、最初の社会学者の中で優れた洞察力をもって根本を見抜いた人のアイデアは、今日、われわれがそれを再検討しても十分に意味があります。ですから、社会学史は今日のわれわれにとって非常に有意味であるということで、これからお話ししたいと思います。

社会学史の三つの山

ふつうならここで「それでは始めます」となるはずですが、もう少しだけ前置き的な話をしておきます。

これから必ず出てくる、ある社会学者の精神的な病気についてです。その人がその病気になったことは非常に有名なので、ちょっと勉強した人はみんな知っています。今風に言うと鬱病ですが、本にはだいたい神経症と書いてあります。

この人は社会学の歴史の真ん中ぐらいで登場する。誰かといえば、マックス・ヴェーバー（Max Weber, 一八六四―一九二〇）です。

社会学の歴史を振り返ると、大きく三つの山があります。まず、十九世紀の誕生前後に一つ。次に、十九世紀から二十世紀への世紀転換期、第一次世界大戦の直前ぐらいに大きな山があります。それから最後の山が、第二次大戦後、特に一九六〇年代以降の現在にまで至る流れです。その三つの山の中でも一番華々しく、最も目立つのは二番目の山です。この時期に活躍した社会学者たちが、クオリティにおいても量的にも最も優れています。

実は、これは社会学だけではない。考えてみると、すべての学問がそうなっているのです。

まず哲学がそうです。ハイデガー（Martin Heidegger, 一八八九―一九七六）などが出てくるのが第一次世界大戦と第二次世界大戦のちょうど中間ぐらい。その後にもたくさんの哲学者が出てきたし、読まれてもいるけれど、二百年ぐらいの距離を置いてみれば、ハイデガーより偉大な人は出ていないと思います。だから、哲学の歴史を見ても、第一次世界大戦前後が一つのピークになっている。

自然科学もそうです。これは以前、『量子の社会哲学』という本で書いたことですが、物理学が本当の意味でのブレイクスルーをしたのが、まさに一九〇〇年代の初頭から第一次世界大戦前後なのです。

社会学だけではなくて、多くの学問が十九世紀の末から二十世紀の初頭に大きな転換期というか、ピークを迎えている。ロウソクが消える前と言ったら言い過ぎかもしれないけれど、猛烈に燃え盛る時期なんですね。社会学もそうです。その燃え盛った社会学者の中でも一番の大物がマックス・ヴェーバーです。

マックス・ヴェーバーの病

マックス・ヴェーバーは一八六四年に生まれました。彼は一八九七年、三十三歳の夏の終わりに、急に重い鬱病（神経症）を発症した。

この年は、ヴェーバーにとっては人生の絶頂期になりかけていた時期でもありました。というのも、その年の春にハイデルベルク大学に就職しました。ヨーロッパの名門大学です。私も数年前にハイデルベルク大学を見てきましたが、大学だけの街ですね。そこの哲学部の教授に就いたばかりでした。

その前はフライブルク大学というところで教えていて、そっちもまあまあの大学ですが、フライブルクというのは超田舎ですから、フランクフルトのすぐ近くのハイデルベルクに出てきて、ヴェーバーとしては、まさにこれからだ、という状況だった。それなのに、間もなく彼は重い鬱病になってしまった。

それで大学を休む。すると少しだけ良くなるので復帰すると、また病気が重くなる。仕方がないからまた休む。その繰り返しで、だんだん病気が重くなっていく。

これはもう無理だということになって、ついに一八九九年から一九〇〇年にかけての冬学期に、ヴェーバーは大学に辞表を出します。しかし、ヴェーバーは優秀でしたし、看板教授でしたから、大学側も最初は慰留しました。しかし、だんだん病気が重くなっていって、一九〇三年、大学のほうもあきらめた。ヴェーバーは、三十九歳のとき、大学を退職します。名目上のポジションは持っていましたが、給料もないですね。

以降、ヴェーバーは、最晩年にウィーン大学やベルリン大学の教壇に立ったことを別にすればほぼ一生、大学の外で研究し、活動いたしました。

なぜここでヴェーバーの神経症についてお話ししているか。二つ理由があります。

第一に、ヴェーバーの個人史に関する次のようなことがあるのです。ヴェーバーはエリートとして三十三歳の若さでハイデルベルク大学の教授になって、これからという時に病気になって、大学の教壇に立つことができなくなったわけだから、ふつうに考えればこれでおしまいです。知的な活動はもうできない。「残念でしたね、あの人は優秀だったのに……」と言われるところです。しかし実際には、ヴェーバーのほんとうに偉大な仕事は、ほとんど全部、神経症になった後に書かれているのです。

ヴェーバーはかなり優秀でしたから、もちろん病気の前から当時としては注目されていました。すでに社会学者としても評価され、あるいは非常に舌鋒鋭い政治評論家としても有名でした。

しかし、もしヴェーバーが三十三歳、あるいは大学を辞めた三十九歳の時点で著作活動をやめていたら、百年経った後、われわれがヴェーバーを思い起こすことはなかったでしょう。百年後も繰り返し読まれるような人になったのは、三十九歳の後も著作活動をしていて、しかもそのほうが以前より、いまから見るとクオリティははるかに高いからです。

たとえば、よく知られている『プロテスタンティズムの倫理と資本主義の精神』は、一九〇四年の夏から一九〇五年にかけて書かれた、一番記念碑的な大業績です。あるいはその直前に、これも非常に重要な論文ですが、『社会科学と社会政策にかかわる認識の「客観性」』という長ったらしい題の、ふつう「客観性論文」と言われている論文がありま す。これは一九〇四年の春に書かれている。

彼はなぜか、鬱病が一番重い時期に、最も重要な著作を書いているのです。

ヴェーバーの病気について私が気にしておきたい二つ目の理由は、この病は——もちろんヴェーバーの生活史の中で起きていることですが——よく見ると個人的な問題ではない、ということにあります。

問題は、十九世紀の終わりから二十世紀初頭という時期です。この時期は、ヨーロッパやアメリカで、多くの芸術家や知性が同じような症状に苦しんでいます。つまり、これは「憂鬱の時代」なのです。

例を挙げればきりがないのですが、たとえば、ヴェーバーより年上で、『ボヴァリー夫人』を書いたフロベール。この人は鬱病や癲癇《てんかん》があったことでよく知られています。あるいは、『トム・ソーヤーの冒険』のマーク・トウェイン。彼は明るい小説、冒険譚で有名ですが、晩年は、人間憎悪の塊のようなものを書くようになっています。あるいは、比較的楽天的だと思われている文学者としてトルストイがいます。トルストイは世紀末になると『懺悔《ざんげ》』という小説を書いて、それ以降、どんどんどんどん暗いものを書くようになります。あるいはイプセン。彼は、最初は虐げられた人たちのための作品を書いていますが、やがて低俗な大衆に嫌気がさし、失望する。マラルメもいます。彼は理想を追求することの不可能性の認識から、いまで言えば心身症とでも診断されるような症状をともなう虚無主義に陥る。他にもいくらでも例を挙げることができますが、もう一人だけ、憂鬱の群像の例を挙げれば、やはり『パリの憂鬱』のボードレールでしょう。ボードレールは、十九世紀後半のパリが何か憂鬱の空気に包まれているということを詩にしました。

とにかく、十九世紀の後半から二十世紀の初頭にかけて、時代の感情の色が鬱なのです。「鬱の時代」と言っていい。もちろんヴェーバーが病気になったことには個人的な理由があるのですが、少し広い目で見ると、時代の現象なのです。この時代はどういうわけか、ある種の感受性や知性をもっている人が、憂鬱になりやすい時代です。だから、ヴェーバーは言わば「時代の病をその時代らしくひき受けている」わけです。

フロイト的な典型

ヴェーバーが三十三歳の時になぜ急に病気になったのかについては、ある程度のことはわかっています。ヴェーバーの奥さんのマリアンネが評伝を書いていて、これがヴェーバーの伝記としては標準的ということになっています。奥さんが書いているのでちょっとバイアスがかかっているのではないかとも言われますが、私生活のことは詳しく書いてあります。それを読むと、何が病気の引き金になったのか、それがほんとうの原因かどうかは別として、はっきりわかっているのです。

それは一見、きわめてプライベートな理由です。家族にかかわるプライベートな理由なのです。同時に、そのプライベートなことが、時代の中できわめて一般性があるということもわかってきます。

それはどういうことか。ヴェーバーとほぼ同時代の人にフロイト（Sigmund Freud, 一八五六一九三九）がいます。ヴェーバーよりも八歳年上です。フロイトについても、私は後で、社会学者として紹介します。フロイトを社会学者に入れておかないと、社会学は非常に貧困なものになってしまいますから。それで結論的に言うと、ヴェーバーの神経症は、精神分析の教科書に載せてもいいのではないかと思うほど、典型的なフロイト的症状なのです。つまり、エディプス・コンプレックスの典型例です。こんなにうまくはまっていいの？　というぐらい極端な典型例なのです。

フロイトはヴェーバー以上に独創的な説をたくさん出して、説がしょっちゅう変わるので、お前の考えはどれなのかと言いたくなるような人ですけれども、彼は臨床をしながら、人間の心の構造についてあれこれ考えている。

フロイト自身は、人間の心の構造についての一般理論・普遍理論を書いているつもりでいるのですが、やはり、フロイトの理論自体を社会的に相対化して見なければいけない。つまりそれは、十九世紀の終わりから二十世紀の初頭にかけての、狭く見ればウィーンですけれど、もう少し広く見れば西洋に特徴的な心の構造になっているのです。

つまり、フロイトがどういうふうに心を理解したのかということ自体が、一つの時代というものを物語っている。フロイトが描き出したエディプス・コンプレックスの典型例のような状況で、マックス・ヴェーバーは神経症になっています。ついでに言うと、フロイト自身が、マックス・ヴェーバーとよく似たようなエディプス・コンプレックス状況にあります。

いずれにしても、フロイトもヴェーバーもある意味で時代の典型である、と考えることができます。

社会学的憂鬱

さて、二つのことを言いました。ヴェーバーは三十代で重い鬱になってしまった。それに関して、まず、彼の本当の意味での社会学者としての仕事は、鬱の中でこそ書かれている、と言える。同時にその鬱は、ふつうの伝記にはヴェーバーはたまたまそういうことになってしまったと書いてあるけれど、時代のコンテキストに置いてみると、それ自体を社会現象として見ることができる。

この二つから何が言えるか。これは一つの仮説ですから、ここから無理に一般化して類推するわけですが、時代を鬱にする理由が何かあるわけです。憂鬱は社会現象だと言いました。十九世紀から二十世紀の転換期の感受性豊かな学者や芸術家を共通におそった時代の気分として憂鬱がある。つまり、時代が鬱になってしまう社会的、社会学的な原因があるということでしょう。ヴェーバーもその病に取り憑かれ、しかもその中で、驚異的な社会学的生産力を発揮しました。そうすると、その時代を鬱にする社会学的原因と、社会学的知性を可能にするものとは、実は同じものだったのではないか、という仮説が立てられます。

鬱をつくり出しているのはもちろん社会学だけではありません。鬱をつくっている何らかの社会的な要因がある。その要因と、社会学的知性が真に成熟することとは、実は同じ根を持っている可能性が高い。

あるいは、こんなふうに言ってもいいかもしれない。ヴェーバーは職を辞すほど重い病気になって、その中で社会学をやっている。ヴェーバーは学問をやることで鬱と戦っているわけです。だから、時代の病としての鬱に対して、それに拮抗する精神の営みとして社会学がある。

これがどういうことなのかは後で考えますが、私はこれを「ヴェーバーの個人的な憂鬱」というよりも「社会学的な憂鬱」だと思っています。実は、アメリカの批評家フレドリック・ジェイムソン（Fredric Jameson, 一九三四―）が、ヴェーバーを襲った鬱と、後にこの講義でも紹介することになるヴェーバー自身の「価値自由の原理」や、世紀転換期の「憂鬱の時代」とを関係づける議論をかつてしたことがあります。私の以上の議論は、ジェイムソンの論から多くのヒントを得ています。ともあれ、私としては、ヴェーバーに現れた症状を、「社会学的憂鬱」と見なすことができるのではないか、と考えています。このことを、社会学の歴史を考える上での一つの伏線というか、手がかりとして、最初に置いておきます。

社会学的な問い――社会秩序はいかにして可能か

さて、これから社会学の歴史を考えていくわけですけれども、その前に「社会学とは何か」を定義しておきます。どういう条件を満たしているものが社会学なのか。もちろん、社会学は社会的なものについての理論ですが、それではただのトートロジーです。次のような感覚がないと社会学は難しい。

現実にいろいろな社会的な制度や、政治形態があったり、コミュニケーションのさまざまな形があったりする。そういうことは現に起きているわけです。しかし、「現に起きていることが、現に起きているのに、どこかありそうもない」という感覚がないといけない。「なぜこんなことが起きてしまったのか」と。現に起きているわけだから、そのこと自体は否定しようもないのですが、その起きているものについて、何かありそうもないという不確実性の感覚をもたないと、社会学にはならないのです。

現に起きているものを「あえて」説明しなければいけないと思うのは、「それがなぜ起きているのか」「起きそうもないことなのに、起きているのはなぜか？」という気持ちが前提になります。「ありそうもないことが起きている」という感覚を、現に起きているものについてもたないと、社会学という学問にならない。

もう少しきちんと言うと、こういうことです。

まず、ある学問が自立したなと認定しうる、あるいは、そういう特別な学問があると言ってよいのではないかと判断するための基準は、その学問固有の主題があるかどうかです。

社会学の場合、「現に起きている社会現象に対して、ある種の不確実性の感覚をもつ」ということがあるわけですが、では、このときどういうことが主題になっているのか。社会現象というのは、ようするに、ある社会秩序が生成したり、あるいは秩序が壊れたりしているということです。そういう社会秩序（秩序の崩壊も含む広い意味での秩序ですから、社会秩序もしくは反秩序とでも言うべきでしょうか）がなぜあるのか？　なぜ成立できているのか？　つまり、「社会秩序はいかにして可能か？」。これが社会学の固有の主題なのです。

この講義の最後のほうに登場する、二十世紀後半の重要な社会学者ニクラス・ルーマンは、いま述べたことと同じことを次のように語っています。ひとつの学問が普遍性と統一性をもつためには、この学問固有の主題自体を主題化するような反省の様式を組み込まなくてはならない、と。つまり、固有の主題が成立するための条件自体を反省しなくてはならない、というわけです。社会学の場合には、その固有の主題とは、社会秩序ですから、いま述べたように、社会秩序がいかにして可能か、ということを問い始めたとき、社会学は統一性と普遍性を獲得することになるわけです。

この場合の「社会秩序」は、非常に広い意味で考えてよい。もちろん一番の典型は、現に目の前にある社会秩序です。たとえば、戦後日本社会が独特の精神をもっているとして、そういう社会がどうしてできたのか。あるいは、なぜ日本に封建社会があったのか、というような、過去のものでもいい。あるいは、可能性としてのみあるような社会秩序、つまり現に起きていない、未だ誕生していない社会秩序でもいい。たとえば、真の共産主義社会は現実には存在しないとして、共産主義という社会秩序がいかにしたら可能か、でもいい。つまり、現実的なものも、可能的なものも、あるいは未来的なものも、過去のものも全部含めて、社会秩序についてそれがいかに可能か、可能だったのか、可能になりうるかを問う。これが社会学の一般的な主題です。

もちろん実際の個々の研究にはもう少し特定した主題があるわけですが、その主題のさらに背後にあって、一番の基底になっている、社会学というディシプリンをつくっている問いは、「社会秩序はいかにして可能か」という問いです。だから、この問いが成立した時に、社会学が出来上がったというか、一つのディシプリンとして成熟したことになるわけです。

二つの部分問題

「社会秩序はいかにして可能か」という問いは、さらに二つの部分問題に分かれます。

一つは、「個人と個人」の関係です。もう少し厳密に言えば、ある行為と行為の関係、あるいはコミュニケーションとコミュニケーションの関係です。

個人と個人の関係、あるいは行為と行為の関係が特有のかたちをとる。たとえば、いま私が喋っていて、みなさんはなぜかずっと黙って聞いている。そういう関係が成り立っている。これには、相当いろんな背景がなくてはありえないことです。とにかく、ある関係が一つのかたちをつくっている。それはどうしてなのか？　というタイプの問題です。

もう少し精密に言えば、こうです。それぞれの個人には、それぞれの心、それぞれの世界を帰属させることができるのに、それらの個人の間に秩序だった関係が成り立っている。秩序があるというのは、各個人が他の個人に対してもつ予期が、何もなかったらとうていありそうもない高い確率で――許容限度の誤差を含みつつ――満たされている、ということです。そういう関係がいかにして可能なのか。

もう一つは、社会秩序の全体性と諸個人（諸行為）の関係についての問題、もっとわかりやすく言えば、「社会と個人」というタイプの問題設定です。要素となる行為や個人は、不断にできたり消えたりしているわけです。行為は生起したらただちに消滅しますし、個人は入ってきたり去ったり、あるいは誕生しやがて死ぬ。このように要素は生成と消滅を繰り返しているのに、関係の全体としての社会のアイデンティティは保たれているる。それはどうしてなのか。このとき、要素と全体の間にはどんな関係が成り立っているのか。たとえば、いま生きている日本人が順に死んでいっても日本社会はつづくとか、そういうときの、「要素と全体」の問題です。

さらに言うと、「○○はいかにして可能か」という問題が出てくるときには、「現にそれがあるのに、それが奇跡的に見える」ということが重要です。それが説明を要さない自明のものに見えてしまったら、探究の対象にはなりません。現にある（あるいはすでにあってしまった）社会秩序なのに、それがあることが不確実だったように見える。そういう感覚を社会学では、重要な用語として「偶有性（contingency）」と言います。私はわりと好きな用語ですが、難しいですね。どうも日本人の日常用語にならない。ふつうの会話で「偶有性」なんて使いませんから。

偶有性についてはいずれまた説明しますけれども、「必然的ではない」という、必然性の否定であるのと同時に、可能であること、つまり不可能性の否定です。偶有性とは、必然ではないが、不可能ではないこと、です。現にあるけれども、必然には見えないことは偶有的です。だから、「他でもあり得たのに」という感覚があるのが、偶有性のポイントです。

「Xはいかにして可能か」という問いは、実は、Xが偶有的なものに見えていることが重要です。Xは他でもあり得たのに、なぜこういうことになってしまったのか、ということです。

少し気取った言い方をすれば、現実の社会秩序に他性を対置する認識なしに、社会秩序はいかにして可能か、という問いはでてきません。言い換えれば、社会学を成立させているのは、通常のものの「不確実性」(ありそうもない)の感覚なのです。

さて、これだけのことをはっきりさせたうえで、いよいよ本格的に社会学の歴史について話を始めましょう。

目次

3・社会科学の誕生

Ⅱ　社会の発見

1・パーソンズ　機能主義の定式化

I

社会学の誕生――近代の自己意識として

1　古代の社会理論　アリストテレス

人間は政治的動物である

先ほどから、「社会学は近代に生まれた」と、当たり前のように先取りして言っていますが、それは本当なのかということをまず確認しておきましょう。

たとえば、「社会秩序はいかにして可能か」に当たるような問いを、伝統社会（近代社会よりもずっと以前）の学者や思想家は考えていなかったのか。

これを丁寧に見ていくと大変なことになるので、西洋の思考の歴史を思いっきり遡り、重要な学者をひとり出して考えてみます。アリストテレス（前三八四―前三二二）です。

アリストテレスはスーパー学者というか、あらゆる学問をすべてやった人です。今日の観点では、自然科学と言われる学問につながるような研究も、またもちろん人文系の学問も、すべてアリストテレスが、その端緒を開いているようなところがあります。

そして、社会学とか、政治学なども含めて、社会科学系の知の歴史を書く時に、アリストテレスは多くの場合、最初の一歩を踏み出した人だと言われます。アリストテレスの有名な言葉で、ギリシア語で「ゾーン・ポリティコン（zōon politikon）」、英語で言えば「political animal」というのがあります。つまり「人間は政治的動物である」。これは非常に有名なアリストテレスの命題です。

とすると、アリストテレスの段階から、人間は社会的であったり、政治的であったりすると言っているわけです。ここにすでに社会学っぽい思考の芽があるのではないか、とも考えられる。

ここで、アリストテレスの中に社会学的なものをあえて見つけるとどうなるのかを話しておきます。そうすると、固有の意味での社会学と、それ以前の思考がどう違うかがわかってきます。

少し寄り道をしますが、「zōon politikon」を直訳すれば、「ポリス的動物」です。「ポリス的」だとあまり意味がわからないので、強いて言えば「政治的動物」。「政治的」なんだから、つまりは「社会的」ということじゃないの？　と当たり前のような感じで先ほど言いました。たしかに、この命題はしばしば、「アリストテレスは人間のことを社会的動物と呼んだ」と意訳されています。つまり、「social animal」と「political animal」はほぼ同義として紹介されることがよくあるのです。

しかし、「politikon」を政治的であると同時に社会的と訳したことに関して、二十世紀の有名な学者が怒っているんですね。誰かと言うと、ハンナ・アーレント（Hannah Arendt, 一九〇六―一九七五）です。この言葉は本来、ギリシア語では「政治的」だったのに、ラテン語で「社会的」と訳された。それで、「政治的」という言葉がもっている重要な含みが失われてしまったと、アーレントは怒っている。

彼女は「社会」という言葉と「政治」という言葉を非常に厳密に使い分けていて、ほとんど対立的な意味で使っていますから、腹を立てるのもわからなくもない。

アーレントは、こんなふうに書いています。zōon politikon の politikon を social の意味で訳すのは、すでにセネカの時代からあって、その訳をさらに定着させた張本人はトマス・アクィナス（Thomas Aquinas, 一二二五ごろ―一二七四）である。トマス・アクィナスが中世にアリストテレスを紹介する時に、zōon politikon を「社会的動物」と訳したのだ、と。

ふーんそうなのか、トマス・アクィナスはアーレントに怒られちゃって可哀想だなと思っていたのですが、市野川容孝《いちのかわやすたか》さんが、本当にトマス・アクィナスに責任があるのかとよく調べてみたのです（『社会』岩波書店）。すると、たしかにそう訳しているところもあるのですが、トマス・アクィナスは基本的にはラテン語の「civilis」という言葉を使っているそうです。social 系の言葉よりもこっちのほうが多い。

トマス・アクィナスはアリストテレスの「politikon」を「civilis」という意味で訳して

いる。これは「social」とはちょっと違う。「civilis」というのは「civilization」と同じで「civitas」という言葉から来ています。「city」という言葉も「civitas」から来ていて、だから、都市とか都市国家という意味なのです。「politikon」はもともと直訳すれば「ポリス的」という意味です。それをトマスのように「civilis」と訳せば「都市国家的」という意味になりますから、決してアリストテレスを歪曲しているとは思えません。トマスはちゃんとアリストテレスの真意を汲み取って訳していると、市野川さんは擁護していました。

友愛関係と敵対関係

話を元に戻します。では、アリストテレスの考えの中に、いまから見て社会学と言えるようなものが含まれているのかどうか。

たしかに、社会学的なものの始まりと思えるものも、アリストテレスのうちに、なきにしもあらずなのです。

先ほど、「社会秩序はいかにして可能か」という問いは、二つの部分問題に分かれると言いました。「個人と個人の関係」と「個人と社会の関係」です。

そういう目でアリストテレスを見ると、たしかにアリストテレスの中に、「個人と個人の関係」についての問題と「個人と社会の関係」についての問題にそれぞれ対応するような思考があります。「個人と個人の関係」に対応するのが倫理学です。『ニコマコス倫理学』ですね。「個人と全体社会の関係」に対応するのが『政治学』です。

倫理学においても政治学においても、アリストテレスが最も望ましいと考えた社会的関係は「友愛関係」(ギリシア語ではフィリア)です。これはどんな教科書にも書いてありますが、ここから少し考えなければいけないことがある。

なぜ、アリストテレスはこんなことを論じているのか？　何が望ましい関係であり、友愛関係とは何であるかということを、アリストテレスは一生懸命書いているわけです。どうしてそんなことが問題になっているのか？

それは、アリストテレスが生きていた段階の社会で、すでに何が友愛関係であり、何が友愛関係でないかということが、つまり友愛関係と敵対関係の区別が、必ずしも自明ではなかったからです。彼の学問は、この区別の非自明性の上に構築された知の形態だったことになります。そういう時代に、彼らは生きていたのです。では、それがどういう社会かということを考えなければなりません。

アリストテレスの学問は、どの分野に関しても、必ず一種の目的論の構造をもっています。どういうことかというと、最も望ましい状態、究極的なゴールみたいなものが必ず設定されるのです。終極状態というのは、いま説明の対象となっているその事態の本質を十全に成就しているということです。そのゴールとの関係で、さまざまな事態がどの程度、本質を実現しているのか、どのくらい望ましいかと位置づけられる。終極状態との間の距離が測られているのですね。

『政治学』についても同じことが言えます。さまざまな共同体について書いてある。その中で最も望ましい究極の共同体は都市国家（ポリス）です。アリストテレスによれば、多様な共同体《コイノニア》が存在しているけれども、人間の善き生を実現するという究極の目的を成就させる共同体は、ただ一つ、都市国家である、ということになります。都市国家はあらゆる共同体を集約する卓越する共同体です。そのポリスとの関係で、他の人間関係、他の共同体のあり方がどのくらい不完全であるかと位置づけられていく。いわば、すべての共同体は都市国家へと向かう途上にあるわけです。『政治学』は、都市国家の基礎づけという性格をもつことになります。

『倫理学』も、同じような構成の目的論をベースにしています。『政治学』の「共同体」に対応するのが、ここでは友愛関係です。友愛関係には次の三種類があります。役に立つということで結びついている友愛と、快楽があるということで結びついている友愛と、それから――これはちょっと曖昧ですが――友愛のための友愛、完全なる友愛です。完全なる友愛に比べると、単に役立つという理由で結びついているとか、単に快楽があるから結びついているという友愛関係は劣る。完全なる友愛関係は、各人の自律性とか個人間の平等性によって特徴づけられていて、すべての友愛関係を集約していると見なされているのです。このように『倫理学』も、目的論の構造をもっています。

アリストテレスが倫理学においても政治学においても「友愛関係」をわざわざ主題にしているということは、友愛関係と敵対関係が、社会的に必ずしも自明ではない社会を彼が生きていたということを意味すると言いました。これは、当時のギリシアの都市国家がすでにそういうものだったということです。

たとえば、都市国家以前の部族社会だったら、アリストテレスのような思考は出てきません。つまり、誰が親戚で、誰がわれわれの仲間かが当たり前のようにはっきりしている時に、「何がほんものの友愛関係で、何が敵対関係か」なんてことは主題にならない。都市国家になって、いろんな人が集まってきて、一体われわれの仲間とは何者なのか、どんな関係が真の友愛関係に近いのか、ということが初めて主題になる。アリストテレスの生きていた都市国家はすでに、そういう複雑な社会に至っていたということが、彼の学問からわかるのです。

序列化された社会

もう一つ重要なことがあります。アリストテレスの哲学が目的論の構造をもっていることには、ある種の社会学的な理由があるのです。

アリストテレスは、最も望ましい政治システムのあり方とか、最も望ましい社会関係のあり方を設定して、さまざまなものを必ずレベル分けしています。それはどうしてなのか？　ルーマンがかつて指摘していたことなのですが、これは、アリストテレスが生きていた社会が、社会学の用語で「成層的」と言いますが――「階級」はまた別に使いたいので、「成層」とか「階層」という言葉を使います――、ようするに身分の序列がある社会だったからなのです。そういう社会では、目的論的な思考様式は非常に親和性が高い。

もっとはっきり言うと、こういう感じです。アリストテレスの頭の中でどういうふうに世界が見えているかというと、世界は、上に向かって序列化されているのです。最も望ましい状態を頂点に、上に向かって序列化されている。この構造は、ようするに社会そのものがそういう構造になっているということです。実際、ポリスをまとめあげ平和をもたらすのは、成層的な序列の優位な部分にある者です。自我に関しても同じで、他者のこちらへの好意を誘発しているのは、成層的に序列化されている自我の最良の部分です。このような成層構造を時間軸に投影すると、目的論になるのです。

したがって、もう一度結論を言えば、アリストテレスの哲学というのは、彼がその中に組み込まれていた社会システムが、成層的に序列化された都市国家、身分的秩序をもつ都市国家だったという事情を反映しています。このように、アリストテレスの哲学自体を社会学的に読み解くことができます。

まだ社会学はない

さて、それでは、アリストテレスの学問自体は、もうすでに社会学といえるのでしょうか？　それは、社会学としての条件を備えていると言っていいのか？

結論的に言うと、アリストテレスの倫理学（「個人と個人の関係」）と政治学（「個人と社会の関係」）には、たしかに社会学の基本的なテーマと対応関係がありますが、この段階ではまだこれが社会学だとは言えません。なぜ社会学ではないのか。どうして、アリストテレスの段階では、「社会秩序はいかにして可能か」という問いが十分に鍛え上げられていないという評価になるのか。

それは、アリストテレスのアイデアは、彼が実際に生きている現実の都市国家に密着しているからです。そこから得られる感覚が、彼の中で、人間や共同体のあり方の本質であるというふうに自明視されている。たとえば、「最も望ましい社会は都市国家である」というのは、彼自身が生きている社会そのものです。それが最も望ましく、そしてそこに社会が向かっていくことについて、何ら疑いがない。

現に自分がいて、ある程度の心地よさを覚えるようなものに対してさえも、それが自明とは思えない、それが必ずしもそうなるとは限らない、そういう感覚をもたないと社会学にならないのです。アリストテレスの場合、自分がすでに生きている人間関係のあり方や共同体のあり方が本質として仮定されている。もちろんその仮定については、アリストテレスとしては十分に反省し、十分に考え抜いたものかもしれませんが、社会学という学問がすでに出来上がっている段階から見ると、その社会に内属している人間の独断的な仮定に見えるわけです。

たしかにアリストテレスの中に、社会学の問いに似たような問いを見ることはできる。しかし、ここには、社会秩序一般を、その秩序はなぜ可能なのかと問おうという姿勢がない。どんな社会秩序も望ましく成長すれば都市国家になり、あるいは友愛関係になる。そういうふうに自明視されています。

さらにもうひとつ理論的な難点を述べておけば、アリストテレスにおいては、二つの部分問題に対応する問い掛けはなされているものの、両者の間の相関関係が意識されていません。二つの問いは、同一の問題の二つの部分であるという自覚がなく、まったく別々の問題だと考えられているのです。

　以上のような意味で、アリストテレスの段階では、まだ社会学というものはないと言えます。

2　社会契約の思想　社会学前夜

2－1　自然法の理論　グロティウスとパスカル

自然法

アリストテレスの時代から、一挙に、社会学に迫った時代に移っていきたいのですが、その前に、まず、ヨーロッパの古代や中世にほんの少しだけ触れておきます。この時代にはまだ、われわれが社会学と呼ぶような意味での社会秩序の可能性についての問いは、提起されていません。

どうして提起されないのか？　はっきりした理由があります。それは、自然法というものが前提になっているからです。

自然法（natural law）とは何かというと、簡単に言えば、「人間の本来のあり方からして普遍的に成り立つ法」という意味です。この場合の nature は、自然環境の「自然」というよりも「本性」です。古代の思想においても中世の思想においても、「人間の本来のあり方からして普遍的に成り立つ法が存在する」ということが前提になっているのです。

たとえば、古代ローマでは、自然法があって、他に市民法とか万民法というものがある、という言い方になります。この中で自然法が一番偉い。市民法というのは、国家についての法。万民法は「万民」という言葉から暗示されるように、いろんな民族ごとにあるさまざまな法律（諸民族の法）です。このように、国家があるから成り立つ法もあれば、民族ごとの習慣にもとづく法もありますが、その上位に自然法があって、これは普遍的に妥当するというのがローマ法のアイデアです。

自然法とはどういうものか、ひとつ例を出します。ローマ法よりももっと古いギリシアの話です。ソフォクレスの有名な悲劇に「アンティゴネー」というのがありますね。この悲劇の主人公アンティゴネーはあのオイディプスの娘です。

王位をめぐる争いから、アンティゴネーの兄二人が敵味方に分かれて戦争することになってしまった。その時に、一人の兄ポリュネイケスは、アルゴスという隣国の助けを借りたため、ポリスの外から攻めてくるかたちになってしまった。かわいそうなことに、ポリスの敵と見なされてしまったのです。もう一人の兄エテオクレスはポリスの内側にいた。つまり、二人はポリスの敵と味方で戦争をしたことになるわけです。そして、結局、両方とも戦死してしまった。

このとき、王の座に就いたクレオン（アンティゴネーにとっては叔父にあたる）は、ポリスの外から攻めてきたポリュネイケスはポリスの敵だったから、きちんとした弔いの手続きを経て埋葬してはいけないと命じたのです。つまり死体を放置せよ、と。その時代、葬式をしてもらえないなんてことは、とんでもないことで、死者にとっては、これ以上はないほどの屈辱です。

アンティゴネーは王の言うことを断じて受け入れなかった。命令に反して、兄の正式な埋葬を行おうとしました。

これが市民法と自然法の違いです。つまり、王様が命じたから葬儀をしてはいけない、というのは市民法なんですね。都市国家の法です。それに対してアンティゴネーは自然法に従っているわけです。市民法よりも強い自然法があって、そっちのほうが普遍的に妥当するので、王様がなんだかんだ言ったってダメだ、ということです。

そういうふうに、自然法はキリスト教以前にもあるわけですけれども、キリスト教が入ってくると、さらに神学的な解釈がなされます。つまり、自然法とは神の定めた法（神定法）である、ということになる。それに対して、実定法とか人定法とか言われたりしますが、人間の定めた法はその下にあるわけです。

この場合、自然法（神の法）がまず自明の前提として、社会にある。ですから、その法に従って人間は生きるはずです。ということは、「社会秩序はいかにして可能か」という問いに思い煩う必要がないのです。

ですから、古代や中世においては、社会秩序についての問いは、原理的に封じられています。自然法を前提にしたとたんに、その問い自体が消えるのです。

「神が存在しないとしても」

しかし、十七世紀ぐらいから、変化の徴候が現れます。

十七世紀のオランダにグロティウス（Hugo Grotius, 一五八三―一六四五）という人がいました。法律の歴史によく出てくる重要な人で、「国際法の父」と言われます。オランダが一番強かった時代の人ですね。彼はまた「近代自然法の父」とも言われますが、『戦争と平和の法』という有名な本を書いています（一六二五年）。この中で次のような興味深いことを言っています。

それによると、基本的な原理は二つある。一つは、人間には自己保存の自然権がある、ということ。自然権とは、法律に書いてなくても当然のようにもっている権利という意味です。もう一つの原理は、特に必要もないのに他人の生命・財産を侵害するな、ということ。この二つの原理です。つまり、これらは自然法であって、自然法の中でも最も重要だということです。

これらはどちらも、広い意味で所有権に関する原理です。自分のものとは何か？　まず自分の体である。その上で、自分のものと他人のものの区別を侵さないことが自然の原理だと、グロティウスは言っている。

ここでぜひ触れておきたいのは、この後にグロティウスが付け加えた非常に有名な言葉です。

「仮に神が存在しないとしても、あるいは神が人事に関心をもたないとしても、この二つの原理は成り立つ」

グロティウス

これは有名な一文です。つまり、それまでは、キリスト教の文脈では、自然法は神が定めたものだから、神が人間に与えたものであるからこそ、絶対的に成り立つ、と考えられていました。それに対してグロティウスは、神が仮にいなくても、あるいは神はいたとしても、人間に興味をもっていない可能性もあるけれども、それでも、この二つの原理は成り立つと言ったわけです。

これをもって、中世までの神を前提にした自然法から、神なしの自然法へと移行が果たされたというのがふつうの解説ですが、ここで重要な留保を付けておきたい。

これはたしかに新しいといえば新しい。しかし、グロティウスがそう言ったからといって、「いよいよ神様なしで成り立つ自然法が出てきたんだ」と考えるのは、甘いと思います。

次のように考えるべきです。

まず、そもそもそういうことを言う時に、いちいち神がいるかいないかを考慮する意味を考えなければいけない。むしろ、そこに神へのこだわりを感じます。ついでに言えば、グロティウスは神学者でもあるので、神がいないなんて本当は思っているはずがない。

グロティウスの言わんとしていることは、比喩的に言うとこんな感じです。

たとえば、学校でみんなが遊んでいる時に、先生から「こういうことをやってはいけないよ」と言われているとします。で、先生がいない時に、悪いことをしようとする輩がいた、とします。それに対して、別の生徒が「先生がいなくたって、それはやっちゃいけないんだよ！」と注意したとする。

これと同じです。つまり、先生がいない時でも、先生がいるのと同じようにしなさいと言っているわけです。「先生がいなくたって、それはやっちゃいけないんだよ！　○○くん」と優等生が言うのは、「先生なんかいない！」「先生なんかどっちでもいい！」ということではありません。先生がいなくてもそれは成り立つ。先生がいない時でも、事実上いるに等しいということです。

神がいなくても、あるいは神が人間に興味をもっていなくてもこれらが成り立つというのは、ここでいう先生と同じで、神がいない時でも事実上いるに等しいと言っているのです。つまり、グロティウスは、神がいない時でも、いると考えて行動したまえと言っているわけです。だから、グロティウスが、神がいなくても、あるいは神が人間に興味がなくても二つの原理が成り立つと言う時には、神の絶大な権力は残っています。

パスカルの賭け

グロティウスとほぼ同時代の人にパスカル（Blaise Pascal, 一六二三―一六六二）がいます。グロティウスとパスカルの言っていることは、並行性があります。

パスカルは敬虔なクリスチャンです。ジャンセニスムという、一番プロテスタントっぽいカトリックです。ご存じのように、学問的にもいろんな業績を残しています。デカルトの同時代人であり、ライバルです。デカルトの書いていることは神に対して冒瀆《ぼうとく》的だと、パスカルは何度も怒っている。

そのパスカルに、「パスカルの賭け」という有名な思考実験があります。

神を信仰していない人に対して、どうやって信仰させるか。ふつう西洋の知の常道では、神の存在証明をやるわけです。神の存在が真理であることを証明して、無神論者を信仰に導く。トマス・アクィナスなども一生懸命、神が存在していることは確実だという証明を与えようとしている。でも、パスカルは存在証明なんてしません。別の手を使う。それが「パスカルの賭け」という一種のゲームです。

パスカルはものすごく敬虔な人ですから、そういうつもりで言っているんだろうけど、これは考えようによっては冒瀆的な思考実験でもあります。でも、ある意味で非常に敬虔でもある。どういうことか？

「パスカルの賭け」で何を賭けるかというと、神がいるかいないか、です。おそらく当時の人にとっては「いる」と仮定して生きるのと、「いない」と仮定して生きるのでは、ずいぶんと違ったのでしょう。で、どっちに賭けるのが得かを考えるようにパスカルは誘う。

神は「いる」と思っていても、「実はいない」という可能性もあります。「いる」と思っていて、「やっぱりいた」ということもありえます。クリスチャンだから、それは最後の審判の日にわかる、ということになるのでしょう。最後の審判の日まで神には会えそうもない中で、いるほうに賭けるか、いないほうに賭けるか。さあどっちだ。

結論的に言うと、いるほうに賭けたほうが得だとパスカルは言っています。その推論は非常に簡単です。

まず、神はいるかいないかのどちらかです。仮にいなかったとしましょう。その場合には、自分は「いる」と思って人生を送ったのに、いつまでたっても最後の審判はやってこないことになる。でも、それだからといって別段困ることはありません。

では、「いない」と思って生きていて、実際に神がいなかったらどうでしょう。これは、予想通りのことだから、どうってことない。

次に、「いる」と思って生きて、実際に神がいる場合。これは「いる」つもりで頑張っていたら、やっぱりいたので、よかったということになる。最後の審判で神に褒めてもらって、おそらく神の国に行ける。

問題は、本当は「いた」のに、「いない」と思って生きていた場合です。試験なんかないと思って試験勉強をしないでいたら、本当に試験をされちゃったみたいな状態ですから、完全にアウトです。神などいないと思って

パスカル

好き勝手に生きてきたら、実は神がいたとなれば、最後の審判で悪い判決を受けるのは確実。つまり地獄行きです。

そうすると、「いる」つもりで生きていれば、神が実際にいようがいまいが大丈夫。「いない」つもりで生きていたら、神が本当にいた時に大変なことになる。たまたまいなかったらいいけど、いたらどうするんだ、と。

つまり、この賭けは「神がいる」のほうに賭けておけば絶対に負けずにすむ——これがパスカルの言っていることです。

これとグロティウスの言っていることとは、実は同じです。つまり、「神はいないかもしれないけど、いるほうに賭けなさい」というのは、神は実際にいないとしても、人間が「神はいる」と仮定して生きている以上は、実際問題としては「いる」に等しい、ということですから。グロティウスもこの線で解釈すべきなのです。「神はいないかもしれないけど、神がいるかのように、二つの原理が妥当するようにしなさい」ということです。

何が言いたいかというと、グロティウスの段階までは結局、神が前提になっているということです。この段階では、絶対に社会学的な思考は出てきません。グロティウスはトリッキーなことを言っていますが、その真意は「神はいるに等しい」ということです。こういう思考様式が支配している間は、まだ社会学への一歩は踏み出されないのです。

2-2 ホッブズの社会契約

「万人の万人に対する闘争」から

本当のブレイクスルーは、グロティウスよりも少し後に訪れました。それをもたらしたのは、トマス・ホッブズ（Thomas Hobbes, 一五八八―一六七九）という人です。

ホッブズは、神が本当に存在しないことを前提にして、つまり神が存在していることを少なくとも完全に無視して、論理を作った最初の人です。彼は、一六五一年に『リヴァイアサン』という有名な本を書きました。

この本でホッブズは重大な一歩を踏み出します。つまり、自然法を前提にしないで考えたのです。

先ほどのグロティウスにとっては、二つの原理は根源的であると言いました。自分が生きることについては権限がある、そして他人の生命や財産を侵さない。これで最低限の秩序はたしかに守られます。それに対して、ホッブズはこう考えました。本来の権利は、自己保存の自然権だけである。他人の生命・財産についてのことは、はじめからあるわけではない。つまりホッブズは、グロティウスの二つの原理のうち前者だけを前提にしたのです。

ここで有名なホッブズの議論を紹介します。

まず、誰もが、自然権として、人間は自分の生存のためには何をやってもよい権利をもつ。この権利だけはある。で、ホッブズが想像するには、そういう状態にあると、みんな自分が生きることを優先させるので、他人がどうなったってかまわないということになる。たとえば一人分の食料しかないとき、みんな自分が生きる権利があるとなれば、他の人を殺してでもそれをとろう、ということになる。結果的に、「万人の万人に対する闘争」、血で血を洗うような闘争状態になる——。

すぐにわかるように、この瞬間に本末転倒的な状態が起きています。何のために自然権があるのか？　それは自己保存のためです。自分の生命を守ることが目的になっている。それなのに、みんながその自然権を行使すると、生きることもままならない状況になってしまう。最低限の生命の安全すら脅かされることになる。

そこで、とホッブズは言うわけです。まずはホッブズが言っている通りに思考の経路をたどってみましょう。

人が自己防衛するためには、「他の人もそうするだろう」ということを前提にした上で、自然権を放棄するしかない。みんなが行使したら戦いになるのだから、「お前が放棄するなら、おれも放棄しよう」というかたちで、自然権を放棄するのです。これは一種の契約のかたちをとるわけです。

ただし、この契約は絶対に守られなくては困る。そのためには、人々に強制するいわば権力装置のようなものが必要になる。

そこで、人は、単一の人間、もしくはそれに見立てることができるような制度——実際には王とか主権者ですが——にだけ、権力を与えるのです。それによって、「自然権をみんなが放棄する」ことを強制する。権力を与えられた単一の者をホッブズは聖書の怪物「リヴァイアサン」に喩えた。リヴァイアサンとは、要は国家のことです。

トマス・ホッブズ

つまり、すべての人に自然権は本来あるんだけど、みんながそれを放棄して、唯一、リヴァイアサン（つまり国家装置）だけが、人々に強制する権利をもつ。そうすれば人々は平和的に共存できるのではないか。

これがホッブズの有名な議論です。

これはまさに、ある種の秩序がいかにして可能かについての論理になっています。

社会契約の現実

さらに細かくいくつか確認しておきましょう。

この論理のどこが画期的だったかというと、まず、スタート地点において人間がみんな平等であるということから始まっていることです。自然権はすべての人に平等に所属しているわけです。これは、アリストテレスなどと違うところです。アリストテレスは人間に序列があることを前提にしていました。きちんとした友愛で生きられる人と、真の友愛は獲得できない奴隷のような人とか、分けて考えた。だから、社会システムがヒエラルキー的に序列化されていることがアリストテレスの理論の前提だったのです。

しかし、ホッブズは違って、人々の平等を前提にしました。もちろん、ホッブズの時代は絶対王政ですから、実際には王もいれば貴族もいます。しかし、論理の上では平等を起点において考えている。ここが重要です。実際には社会システムはまだ階層的にできているけれども、しかし、それは人間の本来のあり方ではないと考えているのです。そういう意味で、ホッブズの議論は、成層的なシステムが崩壊する、あるいはそういうものが永続するわけではないという予感に支えられているのです。ホッブズによれば、本来、論理の上では、成層化——諸個人とリヴァイアサンの間の成層化——は、後から、契約の後からやってくる。

ホッブズによってもたらされた転換を、内田義彦は、国家（あるいは君主）と個人の間の「挙証責任の転換」と表現しました。たとえば、人間を「ゾーン・ポリティコン」として捉えたアリストテレスであれば、人間が完成できるかどうかは都市国家が決めるわけです。都市国家に生きていれば人間はよい状態にある。それに対して、ホッブズの場合は、国家の存在理由は個人にあります。個人のほうが国家を存在させている。

ホッブズの議論は、きわめて観念的ですが、もちろん現実の社会とリンクしていました。十七世紀のこの時代、たとえば、「新大陸」にピューリタンたちが行くわけです。そこでは本当に社会契約を結びました。われわれにとっては、社会契約は、単なる頭の中の概念にすぎませんが、新大陸の入植者たちは十七世紀に本当に社会契約を結んでいるわけです。だから、ホッブズがやっていることは、現に社会的に起きていたことでもあります。

ホッブズ自身はイングランドの人ですが、彼が生きている時代はちょうど清教徒（ピューリタン）革命の時代でした。ホッブズは当時、危険思想家と見なされていました。もちろん、王党派はホッブズの説はけしからんと思っていたし、ピューリタンのほうも、ホッブズの議論には神がいないから冒瀆的だとして、どちらからも嫌われていた。

しかし、客観的に見れば、ホッブズが王党派とピューリタンのどちらに近いかと言えば、明らかにピューリタンです。既存の王の主権を自明視しないで、それを別の仕方で、人間の平等を前提にして説明しているわけですから。そういう意味では、伝統的な王政に対して、ピューリタン以上にピューリタン的である。

だから、ホッブズは、当時のヨーロッパのピューリタン革命であったり、新大陸に渡った人たちが現にやっていたことの理論的な説明になっているのです。その意味で、現実と結びついています。

ハンナ・アーレントは、ホッブズの理論はブルジョワジーに適合的な最初の理論だと言っています。ホッブズが、論理の端緒の前提の中で、身分制的な序列をラディカルに解除しているからです。アーレントは、十九世紀に本格的に登場するブルジョワジーのイデオロギーの中核部分が、ホッブズに先取りされている、と考えたのです。

ここではしかし、ホッブズの理論と現実社会との間の対応には、それほどこだわらないことにしたい。もともと、ホッブズの社会契約説は、現実を説明するためのものではないのですから。

「ホッブズ問題」

しかし、ホッブズの理論はたしかに「社会秩序はいかにして可能か」という問いに対する一つの回答になっています。これは社会学の歴史の教科書にはどうしても書いておかなければならない。ホッブズの議論は、完全な社会学ではないけれども、社会学以前の社会学、原初の社会学——出産はされていないけれど受胎はされている——ではあると言っていいと思います。

後で、二十世紀に入ったところで触れることになるタルコット・パーソンズ（Talcott Parsons, 一九〇二—一九七九）は、戦前と戦後を結ぶ社会学者として非常に重要な人です。そのパーソンズは、社会学における、「社会秩序はいかにして可能か」という問題に、「ホッブズ問題」という名前を与えました。それくらい、ホッブズの議論の中には社会学的な問題への重要な一歩があるのです。

パーソンズは、ホッブズの理論は、「功利主義的人間観」の最も純粋なかたちだと解釈しています。功利主義的人間観とは、人間は自分の満足度・快楽を最大化するように合理的に動く（最適な手段を選ぶ）ものである、とする人間観です。ホッブズはこれを前提にして社会秩序を説明しようとした。

では、ホッブズの議論は成功しているのか？　功利主義の論理をUとすると、ホッブズの議論の構成はこうなっています。

功利主義にもとづくある論理U　→　社会秩序

パーソンズは、この議論は、ホッブズは自分ではうまくいっているつもりかもしれないけれど、本当はうまくいっていない、と言っています。パーソンズの考えでは、功利主義的人間観だけでは社会秩序をうまく説明できない。功利主義的人間観に、さらに何かプラスアルファしなければならないと考えた。

そうすると、社会学とは、功利主義的人間観Uに、これを抑制したり、変形したりする、何か別の原理Xが必要になる。この別の原理である「X」を探し出すことが社会学である、と言うこともできるのです。実際、パーソンズはそのように考えました。

われわれもホッブズの議論がうまくいっているかどうかを検討しますが、その前に、もう一つ、触れておきたいことがあります。

標準的な思想史のテキストでは、社会契約説と言えば、ホッブズと同時に何人かの名前が挙げられます。その代表例が同じイングランドのジョン・ロック(John Locke, 一六三二―一七〇四)です。ジョン・ロックの社会契約説とホッブズの議論を比べておいてから、ホッブズの議論の妥当性を考えることにしましょう。

神を前提にするかどうか

ロックも自分なりの社会契約説的な理論を言っています。ただ、ロックはホッブズとはいくつかの点で違っています。

まず、明らかな違いは、神を前提にしているかどうかです。ホッブズは一応、神を前提にしていない。ホッブズ自身がどのぐらい神を信じていたかはわかりませんが、少なくとも当時、「こいつは無神論者だ」ということで激しく批判されました。つまり、グロティウスみたいにレトリックとして神がいないケースに訴えるのではなく、ホッブズは本当に神がいない理論を作ったのです。

これに対して、ロックは明確に神を前提にしています。

ロックは、「統治二論」と呼ばれる、一六九〇年に出した政治についての二つの理論において、独特の社会契約の論を展開しています。二つ論が並んでいるから「二論」なのですが、われわれにとって読むに値するのは、後半のほうです。

ジョン・ロック

ロックは所有権を非常に重視しています。哲学史や思想史のどんな教科書でも、ロックこそ所有権というアイデアの王様だとされていますね。それはどういう考え方か。

まず、「あなたの身体があなたのものであることは自明である」。つまり、身体が自分に所属していることは間違いない。ここからスタートします。次に、「その身体を使って、外部の自然に働きかけて得たものは、あなたの身体の労働の産物だから、それもまたあなたのものである」。自分が耕して、何か収穫物を得れば、それはあなたのものだ、ということです。その前提には、身体の自己所属ということがある。こうして基礎づけられた所有権が、人間と社会の秩序にとって最も重要な前提です。

さて、ロックとホッブズの大きな違いは、スタート地点です。自然状態が違う。ホッブズの場合は、みんなが自然権を行使しますから、生きるか死ぬかの戦いになる。ところがロックは、いや、自然状態でもそこまで酷いことにはならない、そこそこ何とかなるんじゃないか、という感じです。自然状態でも完全な無秩序にはならないのです。ロックによれば、自然状態でも、人々は、自分の財産をもち、家族をもち、自由にそれなりに安全に生きている。こう考えるとわかるように、グロティウスの二つの原理のうち、ホッブズは最初の原理だけを前提にしたと話しましたが、ロックは、両方の原理がともに成り立っている世界を考えているわけです。

とはいえ、ロックの自然状態も完璧な秩序というわけではない。二次的な問題が生ずる。どうしてか。簡単に言うと、愚か者がいるからです。つまり、あまり賢くない人は、何が自然法であるかについて十分な認識をもっていない。そのことが原因で、紛争が生じるわけです。

紛争が生じても、自然状態では裁判官がいません。仮にその場で暫定的な裁判がなされたとしても、その判決が実効性をもつとは限らない。なぜなら、判決を執行できる権力が存在しないからです。

ロックの場合、このように、自然状態でもときに喧嘩が起きうるわけですが、それを解決する手だてがない。ロックの考えでは、この不都合に人々は対応しようとします。

第一に、人々は、集合的に問題を解決する「仲間」になる。つまり、人々は、まず政治社会を形成するのです。その上で、第二に、政治社会の大多数の人の合意で、一人ないし少数の人に裁判権とその執行権を信託（トラスト）する。裁判権と執行権を信託された少数者が政府です。

これがロックの社会契約で、いま解説したように、それは、厳密に言うと二段ステップです。まず、みんなで一つの政治社会を作りましょう、ということで、互いが仲間であることを確認するわけです。仲間を作ったら、その中の少数者からなる政府に当たる人に、裁判権と執行権を信託する。こういう構造になっています。

ホッブズの理論はあまりに過激だったので、ホッブズの議論をそのまま現実に移そうとした人は、ほとんどいません。ホッブズは理論的には後世に大きな影響を残しましたが、実践への直接の影響は小さい。

それに対して、ロックのほうは、現実の近代市民革命の中で実際に引用されて、革命の実践者の行動の指針になっています。あるいは、アメリカでコミュニティの法を定めるときなどに、ロックの理論が参照されています。このように、ロックの理論は実際の社会にも影響を与えています。

ロックの思想は、いろんな意味で穏健です。この点は、重要です。

ロックでは、政府の権力は信託によっています。ですから、政府は信託されていることしかできません。それに対して、ホッブズの場合は、リヴァイアサンへの全権委任を考えています。人々は、自分のもっている自然権をトータルに放棄してしまって、すべてリヴァイアサンに委任しているのですから。

ロックの政府は、できることは限られている。当時、特に重要だったことは、たとえば信仰です。各個人が何を信仰しようが自由であって、それについて政府が強制することはできない、とロックは主張した。

このように、ロックが考えるのは、わりと穏やかな政府です。

ロックの抵抗権

ところで、どんなテキストにも書いてある重要な概念として、ロックの思想の中には「抵抗権」というものがあります。政府が言っている、行っていることに対して納得がいかなければ、人々は、抵抗することができる。それは革命の権利でもあります。抵抗権があるのが非常によろしいということで、ロックはリベラルな人たちに評判がいいわけです。ホッブズの場合には、抵抗権はほとんどありません。後で出てくるルソーにもない。ロックだけにある。

どうしてロックだけに抵抗権があるのか。

ホッブズの場合にも、人々は生き残るために政府（リヴァイアサン）に自然権を委譲しているわけですから、その政府といえども、その支配下の人を勝手に殺す権利はない。それでは本末転倒です。だから、人は、政府に殺されそうになったらこれに抵抗することが許される。しかし、それ以外の場合は、自分たちの全員一致の合意によって作られた政府に何も文句は言えません。政府にどんなに高い税金を取られようが、人は文句は言えない。ホッブズ流に考えれば、もともと、万人の万人への闘争を終わらせるために契約があったわけで、不都合なときに抵抗する権利を残してしまえば、結局、その闘争は終わらない。ホッブズ的な観点からは、（政府に殺されることへの抵抗を別にした）抵抗権は、むしろ、契約の自己否定です。

ロックはそうではない。人々は、政府の決定に納得がいかなければ文句を言っていい。それが抵抗権です。

でも、ここで、「ロックはなるほどリベラルだな」などと簡単に考えてはいけません。いま述べたように、ホッブズ流に考えると、抵抗権の導入は、契約そのものの自己否定になってしまうわけで、社会契約説を破綻させるはずなのに、ロックの場合には、抵抗権を入れても政治社会の契約が破綻するとは考えなかった。なぜなのか。なぜロックだけが抵抗権付きになるのか、それにはきちんと論理に則した理由があるのです。

どういうことかというと、ロックの理論は「神付き」なのです。ここが重要なところです。つまり、ホッブズでは神に訴えるということは許されない。神の存在は前提にされていないのですから。しかし、ロックは神がいることが前提です。神のほうが政府よりも偉い。だから、(政府への)抵抗とは、究極的に言うと、神への訴えappeal to Heavenなのです。神の観点から見れば、お前の言っていることはおかしいではないか、というのが抵抗権です。この世の行いは、最終的には、全宇宙の裁判官にして立法者であるところの神の判決に従います。神の法への服従と違反は、それぞれ、最大の幸福と最大の不幸によって報いられる。とすれば、まったく利己的な動機からの抵抗などありえないのです。このような前提があればこそ、抵抗権を導入しても、ロックは、政治社会の破綻はないと考えたわけです。

　大事なところなので、もう一度、嚙み砕いて確認しておきます。ホッブズの社会契約に抵抗権がないのは、ホッブズが政治イデオロギー的に保守的だったからではなく、彼の理論に内在した論理的理由がある、そのように述べてきました。万人の万人に対する闘争を終わらせるために、リヴァイアサンに自然権を譲ったのに、リヴァイアサンへの抵抗権を認めてしまえば、闘争状態が復活してしまうわけです。ホッブズの議論は、論理的に首尾一貫しています。首尾一貫しているがゆえに抵抗権がないわけです。

　では、なぜ同じ問題はロックにはないのか。たとえば、裁判をして、その判決が気に入らなかったとする。俺はその判決には絶対に納得がいかない、と抵抗権を行使する、というようなことになったら、せっかくの契約も元も子もないじゃないですか。だから、ある意味で、ロックのほうが首尾一貫していないのです。

　でも、ロックは、「いやいや大丈夫ですよ、そんなに心配しなくても」と言うわけです。ロックはどう考えているか。ここで「神」が効いてくるのです。

「判決が気に入らなければ、文句を言いなさい。しかし、神が見ていますからね」と。ここが重要です。裁判官に文句を言うことはできる。しかし、最後の審判の日に、神に申し開きをできるか、つまり神を前にしてアカウンタビリティがあるかが問題です。そうすると、よほどの確信がなければ、政府に文句を言えないことになる。だから、抵抗権を行使するのは、よほどのときなのです。「最後の審判の日にも、私は神にはっきりとそれについて自分の正当性を説明することができます」というときでなければ、抵抗権は行使できない。したがって、抵抗権付きでも、そんなに酷く破壊的な無秩序になることにはならないよ、むしろ抵抗権を認めておいたほうがよいよ、というのがロックの議論です。

ホッブズの一貫性

ロックとホッブズのどちらの議論も空想的で、一種の物語ですから、歴史的な事実に基づくものではありません。では、どちらの物語が事実に近いかと言えば、ロックのほうでしょう。つまり、「昔々、国家形成以前には血で血を洗う戦争ばかり起きていて、大量の犠牲者が出て、仕方がないから国家を作った」という過去があるわけではない。もちろん、戦争はありましたが、政府の成立前から、人々の間にはそこそこの秩序はあったでしょう。ですから、ロックの筋のほうが経験的な事実との一致度は高いと言える。だから、ロックのほうがちょっとマシみたいに書いてある本が時々ありますが、そう簡単には言えません。

ここで問題になっているのは、後にカントが使った言葉で言えば、「事実問題」ではないのです。そういう事実があったかどうかが問題ではない、ということです。ここにあるのは「権利問題」なのです。

「権利問題」というのは、こういうことです。「何かがいかにして可能か」という議論をするとします。その時に、たとえば現にそれがあれば、それが可能なことは明らかです。現に存在できているわけだから。でも、現に存在しているとしても、「なぜそれが可能か」を論理的に問うことはできる。それが「権利問題」です。

たとえば、ロックにしてもホッブズにしても、実際問題として相応の社会秩序があることは認めている。でも、人間は本来、自由ではないかと、ロックもホッブズも考えるわけです。本来自由であるにもかかわらず、実際には十全な自由は発揮されず、かなりの抑制があるように見える。ホッブズの観点では「生存権を完全には行使していない」とか、ロックの観点からは「もっと起こりそうな紛争が消えている」。つまり、論理的には起こりうるはずのものが、実際には起きていない。このことをどのように説明するのか、というのが「権利問題」です。一種の法律の比喩になっている言葉ですが、それが起こらない論理的な理由を知りたいわけです。

だから、ホッブズとロックを比べる時に、どちらが事実に近いかと考えても仕方がないのです。どちらも別に事実を記述しようとしているわけではない。そうではなくて、こういうふうにものを考えたらいいのではないか、と言っているわけです。

たとえば、現に政府があるということを、どうやったら正当化できるのか？　あるいは、批判するとしたら、どういう論理で批判できるのか？　そうやって批判したり正当化する時の論拠を言おうとしているわけです。だから、論理的にどちらに首尾一貫性があるかを考えなければいけない。

そう考えた時に、ホッブズのほうが論理的な首尾一貫性が高く、徹底しているのです。そうした違いはどこに出ているかというと、何度も言っているように、ロックの場合、説明の中で、やはり神に訴えているわけです。神がいるおかげで、論理の筋は通りますが、逆に言うと、神を省略すると、論理的に導出できないことが入ってしまう。

われわれは、ロックのように「最後の審判の日に神に裁かれることを恐れて、みんなが無制限で利己的な抵抗権を行使しなくなる」ということを前提に考えるわけにはいきません。つまり、ロックの議論の中には論理的に前提にしがたい前提が入っていることになる。それに比べると、ホッブズの議論ははるかに論理的で純粋性が高い。結果的にはより空想的な議論になっているけれども、論理的な一貫性は高いと言えます。

要するに、われわれがいま検討しなければいけないのは、ロックの議論ではなく、ホッブズの議論だということです。

ゲームの理論で考える

それでは、ホッブズの議論が、どのぐらい妥当性をもつのかをここで検討しておきましょう。

ホッブズの議論が完全に論理的に一貫していて、うまく説明できているかというと、結論的に言うと、実はそうではない。重大な欠陥があると言わざるをえないのです。それはどのように考えればわかるのか。

ここでは、ゲームの理論を用いてみましょう。ホッブズの議論の設定は、ゲームの理論で言うところの「囚人のジレンマ」と同じ構造になっていることがわかります。

ホッブズの議論は、一見、きわめて明快です。諸個人がみな自然権を有する自然状態では、各人の各人に対する殺人が帰結して最悪です。ですから、その最悪の状態を回避するために、人々は自然権を単一の主権者（リヴァイアサン）に譲渡するのでしたね。それが自然法が見出された平和な状態です。この自然法は、すべての個人が自然権を放棄し、第三者である主権者に委ねているということを、諸個人の間で信頼しあう「信約（covenant）」の形式をとっています。

ここで、それぞれの個人にとって死活的に重要なことは、他の人が自分と同じように自然権を放棄するかどうか、です。自分だけ放棄したらたいへん困ったことになるわけですから。まず、縦軸に私が「自然権を放棄」と「自然権をキープ」の二つの選択肢をとり、横軸に相手となる他人が「自然権を放棄」と「自然権をキープ」の二つの選択肢をとります。

これらを掛け合わせると、四つのケースがあり得ますが、「私が自然権を放棄」と「相手も自然権を放棄」がともに成り立つ状態（A）に落ち着くことを、論理的に説明できればよいわけです。論理的に説明するためには、功利主義的な人間を前提にしなくてはいけない。つまり、自分の利得を最大化するように、合理的に行動するはずの人たちの選択の結果が、そこ（A）に落ち着くかどうか。

ところが、そうはいかないのです。証明は簡単です。

私には二つの選択肢があります。そして、相手が自然権を放棄する場合と相手が自然権をキープする場合の二つの可能性があり、それらに尽きます。まず、相手が自然権を放棄するという前提のもとでは、私はどっちをとるか。私としては、自然権をキープしたほうが得です。他のみんなが自然権を放棄する中で、自分だけ自然権をキープしていればボロ儲けです（B）。次に、相手が自然権をキープする場合には、私はどうするか。この場合に、私だけが自然権を放棄したらおしまいです。私は殺されてしまうでしょう（C）。ですから、このときも当然、自分も自然権をキープします（D）。

そうすると、相手がどちらを選択したとしても、自分は自然権をキープしたほうがいい。これがゲームの理論です。相手方も同じように考えますから、結局、みんなが自然権の「キープ」を選ぶでしょう。ですから、すべての個人が功利主義的な人間であることを前提にすると、実際の帰結は「誰も自然権を放棄しない」という状態になります。

		他人の自然権	
		放棄	キープ
私の自然権	放棄	A (10,10)	C (0,20)
	キープ	B (20,0)	D (2,2)

この表を利得行列というものにすることで、パラドクスの感じを強く出してみましょう。利得の大きさを数で表すのです。カッコ内の左側が私の利得の大きさを、右側が相手の利得の大きさを表しています。

まず、A、両方が自然権を放棄すれば、お互いがそこそこ得をするので、(10, 10)。B、相手が自然権を放棄しているけれど、自分のほうはキープしていればボロ儲け状態ですから、(20, 0)。C、相手がキープしていて、私は放棄したら、私は相手に一方的に搾取される状態ですから、(0, 20)。D、お互いに自然権をキープしていたら、互いの闘いで生きるか死ぬかの状態になります。この場合、自分にとってCよりはマシです。相手にとってもBよりはマシ。でも、Aよりは相当損ですね。そのことを劇的に示すために(2, 2)ぐらいにしておきます。

これは典型的な「囚人のジレンマ」です。どこがジレンマか。見てみると、明らかにAのほうがDよりも勝っています。私と相手のどちらにとってもAのほうがいい。しかし、双方ともに合理的に行動すれば、実際に実現するのはDになってしまうのです。なぜなら、相手の出方をどう想定したとしても、自分の自然権をキープするほうが自分には得だからです。だから、両者にとって明らかにAのほうがよい状態なのに、実際にはDが実現してしまう。

少なくとも論理的に考えれば、人々はホッブズの想定したとおりには動かないはずなのです。つまり、みんなで自然権を放棄してリヴァイアサンを立てようということにはならず、自然権を行使し続けて、万人の万人に対する闘争を死ぬまで続けることになる。

だから、パーソンズは、DがAに移動するためには、功利主義的な前提以外の「何かX」が必要だと言ったのです。功利主義的な前提だけではDに落ちるのですから、どのような前提を加えると、Aにシフトするかを考えなければいけない。それで初めて社会秩序を説明したことになるわけです。

「自然状態」とは「犯罪」

この話をもう少し続けます。ここからは後々のために重要な伏線を張っていきます。表にして全体を眺めれば、Aがよいとわかる。でも、ゲームの中の当事者になったら、人は「自然権のキープ」（D）を選ばざるを得ない。ここはわかりにくいところだから、丁寧に言います。ゲームの理論で考えればDに落ち着くはずなのに、ホッブズ自身も、おそらく多くの人もAに落ち着きそうな気がするわけです。ということは、その時、ゲームの理論とは違う前提でものを見ているのです。では、違う前提とは何か。

ゲームの理論では、ゼロの状態から、各プレイヤーがどれを選ぶかを考えます。しかし、私たちがAのほうがいいよ、実際Aになりそうじゃないか、と思う時には、実ははじめからAの状態を前提にして、そこに視点を据えているのです。Aの立場から見れば、Dは明らかに損だと思うのです。

ということは、どういうことかというと、このホッブズの議論は、実は、秩序がどのように成り立つかという議論になっているわけではない、ということです。すでに秩序が成り立っている状態（A）からスタートしているのですから。そこから考えている。その立場から見ると、最悪はDに落ちることです。

いま、自分がAの立場にいると考えてください。ここで、相手が約束を破って、好き勝手に他人の物を盗ったり、人を殺したりしたら、ふつうの言い方をすれば、それは犯罪です。Aの立場から見れば、罪を犯した状態です。

つまり、ホッブズにしても、ホッブズの議論に説得されている人にしても、実は暗黙のうちに、Aの立場でものを考えているので、そこからは、BやCに行くのは一種の犯罪がある状態、自分か相手のどちらかが犯罪者になる状態に見えるわけです。では、Dは何かというと、全員が犯罪を犯している状態です。BとCは一部の人が犯罪を犯している状態。

だから、ホッブズの議論は、実はこういうふうにできています。自然状態というものは、みんなが犯罪を犯している状態、犯罪が普遍化している状態とイメージされているわけです。その上で、「みんなが犯罪を犯している状態」から、「みんなが犯罪を犯さない状態」に移るにはどうすればよいか、と考えている。「自然状態」という言い方に惑わされてはいけない。「自然状態」は実は「犯罪」のイメージで考えられている。犯罪が普遍化している状態と自然状態は同じです。ここが非常に重要です。

犯罪とは何か。罪を犯すというのは、法の外に出ることに見えます。でも実は、法の外には出ていません。たとえば、私が誰かの物を勝手に盗ったとする。この時、私は得をしていますね。しかし、勝手に盗って得をしたと私が思うのは、所有権を前提にしているからです。だからこそ、強盗というものが成り立っている。したがって、こういう結論を導くことができます。「個々の犯罪は、法や秩序に内在している」。これを第一命題としておきましょう。

次に、ホッブズの論理は、こういう構造になっています。先ほどのDを「普遍的犯罪」状態と呼びましょう。BとCは「個別的犯罪」の状態です。ホッブズは、普遍的犯罪のことを自然状態と名付けて、この自然状態から犯罪のない秩序がどうやって成立したかという議論をつくっていったことになります。みんなが勝手に犯罪を犯すような状態を考えて、そこからみんなが法律を守って秩序を保つような状態に、どうやったら移行できるのかと考えている。

ここである種のトリックが起きているのです。第一命題に記したように、個別的犯罪は法の外に出ていません。それは、法に内在しているのでした。ホッブズの考えでは、自然状態は定義上、法の外でなくてはなりません。つまり、第二命題は、「普遍化された犯罪は、無法状態（無秩序）である」となります。そうすると、「個別的犯罪」は法の内側にあって、「普遍的犯罪」になった途端に法の外に出る。ホッブズの言っていることは、そういう議論になる。

しかし、これはおかしいのではないでしょうか。第一命題と第二命題の間には整合性がない。個別的犯罪が法の内部にあるならば、犯罪が普遍化したとしても、論理的に考えれば法の内側になければいけないはずです。この段階で、後の議論の伏線のために言っておきたいことは、第一命題と第二命題は論理的につながらないということです。

法とは「普遍化された犯罪」である？

それでは、第一の命題から論理的に導かれる本来の命題は何か。個別の犯罪が法に内在しているなら、普遍化された犯罪も法に内在していなければならない。つまり、ある意味で、「法（秩序がある状態）とは『普遍化された犯罪』である」。これを、第三命題としておきましょう。第一命題と整合性があるのは、第二命題ではなく、第三命題です。

何を言いたいのかというと、一見、いかにただのトリッキーな言葉の遊びに見えようとも、ある意味で現代の社会学の理論が最終的に到達したのは、この第三命題だということなのです。これがどういう意味かがわかるためには、まだいろんなことを説明しなければいけませんが、この段階で予告として言っておきます。ちょっと考えても、みんなが犯罪を犯している状態が法だなんておかしいよ、と思われるかもしれません。ただ、現代の社会学の理論の一番ラディカルな部分をとれば、ある意味で、現にこの命題を証明したに等しいことになるのです。

　ですから、社会学の上では、ホッブズ的な問題は、意外な方法で解かれます。DからAにどうやって移動するかと考えているうちはダメです。そうではなくて、Dの状態がすでにある意味で秩序であると言えるような状況に、現代の社会学の理論はなっているのです。そのことに触れるのは、ずっと後になりますが。

　ただ、ひとつだけ先取り的に述べておきましょう。

　ホッブズよりずっと後の世代になりますが、二十世紀初頭の思想家ヴァルター・ベンヤミン（Walter Benjamin, 一八九二―一九四〇）が言おうとしたことを参照します。ベンヤミンの二十代頃の論文に「暴力批判論」があります。

　この論文は、暴力と正義はどこまで両立するかという問題について書かれたものです。その中で三種類の暴力が出てきます。三つ目は非常に複雑で難解なのでいまは措くとして、二つの暴力について言うと、法と暴力の関係はこうなっています。

　まず、「法を維持する暴力」というのがある。それから、「法をつくりだす（措定する）暴力」がある。この二つを合わせて、「神話的暴力」とベンヤミンは呼んでいます。ふつう、「法を維持する暴力」とは警察のことかな、「法を措定する暴力」とは革命のことかな、そんなイメージで捉えられ、解釈されてきましたが、ベンヤミンが言いたかったのはもう少しラディカルなことだと思います。つまり、「法というものは、法を措定し、維持する暴力と同じものだ」と言っているのです。

ホッブズの場合、みんなが暴力をふるっている状態と法が成り立っている状態は違うと考えていました。それに対してベンヤミンは、法そのものがある意味で暴力なのだ、と言っているのです。ベンヤミンが言っているのは、普遍化された犯罪と法とはある意味で同じものになるという議論なのです。ベンヤミンはかなり文学的に語っていますが、それをもう少し乾いた論理で説明すると、現代の社会学理論が言おうとしていることにつながってきます。

このようにホッブズの議論には、現代の社会学理論につながる伏線のようなものがある、ということです。

2-3 ルソーの社会契約

自由と鎖

ここまでの話を整理すると、ホッブズとロックのうち、ロックを捨てます。ホッブズを生かしておいて、その議論を、後で全体を考えるためのモノサシのようなものとして利用します。

さて、これからジャン＝ジャック・ルソー（Jean-Jacques Rousseau，一七一二―一七七八）です。ホッブズとルソーは、どちらも「社会学の前夜祭」みたいなものです。ルソーも、これから社会学の歴史を考えるときに重要なモノサシを与えてくれます。ですから、ホッブズとルソーが両極にあると頭において、社会学の歴史をみるとわかりやすくなります。

ふつう社会契約説と言うと、ホッブズ、ロック、ルソーが三大スターということになっています。しかし、「社会契約」という言葉は実はルソーしか使っていません。ホッブズにもロックにも「social contract」という言葉はない。社会契約（contrat social）という言葉はルソーが作ったのですが、後で考えてみるとホッブズとロックも似たような思想の系列の中にあるということで、「社会契約説」としてまとめられているわけです。

ルソーとホッブズが、同じ社会契約説でも非常に違ったタイプであるということはいろんな本に書いてあります。ただ、どういうふうに違うのか、どうして違ったイメージになるのか、を押さえておくことが重要です。

ルソーの議論は、いろんな意味で、いままでの思想家よりもしぶといところがあります。ルソーはむずかしいのです。

しかし、人気はある。いまでもかつてもそうです。ロックやホッブズにはない、不思議な魅力を発するのでしょう。ちょっと得体の知れないところがあって、「ルソー、お前は何者か？」という感じで、いろいろと論じられています。

ルソーの考えていることは、かなりわかりにくいので、いろんなルソー論を参考にしながら、コンパクトにまとめてみます。

ジャン＝ジャック・ルソー

ルソーの一番重要な著作は、『社会契約論』です。この本は十八世紀の後半、一七六二年に出ました。ロックやホッブズから百年ぐらい後です。ただ十七、十八世紀というのは、思想史的にはひと連なりと見られることが多い。「啓蒙の時代」とか「古典主義の時代」とか、いろんな言い方があります。

まず、『社会契約論』の中でルソーはこういうことを言っています。

「人間は本来（つまり自然状態において）、自由である。しかるに、現状において人間は鎖につながれている」

鎖とは、要するに政府です。しかもその政府はあんまりよくないから――恣意的に設立されたものだから――、鎖という言い方をしているわけです。

「どうして本来自由であった人間が、こんな変な政府に縛られているのか、その理由は自分にはわからない。しかし、どうしなければいけないかならば、自分は言うことができる」

なぜ鎖につながれたのか、その理由はよくわからない。けれども、鎖につながれていない、本来のあり方がどういうものかは私にはわかる、と。つまり、どうしたら自由と政府とが両立できるのかならば、説明できる、というわけです。このような宣言から社会契約説の議論がスタートします。その自由と政府を両立させる方法こそが、社会契約です。

まず、人間は本来自由であるとはどういうことか。自然状態では、すべての人は自分自身の主人であって、自分のことは自分で決められ、自分は自分にだけ従っている。自分が自分の主人であるというこの状態が、ルソーの自由な状態です。

鎖に縛られているというのは、他人が自分の主人になっている状態です。奴隷になっている。そうすると、自分自身が制定した法に従っていれば、鎖に縛られてはいないことになる。このときには、自分で自分に従っていることになるわけだから、自由は侵されません。他人が勝手に設定した法に従わなければいけないときは、縛られていることになる。

自分は絶対お酒を飲まないことにしようと決めて、そうしていることは自由なのです。しかし、自分が決めたわけではない禁酒法に従って、お酒を飲まないということになったら、鎖に縛られたことになる。これがルソーの基本的な着想です。

しかし、これには条件がつきます。法は人民の全員一致でなければならないはずです。そうでなければ、誰かにとっては都合がよい法であっても、他の人にとってはそうではないということになる。たとえば、多数の人はその法がよいと思っているが、自分はそうは思っていないとする。自分は集団的自衛権に反対なのに、自分の政府が集団的自衛権を行使していたら、自分が制定したわけではない法に縛られていることになるわけです。だから、自由と両立する法が成り立つためには、それは全員一致でなければいけない、ということになります。

なぜ全員一致が成り立つのか

この条件に対応するために、ルソーが明示的に言っていることだけをはっきりさせましょう。

まず、社会契約がなされるわけです。どういう社会契約かというと、国家を成立させるための社会契約です。これは「全員一致」でなければならない。

たとえば、ホッブズやロックは、なぜ全員一致が成り立つのかということを一生懸命説明しようとしました。なぜ全員一致が成り立つのか、どうして全員一致で自然権を単一の主権者に譲ることになるのかは説明しなければいけないはずです。ところが、ルソーはあまりそのことを意に介していないように見える。とにかく、最初に社会契約で国家を設立するときには、全員一致でなければいけない。これは絶対の条件なのです。なぜルソーがここで全員一致が可能だと考えたのか、彼がこのとき国家についてどんなイメージをもっていたのか、これらの点については後で述べます。

とにかく、国家がいったん成立したら、政府が立法をするわけですが、そのときの方法は多数決でよい、と言っています。

多数決で法を制定してよいというのは、こういう考え方です。一見、多数決こそ多数者による少数者の拘束をもたらし、一部の人の自由を否定しているように見えます。しかし、国家を作るときに全員一致になっているのだから、その全員一致の合意に、「これからいろんなことを決めるときには多数決による」ということが含まれていたと考えるわけです。たとえば、この部屋にいる七人が全員一致で国家の成立に同意する。その国家の成立後に、たとえばこの部屋でタバコを吸ってよいかどうかのルールを決めるときに、四対三で吸ってはいけないという人のほうが多かったとします。三人は個人的には不満ですが、でも多数決に従うということは全員一致で決めたのだから、禁煙に合意したことになる。

最初に、前提となる国家に関して、全員一致の社会契約が結ばれて、その後の法は事実上は多数決で決める。その多数決によって出てきたアイデアが、われわれの「一般意志

(volonté générale)」であると言われるわけです。たとえば、いまの例では、タバコを吸ってはいけないという一般意志がある、ということになります。

しかしよく見ると、この論理はいろいろとふしぎなところを含んでいます。まず、最初の全員一致は、どういう論拠で保証されるのか。そこが一番ふしぎなところですが、これは後で考えます。

もう一つ。ルソーは意志を三種類に分けています。一つは「特殊意志(volonté particulière)」。これは簡単です。一人ずつの個人の意志です。それから、その対極に先ほど言った「一般意志」がある。これだけだったら簡単なのですが、この間にもう一つ「全体意志(volonté de tous)」というのがあるのです。「全体意志」と「一般意志」とは違うというのが、ルソーの議論の理解の鍵です。

でも、どう違うのか言ってみろと言われ、うまく説明できる人は専門家でもあまりいません。そこを、これから考えてみます。

コンドルセの定理

「全体意志」については、よくこのように言われます。「全体意志は特殊意志の足し算である」と。では、一般意志とは何なのか?

一般意志をどうやって決めるのかと言えば、事実上、多数決です。しかし、多数決こそまさに特殊意志の足し算ではないですか。それは全体意志とはどう違うのか？　たとえば、みんなで多数決をとったら、タバコを吸いたい人のほうが多かった、とする。これが一般意志なのか。いや、全体意志なのか？　よくわからない。

基本的には、ルソーは、一般意志は多数決で決められる、と考えていたことがポイントです。しかし、その多数決について、ルソーは奇妙なことを言っています。

互いに意志を伝え合って、徒党を組んではいけないよ、と。

徒党を組んではいけないというところが重要です。たとえば、集団的自衛権に賛成か反対かという時に、自民党は賛成である、公明党も賛成である、民主党は反対である。……この場合、みんな徒党を組んでいる。だから、たとえば自民党員が反対であるとは言えない。党議拘束がかかっていますから。ルソーはこういうことをしてはいけない、と言っているのです。

むしろわれわれなら、党で十分に話し合って、意見を一本化したほうがよいと考えますね。ところが、ルソーはそれをいけないと言っている。

ここが全体意志と一般意志の違いを考える上で、非常に重要な手がかりになっているのです。

最近のルソー研究の一つのトレンドとして、一般意志についてルソーはこう考えたんじゃないか、という、定説とまではいかないけれど、かなり筋の通った解釈があります。

それは「コンドルセの定理」を前提にして考えます。コンドルセ（Condorcet, 一七四三―一七九四）は十八世紀の後半のフランスの思想家で、ルソーより少し後の人ですが、コンドルセの定理から遡って解釈すると、ルソーの言っていることが整合的に理解できるのです。

コンドルセの定理とは何か。まず、この定理が成立するための条件があります。

一番重要な条件は、「正解がある」ということです。次に、正解にどのくらいの率で到達するかですが、それが50％を超えていないといけない。もちろん、実際の世の中ではテストをやったら正答率が10％だったなんてことはいくらでもあるわけですが、コンドルセの定理が成り立つためには50％を超えていないといけない。たとえば68＋57は１２５ですが、間違える人もいます。いろんな解答が出る可能性もありますが、しかし、「数」について合理的に考えればこの結論になるわけですから、理性的な人たちの集団では正答率が50％を超えるだろうと考えても、それほど無理な想定ではない。

では、正解があって、しかも正解率が50％を超える時にはどういうことが起きるでしょうか。

たとえば、二人しかいない時に、先ほどの足し算の問題を解くとしましょう。正解率は

60%だとします。一人は125と言い、もう一人は位取りができなくて115だと言う。意見が二分されてしまって、どちらが正解かわかりません。では、十人になったらどうか。だんだん六対四に近づいてきますが、このくらいならば、五対五になったり、運悪く四対六になったりする確率もそれなりに高い。しかし、一万人が計算したらどうでしょう。一万人もいたら、理論上の正解率が60%だとすると、統計学的に考えて、実際にかなりの率で60%にきわめて近い人が正解に到達します。一万人もいるのに、実際の正解者が半分を下回る確率は非常に小さくなります。つまり、人数が増えれば増えるほど、実際に正解を得る人の比率が、理論上の正解率60%に近づいていくわけです。しかし、人数が少なかったら、極論すれば一人や二人だったら、意見が割れるかもしれない。運が悪ければ、二人とも間違えるかもしれない。

コンドルセの定理とは、先ほどの二つの条件（正解の存在、正解率が平均して二分の一を上回る）が満たされている時、参加者が多ければ多いほど、多数決によって正解が得られる確率が高くなる、というものです。参加者が十分に多ければ、ほぼ確実に多数決で正解が得られることになります。

こうしてみると、ルソーの考えていることがわかります。

正解に対応するのが一般意志で、「正しい一般意志」というものがある、という前提があるのです。しかもその正解は、なにしろ究極的には自分の意志なのだから、それが何であるかについて間違える率は50％よりも低い。

なぜルソーが徒党を組むことはよくない、と言ったのか。たとえば一万人いたとしても、五千人ずつのグループに分かれてそれぞれ意見を一本化すると、二人しかいないのと等しい状態になってしまう。できるだけ分散していたほうが、コンドルセの定理に従って、正解に到達する率が高まるのです。

そう考えると、一般意志が多数決によってほとんど確実に見つけられるという意味がわかってきます。たくさんの人がいて、正解の一般意志があるわけです。

たとえば、日本は原発を続けるのか、続けないのかに関して、日本人の正しい一般意志は必ずあるはずだ、ということです。どちらかわからないけれども、必ず正解はある。一億人ぐらいで多数決をとれば、正しい一般意志が出てくるはずだ、というわけです。

これが一般意志です。

一般意志を導くための三つの条件

とすると、一般意志を導くためには、三つ重要な条件があります。

第一に、一般意志は数学の解答と同じように、必ず存在するということです。たとえば、日本人がまさに日本人という共同体として、何を欲しているか、何を欲しているはずか、ということについての正解が必ずあるのです。自明のように見えるけれど、これが一番重要な条件です。

第二に、――ここがしばしば勘違いされているところなのですが――みんなが多数決で意見を表明するときに、自分が何を欲しているかという観点で投票してはダメで、何が一般意志なのか（何が正解なのか）ということについての自分の意見を表明しなくてはなりません。

「原発を廃棄すべきか」について国民投票するとします。たとえば、自分は有力電力会社の社員なので、「おれは原発が欲しい。そのほうが利益につながる」というとき、その欲望をそのまま投票に反映させてはダメです。そうではなく、自分の私的利害とは独立に、「日本人という共同体は原発を欲しているのか、欲すべきなのか」という観点から投票しなくてはならない。すべての人がそういう観点で投票してくれないと、一般意志は導かれず、ただ全体意志がわかるだけです。

まず一般意志は必ずあり、しかもみんなが自分の欲望を表現するのではなく、一般意志は何であるかについての自分の意見を言う。その上で、第三の条件として正答率（人々が正しく一般意志を認識できる確率）が、二分の一を超えていれば、多数決によって一般意志はかなりの確率で正しく見つけられる。

これがルソーの考えていたことだと思います。

ルソーよりもずっと後の社会契約説の論者として一番重要な人は、ジョン・ロールズ(John Rawls, 一九二一―二〇〇二)です。ロールズは「無知のベール(veil of ignorance)」を使ってものを考える、という。この無知のベールが、いま言った第二の条件のことなのです。自分は電力会社の人間だから、自社にとって原発は有利だ、というふうに考えてはいけない。無知のベールの向こうに行くと、人は、自分が電力会社の社員であることを忘れるということです。そうすれば、一般意志について考えられるわけです。

みんなが好きなことを言ったら、こういう傾向になった、というのは全体意志です。これに対して、正しい一般意志は何であるかということについて多数決をとる。そのときにいま言った三つの条件が成り立っていれば、一般意志は確実に導き出せるのだ、ということです。

ルソー的感覚

さて、ここからさらに考えなければいけません。つまり、三つの条件は三つとも、必ずしも成り立ちそうもないような、かなり微妙な前提です。本当に正答率が50%を超えるののか。あるいは、みんなが本当に自分の立場を捨てて、一般意志の観点で考え、投票できるのか。

三つの中で最も重要な条件は、「一般意志が必ず存在する」ということだと思います。一般意志が、正解のようなかたちで、あらかじめ存在しているということが、ルソーの前提です。全体意志であれば、人々の欲望を、何らかの仕方で集計すれば、導きだすことができます。集計の仕方によって答えがまちまちでかまいません。しかし、一般意志は違います。多数決そのものとは独立に、単一の一義的なものとして一般意志が存在していなくてはなりません。人々は、その一般意志を見つけ出す、という想定で投票するわけです。どうしてルソーは、そのようなかたちで一般意志が存在しているという前提を自明視できたのか。

先ほど言ったように、ルソーは国家を作るときに全員一致になると言っているわけです。それがまず第一の一般意志です。だから、みんなが一般意志として国家を設立し、その国家の中で多数決で決まったことはやはり一般意志なんだ、という想定でしたね。この最初の全員一致こそが一般意志があることを保証しているわけですが、なぜそんな全員一致が可能だとルソーは考えたのか。

われわれは普通、日本人という共同体を構成する多数の諸個人の中の一部は原発を望み、一部は望んでおらず、それらの間の妥協の産物としてどちらかに決まると考えますが、ルソー的にはこれは全体意志にすぎません。「日本人」というのを単一の国家として考えたとき、その単一の国家そのものに帰せられる意志として、原発を望むか望まないかどちらかです。一部が望み、一部が望まないなどというあいまいな答えはありえない。そもそも、国家としての日本人は、一部が何で一部は何だなどということは言えない単一の実体です。

ルソーはそういう一般意志が必ずあると考えている。なぜ、そういうふうに考えられたのか、彼の感覚をはっきりさせておきます。そのためには『社会契約論』以外のルソーの著作も見てみないとわからない。

どういうことかというと、ルソーには非常に明白な「ルソー的感覚」があるのです。後にジャック・デリダなどに批判されるのですが、そこがルソーの人気のゆえんでもあります。

「ルソー的感覚」とは何か。

ジャン・スタロバンスキー（Jean Starobinski, 一九二〇—）という人が書いた『透明と障害』という非常にすぐれたルソー論があります。この本が言っていることが正しい。つまり、コミュニケーションの透明性と直接性、これがルソーの最も根源にある感覚であり、理想です。透明なものがよく、しかもあり得る、というわけです。逆に言うと、不透明であったり間接的であったりするコミュニケーションは、ウソが入りうるもので、よくないというのがルソーの原初的な直感です。

たとえば、ルソーは言語に対して懐疑的です。言語のおかげで、人間はほんとうのことも言うが、ウソも言う。言語はほんとうの意志を隠す不透明なフィルターになりうるわけです。あるいは、ルソーは礼儀作法を非常に嫌います。礼儀作法は外面を取り繕って、ほんとうの気持ちを隠したりする。だから、文明化した人間の礼儀作法はけしからんと言うわけです。

ルソーは『新エロイーズ』(一七六一年)という恋愛小説を書いていますが、これは透明な関係とはどういう感じかを小説的に表したものです。あるいは有名な『告白』(一七七〇年)。なぜ告白するのか、と言えば、それは、自分の内面を透明に直接伝えるためです。『告白』にこうあります。

「生来私は感じたり考えたりすることを隠しておくことがまったくできない人間なのだ」

「私の水晶のような透明な心は、そこに潜むささいな感情をものの一部も隠しておけなかった」

つまり、全部、出す。そして、関係が完全に透明で、完全に直接的で、どんな間接的な障害物もない、そういう状態は実際にある。たとえば幼児を見ろ。あるいは原始人の世界はそうだった。——そういうふうにルソーは考えるわけです。

その時、人間は完全に平等です。というか、平等とか不平等とかを言うことが問題にならない。どうしてかというと、人々の間の関係が完全に透明で、みんな心が一つになっているわけです。自分と他人がくっついているような状態です。だから、結局、人間の間に差異がないことになる。もし平等か不平等かと言われれば平等だということになりますが、そもそも平等・不平等以前の状態になっている。それが原初状態なのです。

だから、ルソーの本来のあり方は、いわば単独性ですね。人間は本来の状態においては、みんな心を一つにしている。たとえばルソーは「音楽はいいが、演劇はいけない」と言っています。どうして同じ芸術なのに、そんな区別をするかというと、音楽はみんなが心を合わせて合唱したりするから、心一つな感じで、ルソー的にはよいのです。でも、演劇は演技しているわけだからウソである。だから、音楽はすばらしい、演劇はけしからんということになる。

ルソーに、自己愛（amour de soi）と自尊心（amour-propre）という概念があります。自己愛というのは、自分と他人の区別がまったくなくなっている状態での愛情です。だから自分を愛するように他人を愛している。自尊心というのは逆に、自分と他人の区別がついて、俺のほうがよいとか優越感をもったり、あいつに嫉妬心を感じるとか、そういう状態において現れるものです。

透明性の回帰

さて、これで、だいたいの仕組みがわかったと思います。

一般意志とは何かというと、この透明な共同体の意志なのです。もう少し厳密に言いましょうか。その透明な共同体は、本来なら原始時代の理想的な状態とか、幼児の世界にある。それが複雑な大きな共同体の中に、完全に透明で直接的な共同意志みたいなものとして回帰してくるわけです。一般意志とは、完全に透明な共同体を、高次元で回復したものです。

不透明で不平等な現実の社会において、人々を差異化している障害を取り除いて、人々を平等化する。そうした上で、最初の——単一の国家を形成するという——社会契約を結ぶ。このときには、透明な共同体が回復しているからです。だから全員一致は必然です。

たとえ一億人いても、みんなが透明であれば、一人に等しいことになります。一人に等しいのだから、一つの意志があるわけです。ですから、六割の人は原発に賛成で、四割の人が反対というようなことは、一般意志ではあり得ない。一般意志は、一人なのです。いくら集まっても一人の意志になる。なぜかというと、透明な状態になって、全員一致になるから。全員一致と言っても、たくさんいて一致するわけではない。たくさんいても一人だという状態。これがルソーの一般意志の世界です。

透明な共同体は、他者をもたない単独者です。単独者なのだから、定義上、一義的な意志をもつ。つまり、コンドルセの定理のための第一の条件が満たされるわけです。

ある逆説があるのに気づかれたかと思います。一方では、ルソーにおいては、多数の個人がいても、それらを合わせた集合が単独者であることが重要です。このことが、コンドルセの定理が成り立つための基本的な条件を準備する。そして、これが、最初の社会契約、国家を形成する社会契約に関係しています。

しかし、他方では、先ほど述べたように、いったん国家ができてしまえば、その内部の部分集合のような一部の人々が徒党を組んで単独者のようにふるまうことをルソーは禁じた。人々はできるだけ多様で分散していることが望ましい。そうでなくては、コンドルセの定理が効いてこない、と先ほど言いました。

というわけで、ルソーにおいては、一方では、共同体の単独者としての性格が称揚され、他方では、共同体の内的な多様性が賞賛されることになる。

「ルソー問題」

これは、二十世紀前半の哲学者エルンスト・カッシーラー（Ernst Cassirer, 一八七四—一九四五）が「ルソー問題」と呼んだルソー解釈上の困難とも関係しています。ルソー問題というのは、ルソーはものすごくリベラルな思想家として解釈することもできるし、同時に、全体主義のようなものを正当化するイデオロギーの提供者とも見なしうる、ということです。この両義性をどのように収めることができるのか。

ルソーは、もともと、個人の自由と両立する政府はいかにして可能か、ということから考え始めています。その意味では、彼は、ものすごくリベラルです。しかし、その可能性を保証するために、多くの個人を包摂する共同体が、究極的には、透明な共同体であって、単独者でもありうる、という前提をもっていた。こちらの点が前面に出たときには、ルソーは全体主義の元祖のように見えてくるのです。

ルソーを、「社会秩序はいかにして可能か」という社会学の本来の問題と関連づけて考えてみましょう。

ルソーにとって「社会秩序はいかにして可能か」という問題は、本来は存在しないはずです。なぜなら、本来の共同体はまるで一人のようになっているからです。まったく透明な共同体で、他者がいない。他者がいなければ社会秩序という問題もない。

むしろ、ルソーにとっては逆のことが問題になります。本来だったら他者がいない世界、あるいは秩序がない世界の中に、どうして変な秩序が、つまり不平等が存在しているのか、ということが問題になる。

だから、ルソーの著作には、『社会契約論』の前に『人間不平等起源論』(一七五五年)があります。なぜ人間は不平等になってしまうのか? 元の状態では平等も不平等もないはずなのに、実際に社会を見ると、不平等な状態になっている。だから、「間違った秩序がどうして生じるか」がルソーにとっては大きな課題になりますが、「社会秩序はいかにして可能か」はルソーの問題にはなりません。なぜかというと、完全な透明性のもとでは、秩序以前の完璧な秩序、一様な状態が成り立っているからです。

アダム・スミスの「共感」

ルソーとホッブズという、社会契約説の代表的な二つの議論について話しました。これらは社会学にとってはあと一歩のところまで来ています。しかし、まだ社会学的な意味での秩序問題に挑戦したことにはなっていない。それはどういうことか。二つ言っておきたい。

第一に、ルソーもホッブズもこの問題を、結局、解いていないのです。まず、ルソーについては本来的な意味では社会秩序の問題は存在しない。ホッブズの場合は存在するけれども、根本的に間違った解き方になっている。つまり、ルソーは問題そのものを消してしまっていて、ホッブズは問題を提起したけれども答えられていない。

ここで脚注的に、いわゆるスコットランド啓蒙、つまりアダム・スミス（Adam Smith, 一七二三―一七九〇）について触れておきます。

アダム・スミスは社会学史のテキストには出てこない場合のほうが多い。ホッブズやロックのような社会契約説の議論とは、異なったタイプの議論だと考えられています。どうしてかというと、アダム・スミスは『国富論』（一七七六年）で有名な「レッセ・フェール（為すに任せよ）」を言ったことになっていて、契約のような合意なんて必要ない、みんなが好き勝手やっていれば一番良い状態になる、という考え方です。いまで言えばリバタリアン的な考え方の父みたいに言われていて、一般には、ホッブズやロックとは違ったタイプとされます。

しかし他方で、アダム・スミスという人はちょっと摑みどころがなくて、「みんなが勝手にやっていれば一番良い」と言いながら、つまり諸個人の利己的な動機にもとづく活動の支持者のように見えるのですが、他方では『道徳感情論』（一七五九年）という有名な本があって、道徳とか倫理的なことにつながること、つまり「共感」の重要性をも説いています。この両面をどう整合的に理解するか。

私の仮説を言っておくと、アダム・スミスの考え方は、実はホッブズの社会契約説と同じ筋にもとづいているのです。

みんなが勝手に自己利益を追求しあっている中で、リヴァイアサンを立てる社会契約を結ぶというのがホッブズの構図でした。この状況で、リヴァイアサンを抜いてしまえば、「レッセ・フェール」の状況になります。いわば、リヴァイアサンは具体的な制度として存在するのではなくて、われわれの行動の暗黙の前提として存在しているということで、それに対する明示的な言及を省いてしまうと、レッセ・フェールになります。ほんとうは、ホッブズ的な社会契約と同じ合意は言葉にならない前提として存在しているわけですが、人々が実際に意識していることは、自己利益にもとづく行為だけだということになります。

これと『道徳感情論』の「共感」とどう関係しているのか。スミスの「共感」というのは、親密な者の間に生ずる感情のことではありません。それは、私の考えでは、完全に個人化して、自己利益にもとづいて行動している者の間の暗黙の合意のことなのです。この解釈をサポートするのが、『道徳感情論』の中に出てくる「公平な観察者」という有名な概念です。道徳の基礎にある共感というのは、両当事者に直接には関係がない公平な観察者を想定したとき、その観察者に適正であると見なされること、です。この「公平な観察者」が、暗黙の前提になっているリヴァイアサンをもう一回呼び出したものです。それは、争い合う個人の間の公正性を判定するために想定された観察者というかたちで、暗黙の前提になっていたリヴァイアサンが、その都度、リマインドされているのです。

アダム・スミスは十八世紀の後半の人ですが、イングランドにあった社会契約説の伝統の、いわば延長にあると考えていいと思います。

アダム・スミス

ともかく、社会秩序の問題は、ホッブズにおいては本当の意味では解かれていないし、ルソーにいたっては事実上それを消去してしまった。これが第一のことでした。

第二に、もう一つ言っておきたいことは、社会契約説は規範的(ノーマティブ)な議論だということです。つまり、当時の封建的な社会に対して、理想的な、あるべき社会のヴィジョンを出すことに、社会契約説のポイントがあった。だから、現実にあるこの社会秩序がどうして生じて、どうして可能だったのか、という問題設定にはなっていないのです。

社会契約説は、任意の社会秩序について、それがどうして可能だったのかを解くのではなくて、一つの規範的な目標を設定するものです。たとえば、君主制になっているが、それは望ましくないとか、あるいは封建的な秩序、貴族の特権なんておかしいのではないかとか、そういう問題意識から出てくる規範的な議論です。

規範的で望ましい状態は、原初状態における人間本性についての独断的とも言える前提から導かれている。社会契約説は、そのような独断的前提からも、規範的・実践的な関心からも自由ではありません。

ですから、現にあったり、ありえたりする社会秩序について、経験的に説明するという社会学のスタイルにはまだなっていない。社会学が明白に誕生するのは、次の世紀のことです。つまり十九世紀になってからなのです。

3　社会科学の誕生

3－1　文科と理科の離婚

神学からの真理の解放

　社会学という学問がどこをもって誕生したとピンポイントで決めることに意味があるかどうかはわかりませんが、どの時代にどのような学問、知が出てきたかについて、大きな見取り図を与えながら、その中で社会学の位置を考えることには、大きな知的価値があります。

　学問の分類について、とりわけ重要なのは、文科系と理科系ですね。それらの学問の、「ディシプリン（学問分野）」という十九世紀の言葉がどうやって出てきたのか、ということから説明します。

　これは私の独創ではありません。参考になるのはウォーラーステイン（Immanuel

Wallerstein, 一九三〇—）という社会学者の考えです。彼は存命の社会学者の中で一番偉いと言っていいでしょう。彼の考えを参照しながら、若干アレンジしつつ、学問の分化がどのように生じたかを説明します。

まず、真理（truth）のあり方が、中世と近代では大きく違うということを考えなければいけません。中世において真理は、どんな場合でも、神によって啓示されるものでした。つまり宗教的権威だけが、真理への唯一の道です。神に祝福され、恩寵を受けた人だけに真理がわかる。真理は普遍的だけれども、万人には開かれておらず、実際にわかる人は少ししかいない、という、現在のわれわれから見るとふしぎな——矛盾しているとも見えかねない——構図です。これが、西洋における宗教的な権威に媒介された真理です。

しかし、十七、十八世紀ぐらいの、いわゆる科学革命と呼ばれるものが起きた時代、あるいは啓蒙主義の時代に何が起きたかというと、真理が神の権威から解放されたわけです。啓蒙主義の哲学者がそれをやったし、その時代が社会契約説の時代でもあるわけです。デカルトやスピノザのように社会契約説とは違う系列に入る思想家たちも、真理を神の啓示とは別に考えるようになった。

ここで初めて、真理が真理である以上、万人に開かれているという状況になりました。これはわれわれの感覚とも合致します。もちろん、中には、世界で数人しかわからない数学の証明のような非常に難しい真理もあります。仮にそういう難しい真理であっても、これは俺に神の啓示が来たからわかるんだ、とはもはや言えないわけです。

近代においては、真理は、原理的にはみんな理解し、納得できるはずだ、というのが前提です。実際の理解にはいろいろな訓練が必要であるとか、諸般の事情によって全員がわかるわけではないとしても、理想的に理性的な人であれば絶対にわかるというのが、近代における真理です。

たとえば、コモン・センスの「コモン」という言葉は、中世においては「卑俗な」とか「当たり前の」という、どちらかといえばよくない意味でした。それが、よい意味になるのが、近代です。「コモン（common）」すなわち「共通感覚」の「共通」というものが、真理の重要な指標となってくるという事情に即したことです。

二つの文化

このように、十七、十八世紀に真理が神の権威つまり神学から解放されますが、その解放には実は二つの道がありました。

まず一つ目の道は、人間の理性の能力によって真理を洞察しうるとする道。もう一つは、真理を経験から学ぶ、つまり現実の経験的分析から真理が得られるとする道。

印象的で有名なエピソードをひとつ紹介します。十九世紀の初めのことですが、ラプラス（Pierre-Simon Laplace, 一七四九―一八二七）が「太陽系の起源」についての大著をナポレオンに献呈したことがあります。このとき、ナポレオンが「こんなに大部なのに一度も神への言及がないのはいかがなものか」と苦言を呈したところ、ラプラスは、「閣下、その仮説は私には必要ありません」と答えたとのことです。

いま、真理を神学から解放する道は二つあった、と言いました。しかし、最初のうちはこの二つの区別はそれほど意識されておらず、一人の学者が両方やることもありました。たとえば、カント。彼はいまでは理性の道の代表者ですが、天文学とか地震学とか国際関係論とか、いまで言う自然科学的な論文や社会科学的な論文も書いています。『永遠平和のために』は国際関係論の論文です。他にも「太陽系のでき方」についての仮説なども書いている。経験科学的な部分と理性的な直観でやる部分との両方が彼にはありました。

この二つの道があることがはっきりと自覚され、分かれてくるのが、十八世紀の終わりから十九世紀の初めにかけてです。よく「哲学と科学の離婚」と言われます。離婚は科学のほうから申し込まれた。もうあなたのやり方にはついていけない、と。

科学の考えでは、真理への道は一つしかない。そこに至るには、経験的な観察や実験から帰納して仮説を立てる、そしてそれを検証する。このことを反復するのです。そういう方法しかない。それに対して、哲学が用いたのは、対象への没入によって得られる直観——これが後に解釈的了解などと呼ばれるようになります——です。

これは、単に学問の世界の話だけではなく、制度的な結果をもちました。つまり、大学が変わったのです。

ヨーロッパに行くとわかりますが、ヨーロッパの大学には、小学校・中学校・高校といった学校制度とは違った、一種独特のものがあります。ヨーロッパのほとんどの有名な大学は、どの国よりも古いわけで、それだけ大事なものなのです。その大学に一つの重要な変化を起こした。

ヨーロッパ中世の大学には四つの学部がありました。神学、医学、法学、そして哲学です。いま離婚が成立したと言いましたが、どこで起きたかと言えば、哲学です。哲学部が、自然科学をやる科学の学部と、その他に分かれた。「その他」のほうが、伝統的な哲学部として残ったわけです。

この「その他」のほうには、いろいろな呼び方があります。たとえば人文学humanities、あるいは学芸arts、教養letters、そしてそのまま哲学philosophy等々と。

ここで一言いっておくと、ヨーロッパの大学に関しておもしろいのは、神学部と哲学部が元々別にあるということです。哲学部が神学部の外にある。だからこの段階でもうすでに、ある意味で、神の真理に対する微妙な亀裂が入っている、とも言えます。

だから、私は、こんなふうに考えています。もともと中世の段階から神学対哲学という微妙な葛藤があった。その葛藤が、哲学部の中にさらにもう一回入り込むわけです。すると今度は、伝統的な哲学部と自然科学部に分かれる。

ちなみに、この二つがもともとひとつだった痕跡が、いまでも微妙なかたちで残っています。アメリカの大学に行くと博士号のことをPhDと言いますね。PhDというのはDoctor of Philosophyなのです。つまり、自然科学で博士号をとっても、「哲学博士」になる。なぜなら、科学はもともと哲学だったからです。

3-2　社会科学の社会的起原

フランス革命のインパクト

さて、いま言ったコンテキストの中で、やがて社会科学が生まれてきます。十九世紀のことです。社会科学が生まれるにあたってのポイントを簡単に言っておきます。

社会科学が生まれるための重要なインパクトになったのは、フランス革命です。

フランス革命の評価は分かれます。急進化して悲惨な結果を生んだり、その後反動もあったり、いろいろ問題はあります。ここでは、フランス革命がフランスにとってどういう価値をもったかということよりも、フランス革命を見ていたヨーロッパの知識人にとってのインパクトが重要です。自分自身が実際に経験しなかったとしても、それを同時代人として目撃してしまったインパクトです。フランス革命を見てしまったことで、ヨーロッパの人たちのものの見え方がすごく変わった。カントもそう言っています。フランス革命の重要性は、パリやフランスで何が起きたかよりも、それを外から見ていたヨーロッパの知識人に与えた衝撃にある、と。

フランス革命は二つの革命的な考え方をもたらしました。

一つは、政治体制（およびそれと結びついた社会）は変化をする。しかも、その変化は例外的なものでも忌避すべきものでもない。変化というものは正常で、時に望ましい、ということです。それまでは基本的に社会は変化しなかった。変化が起こるとすれば、それは望ましくないものだった。ところが、フランス革命以降、変化したほうがよいという具合に、社会に対する感覚が変わった。

もう一つは、主権に関するものです。主権というアイデアは前からヨーロッパにありましたが、それを誰がもっているかというと、ふつうは君主、あるいはせいぜい議会でした。ところが、本当の主権は、君主にあるわけでも議会にあるわけでもなく、人民（ピープル）にある、という考えが出てきた。

日本語で「人民」というと、人々の集合を指示するニュートラルな語か、あるいはどちらかというと勇ましい感じですが、people（の系列のヨーロッパの語）には、惨めで、不幸で、排除された者という含みがありました。ジョルジョ・アガンベン（Giorgio Agamben, 一九四二―）がこの点を強調しています。アガンベンは、アーレントを引きつつ、フランス革命の思想家の中で感傷的な部分が最も少なかったあのシェイエス（Emmanuel-Joseph Sieyès, 一七四八―一八三六）でさえも、「人民（仏 peuple）」に言及するときには、「この不幸な者」といった類の形容詞を付けた、と論じています。つまり、人民こそは、主権の対極、政治社会の外部だったのです。その主権の否定自体が主権をもつようになったのが、フランス革命以降です。

この二つが、フランス革命がヨーロッパにもたらした大きな変化です。そしてこのことが、学問の世界に二つの課題を与えるわけです。

一つは、社会や政治の変化の仕方を理解するということです。どういうふうに変化するのか、いつ変化するのか、なぜ変化するのか……。変化の様態、変化の速度、変化の根拠を理解することが重要になった。

二つ目は、本来の主権が人民にあるとすれば、人民はその主権を行使するための意思決定をどうすればいいのか。人民の意思決定の方法について理解することです。

この二つから、ヨーロッパに社会科学という新しい学問が生まれたわけです。離婚した科学と哲学（人文学）の、いわば中間に、社会科学は生まれた。科学寄りの人もいれば、哲学寄りの人もいますが、両極の間で揺らぐような場所にニッチを得て、社会科学の諸ジャンルが次々に生まれてきます。

最初の社会科学としての歴史学

その一つが社会学です。ところで、それより前に、最初の社会科学は歴史学です。歴史というのはもちろん昔からありますが、ヨーロッパの中では、学問というより聖人や英雄の伝記みたいなものでした。それが十九世紀に、初めて学問的な歴史学が生まれる。

ヘイドン・ホワイト（Hayden White, 一九二八―二〇一八）が『メタヒストリー』の中で論じていますが、十九世紀は歴史学の時代です。聖人伝みたいな歴史学から、実証的な歴史学への転換が、この時代に生じた。いったいそれが起こったのはなぜなのか、起こったことをあるがままに調べるという、実証的な歴史学の感覚ができてくる。

この転換を代表する著名な歴史学者は、レオポルト・フォン・ランケ（Leopold von Ranke, 一七九五―一八八六）です。ランケは「それが実際に起こったがままに書かなければならない」と言っています。ランケがそのために用いた方法は、研究対象となっている出来事が起きたときに、その出来事についてどう書かれたかを調べる、ということです。つまり大事なのは文書です。特に公文書。公文書が歴史学にとってとりわけ大事な研究素材になりました。その時代に書かれた文書を調べることが歴史学の最大の課題になったのは、この時代からです。

ただ、このやり方にはいくつか問題がありました。まず、文書には残される分野と残されない分野がある。政治的なものはけっこう残されるほうです。しかし、残らないものもある。だから、文書主義になったおかげで、歴史のテーマに偏りができる。

そもそも文書なるものがまったくなかったり、あってもそれほど普及定着していない社会や民族というものがある。そのため、「歴史的民族（historical nations）」などという着想が出てきました。歴史的民族とは、要するに文書をもつ地域という意味です。

ですから、十九世紀の歴史学者というのは、ほとんど五ヵ国に集中しています。イングランド、アメリカ合衆国、フランス、ドイツ、イタリアです。これが文書が残っている歴史的民族の典型なのです。

歴史学は、科学と人文学の間ではかなり人文学寄りのポジションをとりました。どうしてそうなったかというと、歴史学は、変化について、そこから「社会変動の法則」を見出そうとすることに、非常に抵抗感をもっていたからです。歴史学は、一つ一つの出来事の個別性にこだわったのです。歴史学は、科学的な法則を求めるのではなく、個別の出来事を理解したり解釈する方向に行ったわけです。

近代を探究する諸社会科学　経済学／政治学／社会学

それより少し遅れて、代表的な三つの社会科学が生まれました。これが三つであることにはまた理由があります。どういうことか。

十九世紀の最も重要で支配的なイデオロギーは、自由主義（リベラリズム）です。その自由主義は、近代というものを、三つの機能領域の分化によって定義したのです。つまり、三つの領域が、機能の上で独立しているものであるとされた。三つとは、国家と市場と市民社会（あるいは国民）です。この三つは基本的に独立の論理で動いている。そういうふうになっているのが近代的な社会です。そこでこの三つの領域に沿った社会科学ができる。市場について調べるのが経済学。国家の論理を考えるのが政治学。そして市民社会の論理として、社会学が生まれるわけです。

本書の冒頭で、「社会学というのは近代社会の自己意識だ」と言いましたが、実は社会学を含む社会科学は、近代社会が自分たちを見る時の一つの視点として生まれてきたのです。そして、三つの代表的な社会科学が生まれるのには、近代社会の論理そのものに則したいわば社会学的な理由があるというわけです。

先ほど、歴史学は、「科学／人文学」という軸の中で、人文学寄りのポジションだった、と言いました。それに対して、これら三つの社会科学は、「科学」に近いサイドに自分たちのポジションをとりました。つまり、これらは、自分の担当の機能領域の活動や変化に法則性を見出そうとすることに、歴史学よりずっと熱心だったのです。

近代の外部を受け持つ社会科学　人類学／東洋学

ついでに言うと、近代を理解するためには、近代ではないものも理解しないといけません。近代ではないものを担当する社会科学のジャンルとして、代表的なものが二つ生まれました。その一つは人類学です。人類学は、未開社会をフィールドワークします。人類学の固有の対象は、文字をもたない人たちです。

しかし、文字を使っていて相当文明化しているけれど、明らかに近代や西洋ではない人たちもいる。西洋や近代ではない、高等文明を擁する広大な地域があるのです。中国、インド、あるいはアラブやペルシアです。それらを担当する者たちを、十九世紀は、オリエンタリストと呼びました。東洋学と訳されています。東洋学は、人類学とともに、近代が、「それ」との区別において自分を定義するような領域を研究しているわけです。

いま、フランス革命がもたらした新しい考えが、伝統的な哲学と自然科学の間に、社会科学のさまざまな分野を生み出したと話しました。

一方で、人民が主体性をもち、社会は変化し成長するのが正常だ、そういうフランス革命がもたらしたアイデアに対して、人文学、あるいは伝統的哲学も、ちゃんと対応しています。

その対応の最も重要な例はヘーゲル（Georg W.F. Hegel, 一七七〇―一八三一）です。ヘーゲルの一番重要な着想は『精神現象学』に現れている。精神現象学とは何かというと、精神の論理的な発展です。十九世紀のヨーロッパでは、ビルドゥングス・ロマン――よく教養小説と訳されます――といって、人間の成長物語が流行ります。精神現象学というのは精神のビルドゥングス・ロマンなのです。しかも個人の精神ではありません。世界の精神、強いて言えば人民の精神です。そういう精神がどういう論理で発展したか。歴史そのものとは違って、精神の発達すべき論理を展開していくと、ヘーゲルの精神現象学とか歴史哲学になる。だから、ヘーゲルが示したのは、科学に媚を売るのではなくて、哲学だってやってみせるぜという態度ですね。ヘーゲルはそういうかたちで十九世紀初頭のヨーロッパの社会変動に対応しました。

3−3　社会学の名付け親

オーギュスト・コント

さて、いよいよ固有の意味での社会学の歴史の中に足を踏み入れることができます。

一般に多くの社会学の教科書では、社会学の創始者はオーギュスト・コント（Auguste Comte, 一七九八―一八五七）だということになっています。私はあまりそれにこだわる必要はないと思いますが、確実なことは、コントが「仏 sociologie, 英 sociology（社会学）」という言葉を発明したということです。

もちろん、言葉を作ったから、その人が始めたことになるのかというのは、微妙です。ニュートンは物理学なんて言葉を使っていませんが、物理学をやっていますから。でも、とにかくコントが社会学という言葉を作ったということは、社会学の歴史として知っておく必要があるでしょう。

コントは、今日から見て学問的にどれぐらい意味があるかは微妙ですが、ただこの人は人間的には少し変わった人です。

コントは一七九八年に生まれました。この生年は重視しないといけないと思う。ヨーロッパで知的に大きな仕事をやる人には傾向性がある。それは、その人が生まれた時にフランス革命はどうなっているかということを見るとわかります。一七九八年の生まれだと、フランス革命はほぼ終わっている。フランス革命がいつからいつまでかは見解が分かれるでしょうが、教科書通りに、ナポレオンがクーデターを起こして総裁政府を倒したところで終わったとしますと、コントが生まれたのはこのクーデターの前年です。ですから、自分の記憶の中にはフランス革命はありません。だから、フランス革命にタッチの差で遅れた感覚があるはずです。この「フランス革命に遅れた」という感覚が非常に重要なのです。

オーギュスト・コント

あるいはコントよりも、もっと遅れてしまう人もいます。たとえば父親はフランス革命の時代に生まれ、それに同時代的な感覚をもっているけれども、自分自身は革命後に生まれたという世代です。この世代がヨーロッパの学問の歴史では非常に重要な役割を果たしたように思います。マルクスもその世代に入ります。フランス革命をいわば噂としてはよく知っているという状態。だからフランス革命の衝撃に対してある種の生々しさを感じてはいるけれども、実は直接には革命を知らない。その両義的な感覚が重要です。

このとき、最も肝心な出来事に遅れてしまったという一種の後ろめたさをもちます。その後ろめたさが、知的な探究を深める原動力になっているように思うのです。このような後ろめたさは、フランス革命を同時代として体験すればもちろんもちませんが、革命から遅れすぎても感じない。コントに戻れば、彼は、フランス革命にタッチの差で遅れて生まれた世代です。

コントは完全に市井の学者でした。社会学はなかなか市民権を得られなかったので、初期の段階ではどこかの大学の先生をやっているということはほとんどありません。

彼はもともと理科系です。エコール・ポリテクニックに入ったのですが、素行が悪くて退学になる。しかし、すごく優秀で、自分は天才だという意識をもっている。どうやって生きていたかというと、数学の家庭教師をやっていました。お金持ちのブルジョワジーが雇ったのでしょう。彼自身は、貧乏な生活を送っていました。

最初に結婚した相手は娼婦でした。コントは稼ぎが少なくて、相手にしてみたら不満が大きい。この妻は、結婚後も「あんたの稼ぎじゃやっていけないわ」と娼婦の仕事を続けたりするものだから、コントはだんだん精神的におかしくなってしまいます。彼は「自分の人生で最大の失敗はあの結婚だ」と言っています。結局、二人は別れますが、その間に

『実証哲学講義』（一八三〇—一八四二年）という本を書いていて、その中に社会学という言葉が出てくる。ただし、全部で六巻もあって、退屈な本ですけどね。

コントはこの本を書いた後に、クロティル・ド・ボーという貴族の未亡人と一緒になります。

サン＝シモンからコントへ

さて、コントについて考えるには、彼にとって先輩にあたるサン＝シモン（Saint-Simon, 一七六〇—一八二五）を念頭に置く必要があります。コントとサン＝シモンはセットです。サン＝シモンのほうがだいぶ年上ですが、アメリカで独立革命の手伝いをしたりした貧乏な貴族です。フランス革命の後に著述家になります。

コントは、一時期、サン＝シモンの助手になっています（一八一七—一八二四年）。無給で働いたりして一生懸命仕えました。それでサン＝シモンに信頼されて、サン＝シモンの代わりにサン＝シモンの本まで書いている。『産業者の教理問答』という、サン＝シモンと結びつけられている本がありますが、その第三巻は、コントの名で出されています。しかし、二人は、考え方が違うということで、この本が出た後すぐに別れます。コントがサン＝シモンを批判したのです。

ここでポイントになるのは、二人ともいま起こりつつある十九世紀のこの社会、つまりいわゆる成熟した近代社会とは何であるかについて、興味があるということです。サン＝シモンは、近代化とはすなわち産業化であるとして、産業主義を唱えました。それに対してコントは、産業主義は表層の問題であって、その背後にある精神のあり方が重要だと考えた。コントはそれを実証主義と名付けました。簡単に言えば、科学革命と産業革命とどちらが大事かということです。サン＝シモンは産業革命こそ近代化ではないかと見た。コントは、産業革命が起きるにはまずわれわれの世界観の変化があった、それは科学革命だと考えた。

コントにとっても重要なのは、この時代の社会の変化です。それをどう理解するか。歴史学のほうは個別の出来事に執着するので、あまり法則化しない。これに対してコントは、社会の変化を大胆に一般化して、変化の法則を見つけようとする。

コントに「プラン」論文と略称されている論文があります（正式タイトルは「社会再組織に必要な科学的作業のプラン」一八二二年）。そこで、彼は、社会の解体と再組織について論じています。解体していく旧秩序が、封建的・神学的組織です。フランス革命は、社会の解体の原理だったが、再組織の原理をもたなかった、というのがコントの評価です。では、再組織の、つまり新しい秩序の担い手は誰か。精神としては科学者であり、世俗的なレベルでは産業者だ、とされます。

こうした認識を発展させて、コントは歴史を法則的に把握する。それが『実証哲学講義』で提起された「三状態の法則（loi des trois états）」です。つまり、精神の状態は三つのステップをあゆんできたと言います。

一番もとの精神は、「神学的段階」。そこから「形而上学的段階」になって、最後に「実証的段階」になるとコントは考えました。つまり、宗教で考えている段階から、神の権威からは独立の理性の直観で考える段階、さらに科学的に考える段階へと精神は変化してきたというのがコントの歴史認識です。

学問の地図

この精神の三段階論に加えて『実証哲学講義』で重要なことは、あらゆる学問の地図のようなものをつくっている点です。その頂点にあるのは数学で、土台にあるのが社会学。その社会学を一番下において、数学を一番上におく、全学問のヒエラルキーをつくった。その時に、社会学という名前をつくりました。

それまで彼はソーシャル・フィジクス（社会物理学）という言葉を使っていたのですが、『実証哲学講義』で初めて社会学という、いままでなかった言葉をつくったわけです。

Sociology——socioはラテン語、logyはロゴスですからギリシア語由来です。どうして国際結婚させたんだよ？　みたいなことを言われ、野蛮な造語だとする悪口もありましたが、いまでは完全に定着しました。
その後、コントはどうなったかというと、晩年には宗教がかってきて、コント教、人類教というのを始めた。先ほど言ったクロティル・ド・ボーという愛人が死んだら、女神として崇めるところまでいきます。いまでも、ブラジルにはコント教があります。もはや、本書のテーマからは離れますが。

3—4　社会進化論

進化論の逆輸入

「社会学」という言葉をつくったオーギュスト・コントまで話しました。このあと、大きな筋としては、マルクスに行きます。

その前に、社会学の歴史では、コントと並んで扱われることの多いハーバート・スペンサー（Herbert Spencer, 一八二〇—一九〇三）に触れておきます。

スペンサーという人は、いまはあまり読まれませんが、当時の思想的な影響力や、あるいは日本に対する影響も、かなり大きいものがあります。この講義でもいずれ登場するタルコット・パーソンズは、社会学者の間では非常に広く読まれた一九三七年の著書『社会的行為の構造』の中で、「現在、誰が一体スペンサーを読むだろうか？　スペンサーがかつて世界中にまきおこした興奮の大きさを、現在のわれわれが理解することはむずかしい」というクレイン・ブリントンの言葉を引いています。

スペンサーは、一八二〇年生まれで、マルクスとほぼ同じ世代です。マルクスよりも長寿で、二十世紀まで生きました（一九〇三年没）。

ではスペンサーはどういう話題で出てくるか。コントはフランス語で「sociologie」という言葉をつくりました。一方、英語で「sociology」という言葉を最初に使ったのがスペンサーです。

ハーバート・スペンサー

十九世紀ヨーロッパの思想史を見る時に、フランス革命を基準に考えるとよいと言いました。フランス革命の時にその人はどうなっていたのか、生まれていたのか、経験していたのか、革命に間に合わなかったのか。

フランス革命は十九世紀の初めぐらいにほぼ終わります。それから四半世紀の間に生まれた世代に大物が多い。その典型がマルクスです。自分自身はフランス革命を経験していません。しかし、自分の親の人生は、革命に少しかかっているし、祖父は、革命に同時代的に立ち会い目撃したという確かな感覚をもっている。つまり、フランス革命の残響がありながら、しかし自分はそれに遅れてしまったという意識をもつ世代に、革命を直接体験した世代以上に、むしろフランス革命がもっている社会的断絶や政治思想的な断絶が多く表れている、そのような印象を私はもっています。スペンサーもフランス革命以降、四半世紀のところに入る人です。

スペンサーは、「社会進化論（social Darwinism）」に入ることになっています。

社会進化論はもちろん、ダーウィン（Charles Darwin, 一八〇九―一八八二）が一八五九年に出した『種の起原』を社会に応用したものです。ですから、スペンサーは、知的にはダーウィンに負うところがあるわけですが、ただここには一つの意図せざる結果、一種の歴史のアイロニーがあるように思います。

スペンサーはダーウィンから進化論のアイデアを借りて、それを社会に応用し、当時はとにかく説得力があるとして、多くの学者が肯定的に受容しました。後には優生学のようなかたちで政策的な影響力までもちました。しかし、これは考えようによっては、「無意識の逆輸入」なのです。

どういうことか、説明しましょう。十九世紀の半ばにダーウィンが進化論を発表しました。もちろん、これは、直接には、ダーウィンの自然観察の結果です。観察結果を説明する説得力ある理論を作ったら進化論になったわけです。しかし、なぜ十九世紀の半ばに進化論が出てきたのか。これには必然性があると思います。つまり、進化論が発想され、受け入れられたことには、知識社会学的な原因があるように思うのです。

十九世紀中盤というのは産業革命を終えて、イギリスが世界の覇権国であって、資本主義的市場が成熟し、安定していた時代です。一般に、自由主義的な市場の時代だとされています。自由主義的な競争の中で、イギリスが主導権を握っていた。言い換えれば、イギリスの覇権の下で、商人や企業家たちは安心して競争できた。ところが、十九世紀の終わりぐらいになると、競争が激しくなって、帝国主義の時代に入っていきます。進化論が出てきたのは、その直前の段階です。

ダーウィンは、自然を観察した結果、自然選択の理論を考えた。さまざまな性質をもった生物個体たちが、さながら適応度をめぐって競争しているかのようなのです。適応度というのは、生存率と繁殖率の積ですが、大雑把に生存競争と考えてよいでしょう。その勝者の性質が、何らかのメカニズムによって子孫に継承されていく。当時まだ遺伝のメカニズムについては詳しく知られていませんが、ダーウィンは、世代的に継承されていく先天的な性質があると考えたわけです。この理論は、ダーウィン自身にしてみれば、自然を虚心に眺めた観察によって導かれた帰納的一般化の産物です。しかし、彼が、こういう世界観を自然にあてはめ、これに説得力があると直感したのには、やはり理由があるのです。

すぐに分かると思いますが、ダーウィンが提起した自然選択の理論とよく似たことが、資本主義の市場、とりわけ自由主義段階の市場で生じているのです。市場にはさまざまな商品が出ています。結局、何らかの意味でのイノベーションに成功し、その商品が市場に受け入れられた人だけが生き残って、失敗すると退散しなくてはならない。そういうふうに、企業や商人たちが市場の中で競争しているという社会的現実が、まずあるわけです。ダーウィンが、この現実からの意識的な類比で、生物の世界の自然選択という発想に至ったわけではありません。しかし、自然選択が真実だと見えたのは、彼が生きた社会的現実から体得した無意識の前提があったからだと思うのです。その無意識の前提を枠組みにして、自然を見るので、自然でも競争が行われていることが見えてくる。だから、ダーウィンが成功した社会学的背景を考えると、そこには資本主義のある種の成熟があった。

ですから、ダーウィンの理論を、今度は社会のほうに適用するということは、元々社会的な経験のほうから無意識のうちに着想したものを、元の社会に戻したということになるわけです。つまり進化論の社会学的応用は、逆輸入だということになります。社会進化論が、自由主義的な市場に、あるいは列強の間の帝国主義的な競争に適合的に見えるのは、当然なのです。発想の無意識の源泉はそこにあるのですから。

今日、進化論は一般の人でもだいたいは知っている、基本的な科学的アイデアですね。実は、進化論がふつうの人に広く知られるようになった経緯は、どちらかというとダーウィン経由よりもスペンサー経由のほうが多いのです。そういう意味で、スペンサーは進化論の普及に非常に大きな貢献がありました。

しかし、皮肉なことがあります。スペンサーの社会進化論は当時としてはきわめて説得力があるものとして熱狂的に受け入れられましたが、その後の現実と知識の蓄積から、いろいろ問題があることがわかってきて、説得力を失い、いまや見る影もないほどに零落しました。それに対して、生物進化論のほうは、少なくともその基軸的な部分に関しては、人類が生きている限り、基本は変わらないと言ってよいほどに、確固たる定説となりました。

文明化の理論

いずれにしても、スペンサーは当時非常に影響力があったので、十九世紀から二十世紀にかけてのものの考え方を知る上で、重要なメルクマールになります。だから、スペンサーがどういうことを言ったのか、少しだけ触れておきます。

先に、コントが唱えた「三状態の法則」を説明しました。人間の精神が、宗教的な段階から、形而上学的な段階、そして実証的な段階へと変わっていく。すぐ後に述べますが、スペンサーの発展段階論も、結果だけ見ると、コントと同じように見えます。ただ、元になる発想が大きく異なるのです。それをはっきりさせておきたい。

その前に、やや注釈的なことを言っておきます。

コントもスペンサーもある種の文明化の理論です。コントは「神学的→形而上学的→実証的」の三段階。それに対して、スペンサーは「軍事型社会→産業型社会」と発展するとしました。コントの師匠はサン＝シモンで、サン＝シモンは特に産業を重視しましたから、元まで遡ればコントとスペンサーは非常によく似ている。

スペンサーの進化の図式、コントと共有するところも大きいこの図式は、十九世紀に流行したアイデアだと言ってよいでしょう。その証拠に、アメリカの人類学者ルイス・ヘンリー・モルガン（Lewis Henry Morgan, 一八一八―一八八一）も似たような説を唱えています。モルガンは『古代社会』（一八七七年）という本で有名です。なぜ、ここでモルガンにも触れたかというと、彼はマルクス－エンゲルスへの影響という点で見逃せないからです。モルガンは、いろんな民族誌的な記述を基に、「野蛮状態」から「未開状態」へ、それから

「文明状態」へという三段階を経て、人間社会は進化すると考えました。

モルガンのこの本が、エンゲルスの代表作『家族、私有財産および国家の起源』（一八八四年）という有名な本につながります。マルクスについてはすぐ後で丁寧に話しますが、彼は大英博物館で勉強している時に、ものすごくたくさんの抜き書きノートをつくっています。当時はコピー機がありませんからね。マルクスは、モルガンの『古代社会』に強く心を動かされたと見えて、この本を徹底研究しています。おそらくモルガンの本をもとに何か書くつもりだったのでしょう。ところが早く死んでしまったので、エンゲルスが、マルクスが残したノートをもとに、『家族、私有財産および国家の起源』を書いたのです。

このように、モルガンは、マルクス主義にとっても非常に重要な人なのです。

スペンサーの自由主義

回り道をしましたが、要は、野蛮・未開型から近代的な世界へと向かっていく、進歩や進化の歴史というイメージは、十九世紀の流行思想だったということです。コントもスペンサーも似たようなことを考えた。

しかし、この二人の思想の根幹は大きな違いがあります。スペンサーは個人主義的です。社会学の理論の上でも、そして規範とか倫理とかに関わる政治思想においても、スペンサーには、個人主義＝自由主義への強いコミットメントがあった。つまり、社会というものは、「自由に競争し合う個人の集合」であり、またそういう状態にある社会が望ましい、と彼は考えている。この点がコントと違うところです。スペンサー自身も、この点でのコントとの違いを意識していました。

スペンサーは一八五一年に『社会静学 *Social Statics*』という本を書きました。スペンサーを世に知らしめた本です。これは『種の起原』（一八五九年）よりも前に書かれているので、まだ社会進化論にはなっていません。しかし、スペンサーの基本的な着想はもうここに入っています。非常に個人主義的で、自由に競争し合う個人たちの切磋琢磨の中に社会はある、というイメージです。スペンサーの個人主義・自由主義は、進化論やダーウィンからの影響と見なすことはできないということがわかります。

ところで、「社会静学」という言葉は、スペンサーは自分の造語のつもりです。実際、彼が自分で考えて作った語ではあるのですが、実は同じ言葉をコントがもっと前に使っています。コントが、『実証哲学講義』の第四巻（一八三九年）で、同じ語を使っているのです。スペンサーはこれを知らず、たまたま同じ言葉を使ってしまいました。

それで、スペンサーは『社会静学』をアメリカで出版する時に、そこに付した「序論的覚書」で、自分がコントといかに違うかを強調しています。コントは、今風に言うと、官僚型の国家統制みたいな社会をイメージしている。産業や科学について、エリートが社会を統制するのです。そういう意味では、コントが目指す社会は社会主義的です。それに対して、スペンサーは個人主義的で、社会主義を憎んでさえいました。ですから、『社会静学』のアメリカ版で、スペンサーは、自分はコントが目指していた「市民に対する権威主義的統制の増強」を狙っているのではなく、逆に、その縮小を唱えており、理想は、ナショナリズムではなく個人主義だと一生懸命書いています。

スペンサーが社会進化論を取り入れて、「社会学」という言葉を使うようになったのは一八六二年から三十年間以上もかけて書いた『総合哲学体系』においてです。――いまではよほどの物好きでなければ読みませんが、ものすごい大著です。この当時、「哲学」という言葉は学問と同じ意味ですから、すべての学問を包括する百科事典みたいな本をつくったわけです。その十巻のうちの三つの巻が「社会学原理」に当てられています。

第一巻は『第一原理 *First Principles*』という謎めいたタイトルで、この巻の中ではやくも「社会学」という言葉が登場します。「第一原理」とは何か。それは一種の自由主義の原理です。人間は、他人に危害を加えない限り、何をする自由もあるという考え方（他者危害原則）です。ジョン・スチュアート・ミルの名と結びつけられている自由主義に、ベンサム流の功利主義を加えると、スペンサーの基本的なアイデアになります。要するに、自由主義原理にもとづいているとき、社会は、功利主義的な最適化が図られる、という発想です。ここから、先ほど述べたような社会主義的な政策に対する批判や、あるいは進化論的な主張が出てくるわけです。これが第一巻で、そして六、七、八巻の三つの巻が、『社会学原理』です。この『総合哲学体系』で「sociology」という英語が、初めて使われたのです。

スペンサーはいま読んで感心するようなことはそんなに書いていませんが、学説史的には、のちに出てくるデュルケームとの関係で注目しておく必要があります。デュルケームはスペンサー流の「社会有機体論」を乗り越える、あるいは批判するかたちで自分の近代的な社会システムのアイデアを出しているからです。それがやがて「機能主義(functionalism)」という、社会学の非常に重要なアイデアになっていきます。要するに、スペンサーの理論は、機能主義の基礎を築いたデュルケームの理論に、いわば否定的につながっているのです。

コントもスペンサーも、当時としてはそれなりに重要な人ですけれども、いまではあまり読まれません。しかし、十七、十八世紀までの社会契約説（ホッブズやルソー）と、十九世紀の典型的な社会哲学者としてのコントとスペンサーを比較すると、明確な違いがあります。

どこが違うか。なるほど確かに、ホッブズやルソーはいまでもかなり参照されますが、それに比べると、コントやスペンサーは引用回数が少ない。しかし、コントやスペンサーは、ホッブズやルソーにない要素を一つもっています。それは、時間性、あるいは歴史性です。

十七、十八世紀の社会契約説には、進化とか歴史というイメージはほとんどありません。初期の社会学で起きたことを一般化すると、十九世紀は、時間や歴史が思想の根幹になった時代であるということがよくわかります。ミシェル・フーコーは、「社会学」にはまったく触れていない、非常に独創的な思想史のテクスト、あの『言葉と物』で、古典主義時代（十七、十八世紀）を「表象の時代」、近代（十九世紀）を「人間主義の時代」と特徴づけているのですが、この二つの時代の違いも、後者において、時間や歴史の概念が入ってくるということと関係しています。ということは、「社会学の登場」に注目することで、フーコーが見出したのと同じ、西洋の知における、「認識論的断絶」が見出される、ということでもあります。

社会学をバ勉強し

スペンサーの話を締めくくるにあたって、もう一つだけ言っておくことがあります。明治維新期の日本との関係です。先ほども述べたように、スペンサーの社会進化論は、優生思想の理論的な支柱の一つになったとして、今日では、あまり評判がよくありませんが、しかし、当時は、影響力は絶大でした。そのことは、明治維新の日本にとっても同様です。というか、日本にとっては、とりわけ重要な意味をもったと言ってよい。たいていの教科書に紹介されていますが、スペンサーは日本の明治維新期にものすごく影響を与えたのです。当時の日本の知識人にとって、スペンサーは、最先端の学ぶべき思想でした。

日本は、それまで引き籠もりで生きてきたのに突然開国して、世界の中のワンプレイヤーとして競争しなければいけなくなった。軍事的にも産業的にも早く強くならなければならない。スペンサーの、「自然淘汰」の社会版みたいなアイデアが、こうした状況にはきわめて適合的です。明治維新期の日本の知識人たちには、ピッタリの、まさに求められる思想だったのです。

当時のイギリスは明らかに圧倒的に勝っている国です。そういう国を代表する学者が、「やっぱり強い者が勝つ」ということを学問的に裏付けている。日本としても、まずは、勝利に値する「適者」にならなくてはいけない。当時の知識人たちは、そういう焦燥感の中で、スペンサーを導入したと思います。

そもそも、いまでもそうですけれども、日本の場合、人文・社会系の知識人は、最先端のヨーロッパの思想を学習し、それを紹介したり、引用したりしながら、水戸黄門の印籠のように活用する。明治期において、スペンサーがその典型でした。

日本で最初の社会学者は誰か。それは外山正一《とやままさかず》（一八四八―一九〇〇）という人です。彼は江戸時代の生まれで、明治に活躍しました。

この人は、『新体詩抄』（明治十五〈一八八二〉年）の編者の一人でもあります。つまり、外山正一は、詩人でもあります。『新体詩抄』の中に、「社会学の原理に題す」という外山の詩が収められています。これははっきり言えば、実にくだらないものですが、笑えるので紹介しておきます。簡単に言えば、上から目線で人民を啓蒙するというスタイルの詩です。

こんなふうに始まります。「宇宙の事は彼此の／別を論ぜぬ諸共に／規律の無きはあらぬかし……」つまり、宇宙には、あっちでもこっちでも成り立つ普遍的な法則がありますよ、というわけです。そこで、まず、万有引力の法則を解説して、その次に進化論の話になります。「アリストートル、ニウトンに　優すも劣らぬ脳力の　ダルウヰン氏の発明ぞ」。アリストテレスやニュートンよりも頭がいいと言われているダーウィンが発明したのが進化論ですよ、というわけです。その後、「これに劣らぬスペンセル」、スペンサーですね。こういう流れの中で社会進化論を紹介するわけです。長い詩でして、この後、日本の言論人や役人をひとわたり罵倒した後、最後にこう締めくくられます。

政府の楫《かじ》を取る者や
輿論を誘ふ人たちハ
社会学をバ勉強し
能《よ》く慎みて軽卒に
働かぬやう願ハしや

つまり、みんなちゃんと社会学を勉強して、慎み深くやりなさいと言っているわけです。くだらなさもここに極まれり、というような駄作ですが、外山正一にとって一番重要だったのは、アリストートルやニウトンに勝るダルウヰン氏にも劣らぬスペンセルだったというわけです。明治初期において、スペンサーが、日本の知識人にとっては、民衆を拝《はい》跪《き》させる「印籠」としての役割を果たしていたことがよくわかるでしょう。こういう具合に、スペンサーは当時日本でも猛威を振るったということを確認して、この項は終わりにします。

4 マルクス——宗教としての資本主義

4－1 革命的亡命者

カール・マルクスの生涯

草創期の社会学者の学説の多くは、今日では、文字通りに受け取る価値はありません。しかし、ここで、「十九世紀の理論はもはや古くて役立たないんだ」などと思ってはいけません。なぜなら、スペンサーと同時代人の中から突然、ずばぬけた知性が、その根幹的な部分に関しては、今日でもまったく輝きを失わない理論が、人によっては社会的思考の頂点とも見なしている理論が、少なくともその影響力の深さと拡がりという点では、まちがいなく随一と言える学説が登場するからです。

もちろん、それは、カール・マルクス（Karl Marx, 一八一八—一八八三）の理論です。考えようによってはいきなりエースの登場です。社会学の歴史の中で、最も深く、最も広く、思考の面でも実践の面でも影響力のあった学者は、間違いなくカール・マルクスなのですから。このように、十九世紀の段階で唯一、本当の意味でいまでもそのまま読むに値する重要な学者がここで出てくるわけです。

スペンサーはダーウィンの影響を直接受けて社会進化論を書いていますが、マルクスもダーウィンの影響を受けています。有名な話ですが、マルクスは『資本論』の第一巻をダーウィンに献本しています。

もちろん、マルクスの才能は多くの人が認めていましたが、一番認めていたのはエンゲルスです。エンゲルスはマルクスの葬式の弔辞で、生物学の領域においてダーウィンがやったことと等しいことを、マルクスは人間の歴史に関して為した、という趣旨のことを言っています。適切な類比だと思います。

マルクスが生まれたのは一八一八年。ご存じのようにユダヤ人です。実家は裕福でした。父親は弁護士で、マルクスも最初は法律の勉強をするために大学に入ります。しかし途中で哲学に興味をもつようになった。最初はボン大学に入って、その後ベルリン大学に移り、そこで哲学者、特に青年ヘーゲル派の人たちに影響を受けた――当時、ラディカルなドイツの哲学者は青年ヘーゲル派とかヘーゲル左派と言われました――。最初は大学の先生になって、哲学を教えようと思っていた節がありますが、危険思想の持ち主とされて、大学に残ることはできませんでした。

その後、波瀾万丈の人生を送っています。マルクスは、プロイセンとフランスの国境地帯に生まれていますが、考えてみると、まだドイツという国もない時代です。いま述べたように、危険思想の持ち主と目されたために、そこに留まることはできず、ヨーロッパのいろんなところを移り住む亡命者として過ごしました。若い頃、まずはパリに住みました。初期マルクスの代表的な文献とされる『経済学・哲学草稿』はパリで書かれました。だから俗に「パリ手稿」とも言われます。その後、ベルギーに行ったり、いろんなところを転々と亡命して、最終的にはロンドンにたどりつくわけです。一八四九年のことです。その後、死ぬ一八八三年まで、彼はイギリスに在住しました。

カール・マルクス

ロンドンでは、狭いアパートに住んで、そこから大英博物館に日参して、著述をしました。その最大の成果が、もちろん『資本論』。一八六七年に第一巻が完成し、出版されました。

それにしても、『資本論』のようなものを書いても儲かるわけではないので、何をして稼いでいたかというと、ジャーナリストです。政治評論を書いたのです。マルクスの政治評論は非常に気の利いた深いものなので、いまでもけっこう読まれます。一番有名な、ナポレオン三世について書いた『ルイ・ボナパルトのブリュメール一八日』も、当時のフランスの政治状況を分析したものです。現代では、ひと月も経てば価値がなくなるような政治評論がたくさんありますが……マルクスの場合は百年経って読んでも価値があるような非常に深い内容のものを数多く書いています。

エンゲルスの貢献

それにしても、マルクスは、発禁処分になりかねない雑誌をつくったり、あるいはそういうところに寄稿しながら生きているので、経済的には著しく不安定です。生家はお金持ちでしたし、奥さんも裕福な家庭の出ですが、マルクス自身はたいした稼ぎがないので、貧困生活を送っていました。そのマルクスを助けたのが、フリードリッヒ・エンゲルス(Friedrich Engels, 一八二〇―一八九五)です。マルクスよりも二歳年下ですが、パリで初めてマルクスに会って、次第に意気投合した。先ほど述べたように、エンゲルスはマルクスの才能を高く買います。エンゲルスの家は紡績工場などを営んでいて、自分も事業家として成功しているので、経済的にもマルクスを助けています。

エンゲルスは謙虚な人です。マルクスとの共著は『共産党宣言』をはじめとしてたくさんありますが、それらに関して「一緒に書いたけれども、思想はすべてマルクスのものである」と言っています。マルクスの学問的業績に対して、エンゲルスの貢献がどのくらいあったのか、という点については、学説史の研究者によって大きく見解が分かれるところです。

マルクスという人は、もちろん学者とか著述家というだけでは済みません。それは彼の一部で、むしろ活動家、いや革命家です。そういう仕事をたくさんやっています。たとえば、『共産党宣言』は、共産主義者連盟ができたときに、マニフェストとして出されたものです。一八七一年のパリコミューンにも関わっているし、一番重要なのは、いまでは「第一インター」と呼ばれますが、当時はまだ第一ではない「インターナショナル」、つまり国際労働者協会（一八六四—一八七六年）をつくるのに尽力したことです。

そういう中で著述活動をして、膨大な量を書き、一番の主著になるべき『資本論』を、本当は三巻とも生前に出したかったはずですけれど、生前に出版できたのは、第一巻のみです。マルクスは一八八三年に、六十四歳で亡くなりました。『資本論』の第二巻、第三巻は、残された草稿からエンゲルスが編集して出しました（第二巻は一八八五年に、第三巻は一八九四年に公刊）。

4-2 物象化の論理

土台／上部構造

ここでは、マルクスの社会学者としての側面にのみスポットをあて、その最も重要な部分についてだけごく簡単に解説しておきます。問題はマルクスがどういうことを言ったのか、あるいはどういうふうにものを考えたのか、ということです。マルクスのポイントをお話しします。つまらないところから、だんだんおもしろいところへ入っていくように説明しようと思います。

マルクス思想の研究者たちが重視する本として、『ドイツ・イデオロギー』があります。一八四五年から四六年、二年間かけてエンゲルスと一緒につくった本です。このあたりから、マルクスが、思想家として、哲学者として、一流になったと考えられています。

ここでマルクスとエンゲルスは、「人間と動物はいったい何が違うのか」という話から始めています。人間と動物の違いは、マルクスの考えでは、「人間は、自分の生活手段自体を自分で生産する」ことにあります。その生活手段をつくるための様式を、「生産様式（独 Produktionsweise, 英 mode of production）」と言います。これはふつうの言葉のように聞こえますが、マルクス用語です。

「生産様式」の中では、人間は一人ではなくて、相互に関係をもちながら活動する、そういう人間相互の活動のことをマルクス用語では「交通（Verkehr）」と言います。マルクスを読む時には知っておいたほうがいい言葉です。自動車の交通ではなくて、人々の相互活動のことです。「交通」を通じた「生産様式」が、人間の生活のベースにある物質的層に、つまり経済的な部分にあたるわけです。

ここまでは経済の話です。もっと人間っぽい、観念、思想、理念、表象、象徴などはどこに関係してくるのか？

通説的なことを先に言っておきます。マルクスは、人間の物質的な、あるいは経済的な部分と、精神的な活動との間の関係を、『経済学批判』（一八五九年）という本の有名な序言で——この本は非常に重要な本で、『資本論』の第一巻の下書きのようなところがあります——明快に定式化しました。それが「土台と上部構造」、あるいは「下部構造と上部構造」という建築の比喩です。土台は経済のことです。これは先ほどの「生産様式」と同じ意味です。

マルクス用語では、「生産力（Produktivkraft）」と「生産関係（Produktionsverhältnisse）」を足し算すると「生産様式」になります。「生産関係」とは、究極的には階級の関係を指します。もう少していねいに言い換えると、職場内での分業や社会全体での分業、そして最終的には階級関係、そういうものをまとめて「生産関係」です。

その土台の上に、二種類の二階が載っています。「政治的・法律的上部構造」と「イデオロギー的上部構造」です。この考えには批判が多く、悪名高い図式ですが、とりあえず、知っておかなければいけないので、書いておきます。

上部構造　政治的・法律的／イデオロギー的
土台　経済＝生産様式＝生産力＋生産関係

この「イデオロギー」が非常に重要な言葉です。いまではふつうに使われるようになりましたが、この言葉に特別な意味を与えたのは、マルクスとエンゲルスの『ドイツ・イデオロギー』です。

イデオロギーという言葉を最初に使ったのは、どんな教科書にも書いてありますが、デステュット・ド・トラシーという人です。私は彼のものを読んだことがありませんが、必ず出てきます。ただ、その時は、「イデア」の「ロギー」、すなわち「イデア」の「ロゴス」で、「観念の学」という意味で使っています。

この語を、マルクスとエンゲルスは人間の精神活動の一般をまとめて意味するために転用したのです。思想とか学問、あるいは芸術なども含めて、イデオロギーと呼ぶ。これがマルクス主義の標準的な図式です。ベースにあるのは経済で、それに規定されて、政治的な権力構造が決まったり、人間の観念や意識の形態が決まったりする、というわけです。

商品形態と近代的世界観

これが基本ですが、これだけではおもしろくない。こんなところで満足していたら、マルクスのおもしろさや肝心な部分はまったく逸してしまいます。マルクスの議論をもう少し深く理解するには、この図式はとりあえず頭の片隅に置いておいて、もっと繊細なことを言っていることに気づかなくてはなりません。

マルクスが人間の観念のあり方や精神のあり方について、どういうふうに考えていたかというのは、もっと別のところを読む必要があります。それは、一見、人間の精神を扱っているわけではないように見える、けれどもよく読んでみるとそここそが一番の肝だという部分です。

それはどこか。『資本論』は最初、商品分析から始まります。ふつうこれは、経済だから、下部構造の部分に見える。しかし、そうではない。商品分析が、そのまま、ある意味でイデオロギーの、あるいは人間の思考様式の、あるいは人間の観念のあり方の分析になっている。経済の分析だと思われている商品の分析そのものが、すでにイデオロギーの研究にもなっている。

もう少しきちんと言えば、『資本論』の冒頭の商品分析は、近代社会＝資本主義社会特有の観念のあり方が、どのようなメカニズムによって成り立っているかについての理論として読むことができるのです。そのことをこれから説明していきます。

が、先に断っておくと、これは、特に奇抜で独創的な解釈というわけではありません。『資本論』はこういうふうに読まないといけないと私が最初に思ったのは、真木悠介の『現代社会の存立構造』という本を学生時代に読んで、感銘を受けたときです。この本は、『資本論』を理論的な骨格にした現代社会論です。そのときに、『資本論』は、商品や労働力や経済的な問題について論じているように見えて、実はそうではなく、全体が権力の理論でもあれば観念やイデオロギーの理論でもある、そういう読み方をしなければいけないんだとつくづくわかりました。

あるいは、後で知ったのですが、『現代社会の存立構造』とほぼ同時期に、アルフレート・ゾーン＝レーテル（Alfred Sohn-Rethel, 一八九九―一九九〇）という人が、やはり『資本論』は、商品分析そのものが精神の構造の分析になっていると言っています（日本語では、『精神労働と肉体労働』という本が、一冊だけ翻訳されています)。ゾーン＝レーテルは、(ずっと後に紹介する)フランクフルト学派に近いところにいた、異色の哲学者です。また、解釈のしようによっては、日本でのマルクス理解をリードした廣松渉も、そういうふうに『資本論』を読んでいたと見なすことができます。

『資本論』は、資本主義的生産様式のもとにある社会を分析した本です。資本主義という言葉をあえて使わなければ、広い意味での近代社会論です。一般的には経済学の本のように思われるかもしれませんが、近代社会をトータルに理解するための一つのモデルを提供しているのです。

では、近代社会に特徴的な観念のあり方はどこにあるでしょうか。それは、非常に抽象的・概念的な思考様式でしょう。その直接の産物が、近代的な自然科学です。たとえば十七世紀頃にニュートンをはじめとする重要な自然科学者が陸続と登場し、重要な科学的知見がどんどん蓄積されていきます。それを科学史の専門家は「科学革命」と言います。科学革命を特徴づけるのは、自然に対する、概念的で抽象的な捉え方です。その捉え方を念頭においたときに、近代的世界観と商品とは、一見関係がないように見えて、不可分に結びついている、と言える。先にその名を出した、ゾーン＝レーテルは、「[マルクスの]商品形態の分析は、古典経済学批判のための鍵となるだけではなく、抽象的・概念的思考と、それとともに生まれた精神労働と肉体労働の分割を、歴史的に説明するための鍵ともなる」と書いています。

どういうことか、単純化して説明していきます。たとえばわれわれは、高校ぐらいになると力学を勉強します。そのベースになったのはニュートンの古典力学です。ニュートンの世界観では、物質世界を考える時に、質点というものを導入します。物質の一番エッセンシャルな部分は、質量と速度です。しかも力学的な運動に関しては、物質の重心だけを考えればいいので、結局、点で考える。その点に質量が全部集中していて、その点が速度をもっていると考えると、エッセンシャルな部分がわかる。これが質点です。それが、まず真空の中を移動していると考えて、あとで、抵抗や摩擦のことなども考慮に入れて、少しずつ現実に合うように調節していく。

つまり、多様な物質を、速度と質量以外はもたない、量的な規定にまで抽象化し、それらの間にあるさまざまな質的な差異を還元するわけです。そういう世界観が、科学革命を可能にして、近代的な新しい世界観へのブレイクスルーをつくった。

ここで、商品交換という現象を考えてみましょう。商品交換の世界を念頭においたとき――それは物々交換というより貨幣によって商品が買われる世界です――、私たちは、たとえば、このノートとペットボトルの水は等価だと考えたりするわけです。どちらも、百円で買えるからです。

でも、当然のことながら、このペットボトルの中にある水と、このノートは、まったく違う目的のためにある。まったく違った用途をもっているわけです。しかし、商品として見たときには、同じ価値である。あるいはノート一冊が、小さなペットボトルの水二本分に当たる、というふうに考えられる。商品になるとはそういう等価関係が打ち立てられるということです。

このペットボトルに入れられたミネラルウォーターはおいしく、しかも持ち運びがしやすいとか、このノートは、書き込みがしやすいとか、そうした個々の商品の実際的な使用における価値を、マルクス用語では「使用価値」と言います。商品は、使用価値として見れば、多様で、それぞれに個性的です。しかし商品交換において、それらは同じ「価値」を持っていると見なされる。ここではわかりやすくするために、この「価値」という語を「交換価値」という言葉を使っておきます。本当はマルクスは「交換価値」と「価値」という言葉を使い分けています。厳密には、ここは「価値」と言わなければなりませんが、わかりやすく、「交換価値」としておきます。

さまざまな使用価値をもつ商品をひとしなみに抽象化して、同じ交換価値の量的な規定によって比較し、等価関係を打ち立てていく。これは、先ほどの古典力学のやり方と同じです。さまざまな物に匂いがあったり色や形や質感があったりするわけですが、しかし、それらを力学的な対象として扱い、その運動を計算するときには、質量と速度といった量だけに還元する。両者は同じタイプの操作になっているのです。

もちろんニュートンが、商品の世界を分析してそう考えているわけではありません。そうではなくて、マルクスの分析をもとに考えれば、商品を交換したり、購入したりしているとき、われわれは無意識のうちに、ニュートンの力学がなしているのと同じ操作を、商品に対して施しているわけです。

すべてのものが商品になる社会

『資本論』の有名な冒頭はこうなっています(岡崎次郎訳)。

> 資本主義的生産様式が支配的に行なわれている社会の富は、一つの「巨大な商品の集まり」として現われ、一つ一つの商品は、その富の基本形態として現われる。

つまり、その社会の中にある価値あるものは、ことごとく商品だ、というわけです。それが資本主義という社会です。資本主義以前の段階でも人々が持っている富はいろいろありますし、それらは、ときに贈与されたり、交換されたりしています。商品と見なしうる物は、富の一部でしかない。しかし、資本主義化した時には——マルクスは十九世紀の段階でそう考えている——、社会の富とはすべて商品である、と言うことができるほどの段階にきている。そういう社会を彼は分析しようとしている。すべてのものが商品になるということは、すべてのものにさまざまな具体的な使用価値があるとしても、それらはすべて抽象的な交換価値に還元できるということです。

では、すべてのものが商品になる社会とは、どういうあり方をしているのか。どうしてその社会では、すべてのものが商品になるのか。それを分析し、説明することは、たとえば科学革命を起こしたような、あるいはその後に産業革命を起こしたような世界観が、どのような社会的な基盤から出てきたのか、ということの分析と説明でもあるわけです。

こんなふうに考えてもいい。十八世紀の終わり頃から十九世紀のごくはじめにかけて、近代の哲学者の中でも最も偉大な一人である、カント（Immanuel Kant, 一七二四—一八〇四）が出てきます。カントは明らかに科学革命、あるいは啓蒙の時代に生まれてきた自然科学の衝撃を受けて、ものを考えています。そのときカントは、新しい自然科学、たとえば物理学によって記述された法則が、どのような意味で、どのような権利で、普遍的な妥当性をもっていると言えるのか、を考えている。その成果が、カントの三批判書、わけても『純

粋理性批判』（一七八一年、第二版一七八七年）です。

そのときにカントは、人間の理論的な認識の妥当性を説明するために、人間の主観性の中にそなわっているある形式――カントの用語では「超越論的主観」――を考える。その形式のゆえに、近代科学が提示する世界に普遍的な妥当性が保証されると考えた。要するに、カントが人間の内的な主観性の中に見出したものを、マルクスは商品世界の中に見出しているわけです。

こう言ってもよい。カントの超越論的主観に相当するものが、資本主義社会における商品形態である、と。考えようによっては、マルクスの商品についての分析は、カント哲学の社会学化なのです。いわば内面のドラマとして描かれていたものが、商品のドラマとして展開していく。

いずれにしても、マルクスは、商品の中に「使用価値／交換価値」という二重性が宿り、すべての富が商品の集積として表れるような社会が、どういう成り立ち方をしているのかを分析するのです。

疎外と物象化

では、「商品を可能にするメカニズム」をマルクスはどう考えたのか。つまり、近代社会をマルクスはどう捉えたのか、ということを、土台と上部構造のような大まかな図ではなく、もっと繊細に見ていきます。

鍵になるのは、「物象化」という言葉です。以前はよく使われた言葉ですが、いまはあまり使いませんね。ドイツ語で言えば、「Versachlichung」。Ver は接頭語で、Sache は物という意味です。つまり「物になる」。英語で言えば「reification」です。

さて、物象化を説明するためには、それとセットになっている「疎外（Entfremdung）」という概念も説明しておかなければならない。あるいはそれとの兼ね合いで「物象化」という概念を理解する必要があります。

私が若い頃には、よく「疎外論か、物象化論か」ということが、マルクス理解のポイントになっていました。疎外論派か物象化論派かというか。「疎外」は元々ヘーゲルから出てきている概念です。マルクスのテキストにも重要用語として出てきますが、これがなぜマルクス解釈のポイントになったかというと、マルクスの思想の中で「疎外」がもっている位置について、見解が二つあったのです。

マルクスは、初期のテキストの中で、疎外という言葉を非常によく使っています。それがだんだん使わなくなった。それで、廣松渉が一番の中心人物でしたが、「疎外という概念が、いわば物象化に置き換えられた。ここにはマルクスの認識の大きな飛躍がある」と考えたわけです。

逆の考え方もある。疎外という概念はマルクスの中ではずっと重要な概念として生き続けていて、「疎外論から物象化論へ」などという断絶はない、という説もありました。いまとなっては昔日の感がありますが、当時は、マルクスがどう言ったかということは、神様がどう言ったかみたいなものなので、とても重要な論争でした。

結論的に言えば、マルクスのテキストの中に移動があって、疎外という概念がベースになっていた時期から物象化という概念がベースになった時期へ、明らかにスライド、あるいは飛躍があると思います。そしてその飛躍のターニングポイントにあるのが、先ほど名前を出した『ドイツ・イデオロギー』です。海外ではルイ・アルチュセール（Louis Althusser, 一九一八―一九九〇）――晩年、気の毒なかたちで亡くなりましたけど――が廣松渉と近い解釈で、マルクスの前期と後期の間に認識論的な断絶があると言っています。その断絶とは、やはり疎外から物象化への移動なのです。だから、物象化を理解するには、まず疎外という概念がどういう意味かをわかっておかねばなりません。

フォイエルバッハの「疎外」論

というわけで、まず、「疎外」とは何かを話します。

一番わかりやすいのは、初期マルクスのテキストよりも、マルクスが念頭に置いて乗り越えようとしていた先輩たち、すなわち青年ヘーゲル派（ヘーゲルの影響を受けたラディカルな人たち）を参照することです。彼らが、疎外という概念をどう使っていたかを見てみましょう。

青年ヘーゲル派の中で一番重要な人は、フォイエルバッハ（Ludwig Andreas Feuerbach, 一八〇四―一八七二）です。彼の疎外論との関係で、物象化論を説明していきます。

フォイエルバッハは『キリスト教の本質』（一八四一年）という本の中で、キリスト教批判をしています。何を言っているかというと、信仰している人から見れば「人間は神の被造物である。神がまずいて、われわれ被造物は、神の命令に従ったり、神に対して祈ったりする」わけです。「神が存在するのは間違いない」ことになります。しかし、フォイエルバッハに言わせれば――当たり前と言えば当たり前ですが――、いや違う、神が人間を造ったのではなく、人間が神を造ったのだということになる。

実は、この図式を別の言い方で、「疎外」という概念を使って説明できます。どういうことか。信者の観点からは、まず神がいて人間を造ったわけですが、客観的な実態はそうではないとすると、どうなるか。人間が自分の内側にあるもの、「人間の人間たるゆえんのようなもの」を外部に投射して――外化して――、それを神と見なし、はじめから外に存在するもののように感じて崇めている、という構図です。「人間の人間たるゆえんのもの」を、ドイツ観念論の言葉で、人間の「類的本質（Gattungswesen）」と言います。神とは、人間の類的本質の外化＝疎外されたものである、ということになるわけです。つまり「人間の人間たるゆえん」を、自分の外に出して、実は自分が造ったものなのに、自分の存在より前から、最初からあったもののように錯覚してしまう。こういう構図を、疎外論の図式と言うわけです。人間の外にある観念の形態、客観的に存在しているように見えるものは、実は人間の内的なものを外に投影したものだと考えるのです。

この青年ヘーゲル派的なアイデアを、マルクスも初期の段階では踏襲している、と言われています。しかし、やがて物象化論というものに考えが変わっていった。どのように変わったのか。

人と人との関係へ

疎外論の考え方は、簡単に言うと「神ってお前が造った妄想だよ」と言っているわけです。そうやって宗教を批判したつもりでいるけれども、よく考えると、この図式はまだ不徹底です。なぜならば、神というかたちで、何かが外化されているわけです。ということは、人間の内側に、はじめから神の等価物が入っていることになる。神に相当するものが人間の中にあって、それを外に出している。神は妄想だと言っても、自分の内側に、神に相当する何らかの実体が存在するのをすでに認めている。

神を解体しようとしても、その解体したのと同じものを人間の内側に見ていては、本当の意味での宗教批判にはならない。フォイエルバッハは、神の虚妄性を暴いているつもりですが、彼の疎外論は、その虚妄とされる「実体」の位置を、人間の外から内へと移動させただけだ、とも言える。

そこを、物象化論ではどのように考えるか。

結論的に言うと、実体の部分を、さらに別のものに置き換えるわけです。それは、人間と人間の関係です。マルクス主義者からすると、人間の関係で一番重要なのは、人間が生活手段をつくって生きていくことですから、その関係は主として――マルクス主義用語では「協働連関」という言葉を使います――、生産労働における人間の関係がベースになります。(人と人との)関係性が、外的な物のように客体性を帯びて現れること、これが物象化です。このとき、同時に、関係性から、その客体的な物と対になるように、人間の内的本質が存在しているかのような錯覚も生まれます。

図式的に整理しておきましょう。関係をR(relation)、人間をS(subject)、神をO(object)とします。疎外論の図式では、SがOを作ったことになります。

S → O

しかし、物象化論によれば、そうではなくて、Oは人間と人間との関係Rが生み出した一つの錯覚です。あるいは関係Rが一つの対象Oに転倒して投影されているわけです。このとき、Oと一緒に人間の主体性Sという錯覚も生まれる。Rは、SとOを同時に生み出している。一方に神Oがあり、一方に神に従う人間のアイデンティティSがある。しかし、このO/Sというセット自体が関係Rが転倒して表象されたものだ、というわけです。図式化するとこうなります。

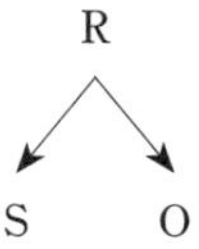

疎外論は、神という実体を人間の内側に移したのですが、物象化論は、その人間の内的実体をも、さらに社会的な関係性に解体する。こうして、物象化論の公式見解に従えば、あらゆる実体は関係性のほうへと還元された、ということになるわけです。このとき、人と人との関係が、それらとは独立の物象のように現れている。このメカニズムのことを、物象化論と呼びます。

価値形態論

これが基本の図式です。これを繊細に見ていきます。というのも、『資本論』の序盤にある価値形態（Wertform）論という名高い部分が、商品形態がどのようにして生まれるのか、ということを物象化の論理にそって説明している、と解釈できるからです。

先ほど、科学革命を例にしながら、商品形態が近代的な世界観の母胎になっていると論じました。そうだとすると、価値形態論は、近代的世界観の生成について論じているとも解釈できるのです。だから、『資本論』を全部読むのが大変だったら、せめてここだけは読みましょう。

さて、たとえばこのペットボトルとノートは似ても似つかないものです。でも、われわれは同じぐらいの価値だと言う。なぜなら、どちらも貨幣と交換可能だからです。多様で、それぞれに特殊な商品が、抽象的な（交換）価値をもつかのように現れるのは、貨幣があるからです。同一の貨幣との交換可能性が、多様な商品に、抽象的な同一性を与えるのです。とするならば、商品が一般的な富として成り立っている近代社会の基本的な仕組みは、貨幣が生成されるメカニズムを説明されれば理解できたことになる。その貨幣の生成のロジックを説いたのが、価値形態論です。

価値形態論は、貨幣が成立するまでのステップを三つの——あるいは数え方によっては四つの——ステップで考えます。一見、素朴な物々交換の中から貨幣が出てくるまでの過程を記述しているように見えますがそうではありません。ここで主題になっているのは、歴史的順番ではなく、論理的な順序です。

まず、第一段階は「単純な価値形態」。マルクスは上着とリンネルで説明していますが、リンネルはなじみがないので、ここではペットボトルの水（A）二本とノート（B）一冊としましょうか。これらを交換するとしましょう。

A×2＝B×1

このとき左辺（Aの側）を「相対的価値形態」、右辺（Bの側）を「等価形態」と言います。つまり、Aの価値はどれくらいか？　と思ったときに、Aの二個分がB一個分に相当すると考える。Aの価値を、Bを基準にして測っています。AはBによって相対的に価値が測られている。こういう関係を「単純な価値形態」といって、議論の出発点に置きます。

二番目は「拡大された価値形態」。A（ペットボトルの水）を生産し、もっている人は、B（ノート）さえ得られれば十分というわけにはいきません。その人は、コーヒーCも必要かもしれませんし、パンDも必要だし、また車Eも欲しいかもしれない。つまりAをBと換える時もあれば、Cと換える時もあるし、Dと換える時もある。量のほうを小文字で表現すると次のようになります。

A×a＝B×b　または
　　＝C×c　または
　　＝D×d　または
　　＝E×e　または……

これらの等式は全部「または（or）」でつながっています。こういう状態を「拡大された価値形態」と呼びます。相対的価値形態Aがさまざまな等価形態によって、その価値を表現されているわけです。

この後が、つまり第三の段階から次の第四の段階への展開が、ややトリッキーな議論になります。ここで右辺と左辺を交替してみる。その上、等式をすべて、「かつ（and）」でつなぐのです。

B×b＝A×a　かつ
C×c＝　　　かつ
D×d＝　　　かつ
E×e＝　　　かつ……

そうすると、BもCもDも、それぞれの価値を、全部、単一の等価形態であるAによって測られていることになる。Aが、BとCとD等を測る基準になっている。あるいは、Aが、BとCとD等の間に比較可能な等価性があるということを保証する基準になっている、とも言えます。つまり、Aは、それぞれの交換の一般的なメディアになっているのです。このようになったものを「一般的等価形態」と呼びます。これは多くの場合、貴金属によって担われる。それが貨幣形態です。

ここまでは非常に有名な議論ですが、ちょっと文句もあると思います。特に二番目から三番目への転換はどうなのでしょう。理由もなく、右辺と左辺をひっくり返すというのは、ちょっとごまかしていないか、という気にもなります。ここでは結論は出しません。

とにかく以上の価値形態論は、商品（所有者）たちの特定の関係性から、商品たちの神とも言える貨幣（一般的等価形態）が析出されるメカニズムを説明しているわけです。Aは、市場にあるすべての商品の価値を評価する中心になっているのですから、市場における神に当たる。それが生まれてくるメカニズムになっているのです。まさに物象化の論理に従っています。

フォイエルバッハの場合は、人間の内的な本質が外部にただ投影されるという論理でした。しかし、マルクスの議論はそうではない。ある関係の様態が神的なものを生み出すというメカニズムになっている。

あるいは、こう言ってもかまいません。社会学は「社会秩序はいかにして可能か」を問う学問でした。このマルクスの議論は、市場という現象の中に、一つの等価形態、価値の基準が生み出され、商品交換がいかにして可能になるかを説明しているわけです。ということは、市場という特定の社会に託して、社会秩序が生成されているメカニズムを説明していると考えられます。その意味で、価値形態論は、社会学の最もベーシックな基本問題に対するマルクスの答えということにもなります。

AとBの非対称性

マルクスの議論にはさまざまな反論や批判があります。これでいいのかよくわからない。しかしそれを細かく検討するのはやめて、この議論の有意義な部分を理解する上で、どこが大事かということだけ言っておきます。非常に重要なポイントが二つあります。

一つ目のポイント。先ほどの三つのステップの流れを全体として見ると、ごまかしがあるように見えてきます。特に、第二の形態から第三の形態への移行において。しかし、ほんとうは、肝心なことは最初の「単純な価値形態」の中にすべて含まれているのです。そして、そこさえ認められれば、その後の展開がすべて正当化されるのです。最も重要なのはこの第一ステップです。

どういうことか。マルクスもA＝Bと方程式のようにイコールで書くのですが、実は価値形態論に出てくる方程式は、数学で言う方程式とは違うのです。数学の方程式だったら、AとBがまったく対称で、A＝BとB＝Aは同じです。しかし、価値形態論では、最初のA＝Bの段階で、つまり単純な価値形態においてすでに、対称性がない。つまり、左辺と右辺を入れ替えられない、ある非対称性が宿っているのです。

まず、私はAという商品（ペットボトルの水）を持っている。私がAという立場にあると考えていく。この私にとって、ノートを持っている他者Bは、私と対等ではない。ここが重要です。その対等ではない感じを、マルクスの言葉では、「相対的価値形態」と「等価形態」という概念で表現しています。この非対称性が何を意味しているのか。そのことを示す、資本論の名高いくだりをそのまま引用します。

人間は鏡をもってこの世に生まれてくるのでもなければ、私は私である、というフィヒテ流の哲学者として生まれてくるのでもないから、人間は最初はまず他の人間のなかに自分を映してみるのである。人間ペテロは、彼と同等なものとしての人間パウロに関係することによって、はじめて人間としての自分自身に関係するのである［自分自身の人間としてのアイデンティティを確立するのである：引用者］。しかし、それとともに、またペテロにとっては、パウロの全体が、そのパウロ的な肉体のままで、人間という種族の現象形態として認められるのである。（岡崎次郎訳）

ここに出てくるフィヒテ（Johann Gottlieb Fichte, 一七六二―一八一四）はヘーゲルの時代の有名なドイツの哲学者です。ここでマルクスは、フィヒテの「自我の哲学」を揶揄しています。人間は鏡をもってこの世に生まれてくるわけではない、というのは、つまり孤立した個人は、自分で自分を見て自己認識することはできない、ということです。「私は私である」というトートロジーによっては、自己のアイデンティティは確認できない。あるいは、孤立しているとき、「私は私である」というトートロジーにさえも至らない。そうではなく、人間はまず、他の人間の中に自分を映して見るのである、と。

ここでペテロとパウロという、二人の代表的なキリストの使徒の名前を使って、マルクスは説明しています。ペテロは、同じ人間であるパウロと関係することで、はじめて、自分も人間であることを認める。「ああ、俺もあいつと同様に人間なんだ」と理解するという感じです。

「しかし、それとともに」から後が重要なのですが、表現がドイツ観念論風で、ややわかりにくいでしょうが、こういうことです。ペテロ（私）はパウロと関係することによってはじめて、自分が人間だと認識できる。そのとき、私（ペテロ）にとっては、パウロは私を人間だと認めてくれているわけです。つまり、パウロは私にとって人間そのものです。あるいは、人間という類の代表です。ここで、パウロという人は、一介のパウロという個人以上のものになっている。つまり、パウロはペテロにとって、いわば人間という類を代表するような普遍的な超越性を帯びて現れている。そういう構造になっています。

それと同じことが商品のレベルで起きるわけです。私ペテロが作ったものAに価値があるかどうかは、パウロがそれを買ってくれるかどうかにかかっています。パウロが買ってくれてはじめて、私が作ったものには普遍的な価値があることが証明される。

マルクスの考えでは、この単純な価値形態の段階ですでに、私のほうは、それ自体としては何者でもなく、他者との関係に依存する「相対的価値形態」ですが、他者のほうは、「類」を代表する普遍性を帯びていて、それ自体として価値をもった「等価形態」になっている。価値形態論の最初のステップにすべての謎が隠されている。AとBには、非対称性が孕《はら》まれている。他者（等価形態）Bのうちに隠れていた類的本質が、最終的に、一般的等価物（貨幣）のかたちで現れ、取り出されるようになっているのです。

価値形態論を正しく理解するためのポイントはここにあります。これが第一点です。

信じていないのに信じている

もう一つのポイントは、価値形態論に描かれているこのメカニズムは、全体として、人間の心や意識の中で展開するドラマではない、ということです。つまり、これは、当事者たちの意識（自覚）とは独立に、徹頭徹尾、人間の関係あるいは人間の行動のレベルで自律的に生じている運動だということが重要です。というのも、価値形態論というかたちをとっている、貨幣なるものを析出するロジックが、まさに「近代的」と見なされうる所以《ゆえん》は、ここにあるからです。

先ほど言ったように、貨幣がもろもろの商品に対して神のように君臨している。このとき、いわば商品（所有者）たちは貨幣をどう見ているのでしょうか。

もちろん、彼らは貨幣がただの便宜上のものだということはわかっています。われわれは、貨幣がお約束で成り立っていることを知っている。貨幣が特別に神秘的な力をもっているわけではない。「俺たちが使ってやっているから、お前（貨幣）が偉そうにしていられるにすぎない」とよくわかっているわけです。商品（所有者）たちは、貨幣の価値なるものが、彼らの関係が転倒された姿であることを自覚しているわけです。

先ほど、フォイエルバッハは「あなたが崇めている神は、あなたが造ったものにすぎない」と言った、という話をしました。商品所有者たちは、フォイエルバッハのこの主張に対しては、「そんなことは当たり前じゃありませんか」と思うわけです。彼らは、よきフォイエルバッハ主義者であって、貨幣という神は、彼らの創作物であることをわかっています。彼らは、意識のレベルでは、貨幣という神を信じてはいません。

しかし同時に、いくらそう思っていても、やっていること（行動）を見ると違う。商品（所有者）たちの行動を――厳密に言うとその行動が織りなす関係を――見ると、そこでは、貨幣はまるで神であるかのように扱われている。貨幣となる商品だけが特別な商品で、これがなければやっていけない、そういう特別な神秘的な力をもっているかのように、他の商品たちは振る舞っているのです。つまり、心の中では、ただの便宜上のものであることがわかっていても、行動は、明らかに貨幣を特権視している。

つまり、ここで一般的等価物である貨幣はやはり神なのです。でも、神と信じているのは、商品所有者たちの意識ではない。彼らの行動が神を信じている。信仰は彼らの意識の中にあるわけではなくて、彼らが無意識のうちにとっている行動のレベルにある。そして、行動だけを見ると、たしかに崇めている。われわれの日常を振りかえってみてください。貨幣はただの紙切れであって、お約束としてそれを大切に使っているにすぎないことも、それがある意味でくだらないこともわかっているのですが、しかしそのために人生を使っています。

だから、ここで起きているメカニズムは、心理学的なメカニズムではなくて、社会学的なメカニズムです。つまり、貨幣という神との関係で言えば、意識的なレベルでは、人はすでに無神論者であり、醒めた功利主義者です。しかし、行動が無意識のうちに信仰をもっているのです。マルクスがここで展開している価値形態論は、こうした無意識の論理なのです。マルクスは、『資本論』でこう書いています。「彼らはそれを意識しているわけではない。しかし、彼らはそれをやるのだ」と。

近代社会（資本主義）と近代以前の伝統社会（マルクスの場合は「封建社会」）の違いはどこにあるかというと、信仰の所在です。たとえば、伝統社会における領主とか主人とか王と、家臣たちとの関係。家臣たちは、王や主人に直接に備わった属性としてカリスマや神性があると感じている。王権神授説であれば、王は、実際に、神から何かを授けられ特別であると見なしている。ここでは、信仰が、家臣たちの意識のレベルにあります。そして、こういう人たちにこそ、フォイエルバッハの批判があたるのです。「それ（王や主人のカリスマや神性）はあなたが勝手に投影しているだけだ」と批判しました。

これに対して近代社会は、先に述べたように、人々はすでにフォイエルバッハ的な認識をもっています。近代社会では、人々は、意識のレベルで否認したり、嘲笑したりしている神を、行動の水準で信じているのです。

要約するとこうなります。前近代社会では、人は内面で信じている。これに対して、近代社会では、つまり価値形態論に表されているロジックでは、人は信じていないが、商品（もの）が勝手に信じているように見える。ものが信じているというのは一種の比喩ですけれども、信仰のレベルが百パーセント無意識のレベルに移行していると、状況がそのようにたち現れるのです。

4―3　宗教としての資本主義

敬虔なる守銭奴

マルクスは資本主義的生産様式が支配的な社会のことを近代と考えた。その近代の分析の書としての『資本論』の、事実上の最も重要な洞察は、資本主義は一種の宗教だ、ということではないかと私は考えます。近代を成り立たせたものはある種の無意識の宗教である、と。「宗教としての資本主義」というのはヴァルター・ベンヤミンが後に使った言葉ですが、マルクスが言っていることはそれに近いと思います。

熊野純彦さんが、『マルクス　資本論の思考』という大きな本を書いています。『資本論』を本格的にきちんと読みたいときに横に置いておくとたいへん便利です。流れにそって、またそれまでの研究蓄積をふまえて解説してありますから。その本の最後に、熊野さんは、『資本論』というテキストの中に隠れている宗教批判としてのモチーフについて、書いています。これはなかなかすばらしい。

マルクスと宗教というと、「宗教は民衆のアヘンだ」という命題が有名です。しかし、この「民衆のアヘン」というのはマルクスの独創でも何でもなくて、当時のヘーゲル左派の間では紋切り型の言い回しでした。先ほど紹介したフォイエルバッハ的な疎外論がその理論的な裏付けです。むしろ、マルクスの優れている点は、もっと細部にあります。「経済学批判」というのが『資本論』の副題です。「経済学批判」と聞くと、経済学という特定の学問分野の批判だと思われるかもしれませんが、実は同時に宗教批判にもなっているのです。そういうところが、マルクスの非常に重要なところだと熊野さんは指摘していますす。それはまったく正しいと思います。

実際、『資本論』は、いたるところに神学的な隠喩が使われていますが、それは、ただの文学的な修辞の問題ではない。内容に即した本質的な意味があります。物象化論や価値形態論についてのここまでの説明の中でも、すでに、資本主義の宗教性について理解してもらえたとは思いますが、ここでは、さらに立ち入って考えておきます。後に出てくるマックス・ヴェーバーの伏線にもなるからです。

マルクスは、資本、あるいは資本家という現象を理解するためには、まず守銭奴との関係で理解したほうがいい、と言っています。守銭奴、貨幣を貯め込んでいるケチな人ですね。マルクスによれば、守銭奴は資本家の一歩手前です。資本家の零度のようなもので、もう少しで資本家になる。どういうことか、マルクスの言葉をそのまま引用しましょう。

貨幣退蔵者〔つまり守銭奴〕は、黄金物神〔つまり金〕のために自分の欲望を犠牲にする。彼は禁欲の福音に忠実なのだ。

守銭奴は一見、金に汚くて、金のことばかり考えている最も世俗的な人間に見えますが、考えてみると非常に禁欲的です。貨幣を使って、何かを入手し、それを享受することはないのですから。その過剰な禁欲さに、マルクスは、宗教に通じるものを見たのです。これをさらにシステマティックに考え抜いたのが、マックス・ヴェーバーの『プロテスタンティズムの倫理と資本主義の精神』です。マルクスは、ヴェーバーのようにそこを中心的に論じたわけではありませんが、守銭奴の中にプロテスタント・タイプの禁欲があると考えたのです。

神としての剰余価値

これに関して、「剰余価値（独 Mehrwert, 英 surplus-value）」という、いまやあまり使わなくなったマルクス用語を復活させておきたいと思います。

剰余価値は、ざっくり言えば、利潤に近い概念です。厳密には違いますが、そして最終的にはその違いを理解することこそが重要だとも言えますが、とりあえず、普通の用語との対応としては、利潤に近いものだと思ってください。資本の特徴、資本の定義は、その回転と転態を通じて、剰余価値を生むことです。その剰余価値を資本家が搾取しているということが、マルクス主義者による社会批判のポイントになります。

しかし、剰余価値はどうして生まれるのか。等価交換しかしていないのに——というか等価性は交換という事実から決定されるのですから交換は定義上等価交換なのに——、どうして剰余価値が生まれるのか。これが『資本論』における最も大きな問いです。

剰余価値の発生メカニズムの説明は通常、いまや悪名高き労働価値説をベースにしています。労働価値説自体はマルクスの独創でも何でもありません。当時の、古典派経済学の主流の考え方です。ただ、マルクスの場合は、価値形態論が間に入っているので、ふつうの労働価値説とかなり違いますが、ここでは説明を省きます。ともあれ、労働価値説をベースにして、マルクスは剰余価値を導き出すという論理になっています。

ふつうはどういう説明になっているか。わかりやすく言えばこういうことです。市場において等価交換しかしていないはずなのに、どうして剰余価値が出てくるのか。おかしいではないか。どこかで詐欺が行われているのではないか。しかし、マルクスは、市場の法則に従っていて、どこにも詐欺の要素がなくても、剰余価値が発生することを説明しました。ポイントは、労働力という商品が特別な商品だという点にあります。労働価値説によれば、すべての価値は労働にもとづいています。つまり労働力は唯一、価値を生む商品なのです。他の商品は、そこに投下された労働によって価値をもってはいますが、自分自身が価値を生み出す力はない。しかし労働力という商品だけは、その商品自体が価値を生むという性質をもっている。

雇い主は、労働者に賃金を払います。これが労働力を買うということであり、雇い主は、労働力商品の価値に見合う賃金を払っているわけです。その買った労働力商品が、あらたに価値を発生させる。ところが、労働力商品を買うときに支払った価値と、労働力そのものが生み出した価値の間に落差がある。労働力が生み出す価値のほうが大きいのです。それが剰余価値になる。

どうしてそのような価値の落差が生ずるのか。まず、労賃はどうやって決まるのか。労働力の価値は、他の商品と同じ原理で決まります。たとえば、このペンの価値は、このペンを生産するために投下された労働時間によって決定される。ということは、このペンを生産するのに必要な労働力の価値と同じということです。労働力商品についても同じ論理が働きます。たとえば、A君を雇うとする。A君に賃金を支払う。賃金は、A君に帰属する労働力商品の価値と対応しています。この労働力商品の価値は、先ほどのペンと同じで、A君という労働力が再生産されるのに必要な価値ということになります。その価値に対応する金額を労賃として支払えば、A君の労働力を買うことができる。

思い切り単純化してはっきり言ってしまえば、雇い主は、A君が生き延びられるだけ払えばいい。A君が、明日も元気な労働力として働けるように生き続けるのに必要な費用が、賃金に対応している。もちろん、A君が労働力として維持されるためには、食べたり、住んだり、その他いろいろなことをしなくてはなりませんから、そうした分の費用が賃金に含まれます。

ところが、A君は、それよりももっと働いてしまう。たとえば、A君が生きるのに一日一万円必要だとする。ところが、A君は自分自身の労働力を一労働日分使うことで、一万三千円に相当する価値を生み出してしまうのです。その三千円が剰余価値に対応します。

正直なところ、これは、かなりあやしげな説明です。ともかく、細部の厳密さを犠牲にして簡単に言えば、剰余価値の生産はこういう論理に従っている、とされています。今日ではしかし、労働価値説がそのまま信じられてはいませんから、剰余価値についての、この教科書的な説明をそのまま受け取るわけにもいきません。

ちなみに、森嶋通夫の『マルクスの経済学』という本が、どのような条件が揃っていれば、労働価値説が成り立つかということを厳密に検討しています。マルクス経済学の用語を使えば、この本は「転形問題」――「価値」が「価格」にどのように転形するかという問題――を扱っているということになりますが、われわれの観点からすると、教科書的に解釈した場合の労働価値説がどこまで妥当するのか、その守備範囲をはっきり確定した仕事と見なしてよいでしょう。

ともあれ、剰余価値の発生についてのこの説明はそのまま額面通り受け取らなくてもよいのですが、だからといって剰余価値という概念を捨ててしまってもよいわけではありません。剰余価値を抜きにしたら、資本、あるいは資本主義という現象の特異性を捉えられなくなってしまうからです。

つまり、この剰余価値という現象がもっている独特の含みを忘れてしまうと、資本主義のメカニズムの肝心な部分を説明できなくなります。だから、ここでは、労働価値説に直接は依存しないかたちで、剰余価値の意味を考えてみたい。

守銭奴から資本家へ

先ほど、守銭奴との関係について言いました。これを、前近代的主体と資本家（近代的主体）の媒介に使います。すると、前近代的主体―守銭奴―資本家（資本主義的主体）という三段階を得ることになります。

前近代的主体の段階、つまり貨幣が「神」になる以前はどういう状態か。人はもちろんその段階でも貨幣を使い交換したり、あるいは贈与したりする。いずれにせよ、そうした広義の経済活動の目的は、貨幣にあるのではない。貨幣によって何かを手に入れることが目的です。だから、前近代的主体は、ある具体的な使用価値（a）を目的として生きているわけです。つまり、前近代的主体を駆動しているのは、「使用価値aへの欲望」です。

次に守銭奴とは何か。守銭奴は、最終的な消費の対象となるような商品を買うことを恐れている。ですから、守銭奴は、使用価値aもいらない、bもいらない、cもいらない、dもいらない……と言っているに等しい。彼は、何かを享受することから逃げているのです。だから、すべてを断念する。ゆえに守銭奴は、ナッシングへの欲望、「ゼロへの欲望」によって定義されます。

それでは、守銭奴と近代的な資本家の違いはどこにあるか。守銭奴はすべてを断念して、貨幣だけ集める。しかし、貨幣を持っているだけの状態では、貨幣は増えない。貨幣を増やすためには、逆に貨幣を使ったほうがいい。資本家は、貨幣を増殖させるためには、貨幣を使用したほうがよいことを心得ている。資本の蓄積のために資本を投下するわけです。

このとき、守銭奴から資本家への飛躍が実現する。守銭奴と資本家の違いは、合理的か合理的ではないかです。合理的な守銭奴が資本家だということになります。

守銭奴的な禁欲は、ゼロへの欲望でした。その「どの具体的な使用価値でもないこと」が、それ自体対象性をもつと、資本家の欲望になります。つまり、どの使用価値でもないという否定性が、どの使用価値でもありうる変数 x のようなものに転換する。この「抽象的・形式的な価値 x への欲望」によって、資本主義的な主体は定義できます。

私の考えでは、この形式と化した価値こそが剰余価値です。「剰余」というのは、使用価値という具体的な内容に対する、形式の剰余です。この形式的な価値への欲望こそが、資本主義の特徴です。その「形式」は、実際には、貨幣というかたちをとります。資本主義においては、どの使用価値にも還元できない「何か」自体が、欲求の対象となって崇められるようになる。資本主義というものを一つの宗教的なメカニズムと考えた場合に、そのメカニズムを統括している最終的な信仰の対象が剰余価値です。

階級とは何か

最後に「階級」の話をしておきたい。マルクスの概念として重要です。剰余価値との関係で言えば、剰余価値を搾取する側と搾取される側ができる。それが、資本主義という社会を構成する二つの階級になります。剰余価値を一種の「神」と見なすならば、とりあえず、剰余価値を得る側が、言ってみれば神に選ばれた者であり、剰余価値を得られず、搾取されている側は、神に見捨てられた者です。ここで、私が「とりあえず」と言ったことに注意しておいてください。

階級は、英語ではclass、そしてもとのドイツ語ではKlasseです。実は、これは、ほとんどマルクスの造語です。フランス語のclasseからマルクスはKlasseを造ったのですが、classeに、「階級」という意味があったわけではありません。マルクス以前であれば、Stand（身分）と呼ばれるだろうものを指すのに、マルクスは、あえて、新奇なKlasseという語を使ったのです。どうして、こんな言い換えをしたのでしょうか。ここがおもしろいところです。

近代社会、つまり資本主義社会には、二つの階級がある。ブルジョワジーとプロレタリアートです。ブルジョワジーは資本家階級とほぼ同じ意味、プロレタリアートは労働者階級とほぼ同じ意味です。ブルジョワジーとプロレタリアートはどこが違うか。教科書的に言えば、資本家は生産手段（たとえば土地とか、工場とか、機械とか）を持っている。それに対して労働者は生産手段を持たず、売ることができるものは労働力だけだ。普通の教科書的にはこれでよいのですが、これだけでは、ブルジョワジー／プロレタリアートという概念のもつ重要なニュアンスは汲み取れてはいません。「労働者階級」と「プロレタリアート」は、指示対象としては同じなのですが、マルクスは、これらの語を使い分けていて、後者には、何かプラスアルファの含みがあるのです。

どんな含みなのか。このことが、マルクスが、わざわざKlasseという新語を使ったことと関係しているのです。Klasseは、フランス語のclasseから来る、と言いました。このフランス語のもとにあるラテン語は、classisです。このclassisというのは、もともと、市民の中で兵士として召集された者を指しています。そして、一説によると、ラテン語のclassisを語源にまで遡ると、ギリシア語のklēsisという語になる。このklēsisは、聖書の文脈では、とても重要な語なのです。この語に、ルター訳聖書が「召命（Beruf）」という訳語を充てたということを、後にマックス・ヴェーバーが重視する。Berufの指示対象は「職業」ですが、直接的な意味は、「(神からの）呼びかけ」、英語ではcalling。日本語では「天職」という感じです。要するに、Klasseを源流にまで遡ると、神からの呼びかけがあるわけです。

残念ながら、この語源学は、今日の学問の水準から見ると成り立たないようです。つまりclassisはklēsisから来るという説は事実と合致しないらしい。この説は、間違いですが、魅力的でしかも啓発的です。このように言っているのは、イタリアの政治哲学者にして美学者でもあるジョルジョ・アガンベンです。

ここから、二つの階級のことを考えてみます。いわば、階級としての階級、最も階級らしい階級であるところのブルジョワジーは、資本主義の神に呼びかけられている者たちです。そして、プロレタリアートは、神に見放されている階級です。これは、先ほど、「剰余価値」との関係で述べたことと合致します。その上で、もう一段のひねりがある。

神から見放されている（ように見える）者、つまり罪人こそが、ほんとうは神から呼びかけられている。これがキリストの言ったことでしょう。これと同じ逆説を、マルクスは、プロレタリアートに見ていたのではないか、と思います。キリスト教の神が罪人に呼びかけるように、いわば、真の神は、プロレタリアートに呼びかけるのです。

『ヘーゲル法哲学批判序説』でマルクスが書いていることを読むと、ほんとうにそういう印象をもちます。ドイツ解放の可能性は、「ラディカルな鎖につながれたただひとつの階級の形成のうち」に、「市民社会のどんな階級でもないような市民社会の一階級」「あらゆるシュタントの解消でもあるような一シュタント」にこそある、と。もちろん、それは、プロレタリアートのことです。つまり神の呼びかけに応じたプロレタリアートが立ち上がったとき、革命が起き、資本主義は乗り越えられる、というわけです。

Ⅱ　社会の発見

さて、これまで十九世紀の重要な社会学者について話してきました。中でもマルクスは別格中の別格なので丁寧に論じました。

これから十九世紀から二十世紀の境目に、主にヨーロッパで活躍した社会学者たちを主題にしていきます。この世紀の転換期に、社会学は、多産的な絶頂期を迎えます。つまり、十九世紀の後半に生まれ、二十世紀の初頭、第一次大戦の直前あたりを、学者としての活動の充実期にするような学者たちが、社会学的認識を、独立の学との承認を得られるほどに成熟させたのです。

どうして、この時期に、今日でも繰り返し読み返さなくてはならないような社会学史上のビッグネームが陸続と登場したのか。このこと自体に、おそらくは社会学的な必然性があります。つまり、たまたま天才的な人が同時に生まれたということではなく、このようなことが起きたこと自体が、社会学的に説明されてしかるべきことではあります。

が、ともかく、まずは、主要な学者と学説を紹介しましょう。

1　フロイト　無意識の発見

1−1　無意識の発見者

社会学者フロイト

まずは、フロイト（Sigmund Freud, 一八五六―一九三九）です。

ふつうは、フロイトを社会学者の中には入れません。心理学の歴史には出てくるかもしれません（心理学者の中には、フロイトなんか心理学者じゃない、という人もけっこういますが）。心理学や精神医学の歴史ならまだしも、通常、社会学の歴史にフロイトは登場しないでしょう。しかし、入れないといけないと思います。

ちなみに、奥井智之さんの『社会学の歴史』（東京大学出版会）には、きちんとフロイトに一章があてられています。あるいは、のちに出てくるタルコット・パーソンズは、すぐれた社会学史の本でもある『社会的行為の構造』という大著の中に（実際には入っていない）フロイトを入れるべきだったという趣旨のことを、後で書いています。これらは、正しい見識だったと思います。

フロイト自身は、自分を「社会学者」だと見なしたことはありません。しかし、フロイトの説は、社会学に大きな影響を与えている。もしフロイトを社会学史の中に入れなければ、わからなくなってしまう学説はたくさんあります。

すでにこの講義でも、フロイトが必要になるはずだ、ということを示唆する伏線をはってきました。マルクスの理論の説明の中で、私たちは「無意識」に出会っているからです。マルクスははっきりそういう言葉を使ったわけではないですが、事実上、私たちはフロイト的な無意識を見ているのです。一般的等価形態（貨幣）への私たちの信仰にも比せられる執着は、無意識のものである、と論じてきました。私たちは、「そんなもの」はつまらないものだ、と思っている。貨幣など、ただの便利な道具に過ぎない、と嘲笑しているのです。しかし、私たちは、それを無意識のうちに崇めています。こんなふうに論じておきました。

その無意識なるものの無意識性を真に自覚し、それ自体を学問的な対象として取り出して理論にしたのがフロイトです。マルクスの議論とのつながりという点でも、十九世紀から二十世紀の境目はフロイトから入るのがふさわしいと思います。

ただ、フロイトは、マルクス以上に、あるいは少なくともマルクス並みに、解釈が難しかったり、いろいろな研究があったりします。フロイトに深入りしてしまうと面倒なことになる。フロイトの全体像をここで詳細に論ずることはできません。そこで、主として、社会学の歴史を理解するのに必要な範囲内で、「ここは押さえておいたほうがいい」という部分に限って紹介しておきます。

最初に注意をしておきます。「無意識」というものについて、です。無意識というものを、何か、意識の表面に現れない「隠れた思考」のようなものと考えている人がいます。しかし、それはまちがいです。先の貨幣や商品の価値への執着のことを思えばよい。それらは、あからさまに表面に現れているでしょう。しかし、それが何であるかを私たちは自覚していません。フロイトのいう「無意識」とは、そういう種類のものです。

臨床医フロイト

ジグムント・フロイトは一八五六年の生まれです。そのころに生まれると、中年の最も脂の乗り切った時期に、ちょうど二十世紀になる。そういう世代です。

フロイトはご存じのようにユダヤ人です。この人の人生の、特に序盤は、よくわからないところがあります。モラビアといういまのチェコの地域（当時はオーストリアの一部）で生まれて、父親は毛織物の商人ですが、非常に貧しかった。父親は何度か結婚していて、フロイトは父親の何番目の奥さんの子なのかよくわからない。普通は、二番目の奥さんの子とされていますが、よく調べてみると、フロイトの母親はどうも三人目の奥さんらしい。

ともかく、フロイトが四歳のときに、一家はウィーンに移っています。フロイトが自伝的に過去を振り返った文章によれば、彼はウィーンに来たときのこと、たとえば駅や列車のことをよく覚えていることになっていますが、本当に覚えていたのかわかりません。もっと成長してから作られた記憶なのかもしれません。

フロイトは、一時期パリに留学していたこともありますが、基本はずっとウィーンに住んでいました。しかし、ナチスが強くなってきたために、一九三八年に、ユダヤ人であるフロイトは、ロンドンに亡命します。そして翌年ロンドンで没しました。

もともとフロイト家は貧乏で、子どもがみんな大学に行けるような家庭ではなかったのですが、ジグムント（実は生まれたときにジギスムントだった）だけは幼い頃から才能があって、一家の期待を担って大学まで行きました。大学では医学の勉強をします。

彼は、成人してから、どうやって稼ぎ、生活していたか。かたちの上では大学のポストらしいものをもった時期もあります。ただ、日本語では「私講師」とか、「員外教授」とかと訳されているポストであって、今風に言えば非常勤講師よりも悪い条件です。つまり、一応、大学の講師ではあるが、大学からは給料は払われません。講義をしたら、聴きにきた人から授業料をとって、その分をもらえた。

もっとも、もともと中世の大学は、給料を払っていたわけではありません。聴講するために集まって来た人たちからお金をとっていたので、本来のやり方とも言えます。ただ、近代の大学では、ふつうは雇われて、給料をもらう。しかし、フロイトは私講師で、大学からお金をもらって生活することができなかった。彼は生涯、臨床医として仕事をし、それによって収入を得ていました。

そして、フロイトは、自分自身の臨床の経験をもとにして、「精神分析」という新しい臨床の技術と学問を構築したのです。その間、シャルコー、ブロイアー、フリース、ユングなどの医者・学者と交流し、そしてときに決裂しました。

1―2　エディプス・コンプレックス

エディプス

フロイトは精神分析という技法と学問を、一人で、無から作り出したわけです。彼は、まったく道なき道を歩き続けたので、試行錯誤の連続です。始終あらたなアイデアを出したり、修正したりしながら、精神分析を練り上げました。創出されたアイデアは、いつも生煮え気味といいましょうか、自分でもよくつかみきれないままに、何とか言葉になっている、というような状態です。マルクスは、初期マルクスと後期マルクスなどと大きく二つに段階区分でき、変化も体系的ですが、フロイトの場合には、その学問の発展をこんなにかんたんに分けることができない。

そんなフロイトが、何度も改訂しながら出してきたいくつもの概念の中で、最も重要なものを一つだけあげるとすれば、それは、「エディプス（オイディプス）・コンプレックス」の仮説です。

エディプス（オイディプス）は、ギリシア神話の登場人物で、とりわけソフォクレスのギリシア悲劇『オイディプス王』で知られている。エディプスは、そうとは知らずに自分の父親を殺し、またそうとは知らずに自分の母親と結婚してしまう。フロイトは、この神話に託して、人間の男の子は——フロイトはほとんど男性を中心に考えています——、母への近親相姦的な欲望と、父親への殺意に近い敵意とをもつ、あるいはそのような欲望と敵意をもつ段階を経る、という説を唱えたのです。これがエディプス・コンプレックスです。

フロイトは臨床をしながらそういうことを考えるようになっていきました。主に強迫神経症やヒステリーの患者を診ているうちに、誰にもエディプス・コンプレックスがあるのではないかと思うようになったわけです。

フロイトは、最初から、エディプス・コンプレックスのようなものがある、と考えていたわけではありません。実は、フロイトがこの説を思いついた日、この説が閃《ひらめ》いた日は、フロイト自身が書いた手紙をもとにして、正確にわかっています。彼は、十九世紀の最後の年、つまり一九〇〇年に『夢解釈』という本を出しています。この主著とも言える本の中で、エディプス・コンプレックスの概念を初めて提起している。だから、この説に想到したのは、この本が書かれる少し前であることは、正式に公表された文書からだけでもわかります。そして、いま述べたように、友人フリースへの私信から、エディプス・コンプレックスなるものを思いついた日は、一八九七年の十月十五日ということまでわかっています。

ジグムント・フロイト

興味深いのは、これが、フロイトの父親が死んでからほぼ一年後のことだということです。父が死んでほどなくして、フロイトは、神経症やヒステリーの原因について、それまで自分がもっていた説を捨てて、エディプス・コンプレックスの理論を打ち立てた。フロイトという人は、父親に対して屈折した複雑な感情をもっていました。その父親が死んで一年のうちに、フロイトは、子の「父親に対する殺意」ということを中心におく、独特の仮説を思いつく。私が何を言いたいかわかりますか。エディプス・コンプレックスの誕生ということ自身が、エディプス・コンプレックス的な現象だということです。

それまでのフロイトは、神経症やヒステリーの原因に関して、もう少しシンプルに考えていました。実は、そっちのほうが現代風だと言えます。今日、父親や母親にDVを受けた子は、自分の子に対してもDVをしてしまう傾向があるということがよく言われます。フロイトがもともと考えていたのは、これに近いアイデアです。しかし、いま述べたように、父親が死んでから間もなく、フロイトは、親による虐待とは直接には関係がない、子の内面のドラマとして、エディプス・コンプレックスがある、と考えるようになりました。

このフロイトの有名な説が、正しいか間違っているかはいまは検討しないことにしましょう。いずれにせよ、この説が、フロイトの理論の重要な核になっています。では、なぜ私たちにとって重要なのかと言うと、これが社会学のテーマに結びつくからです。

繰り返しますが、社会学の基本テーマは、「社会秩序はいかにして可能か」という問いです。その問いは、結局、人間における規範や道徳の起原への問いでもあります。それらが人間の中でどうやって生まれてくるのか、を考えなければならない。実は、エディプス・コンプレックスは、人間の中で規範や道徳が生まれてくるメカニズムと、深く結びついているのです。だから、このアイデアは、社会秩序の可能性について問う社会学にとっては、非常に重要な仮説です。

去勢コンプレックス

エディプス・コンプレックスというアイデアは、フロイトのもうひとつのアイデアとセットにして考えなくてはなりません。フロイトの、もうひとつの重要なアイデアとは、「去勢コンプレックス」です。エディプス・コンプレックスと去勢コンプレックスはセットです。去勢コンプレックスが機能するための前提条件が、エディプス・コンプレックスだと言ってよいのではないでしょうか。去勢コンプレックスは、道徳や規範という問題と強く結びついている。

去勢コンプレックスとはどういう議論か。フロイトによれば——これも男性のことしか考えていないような、少々眉唾《まゆつば》な議論ですが——、三歳くらいの幼児は、無意識のうちに次のように推論する。

すべての人間には必ずペニスがある。幼児は、このような前提をもっている。なにしろ僕にとってペニスはこんなに重要なのだから、すべての人にないはずがない、というわけです。ところが男の子はあるとき、女の子にはペニスがないことを発見する。その瞬間、男の子は衝撃を受ける。「なぜあるべきものがないんだ！」と。あるべきものがないということは、切られちゃったということではないか、と男の子は推測するわけです。それが去勢不安とか去勢への脅威になる。

当然、男の子は、「切ったのは誰だ？」という疑問をもつ。そして「それはお父さんに違いない」と空想する。ここから、お父さんは僕のペニスだって切るかもしれない、という不安が出てくる。この、父親によって自分が去勢されるのではないかという脅威が、幼児にとっての、父の権威の源泉にもなる。それゆえに、子どもは父の命令に従うことにもなる。このとき、子どもは、一方では、父を憎んでいるとも言えますが、他方では、父への畏敬の念を抱いてもいる。フロイトによると、こうして、子どもは父の言うことを聞くようになるのです。同時に、男の子は父から母を奪うことも断念する。

もともと、男の子は母親と一緒になりたいという欲求をもち、しかも父に対するある種の憎悪——これは母への愛情の裏返しです——を抱いている。だからこそ、男の子は、女の子におけるペニスの不在という状況に立ち会ったとき、それが含意する脅威を父との関係で説明することになるのです。ここから発生する父親的な権威を、子どもは内面化する。これが人間における「禁止」の起原になる。やや単純化して、戯画的に話しましたが、以上がフロイトの説明です。

シニフィアンとシニフィエ

率直に言って、ちょっとどうなの？　という議論ですね。しかし、私は、これをもう少し論理的に捉え直すことで、現代でも意味ある仮説に転化できると思っています。去勢コンプレックスという概念でフロイトが言おうとしたことの論理的な意味を、現代風に捉え直すと、空想的な話から離れて、理論的に有意味な仮説に至ることができる。

どういうことかというと、私は、言語に代表される象徴秩序というものが機能するための論理的な条件との関係で、去勢コンプレックスの問題を解くことができるのではないかと思っています。以下は、ジャック・ラカン（Jacques Lacan, 一九〇一―一九八一）などのフロイトについての解釈を参照した上での、独自の解釈です。フロイト自身が直接言っていることではなく、その現代風の解釈です。

人工知能とか認知科学の領域で「記号接地問題（symbol grounding problem）」と言われる難問があります。もともとは技術的なことがらですが、しかし、普遍的な問題にかかわっています。去勢コンプレックスをこの問題と関係づけて解釈してみます。

まず、記号接地問題を、現代思想風に（ソシュールの構造主義を経由して）解説しましょう。言語というのは、記号です。記号は、何かを意味するもので、フランス語でシニフィアン（SA）と言います。これに対して意味されるものがシニフィエ（SÉ）。これが結びついて、ひとつのシンボルになるわけです。

構造主義が流行ったときによく言われたことですが、シニフィアンは「差異の体系」です。音韻のレベルでその例を見てみましょう。日本語にはｒとｌの音韻上の区別がない。日本語ではｒとｌは一つの音素です。しかし、その区別をもっている音韻体系の人々——たいていの言語にはｒとｌの区別があります——にとっては、そこには有意味な差異がある。だから、たとえば“right”と“light”では、別の単語（形態素）になります。しかし、日本語の話者にとってはその差異は存在しない。このように、他の記号との差異によって、記号は意味をもつようになっている。実は、いまの説明の中に暗示されていたように、人間の言語記号では、差異の体系は二重になっている（音素の体系と形態素の体系）のですが、いまは言語学の講義ではありませんから、シニフィアンは差異の体系だということだけ理解してください。

さて、シニフィエも差異の体系です。ここでは、わかりやすくする単純化のために思い切って、意味＝事物としておきます。厳密には、事物（指示対象）と意味とは区別しなくてはなりませんが、事物へのアクセスは意味を媒介にしなくてはならないので、ここでは単純化のために両者を等号で結んでおきます。さて、事物のほうも、事物のシステムの中での、他の項（つまり他の事物）との関係＝差異を通じて、それぞれの同一性（つまりそれが何であるか）が確定します。

$$\frac{SA_1/SA_2/SA_3/\cdots\cdots}{SÉ_1/SÉ_2/SÉ_3/\cdots\cdots}$$

こういうふうに二つの差異の体系があって、その間に対応関係がある。それが記号です。しかし、二つの差異の体系があったとしても、一方の体系のどの項と他方の体系のどの項、どのシニフィアンとどの事物とが対応しているかが決まらなくては、記号は、世界について何かを記述することはできない。シニフィアンの集合と事物の集合は、それぞれ体系をなしていますから、少なくとも一つのシニフィアンが、事物と対応していればよい。つまり、少なくとも一つのシニフィアンが、事物の秩序の中に接地し、定点をもたなくてはならないわけです。それがいかにして可能なのか、というのが、構造主義風に翻訳された記号接地問題です。

特権的なシニフィアン

コンピュータにこの記号接地問題を解かせようとすると非常に難しい。というか不可能です。ＡＩに、たとえば「エッフェル塔」と「東京タワー」の概念上の区別を教えることはできます。しかし、どの事物が「エッフェル塔」の指示対象なのか、どの事物が「東京タワー」という語彙によって意味されているのか、それを直接にＡＩに教えることはできない。なぜなら、ＡＩにとっては、「事物」もまた、シニフィアンの体系の中にしかないからです。記号接地問題を解くには、記号と事物が、最低限一つは直接対応しなければいけないのです。

そこで、人間の言語です。言語では、一つ以上のものが、二つの体系の間を縫い合わせている。そういう、いわば特権的なシニフィアンがあって、事物の秩序の中に接地している。この特殊なものは、記号なのに、事物の秩序にも属しているわけです。ふつうの記号は、記号Aの意味はa、記号Bの意味はb、記号Cの意味はc……と記号と意味が対応しています。しかし、特権的なシニフィアンXにおいては、二つの系列が直接的に結びついている状態になる。そうするとXというシニフィアンは、シニフィアンなのに、対応する「意味」がないのです。自分自身しかない。つまり、ここではシニフィアンとシニフィエが分かれていない。こんなふうに説明すると、いかにも神秘的に聞こえますが、具体的には何を考えればいいかというと、固有名です。

たとえば、「三角形」という語には意味があります。平面上の三本の直線によって囲まれている図形である、と。しかし、「山田太郎」という固有名には、意味がないのです。そんなことはない、その人物を特定できる性質についての記述が、固有名の意味である、という説があります。たとえば、彼は講談社の社員で、現代新書を編集していて、どこどこ大学を卒業していて、などなど……。ならば、山田太郎が講談社をやめたとしたら、その人はもはや山田太郎ではなくなるのか、と言えば、もちろんそうではない。あるいは、「山田太郎がなになに大学を卒業せず、別の学校を出ていたとしたらどうなっていただろうか」という仮定は、ナンセンスな仮定かと言えば、もちろんそうではない。そうすると、「山田太郎」の意味は、「山田太郎」と呼ばれている人、ということになる。つまり、固有名によって何が意味され、指示されているかを言おうとすると、トートロジーになってしまう。

ということは、固有名は、意味のないシニフィアンなのです。つまり、この固有名のところで、シニフィアンの系列とシニフィエの系列が交わっている。そういう場所が一ヵ所でもあれば、後は大丈夫。われわれは固有名をもっているから、接地問題が解決しているのです。たとえば、「このホワイトボードはどこの?」「講談社のです」。ここで、講談社は固有名ですね。さらに追及して、「講談社って何?」「日本の出版社です」。この場合、「出版社」は一般名ですが、「日本」は固有名です。こうやって、固有名がどこかで必ず入ってくる。一つ(以上)入れば、意味が現実とリンクするようになる。

このように、記号接地問題を解決するには、意味のないシニフィアンが機能しなければなりません。これをラカンは「シニフィエなきシニフィアン」と呼んだ。

結論的に言うと、去勢コンプレックスのポイントは——去勢とかペニスというと毒々しい話になりますが——、記号が機能するための論理的な条件を指しているのです。つまり、記号のシステムが動くためには、システムの中に何ヵ所か、最低一ヵ所、シニフィエなきシニフィアンがなければいけない……抽象的に言えばそういうことを指しているのが、去勢コンプレックスです。

去勢コンプレックスで主役を演じている「男根」とは、シニフィエなきシニフィアンのことです。どうしてそう解釈できるのか。「男根」は、それが意味しているものが不在である——去勢されている——ということによって機能するシニフィアンだからです。フロイトがこんなことを直接言っているわけではないのですが、彼の言っていることを、現在の学説や理論の中に置き直せば、こんなふうに発展的に解釈できる。つまり、象徴秩序が機能するための論理的な条件について語っていたと解釈できる、ということです。このように考えれば、去勢コンプレックスは、記号についての一般論の中に回収することができるのです。

実は、以上の解釈の中には、まだ埋められていない部分もあります。シニフィエなきシニフィアンがどうして、身体の中の特定の器官と関係づけられているのか、ということです。これについても、私は考えがありますが、これ以上は深入りせず、フロイト自身の議論に戻りましょう。

トーテムとタブー

このように、フロイトの話は一見、さまざまな空想豊かなお話で、実証的な根拠がないように見えますが、それを一つの論理の寓話としてとると、言っていることもわかってきます。その一つとして、『トーテムとタブー』（一九一三年）という本について話しておきます。

『トーテムとタブー』は、いわばフロイトの理論の社会学化です。フロイトは、自分の説を歴史現象や人間の集団現象に使おうとしています。

これもそのまま聞くと、空想的な作り話に思えます。フロイトは未開社会にあるトーテミズムという現象に興味があり、それをエディプス・コンプレックスの理論を応用することで説明しようとしました。

トーテミズムについては、その後、フランスの社会学者やレヴィ＝ストロースなどが徹底的に研究し、議論するようになります。トーテミズムというものはどういうものかと言うと、部族ごとにトーテム動物というのがあるのです。それぞれの部族に守り神のようなトーテム動物がいて、それをめぐって独特のタブー（禁止）がある。たいていの場合は、自分のトーテムとなっている動物を食べてはいけない。他の部族の人がそのトーテム動物を食べるのは問題ないのですが、たとえばクマがトーテムになっている部族のメンバーにとっては、クマは食べてはいけない特別な動物になる。と言いますか、そもそも、自分のトーテム動物を殺してはならないのです。もう一つ、重要なタブーがある。同じトーテムのもとにある部族の仲間と結婚してはならないのです。トーテム仲間との結婚は、近親相姦と見なされ、許されない。トーテミズムは、近親相姦を避けるような外婚制のシステムになっているのです。

整理すると、トーテムをめぐって二つの禁止がある。食に関する禁止（トーテムの動物を食べない）と性に関する禁止（トーテム仲間と結婚できない）。

この二つがどうして出てきたのかということを、フロイトは百パーセントの創作話で説明します。

太古の昔、人類は、強いチーフ（首長）が支配する部族に分かれて暮らしていた。いわば部族の中に、独裁的な父にあたる人物がいたのです。その父は、部族の中の女を全員独占している。彼は、快楽をほしいままに貪《むさぼ》っている原父です。その原父に女を集中させる一夫多妻になっている。実際、ゴリラなどは、一見、そういう感じの群れを作っています。もっとも、ゴリラの群れには、成熟したオスは一頭だけで、他のオスはまだ未成熟で、実はそのオスの息子です。そして、メスは、その成熟したオスが独占している。ゴリラの場合には、息子たちは、性的に成熟したら、群れから出て行きます。それに対して、フロイトが想像した太古の人間の部族では、他にもたくさん性的に成熟した男がいるけれども、部族の女はすべて、一人の男＝原父＝首長に独占されている。他の男たちは、そのハーレムから排除されている。

あるとき、部族の息子たち（兄弟たち）は、一致団結してそのお父さんを殺してしまった。殺すだけではなくて、みんなで食べてしまった。お父さんの身体を自分たちの中に取り込むことで、彼らは父親との一体化を実現しました。このクーデタによって、お父さんによる女の独占状態はなくなるわけですが、しかしそのやり方には重い代償が伴ったとフロイトは考える。つまり、息子たちに、すごく強い罪の意識が湧いてきたのです。

フロイトの考えでは、その罪の意識を解消するために、二つの伝統が残った。まず、父に見立てられたトーテム動物を殺し、食べることが禁じられた。父を殺して食べてしまったことに対する非常に強い自責の念があるからです。そのため、お父さんの身代わりのトーテム動物も食べないことになった。それから、息子たちは、本当は父を倒したことによって女たちを自分のものにできるはずですが、父に対して悪いことをしてしまったという罪の意識のゆえに、もう女たちを自分のものにはできない。だから、部族の中の女には絶対に手を出さないようにしよう、ということになった。

これが『トーテムとタブー』の、エディプス・コンプレックス理論を元にしたお話です。もちろん、こんな説明は人類学者や歴史学者から、何の経験的な証拠もないと一蹴されてしまうわけです。

しかし、これも去勢コンプレックスの場合と同様に、論理的な問題を説明する一種の寓話として見るべきだと思います。もちろん、歴史的にはこんなことは起こらなかった。しかし私たちはたしかに、神のように崇められている特別な動物を食べない、そして近親相姦を避けるべく一番身近な女性には手を出さない、そういう行動をします。だから、「まるで、かつてこういう事件があって、その罪の意識が世代を越えてつながっているかのように」人は振る舞っているわけです。こんなことが現に起こったわけではないが、あたかもあったかのような現象が成立している。要するに、エディプス・コンプレックスなるものが形成され、作用するための論理的な条件を、寓話的に解説すると、『トーテムとタブー』の「原父」殺害の物語になるのです。そのように考えるべきではないでしょうか。

自我・エス・超自我

あと少し、基本的なことを解説しておきます。「自我」と「エス」と「超自我」という概念についてです。これは、だいぶ後になってから、フロイトが作った概念です。フロイトは、一九二三年の『自我とエス』で、自我／エス／超自我という心的装置の三つの審級についての理論を提起したのです。

自我（独 Ich, 英 Ego）が基本です。まず人間の心的生活の中心に自己同一性を保った自我がある。

ところが人間は、どうも自分で自分を律するようにはなっていない。自我は、外からの何か見えない衝動に突き動かされている。その何かよくわからないものを、フロイトは、「エス」と呼びました。エス（es）はドイツ語の非人称代名詞です。これを英語でitとしないで、ラテン語でidとするのが習慣化しています。「イド」です。要は「それ」としか言いようがない何かに、人は支配されている感じがする。むしろ、フロイトはこう考えたのです。本来、エスから自我が分離して出てくるのだ、と。つまり、自我はエスからの派生物です。

さらに、自我から「超自我（独Über-ich, 英Super-ego）」が派生する。教科書的に言えば、フロイト用語を使うと「エス」は「快感原則（Lustprinzip）」によって動いている。それに対して、「自我」は現実の中で何が許されるかという「現実原則（Realitätsprinzip）」によって動いている。しかし、しばしば「快感原則」に支配されて、欲望に身を任せてしまう。それをさらに禁ずるような、人間が規範を外れて快感原則に溺れるのを禁止する心の中の水準として「超自我」がある。超自我は、要するに、エディプス・コンプレックスや去勢コンプレックスで出てきた「父」が自分の中に取り込まれたものです。

ふつうはおおむねこのように解説されています。ただ、フロイトを直接ていねいに読むと、正直なところ、そういう標準的な解説に収まらないものを感じざるをえません。さらに、フロイトは、ラカン派の人たちによってきわめて創造的に継承されています。先ほどの「シニフィエなきシニフィアン」も、ラカン派の人たちが時々使う用語です。ラカン派は「超自我」についてもかなり個性的な、しかしおもしろい解釈をしていますが、ここでは、そこまでは解説しないことにします。

1―3　死の欲動

モーセ殺害

フロイトの理論の中で、社会学のテクストを読む上で重要なことは、これで、だいたい触れました。

しかし、フロイトは本当は最晩年になって、かなり決定的にアイデアを変えた可能性があります。最後に、その可能性について、はっきりさせておきます。

以前、『量子の社会哲学』という本に書いたことがありますが、フロイトが晩年にはっきり考え方を変えたのではないかと思う決定的な証拠を、一つだけ示しておきます。

フロイトが最晩年に書いたのが、つまり一九三七年から一九三九年にかけて書いたものが、『モーセという男と一神教』という本です。フロイトは、舌がんの苦しみの中、執念で、この本を書いています。

これは異様な内容の本です。しかし、フロイトは重い病の中にあったのですから、彼には、何としてもこれを書かなければいけないとの思いがあったはずです。

何について書いているかというと、ユダヤ教の起原です。つまり、表面上は、一種の歴史研究のスタイルをとっています。しかし、彼は、ほとんど証拠のないことを、しかも自信たっぷりに勝手に書いている。つまり、ここに書かれていることは、実際には、ほとんど創作であり、むしろ一種の「小説」だと言ってもよいくらいです。

フロイトは、二つのことを証明しようとしています。ご存じのようにユダヤ教の起原のほうに、モーセがいます。モーセはエジプト人に捕えられていたユダヤ人を解放して、カナンの地に導いていった。彼は、聖書の中に出てくる最も重要な預言者です。したがって、ふつうに考えれば、モーセはユダヤ人に決まっています。しかし、フロイトは「モーセはユダヤ人ではなくエジプト人である」ということを証明しようとしています。これが第一のことです。それからもう一つ、フロイトは、「モーセはユダヤ人たちに殺された」ということを証明しようとしている。どちらもほとんど根拠もなしに言っていますが、なんとしても証明しようとしている。一体何を言いたくて、こんなことを考えたのか？

まず、ふつうの解釈はこうです。この本は、『トーテムとタブー』と実質的に同じこととを言っている、と。ユダヤ教の起原に、「原父」にあたるモーセの殺害があった、というわけです。フロイトは、ほとんど空想のように作った神話を、もう一度、ユダヤ教に即して書きたかったのではないか？

しかし、それは違う、と思います。フロイトはもう死が差し迫っている状況なのに、断じてこれだけは書かなければいけないと思っている。だとすれば、すでに書いたことについて、もう一度書こうとしていたとはとうてい思えません。彼はいままで書けなかったけれども、どうしても書いておかなければならないことについて、書いているはずです。

父は二度死ぬ

では、何を書いているのか。まずフロイトがモーセをエジプト人と見なそうとしたのは、モーセが、特定の共同体（ユダヤ人）にのみ固有の土俗的な習俗（多神教）を超える、普遍的な規範（一神教）をもたらしたと意味づけるためでしょう。モーセは、ユダヤ人にとっては外国人であって、その出自からして、ユダヤ的な特殊性を逃れていた、というわけです。フロイトは、モーセがもたらした規範（たとえば割礼）が、ユダヤ人固有の習俗ではなかったということを強調しています。

ここまでであれば、しかし、『モーセという男と一神教』には新味はありません。つまり、ここまでは、エディプス・コンプレックスの単純な書き換え以外のものを含みません。

さて、その上で、フロイトの推論では、モーセはユダヤ人によって殺されてしまうのでした。ふつうは、これは、『トーテムとタブー』の原父殺害と同じことだと解釈されています。しかし、よく考えてみると、『トーテムとタブー』と『モーセという男と一神教』は、まったく逆向きです。

『トーテムとタブー』はこういう話でした。父親を殺してしまった。そのために、逆にますます父親に支配されるようになった。たとえば、父親を殺したために、ますます部族の女との性的交渉を禁ずる命令が強く利くようになった。つまり、父を殺したことによって、殺害者である子たちに対してより強い道徳やより強い規範が作用するようになった。ということは、父は殺されることによって、ますます強力な規範の担い手として帰ってきているわけです。

しかし、『モーセという男と一神教』のモーセは、最初からユダヤ人に律法をもたらした人です。つまり、モーセの殺害の前から、もうすでにそのモーセによって律法が与えられている。『トーテムとタブー』では父を殺したことで、その父が結果的に私たちに法を与える人になってしまったということでした。それに対して『モーセという男と一神教』

では、最初から法を与える父的なモーセはいるわけです。ですから、殺したことによって法が与えられるという『トーテムとタブー』とは逆に、すでに法を与えている者を殺すという構造です。

『モーセという男と一神教』では、殺されるのは、規範を与え、具体化している父（モーセ）のほうです。ここで『トーテムとタブー』での主張、規範の与え手とは死んだ父である、という主張を重ね合わせてみると、『モーセという男』は、死んだ父が、もう一度殺されるということを言っていることになります。「モーセはエジプト人である」というもう一つの論点は、実は、ここで利いてくるのです。モーセがユダヤ人ではないということは、言い換えれば、「モーセはユダヤ人としてはすでに死んでいる」ということになるからです。

このように、『モーセという男と一神教』は、『トーテムとタブー』の否定です。フロイトは、これまでの自分の説を超えるようなものを何とか提示しようとしていたのだと思います。それは、いったいどこに向かうものだったのか。

快感原則を越えて

フロイトはこれが絶筆になったので、それはわかりません。しかし、フロイトの最後のこの転回は、いつごろから始まっていたのか、どこに端緒があったのか、ということを考えれば、ヒントは得られます。

フロイトは、第一次世界大戦が終わったすぐ後に、つまり一九二〇年代の初頭に、「死の欲動（独 Todestrieb, 英 death drive）」という概念を出してきます。これはフロイトの概念の中でも最も奇抜なアイデアです。エディプス・コンプレックスや去勢コンプレックスなどを受け入れる人も、「死の欲動」だけは受け入れがたいという場合が多い。なぜかというと、生きるためのドライブ、生きることに対する本能であれば、一つの有機体に本源的に備わる性質として当然に見えますが、「死の欲動」は、あまりにも直感に反します。しかし、フロイトはこういうことを言うようになった。

晩年のフロイトの議論の決定的な転回は、この概念が入り始めたところからきていると思います。なぜフロイトは「死の欲動」という、わけのわからないことを言い始めたのか。この概念だけを見ると奇抜ですが、元になった臨床的な事実を考えると納得もできます。

第一次世界大戦の直後に、トラウマに悩まされる人がたくさんフロイトのもとに来るようになりました。戦争で家族が死んだり、自分が戦場で人を殺してしまったり、あと少しで死ぬほどの危険な目にあったり、といった体験がフラッシュバックして、何度も何度もそこに回帰してしまう。そういう患者がたくさん出てきたのです。反復強迫と呼ばれる症状です。この現象をフロイトは非常に不思議に思った。なぜかというと、フロイトは、それまで、人間は快感原則に支配されていると考えていたからです。

快感原則に従えば、人間には、つらい状態から、緊張のほどけた安全なところに逃げる傾向がある、ということになる。ところが、実際の臨床例は、わざわざ不快な状態に向かっているように見える。あんなつらいことなので、もう思い出さなくなりました、ならわかりますが、逆に、つらい苦しいことだとわかっているのに、そこにどうしても回帰せざるを得ない人がいる。わざわざ不快な状態に向かっていく。快に向かう傾向を「生の欲動」と考えれば、この症状は、まるで、あえて死へと向かっていく欲動があるということを示しているように思える。そこで、フロイトは、「死の欲動」という概念を作ったのです。

つまり、もともとは、単純な快感原則と、現実への妥協を強いる現実原則という二元論でフロイトは考えていた。しかし、快感原則を越えて、それを凌駕するようなもっと不可解な衝動が人間の中にある、ということにフロイトは気づいた。そうして、彼はだんだん元の自分のアイデアを大きく変えるようになっていったのだと思います。先ほど、超自我についての標準的な説明に不満を述べておきましたが、超自我に関係しているのは、この死の欲動に関係するレベルなのです。

ともあれ、フロイトの晩年の議論の中には、フロイト自身がそれまで作ってきた理論を全部ひっくり返すような新しい可能性が芽を出していた。ただ、その芽を十分に育て、大木へと成熟させるまでの時間はフロイトには残っていなかったのです。

2 デュルケーム　社会の発見

2−1 方法の確立

無意識のありか

十九世紀から二十世紀への転換期に、社会学的な認識が成熟してくる、と言いました。その一人として、まず、ふつうは社会学史の中で無視されるフロイトを取り上げました。これから、同じ世紀転換期の人で、社会学の歴史の中のビッグスリー、エミール・デュルケーム（Émile Durkheim, 一八五八―一九一七）とゲオルク・ジンメル（Georg Simmel, 一八五八―一九一八）とマックス・ヴェーバー（Max Weber, 一八六四―一九二〇）を取りあげます。

この三人はほぼ同年齢です。デュルケームとジンメルはまったく同い年で、生まれた日が一ヵ月半しか違わない。ヴェーバーは若干若い。と言っても六歳ですから、長い歴史から見れば同世代です。

まず、デュルケームから話します。

フロイトのところで「無意識の発見」という話をしました。無意識とは何か、あらためてもう少し考えてみましょう。

無意識というと、「心の中に隠された秘密の箱があって、そこで本人も知らないうちにいろいろなことが起きている」というイメージをもたれるかもしれませんが、それはこの概念にとって適切ではない。もし無意識を、いわば現象学的に定義するとこうなります。「それ」の存在論的な位置が、通常の思考のそれではないような思考、その存在論的な位置が個体の外にある（かのように現れる）思考、と。普通の思考、意識的な思考については、私の心の中で展開しているという自覚を私はもちます。しかし、無意識は違う。私の思考なのに私の外で生起しているように感じられてしまう。それが無意識という現象です。

「無意識」というものをこのように考えると、無意識の発見は「社会の発見」に限りなく近い、といえます。つまり、お前が考えているのではないが、お前の思考というものがある、とする。では、いったい誰が考えているのか、というと、社会です。「無意識の発見」という個人の心にかかわる現象と、「社会の発見」という社会科学的現象は、対極的に見えますが、実は非常に近い出来事であるといってもよいのです。

実際、このような考えを支持するかのように、フロイトとほぼ同世代の西欧に、まさに「社会」の発見への対応と解釈しうる、優れた社会学者が陸続と登場しました。そして、「社会」の発見という観点に最も相応しい社会学者は、フランスのエミール・デュルケームです。デュルケームはフロイトとほぼ同世代、厳密には、フロイトの二年後に生まれています。フロイトは一八五六年生まれで、デュルケームとジンメルは一八五八年生まれです。

デュルケームは、フランスの東部、ドイツとの国境に近い小さな町エピナルで生まれました。ここでも注目しておきたいのは、ユダヤ人だということです。フロイトもマルクスもユダヤ人でした。デュルケームの場合は、最もユダヤ人らしいといいますか、家がラビの家系なのです。父親もラビです。ですから、本当にユダヤ的環境に生まれ、幼い頃はユダヤ人式の教育を受けています。当時のヨーロッパで、ユダヤ人は、クリスチャンの世界に同化するのか、それともユダヤ人として留まるのかが、問われます。デュルケームはラビの家系なので、そのままラビの関係の仕事をすることを期待されたのかもしれませんが、

エミール・デュルケーム

結局、コレージュという普通の学校に進学しています。

一八七〇年に、普仏戦争が起きます。デュルケームの世代のフランス人にとって、特に重要なことがらです。つまり、彼はまだ思春期にもならない時期に普仏戦争を経験して、フランスは手痛い敗北を喫するわけです。その後、景気がよくなったりもするのですが。

デュルケームの家は五人兄弟姉妹で、エミールは一番年下です。お姉さんがモース家に嫁いで、その子がマルセル・モースです。モースは、後に「贈与論」という、社会学にも人類学にも絶大な影響を与えた重要な論文を書く偉大な学者になります。

デュルケームは普通のフランス人と一緒に教育を受けて、そこそこの成績でした。そして、フランスの文科系の超エリートが行く「エコール・ノルマル・シュペリウール」に進みます。ただ、デュルケームは一発では入れず、三回ぐらい浪人しており、入学したのは二十一歳のときです。

社会学の大学教授

そして、一八八七年、まだ二十代ですけれども、ボルドー大学で社会科学の講座の講師になりました。当時はまだ「社会学」はありませんでした。

ここで、ちょっと思い返してほしいのです。これまで登場してきた大学者の中に、一人も大学の教員はいません。コントもマルクスも大学の教員ではない。フロイトは大学の無給の非常勤みたいな職に就いたことがありますが、安定した定職を大学で得たわけではありません。当時として名声を博したスペンサーでさえも、在野の研究者です。だから、デュルケームのところで初めて大学の教員が登場するのです。一般に、デュルケームがボルドー大学の社会科学の講座――これはデュルケームが就くときにできた新設の講座です――に着任したときが、フランスにおける「社会学」の大学講座のはじまりだとされています。ちなみに、世界最初の社会学の講義は、一八七五年にウィリアム・サムナーが、イェール大学に新設された「社会科学」講座で行った、とされています(そのときのテクストにはスペンサーが使用されました)。

デュルケームはそこでしばらく教えて、一九〇二年にソルボンヌ大学に行きます。ソルボンヌにはまだ「社会学」という講座がなくて、最初は「教育学」に入ります。そして、しばらくいる間に「社会学」という講座が新設されました。デュルケームは、一九一三年に、ソルボンヌの最初の社会学の先生になりました。

デュルケームの人生は比較的平穏です。山あり谷ありというような人生ではない。強いて言うと、十九世紀の終わりにドレフュス事件というのがあります。これはユダヤ人差別に関係しており、デュルケームもかなり熱心にドレフュスを擁護して、冤罪事件を告発しました。せいぜいそれくらいで、学者としての人生以外にあまり面白味がない。

デュルケームが没したのは、一九一七年で、第一次世界大戦の最中でした。その二年前に、戦争で長男を亡くしたのが、痛手になったと言われています。ところで、ふしぎなことに、これから話す重要な社会学者は、みんな第一次世界大戦ぐらいのところで亡くなっています。ヨーロッパの精神史を見ていると、やはり、第一次世界大戦で一度ピリオドを打たれている、という印象をもちます。偉大な社会学者たちも同じ頃に没し、短い社会学の歴史の中にも、ある区切りがここに設定されているようにも思います。

方法の自覚

デュルケームとジンメルとヴェーバーは非常に重要な社会学者ですが、その重要さはどこにあるかというと、彼らのところで、社会学が学としての自律性を高め、一つのディシプリンとして承認された、ということです。たとえば、スペンサーの場合、十巻本の哲学論考の中に「社会学原理」が入っている、と言いました。つまり、社会学は、非常に大きな学問、哲学の中の一部分、という意識です。コントの場合もそうです。もともと数学者ですから、数学を基礎にもつ大きな学問の中の一部門として社会学がある。

しかし、デュルケームやジンメルやヴェーバーになると、はっきりと「自分は社会学という独立の学問をやっている」という意識になる。大学で、「社会学」または「社会科学」を冠した講座の中に安定した職を得たことも、そのことの間接的な表現ですが、もっと重要なことは、彼らが、社会学的な方法を定式化した書物を書いたことです。

特にデュルケームとヴェーバーは、社会学のやり方、社会学的方法についての本を書いています。デュルケームには、『社会学的方法の規準』（一八九五年）という有名な本があります。これは岩波文庫にすぐれた邦訳があります。社会学をやる人には必読文献の一つですが、この本を紹介する前に、デュルケームらしさが一番はっきり出ている別の本を簡単に紹介しておきます。

2-2　物としての社会

『自殺論』のモチーフ

デュルケームらしさが一番はっきり出ているのは、『自殺論』（一八九七年）です。デュルケームの重要な著作は、一八九七年に出たこの著作よりも前に、二つ――そのうちの一つが、いまそのタイトルをあげた『規準』で、もう一つが『社会分業論』――ありますが、それらの紹介は後にまわし、デュルケームがもたらした革新がはっきりと現れている本書から紹介します。

そのモチーフを言っておくと、こうなるでしょう。多くの人が十分に吟味することなく信じている常識に、「人間は、近代化すると豊かになって幸せになる」、つまり近代化は人間の幸福を増進（あるいは実現）するという幸福仮説があります。これは、功利主義的な世界観をもとにした命題です。しかし、その仮説は本当だろうか？『自殺論』は、この仮説を斥けることをひとつの目的としていたのではないか（日本の社会学者の富永健一さんはそう解釈しています）。

しかし、人間が幸福か不幸かを判断するのは難しい。「幸福」を口にするからといって、その人が幸福とは限りません。そこで、デュルケームは、自殺をメルクマールにしてみました。自殺する人は自分を不幸だと感じているということが前提になります。この前提が成り立つなら、自殺の頻度を尺度にして、幸福仮説が当たっているのかどうかを見ることができる。これが背後にあるモチーフです。

余談になりますが、私は、アマゾンの奥地に、文明から隔離されて生きている狩猟採集民「ピダハン」を研究した、言語学者ダニエル・エヴェレット（Daniel Everett, 一九五一―）の書いていたことを思い出します。エヴェレットのアカデミックな目的は、ピダハンの言語の研究で、それをもとに、彼は生成文法の基本的なアイデアを反証する重要な発見をするわけですが、いま話したいことは、そのことではありません。エヴェレットは、現地に入ったときキリスト教の宣教師でもありました。ピダハンにキリスト教のことを説くわけですが、なかなかウケない。そこで、最後の決めの話をするのです。いままでの経験から、どんなに頑固で、キリスト教に拒否反応を示していた人でも、この話を聞くと、涙を流し、感動し、そして入信を決意するのだそうです。

それは、彼のオバの自殺についての話でした。ところが、ピダハンがこの話にものすごく意外な反応をしたのです。ある意味、ウケたわけですが、みんな、大爆笑したのです。「文明人」を相手にしているときには、必ず、ここで涙するという話に、です。ここには、「自殺」ということに関して、私たちとは何かまったく異なる感性があることがわかります。

デュルケームに戻りましょう。自殺の話題のついでに言っておくと、この人はちょっと冷めているところがあって、「犯罪は社会にとって必要悪である」とはっきり言っています。犯罪は、社会の中で何が規準になってみんなが生きているか、その規範や制度や法を顕示するために必要なのであって、正常な社会の中には一定率あると考えている。

では、自殺はどうか。自殺も現実には一定率あるわけですが、こちらに関しては、本来であれば限りなくゼロであるべきだという感覚が、デュルケームにはあります。したがって、自殺がどのくらい出るかというのが、社会の「逸脱度」を示す指標になるわけです。

社会的自殺の三類型

つまり、自殺は社会学的に説明できるんだ、というのが『自殺論』の重要なテーゼになっています。ふつうに考えると、自殺は多くの場合、個人的な理由によります。失恋したとか、大事な試験に落ちたとか、家族の中での葛藤とか、きわめてプライベートな理由、あるいはその人にしか理解できない理由で人は自殺する。だから、自殺は、社会学的な説明には馴染まないように見えます。

しかし、自殺の量、自殺率は、結局、社会学的にしか説明できない、ということをデュルケームは、一生懸命論証しようとしています。つまり、とても個人的・私的な自殺を含めて、自殺は一般に社会現象である、ということをデュルケームは論証したのです。

この本の特徴は、きわめてたくさんの統計資料を使っていることです。いまでは社会学の論文では、統計資料を使うのが典型になっていますが、統計資料をふんだんに実証に使った——ヴェーバーも若干は使っていますが、この本ほどではありません——最初の本と言ってもいい。つまり、現代的な社会学論文のスタイルの走りのような本なのです。

まず、いろいろな「非」社会的原因を退けていきます。たとえば、気象的な要因によって——たとえば春になったら——自殺率が増えるとか、遺伝的・人種的な要因があって自殺しやすい人がいるとか、あるいは自殺者にはおおむね精神病理的な人が多いとか、そういうよくある仮説を、統計資料を用いて、ことごとくうち消していく。ちょっとおもしろいのは、「模倣」も原因として退けられていることです。これは、デュルケームのライバルのガブリエル・タルド（Jean Gabriel de Tarde, 一八四三—一九〇四）を意識した議論です。そして残ったのは、社会的要因しかない、ということになるわけです。

結論的に言うと、結局、デュルケームは「社会的自殺の三つの類型」という名高い説を出します。訳語に何を使うかが難しいのですが、①自己本位的自殺（le suicide égoïste）、②集団本位的自殺（他者指向的自殺, le suicide altruiste）、③アノミー的自殺（le suicide anomique）の三種です。簡単に解説しましょう。

デュルケームがどういう資料に基づいているかというと、ヨーロッパで見ると、たとえばカトリックが多いところとプロテスタントが多いところでは、プロテスタントが多いところのほうが圧倒的に自殺率が高いことを示す資料です。後者は前者の二倍ぐらいになる。どうしてだろうか？　あるいは、結婚している人と結婚していない人では、結婚していない人のほうが圧倒的に自殺率が高い。

カトリックとプロテスタントについて言うと、どう考えても教義には何の関係もありません。キリスト教的には、カトリックだろうがプロテスタントだろうが自殺はいけないことです。ではなぜ、カトリックとプロテスタントの間で、自殺率に大きな差が出るのか。カトリックとプロテスタントの違いはどこにあるかというと、最も大きな違いは——デュルケームの考えでは——、プロテスタントは個人主義的だという点にあります。たとえば、プロテスタントは自分一人で聖書を読む。勝手に読んで、自分で自由に解釈するのです。しかしカトリックはそれをやってはいけない。聖書の自由検討をカトリックは許しません。だから、読めなくてもいいわけです。しかし、プロテスタントは自分で、自らの責任において解釈しなければいけない。そういうかたちで、プロテスタントは個人主義的な態度が形成される。

そういう個人は、共同体から切り離されている——今風に言うと、絆が弱くなる——わけです。プロテスタントの場合には、自分で孤独に世界と自らを見つめ直し、反省することが中心になりますから。このように集団から個人が分離しているとき、自殺が起きやすくなる。

こういう感じです。たとえば失恋はしばしば自殺の原因だと言われます。しかし実際には、失恋して自殺する人と、自殺しない人がいます。プロテスタントのほうが自殺率が高いのは、もちろん彼らがカトリックの信者より失恋しやすいからではない。わかりやすく言い切ってしまえば、失恋して落ち込んだときに、それを受け止め、慰めてくれる仲間がいる人と、その試練に自己責任において、究極的には孤独に立ち向かわなくてはならない人がいる。後者の、孤立している人の間で自殺率が高くなる。このようなメカニズムが想定できる自殺、要するに社会統合が弱体化し、個人化が進行したことによる自殺、これが、自己本位的自殺です。

ちなみに、デュルケームはここでカトリックとプロテスタントの比較をやっていますが、あとで紹介するヴェーバーは、両者の比較をもっと徹底的に試みています。ヴェーバーは資本主義の精神との関係で考えますが、どちらかと言えば、プロテスタントがもっているポジティヴな意図せざる結果に目を向けています。それに対して、デュルケームはやや否定的で、プロテスタントがカトリックに比べて人間を不幸にしている、というニュアンスを感じます。

アノミー的自殺と近代社会

次に、集団本位的自殺とは何か。この類型の自殺は、デュルケームによれば近代社会にはほとんどありません。しかし、伝統社会にはよくある。たとえば、殉死です。主君に殉じるとか、あるいは宗教的な理由での集団自殺などがあります。崇拝する他人のためとか、集団の大義のための、しばしば義務的な自殺を、集団本位的な自殺と呼びます。現代にはあまりないが、軍隊においてのみ稀に見られると、デュルケームは書いています。

個人または集団に準拠した自殺を挙げたわけですから、これで論理的な可能性は尽きるように思いますが、デュルケームはこれら二つに、もう一つアノミー的自殺を加える。ある意味で、これがいちばん重要です。これが考えどころになります。「アノミー(anomie)」はデュルケームの概念です。いまではふつうに使われる言葉になりましたが、これを社会学の中に入れたのはデュルケームが最初です。後で触れる『社会分業論』という主著で、この概念を導入しました。

アノミーとはどういう状況のことか。「無規制状態」と訳す場合がありますが、要するに社会的な規範がもっている、人間に対する拘束力が低下して、社会解体の傾向が生じている状態です。社会秩序が不安定化している状態であると言ってもよい。

アノミー的自殺と自己本位的自殺の区別が微妙です。デュルケームははっきり区別できると力説に力説を重ねるのですが、あまり力説されると、自信がないのかなとも感じてしまう。よく言われることですが、自殺率と経済的な好不況を見ると、不況のときに自殺率が高くなる。実際、デュルケームが調べた十九世紀後半のフランスは非常に景気がいいのです。普仏戦争があって第三共和制になって、景気がいい。それなのに、自殺率もすごく上がっている。不況のときだけでなく、好況時にも自殺率が上がるのはどうしてか？　こういうときに増えているのがアノミー的自殺だ、とデュルケームは言います。

どういうことか。景気がよくてどんどんうまく行きそうな気がする。そうすると人間は歯止めが利かなくなって、分不相応のことまで望むようになります。だんだん欲望が肥大化していく。それで順調に行けばよいのですが、欲望が十分に大きくなったあとだと、ちょっとした挫折でも失望感が大きい。好調なときにいきなり失敗すると、挫折感が極端に大きくなるわけです。もう少し一般化して言うと、社会変動が激しく、人間の欲望を抑制する枷《かせ》——階級や宗教や政治権力や同業組合などの枷——となっている要素が失われたときに、アノミー的自殺が生ずる。

そうすると、個人が共同体とのつながりを弱め、自由になったときに増える自己本位的自殺と、アノミー的自殺の関係はやはり非常に微妙です。論理的に考えても、自己本位と集団本位があって、いきなりアノミー的というのは、分類の基準として変ではないか？北と南と、そして——西がないのに——東みたいな感じで。

この二つの類型の区別が不明確である、ということは多くの論者が指摘してきたことです。デュルケームを離れて言っておくと、私は自己本位的自殺とアノミー的自殺は同じものだと思います。デュルケームは「自己本位的自殺は意気消沈する自殺で、アノミー的自殺は激怒する自殺」だから、両者は違うと書いていますが、それはどっちもどっちでしょう。自己本位的自殺だって、自殺するにはそれなりにエネルギーがいるでしょう。アノミー的自殺にしても、その怒りが失われて、落ち込んだときに自殺するわけです。どちらの自殺でも、希望を絶たれたときの失意や鬱と、自らの命を絶とうとしているときの激情の両面があるわけです。だから、この二つの自殺類型は区別しにくい。

しかし、この二つが区別しにくいことが、まさに近代社会というものの特徴を表しているとも言えます。近代社会が近代以前の社会とどこが違うかというと、不断に変化することが常態であるという点です。それ以前の社会では、「安定している」というのは、変化がないということと同義です。しかし、近代社会は自転車みたいなものであって、動いていないほうが不安定になる。近代社会は、不断にアノミー状態を生成することを常態とするような社会です。そのため、近代的な自殺とは結局、見ようによってはアノミー的自殺であり、見ようによっては自己本位的自殺になる。この点は、分業について論じたあとに、再論いたします。

社会は物である

社会が常に動くというのは、社会が、ある意味で不断に道徳や規範を侵食しながら、人々の間のつながりを崩し続けている、ということです。この認識は、デュルケームにとっては、社会学者としての終生の課題と関係があります。それが、社会的分業論や宗教論へとつながっていくのですが、その前に、『自殺論』を参照しながら、それをもとに『社会学的方法の規準』で言っていることを翻訳します。『社会学的方法の規準』だけを読むと、抽象的な原理しか言っていないのでもうひとつピンとこない。しかし、『自殺論』をもとに、一八九五年の『社会学的方法の規準』の内容を説明するとわかりやすいのです。

『社会学的方法の規準』の中で一番有名なテーゼは、「社会は物（仏 chose, 英 thing）である」です。どういうことかというと、「物である」ということは、二つのことを意味しています。第一に、個人の観点に立った場合に、社会は自分の外にある客観的な対象のように感じられるということ。つまり社会の外在性。第二に、社会は個人の行動を規制する拘束性をもっているということ。社会は個人の意志から独立に存在し、あるいは個人を束縛する。

個人を、自己本位的自殺とか集団本位的自殺へと向かわせる力のことを思うとよい。あるいは、私たちは、社会の規範やルールや制度や法は、自分が作ったわけではないのに、守らなければいけないと思っている。だから、社会は、個人についての性質（どんな気持ちをもっているか、何を欲しているか、どういう行動パターンを望むか、など）の総和からは、独立して存在していることになります。マルクスの章で話した物象化論も、実は、同じことを認識しようとしていた、と言えます。デュルケームは、それを、より自覚的に取り出したと言えます。

個人に対して、外部から強制力をもって束縛する集合的な現象のことを「社会的事実(faits sociaux)」と言います。集合的な規範・思考・習慣・法則のようなものが社会的事実です。当たり前のような言葉だけど、社会学の用語になっています。

たとえば何が社会的事実か。もちろん、制度や規範や法といったものはそうですが、それだけではない。『自殺論』に戻ると、あるカトリックの集団を見ると、ほぼ毎年同じレベルで自殺者が出る。各当事者はあくまで個人的な事情で自殺しているのに、明らかに集団の傾向があるわけです。集団の傾向とは、その集団がもっている性質です。カトリックであるがゆえに集団がもっている凝集力とか、プロテスタントであるがゆえに集団がもっている(弱い)ソリダリティ(連帯性)とか、そういうものが本人は意識していなくても、自殺を踏みとどまるか、あるいは自殺してしまうかというところに作用している。つまり、自分では気づいていない、自分の外にある集団のもっている性質が、その人の行動を最終的に強く規定するわけです。

それがために、集団は、自己本位的自殺や集団本位的自殺を一定の比率で生み出す傾向をもつわけですが、これもまた faits sociaux です。特に、こういう社会的事実が人間集団の観念の産物であるという側面を強調したときには、「集合表象（représentation collective）」として捉えられる。宗教などは、その典型です。マルクスの言う「イデオロギー」ともつながりを認めることができる概念です。

社会学史のテキストとしてどうしても言っておかなければいけないのは、こういうデュルケームのようなスタイル、社会学的な考え方を「方法論的集合主義（methodological collectivism）」と言います。この「方法論的」というのは、学問のものの考え方としての集合主義という意味です。だから、「集団で仲良くするのがすばらしい」というナショナリストとか愛国主義者のようなことではなくて、社会学の説明の論理として、社会や集団がもっている集合としての性質を――個人の性質や行為に還元することはできないと見なして――前提において、そこから現象を説明する方法です。

数学の言葉を使えばこうなります。関数に、独立変数と従属変数があるわけです。独立変数のほうが説明要因となって、その結果として従属変数がある。この場合は、たとえば社会がもっている凝集力であるとか、連帯の強さが原因になって、ある個人がどのくらいの比率で自殺するかが決まる。そういうふうに、集団の性質から個人の行動を規定するような方法で説明するのが、方法論的集合主義です。

それと対抗軸にあるのが「方法論的個人主義（methodological individualism）」です。その代表はマックス・ヴェーバーだということになっています。方法論的集合主義と方法論的個人主義は、いまだに社会学の説明論理の二大様式とされます。デュルケームとヴェーバーは、いちおうスタンダードとしては、それぞれこの方法を代表させる、そういう理解になりますが、そう簡単に集合主義と個人主義が分かれるものでもありません。そうしたことはあとで話します。

もう一つ重要なことを言っておくと、当時の、マックス・ヴェーバーにしてもデュルケームにしても、社会学をどうやって経験科学として、客観性のある厳密なものにするかということに、非常に気を遣っています。

社会科学系の学問の弱みは、実験ができないということです。そこで、何を実験に相当するものとして見るのか、というのがポイントになる。デュルケームは結局、「比較」という方法しかない、と言います。私もよく比較社会学という言葉を使いますが、要は社会学とはすべて比較社会学になるんだ、ということです。

たとえば、先ほどの自殺率を何が決定するのかということは、プロテスタントの地域だけをいくら眺めていてもわからない。プロテスタントが優勢な地域とカトリックが優勢な地域とを対比したからこそ、「自己本位的自殺」なるものがあることが見出されたわけです。他にも、階級ごとにデータを見てみるとか、文明圏を対比させてみるとか、比較はいろいろな基準で設定できます。そうやって比較をすると初めて何が作用しているのか、何が利いているのかがわかる。だから、比較が社会学では実験に当たるのだと、デュルケームは言っているわけです。

2-3 分業から宗教へ

正常な分業と異常な分業

『自殺論』を素材にして、デュルケームが提案した「方法」の具体的な姿を見てきました。次に、デュルケームの社会学を貫いているモチーフ、いわば彼の生涯のテーマについて説明します。

やや奇妙な表現ですが、「分業から宗教へ」という言い方をしておきます。どういうことか。彼の最初の著作は一八九三年の『社会分業論』です。生前に出た最後の本は、『宗教生活の原初形態』です。これは第一次世界大戦の少し前、一九一二年に書かれました。この最初と最後を見ると、ある一つのテーマが一貫していることに気づくのです。

ずっと持続している主題は、社会の連帯、あるいは連帯の基礎になる道徳ということです。道徳や連帯の科学を作り出すというのが彼の狙いだったのです。

では、道徳的な人間の結びつきのベースにあるのは何か。

初期の本、つまり『社会分業論』では冒頭ではっきりと、道徳の科学の樹立を目指す、という目標が語られます。では、道徳的結合の実質は何か。それは分業だというのが彼のポイントです。この場合、「社会的分業（la division du travail social）」という言葉をあえて使っているところに含みがあります。彼よりも百年近く前にアダム・スミスが、『国富論』で、分業が経済にとっていかに重要かということを書いています。デュルケームは、分業を、経済的な側面だけではなくて、もっと広くとる。たとえばコミュニティの中のつながりとか、宗教の問題とか、そういうものも含めて、人間が社会の中でもっている相互に依存し合う役割の全体を分業と呼んでいるのです。そして、簡単に言えば、そのような広義の分業は、人間の道徳的なクオリティにポジティヴに作用するという直観がデュルケームにはある。そして、このことを証明しようとしているのです。

『社会分業論』は、社会変動――といいますか近代化――についての基本的な構図を提示しています。近代化は、社会の連帯の様式の変化として理解することができる、と。機械的連帯（solidarité mécanique）から有機的連帯（solidarité organique）へ。これら二つはどこが違うかというと、機械的連帯は「みんな似ているから仲良くなる」というもの、つまり相互に似ているがゆえに可能になっている連帯です。似ているもの同士であるがゆえに互いに結びついている。それに対して、「お互い違うから結びつく」、異なるがゆえの連帯が有機的連帯です。

たとえば、かつての部族社会のようなものを考える。部族社会は、クラン（氏族）の連合のようなものによって成り立っています。クランたちは、お互い似たような社会構造・親族構造をもっている。そして、同じような世界観を共有しており、ほぼ同じ規範に従っている。そうであるがゆえに、クランたちは互いに親密になり、部族社会を構成することができる。これが機械的連帯です。

有機的連帯は逆です。諸個人がお互いに異なったことをやっているがゆえに、相互の依存が可能になり、また必要になって連帯が生ずる。有機的連帯こそ、分業がある社会における連帯です。機械的な連帯は、分業なしの連帯だと言えます。これとは異なり、分業的な社会の連帯の様式が有機的連帯ということになります。たとえば、ある人は書物を作り、ある人は農作物を生産する。人は、農作物も必要ですが、書物も読みたい。そのため、まったく異なる仕事に従事している者たちが、互いを求め連帯することになる。これが有機的連帯です。

そして、デュルケームによれば、基本的には、分業によって、人々の道徳性が高まり、社会の連帯がもたらされる。しかし、同時に、デュルケームは分業には「正常な分業」と「異常な分業」があると言っています。分業の異常形態がある、と。正常な分業では人間の道徳的な質が高まるが、異常な分業ではかえって社会解体につながる場合があるのだ、と。正常と異常の区別は難しいのですが、概念的には、社会の連帯をポジティヴに進めるのが正常な分業で、社会の解体とか分解につながっていくのが異常な分業ということになります。何が異常な分業なのか。

そのひとつはアノミー的分業です。アノミー的分業とは、恐慌のような無規制状態になることです。十九世紀には、景気の波が細かく来て、小恐慌が頻繁に起こる。するといきなり契約違反が増えたり、取り付け騒ぎが起きたりする。これがアノミー的分業で、これが道徳的なレベルの低下に関係しているというのはわかりやすいでしょう。異常な分業にはもうひとつ、拘束的分業なるものがある。拘束的分業というのは、階級闘争のことで、デュルケームはこれを異常な分業の一形態と見なしているのです。労使間が対立し、いがみあっている状態は、道徳的な質の低下につながっている、というわけです。

もう少し解説すると、こんなイメージです。機械的連帯の社会は、互いの類似に基づいて単純につながっているだけだから、問題は生じにくい。しかし、有機的連帯の社会はつねに解体の危機と隣接している。うまく連帯しているように見えても、一皮むくとすぐに壊れてしまう。社会が分業によって連帯し、道徳的なクオリティが高まるという筋で考えたいわけですが、一歩間違えるとすぐに崩れそうなのが近代社会なのです。分業がときに異常な形態に入るということは、分業社会に見合った道徳が未完成だということを示しているというのが、デュルケームの考えです。

宗教＝社会

デュルケームはそういうかたちで、まずは、「分業」という現象を介して連帯と道徳を考えました。しかし、いま述べたように、分業による連帯は脆弱です。そこで、連帯をもたらす要因を、最晩年の仕事では——晩年と言っても早く亡くなっているのでそれほどの年齢ではないですが——、宗教に見出すようになっていきます。分業のうちに見出そうとしていたものを、宗教の水準で捉え直す。それが一九一二年の『宗教生活の原初形態』という本です。

この本で、デュルケームは、最も単純で原始的な宗教を探究しようとしている。つまり、宗教の原型は何かということを懸命に考えている。デュルケームの思考を刺激した経験的な事実に関しては、今日では、より多くのことが知られるようになってきたり、否定されたりしていることもありますが、彼が提起した理論に関しては、今日でも見るべきアイデアを含んでいます。

まず、宗教を明確に定義している。その部分を引用します。宗教とは、

神聖として分離され禁止された事物と関連する信念と行事との全体的なシステムであり、教会と呼ばれる同一の道徳的共同体に、これに帰依するすべての人を結合させる。

この定義によると、宗教を構成しているのは二つの要素です。第一に、聖なるもの。これに信念と行事が関係する。第二に、連帯。キリスト教に即して言えば、それは、教会です。デュルケームは、これら二つを独立のものとは見なしておらず、むしろ、表裏一体の関係にあると考えています。

では、最も原始的な宗教は何か。彼が、他の人類学者の説を引き、批判しながら、導き出した結論は、トーテミズムです。

フロイトの項でもふれたトーテミズムにあっては、集団ごとにトーテムとされる動物とか精霊がいて、それにかかわるものが聖なるものとされ、儀式が行われたりする。つまり、聖と俗の区別が設定される。そして、一つのトーテムのもとに一つのクラン(氏族)が結集している。シンボルとしてのトーテムを共有しているという事実が、クランのメン

バーたちを結びつける紐帯《ちゅうたい》になっている。要するに、トーテミズムは、宗教の定義にある二つの要件を満たしているのです。

デュルケームはこう論じています。「宗教的思考が表明している実在は社会である」。極論してしまえば、宗教と社会は同一視できる、と言っているわけです。分業こそが社会である、と言えば、ある意味で当たり前でしょう。ところで、デュルケームの観点から捉えると、分業と宗教は機能的な等価物です。どちらも、連帯をもたらしているのですから。そう考えると、「宗教＝社会」というアイデアも、それほど奇抜なものではないことがわかってきます。

階級と分業

デュルケームの議論の中核的な筋を追えば、こうなります。まず、社会に一つの統合や連帯をもたらす要因として分業を見出しました。その分業と同じ働きを、しかも分業以上に果たす要因を、最終的には宗教に見る。そして、社会の連帯・統合が壊れているときに、それは自殺率の上昇というかたちで現れる。このように、生涯を一つのテーマがきれいに貫いていることがわかります。ここで少し、学説史的な比較をしておきたい。

マルクスの階級概念とデュルケームの分業を比べてみたいのです。

階級も広い意味での分業です。マルクス用語を使うと、これは「生産関係」です。生産関係を社会システムの全体で見たときには、階級の関係という形態をとる。デュルケームは同じ現象を分業（有機的分業）と捉えた。ある意味で、二人は同じ現象を見ているわけです。しかし、その見方、理解は大きく異なっていて、むしろ対照的です。

どういうことか。先ほど少し話しましたが、デュルケームには「正常な分業」と「異常な分業」があります。概念的には区別されるが、現実的にはその区別は微妙だと言いました。デュルケームが異常な分業として念頭においているのは、階級対立、いや階級闘争です。しかし、階級闘争は社会的な分業の本体そのものだと解釈することもできる。実際、マルクスからすれば、資本主義社会は全体として階級闘争で出来ているわけです。だから、デュルケームにとって異常と見えているものが、マルクスにとっては正常（常態）として見えていることになる。しかし、両者は、ほとんど同じものを指していることは間違いない。喩えるなら、灰色の絵を見ながら、一方は「白い絵だね？」と言い、他方は「いや、黒いんじゃない？」と言い合っているような状況です。

さらに、留意してほしいのは、さきに、マルクスは階級という概念を、宗教的と言ってもいいような独特のパッションを込めて使っていると言いました。「階級（class）」という概念はほとんどマルクスが作ったようなものですから、いまでは、学問の内外で定着していますが、もともとは、今日のような意味はこの語にはなかったのです。軍隊に関連する用語として、「階級」は使っていましたが、社会の中の階層や身分に近いものに関して、階級という言葉を使ったのはマルクスが初めてでした。そのときにマルクスは、この言葉に、ある種の宗教的な含みをもたせたというのが、私の解釈です。

デュルケームも、若い頃、分業に見ていたものを、最終的には宗教に見た。だから、分業と宗教は、デュルケームにとって不可分の関係にある。

ただし、ここでもまた、デュルケームとマルクスは対極的です。デュルケームは宗教が社会の連帯を生み出すということに注目した。それに対して、マルクスは階級概念に宗教的な含みを入れながら、むしろ、資本主義という宗教の中で、見捨てられている人と見捨てられていない人がいる、救われている人と救われない人がいることを問題にしたのです。救われている人は、資本主義という宗教の中ではブルジョワジーと呼ばれ、見捨てられている人がプロレタリアートになるわけです。つまり、資本主義という宗教が、社会に亀裂と闘争をもたらしている、というのがマルクスの基本的な認識です。対して、デュルケームは、宗教が社会に一つの統合と連帯をもたらしている。

だから、マルクスの目指していることは、一種の宗教改革です。資本主義という宗教が、ある種の人たちを見放して、さながら罪人のごとく扱っている。その罪人が救済を求めて起こすのが革命です。だから、ちょうどイエスが出てきて、罪人こそが神の国に入ると唱えたように、革命が起こると共産主義社会の中では、いままで救われていなかった人が救われる側になる。このように、マルクスは、宗教的な世界としての階級概念によって、葛藤や闘争を描き出そうとしています。

あるいは、こう言ってもいい。デュルケームは、社会学の歴史の中で、「社会」という概念をきっちり定式化して、それを学問的な分析に使用できるものにした。言わば、社会を発見したわけですが、その社会という実体に内実を与えているものが連帯です。その連帯をもたらしているのは、デュルケームにとっては、分業であったり、宗教であったりする。

しかし、マルクスの観点からすると、そんな連帯などない。マルクス的にいえば、デュルケーム的な意味での社会は幻想である。むしろ、階級という概念を使って、社会がどうしても乗り越えられない分裂を内に孕んでいる、ということを言おうとしている。だから、デュルケームは、「社会が存在する」。その証拠に分業と宗教を出してくる。マルクスは、「社会は存在しない」。それは資本主義であり、社会の不在の証拠を階級に見る。このように、デュルケームとマルクスとは対照的な関係にあります。

3 ジンメル 相互行為としての社会

3-1 都市的感性

またしてもユダヤ人

次はゲオルク・ジンメル（Georg Simmel, 一八五八―一九一八）です。ジンメルは、デュルケームやヴェーバーに比べると「こういうことを言いました」という要点を取り出しにくい人です。非常にいろんなことを論じていますが、それをどう整理するかが難しい。

しかし、結論的に見れば、ジンメルは、デュルケームと同じことをやったのです。デュルケームは、社会的事実であるとか、集合表象であるとか、物としての社会であるとか、社会という概念をなんとか厳密に定義しようとした。つまり、「社会」を発見したのです。まさに同じ頃、ドイツで、やはり「社会」を見出したのがジンメルです。彼もまた、十九世紀中頃までの初期の社会学者には見えていなかったような社会を、発見したのです。しかし、やり方が、デュルケームとは違う。ジンメルも独特の見方があります。

まず、ジンメルとデュルケームは同い年です。一八五八年三月の生まれ。デュルケームの誕生の一ヵ月半前です。

ジンメルはプロイセンの生まれ。まだ「ドイツ」という国家はありませんでしたから、ドイツ語圏の一番強い国の大都市、ベルリンに生まれます。

そして、ジンメルもユダヤ人です。だから、本当に社会学者にはユダヤ人が多い。これから出てくる社会学者の中にもユダヤ人は数多くいます。ただ、これは別に社会学に限ったことではありません。西洋の知的世界の中では、なぜか圧倒的にユダヤ人が多い。「なぜユダヤ人が西洋の知性をリードしたのか」というのは非常に興味深い知識社会学のテーマです。これにはいろんな仮説はありますが、実証するのはなかなか難しい。ただ、事実としては、かなり顕著なことです。

ジンメル家は非常にお金持ちでした。ジンメルのお父さんが作った会社が、いまでも残っているチョコレート会社、ザロッティ・チョコレートです。お父さんは早くに亡くなってしまうのですが、二十一世紀まで残るような会社を作ったわけです。

デュルケームは先ほど言ったように、フランスで最初の、大学の社会学の教師になりましたが、その点、ジンメルは恵まれません。つまりなかなか大学の職は得られない。長い間、無給の私講師でした。

ただ、ジンメルは、当時から、市井の学者としてはたいへん有名でした。名声を博していた。たとえばフロイトは、最初のうち本もあまり売れませんし、なかなか大学のまともなポストに就けなかったのも仕方がない、という印象をもちますが、ジンメルは当時すでに著述家としての名声を得ていた。同時代の知識人は彼の著作を好意的に読み、ジンメルは社会学者として高く評価されていたのです。

それでも、なかなか大学のポストが得られない。マックス・ヴェーバーは、自らが赴任していたハイデルベルク大学の正教授として、ジンメルを迎えようと画策したことがありますが、うまくいかなかった。おそらく、主な理由はジンメルがユダヤ人だったからだろうと思います。フランスではユダヤ人であるデュルケームが問題なく大学のポストに就けたが、ドイツではそうはいかなかったのです。

ゲオルク・ジンメル

最晩年になって——といっても、この人も六十歳ぐらいで亡くなるのですが——、シュトラスブルク大学の哲学科の正教授になりました。一九一四年、死の四年前です。このように、大学の正式な教授にはなかなかなれませんでしたが、彼の実家は裕福でしたから、経済的には困らなかった。さらに付け加えておけば、シュトラスブルク大学に赴任した後も、彼は、ひとつ重要な著作、『社会学の根本問題』(一九一七年)を出しています。

都市的感性

ジンメルについて、注意しておいたほうがいいライフヒストリー上の事実は、ベルリンに生まれ、ずっとベルリンに暮らしていたということです。ベルリンは当時、すごい大都市です。晩年、シュトラスブルクというフランスとドイツの国境付近の町に移動しますが、人生のほとんどをヨーロッパでも屈指の大都市にいた。なぜ、この点をあらためて強調しているかというと、ジンメルの社会学に関しては、しばしば、都市的感性ということが指摘されてきたからです。

私の大学の同級生でもある社会学者の奥井智之は『社会学の歴史』という本の中で、ジンメルがもっている都市的感性をやはり非常に重視していて、うまいたとえ話を出しています。ヴィム・ヴェンダース監督の映画『ベルリン・天使の詩』を利用しているのです。この映画には、天使と人間が登場します。天使は、人間には見えないのですが、実は、あたりにいっぱいいるということになっている。そして、天使には、人間がやっていることとか心の中で思っていることが全部見えていて、彼らはそれを記録に残している。人間のほうからは見えないが、天使のほうからは私たちが見えていて、ずっと人間を観察しているわけです。天使と人間とはコミュニケーションや相互作用ができない。ということは、天使は、人間の世界の傍観者です。このベルリンという都市の傍観者である天使が、さながら社会学者のようではないか、というのが奥井の言っていることです。

社会学者を本質的にそのように規定することに、私は留保をつけたいと思います。もし、ほんとうに社会学者が、天使のように必然的に傍観者でしかないのならば、それは、寂しいことで、この知の存在価値にも疑問が生ずるのではないですか。しかし、少なくともジンメルという学者のスタンスは、まさに天使的です。つまり、ジンメルは、非常に鋭い観察眼をもっていて、人間がやっていることを繊細に記述してみせる。ジンメルの著作は、「なるほど、うまいこと言うなあ」という文章の連なりになっています。

ジンメルから離れて、映画のことを少し説明しておくと、ヴェンダースのこの映画は、天使がもっている洞察力とか、天使が人間を見抜いているということを中心的な主題にしているのではありません。むしろ傍観者にとどまり続けざるをえない天使の哀しさが主題です。最終的に主人公の天使は人間になる。天使だったら永遠に生きられるのに、人間になって死にうる身体を手に入れて、人間の女と恋をするのです。ですから、この映画は、天使としてのあり方をポジティヴに描いているわけではありません。

なぜ脱線して、ヴェンダースの映画のことを説明しているかというと、私はこう考えるからです。社会学という知にとっての究極の課題は、目一杯天使でありつつ、完全に人間であることはいかにして可能か、にあるのだ、と。人間世界に対する冷静な観察者でありながら、同時に人を愛することがいかにして可能か。社会学という知が目指すことは、これだと思います。そして、後で述べますが、マックス・ヴェーバーは、まさにこの両方――天使と人間――になろうとしたのです。私はそのように解釈できると考えています。

社会分化

都市に生きる者としての感受性や知性がジンメルを特徴づけると言いましたが、それがよく出ているのが、彼の最初の大著、『社会分化論』（一八九〇年）という本です。デュルケームの主著が『社会分業論』でしたから、二人はよく似たことを扱っているわけです。だから、ジンメルの『社会分化論』とデュルケームの『社会分業論』はよく比較されます。

ジンメルとデュルケームは、非常に近い現象に目をつけたと言えます。しかし、見ている側面が違う。つまり、その現象がどのような意味をもつのか、どのような結果をもたらすのかということに関して、二人はまったく逆のものを見ている、とすら言えます。どういうことか、これから説明しましょう。

まず「社会分化（Soziale Differenzierung）」の「分化」とは何か。広い意味での分業を含みますが、分業よりも広い概念です。たとえば、ある人が最初は学生だった。その後、一時期軍隊にいたことがあって、それから出版社に勤務し、独立して会計事務所を開いた。たとえばそういうことがあったとします。こういうふうに一つの人生の中でさまざまな役割を担うこと。ジンメルは、そういうことも社会の中の時間的な分化であると考えるのです。

社会には、一つの時点で見ても、つまり共時的に捉えても多様な役割に分化しており、また一人の人生を通時的に捉えても多様な役割の変遷がある。ジンメルは、この両面を見るのですが、こうしたことの背後にあって、こうした結果をもたらす原因は、都市的経験です。

その都市的経験なるものを、概念的に捉えると、個人の「社会圏」の拡大ということになります。社会圏は、ジンメル用語で――ジンメルは独特の言葉遣いが多いのですが――、英語で聞いた方がわかりやすいかもしれない。social sphere（社会圏）です。社会圏は、自分が所属している集団ということに近い意味ですが、集団よりももう少し広いものを指しています。つまり、境界線やメンバーシップがはっきりしていなくても、それとなく利害とか目指すところが共有されているという意識がある人間の集団全体を社会圏と呼ぶわけです。

だから、たとえば、伝統社会であれば、自分たちが運命共同体だと感じる社会圏は、親戚のネットワークであり、地域共同体としての村落であったりします。ところが、近代化すると、重要な社会圏が国家規模であったり、あるいは大都市であったりするわけです。このように、社会圏が圧倒的に拡大するということが、近代という現象の重要な特徴です。そして、その拡大の一番わかりやすい様相が都市化に現れる。

結合と分離

デュルケームだったらここで、連帯が強まるという話題になるわけですが、ジンメルは逆のことを言います。たとえば、われわれが非常に小さな集団で一生を送るとすると、メンバーの間のお互いのつながりは太く強靭なものになります。ものすごく強い、鉄の鎖のようなものでお互いが結びついている感じになるはずです。それに対して、われわれが非常に大きな集団で暮らしていると、いろんなかたちでいろんな人とつながることになる。たとえば仕事上は誰々とつながっているけど、町内会ではこんなふうで、よく飲みに行く友達は誰で、恋人は誰で、といった具合です。そうすると、つながっている一本一本の糸は細くなるわけですね。たくさんの糸でつながっていますが、一個ずつのつながりを見たら、細い糸になっている。だから、つながりの数が少ないときには、その紐帯は太い鎖のようなものになって、個人を強く拘束しますが、つながりの数が多くなったときには、一つずつの紐帯は細い糸のようなもので、個人を拘束する程度が小さくなる。結果的には、社会圏が拡大するほど――つまり都市化するほど――、個人が自立することになります。それは、それぞれの個人を他者たちと結びつける糸の数が増加するために、個人が一本の糸に依存する程度が小さくなるからです。

このように、デュルケームとは逆に、ジンメルは、社会圏が拡大して社会分化が進んだことで、むしろ集団としてのアイデンティティは希薄になるという側面に注目していています。ジンメルの見るところでは、こうした論理で、個人は、集団の全体からの独立の程度を高めるわけです。社会圏の拡大によって、個人の自立の程度が高まるとどうなるのか。社会圏の内部の分化が、つまり分業や、あるいはより小さな下位集団の形成が促進されるわけです。

こうした変化は、責任とか罪とかといった概念に劇的な影響を与えます。たとえば前近代の部族社会では、誰かが何か罪をおかせば、必ず部族の責任になる。誰かが隣の部族の人を殺してしまったら、直接殺害をしたその人がいけないだけではなくて、部族全体でその責任を負わなければならない。ようするに連帯責任になります。前近代社会では、このように、「責任」とは、原則的には集団的責任だったのです。それは、集団が一つのアイデンティティをもつからです。しかし、社会圏が拡大すると、個人の自立性が逆に高まる。そのことによって、責任は個人に帰せられるようになっていく。ジンメルは、このように論を進めます。

ジンメルとデュルケームは近代化に伴って、社会の規模が外へと拡大しつつ、内側が細かく多様に分化するところに目をつけているわけです。デュルケームのほうはそれによって大規模な連帯がつくられることを重視した。ジンメルは逆に、それによって個人が解放されたり、自立するという効果を重視した。つまり、デュルケームは結合局面に重点を置いた人であり、ジンメルは分離局面に重点を置いた人である、という構図が得られます。

これから話すように、ジンメル社会学の中心的なテーマは、まさにこの「結合と分離」です。ふつう結合と分離は対立概念なので、結合が強まれば分離の局面が弱まり、分離が強まれば結合が弱まると考えたくなります。しかし、そのように単純にはいかないのが、人間の社会のふしぎな性質です。つまり、結合と分離は二つの異なることではなく、むしろ深く結びついている。そこにこそ、ジンメルの社会学の中心的な着想があります。とりあえず「社会分業論」と「社会分化論」を比較すれば、デュルケームは結合のほうに重点があり、ジンメルは分離のほうに重点があるように見えますが、実はこの二つ（結合と分離）が、人間の相互作用やコミュニケーションにおいていかに深く結びついているか、ということを示すのが、ジンメルの社会学の最も重要なポイントになるのです。

3-2 相互行為の形式

社交と社会

ジンメルは、デュルケームとは逆のところに、近代化の効果を見た、と言いました。連帯の強化ではなく、個人化にです。しかし、まず言っておきたい中心的なテーゼは、個人の行為や心理には還元できない「社会」を、ジンメルはジンメル流の仕方で発見した、ということです。しかし、「社会」を見出した場所が、ジンメルとデュルケームではずいぶん違う。

では、ジンメルは、どこに、どのような意味で「社会」を見出したのか。ジンメルは人々の営みの観察者として非常に鋭いのですが、「社交」という現象に対して独特の分析をします。社交を、たいへんポジティヴに描き出している。まず、このことから入ると、ジンメルにとって「社会」とはなんであったのかがわかりやすく見えてくる。

議論の基本はこういうことです。ジンメルの社会学の重要な用語をひとつだけ取り出すとすれば、「相互行為（独 Wechselwirkung, 英 interaction）」です。そして、相互行為には必ず内容と形式があるということが、ジンメルの着眼点です。

人が他人とインタラクション、すなわちコミュニケーションをとるときには、必ずそのインタラクションに「内容」がある。たとえば、ここで本を出版してなにがしかの利益を得るとか、あるいは何か有用な情報を得たいとか、何とか口説いて恋人にしたいとか、インタラクションには必ず何らかの内容＝目的があるわけです。それぞれのコミュニケーションの参加者がもっている目的や動機のようなものです。

その目的を果たすために、さまざまなコミュニケーションの「形式」がとられます。たとえば、助け合うとか、協力するとか、分担するとか、競争するとか、喧嘩するとか、服従するとか、模倣するとか、そういうさまざまな形式がとられるのです。ある特定の内容をもった目的のために、さまざまな形式の相互行為がとられる、というわけです。

このようにコミュニケーションには、内容のアスペクトと形式のアスペクトがある。それが相互行為の二つの側面です。そして、この二つが独立しているというところが、ジンメルの非常に重要な着眼点です。

独立していることの証拠として、二つ挙げています。一つは遊戯、もう一つは社交です。遊戯というのはどういうことかというと、たとえば子どもがごっこ遊びをすることがあります。ママゴトをやる。本来の家族には内容や目的がありますす。共同の生活体として生きていくことが目的になっているのですが、その目的とは独立に家族という形式を演じることができるので、ママゴトのような遊戯が成り立つ。

同様のことを、大人がやるのが社交です。つまり社交においては、お互いがどんな目的や意図をもっているのかは別として、お互い嫌いだと思っていても仲良くして見せたり、礼儀正しくしたりする。社交とは、相互行為を内容から切り離して、形式だけを楽しむことです。社交という現象は、相互行為に内容とは別に形式のアスペクトがあるということを照らし出しているわけです。

もちろん、社交と社会は同じものではありません。社会はドイツ語でGesellschaft（ゲゼルシャフト）、社交はGeselligkeit（ゲゼリヒカイト）です。社会は、相互行為の内容と形式の両面から成ります。しかし、社会を社会たらしめているのは、内容ではなく形式のほうだというのがジンメルの論点です。内容から独立した形式は、現にさまざまな局面で現れる。そのことを見ただけでも、相互行為に、内容とは別に形式があることがわかる。内容しかないならば、社会というものは、それぞれの人の動機や心情や目的などの集まり以上のものにはならない。しかし、それとは別に、形式として人は結びついたり離れたりする側面をもっていて、そこに社会の社会たる所以があるわけです。ジンメルは、相互行為の形式としてのアスペクトに、個人の目的や動機といった内容には解消できない、社会の独特のリアリティを見ようとしているのです。

古い社会学の歴史の教科書を見ると、「形式社会学」という言葉がよく出てきます。それはジンメルのことを指しています。昔はコントやスペンサーには「総合社会学」という言葉をあて、ジンメルぐらいのところから「形式社会学」という言葉をわりふるのが一般的でした。なぜコントやスペンサーが「総合社会学」かというと、一般哲学原理のような総合的な学の中のぼんやりとした一分野として社会学を入れているからです。

それに対して、ジンメルは固有の社会学を作り出す。そのときに彼が目をつけたのが、相互行為がもっている形式的な側面です。たとえば、経済学は、経済に関する部分を扱う。そのときに経済は、コミュニケーションがもっているひとつの内容です。経済的な分業であるとか、生産であるとか、利益を目的にして成り立つ。でも、そういうものを行うときに人は、交換であるとか贈与であるとか上下関係であるとか協力関係であるとかといった相互行為の形式を使っている。その形式を扱うのが社会学であり、社会のリアリティはそこにあるというわけです。

このことと関連するジンメル用語をひとつ紹介します。

人々が相互行為をすることで、形式を備えた社会が構成されていくプロセスのことを、――これはジンメルだけが使うのですが――「社会化」（Vergesellschaftung）と言います。「社会化」という概念は社会学や心理学のテクストにはよく出てきますが、それは、ドイツ語だとSozialisierungで、ジンメルの言うVergesellschaftungとは意味が違います。

二種類の社会化には、どういう違いがあるか。Vergesellschaftungは直訳すると「社会になること」という意味です。社会になることというのは、相互行為をして、その相互行為が一つの形式を作っていくプロセスです。お互いの間に主従関係ができるとか、教える―教えられる関係になるとか、友人関係が成立するとか、闘争関係が作られていくといった具合に、社会がいわば形成されていくプロセスのことをVergesellschaftungと言います。

Sozialisierungのほうは、ふつうの用語で、まったく違う意味で使います。これは、「子どもが社会化される」というような使い方をします。つまり、教育されて、社会の基本的なルールを身につけていくことを意味します。発達・生育を通じて子どもが、規範を習得して、社会に適合的な行動を習得することです。日本語に訳すと、両方とも社会化になってしまいますが、まったく違う言葉です。ジンメルで特徴的なのはVergesellschaftungのほうです。

英語だと、Vergesellschaftung は sociation と訳されています。これも造語ですね。Sozialisierung のほうはもちろん socialization です。

橋と扉

人は、社会化することで、さまざまな形式を作っていく。その社会化の形式として、「結合と分離」の関係とか、「上位と下位」の関係とか、「宥和と闘争」の関係とか、「交換と贈与」の関係などが挙げられています。ジンメルはデュルケームやヴェーバーと違って、あまりシステマティックに考える人ではないので、さして整理せずに思いつくままに挙げているように思います。ヴェーバーは特にシステマティックに考えますが、ジンメルは具体的な事例に即して、その事例がもっている繊細な特徴を引き出すのが得意です。

ただ、客観的に見ると、ジンメルが考えた社会化の形式の中に、すべての元締めというか、すべての原点になる、いわば社会化の形式の元素のようなものが一つあります。それは「結合と分離」です。ジンメルらしい例を一つ挙げます。ジンメルは名エッセイストでもあるので、短くてすぐれた文章がたくさんあります。その中に「橋と扉」（一九〇九年）という有名なエッセイがあって、よく引用されます。

こういう文学的な文章を要約するとつまらなくなってしまいますが、結論的に言えば、橋も扉も、どちらも分離と結合の両面をもっているということを言っています。たとえば、橋は、両岸を結合するものです。しかし、架橋したいという意志が生ずるのは、まず両岸の分離のイメージがあるからです。分離されているがゆえに結合されるという論理の順番になっています。橋に関しては、結合の背後には必ず分離がある。扉の場合は、論理の順番が逆になる。扉は、部屋の内側と外側を分離するものです。しかし、分離するのは、結合の可能性があるからです。それがなければ結合されているがゆえに、扉を造って分離するのです。今度は、分離の背後に結合がある、ということになる。

つまり、すべての相互行為に結合と分離の二重性があるということ、どの相互行為もこの二つのベクトルの角逐の上に成り立っているということ、これが、ジンメルの出発点となる直観です。結合と分離は、矛盾しないし、すべてのコミュニケーションにおいて両面をもっている。そのように考えるわけです。ジンメルの中核の部分をこのように解釈したのは、社会学者の奥村隆です。私は、この点に関して、彼の『反コミュニケーション』という本から学びました。

どのような相互行為も、結合への力と分離への力が働いている。しかし、両者のバランスの取り方がさまざまで、それによって、相互行為の形式に違いがでる。結合一本槍の相互行為もなければ、分離一本槍の相互行為もない。相互行為が多様な形式を宿す必然性は、分離と結合の化合の仕方に多様性があるからです。

秘密という現象

相互行為が結合と分離から成る、ということについてのジンメルの繊細な観察をいくつかの例で確認してみましょう。

たとえば、ジンメルに、秘密という現象について論じた有名なエッセイがあります。秘密とは相互に隠蔽することです。秘密は、「私（たち）にしかわからない」ということをもつことで、人を分離しているわけです。では秘密がなくなったら、みんなが結びつくのか？　必ずしもそうではない。何も秘密がない関係というのは、不安定です。すべてを透明に知り合ってしまえば、かえって関係が続きません。私たちが、安定した結びつきを維持することができるのは、むしろ、互い同士が全部はわからない、お互い同士が少しずつ秘密をもっている、まあ本音はあるけど、そこはちょっと抑えましょう、みたいな感じのときです。秘密をもっているがゆえにかえって安定した結合ができるのです。だから、秘密によって分離がつくられますが、そのことでかえって結合が強まるという構造になっている。秘密がなければ仲が良いか、といえば、そんなことはない。

ジンメルはこんなことも書いています。特に強い秘密というのは逆説的な性質をもっている、と。つまり、秘密は人から自分を隠すためにあるわけですが、あまりに極端な秘密をもっていると、かえって目立ち、他者の注目を集めてしまうのです。あいつは謎めいた奴だ、というようなことになる。

ここから「それはさながら装身具のようである」とジンメルの議論はつながっていきます。装身具もまた独特の性質をもっている。やはり結合と分離に関係する二重性をもっているのです。どういうことか。装身具をつけて自分を飾るということは、自分を他人から区別してよく見せるということです。その意味で、自分を他者に対して優位に置く。ここには、他者からの垂直的な分離が作用しているわけです。

ところが、装身具が意味をもつためには、他者が「きれいだ」「うらやましい」と思ってくれないといけない。装身具が機能するためには、他者からの羨望が必要になるわけです。羨望は、他者からの承認の一種です。そうすると、装身具によって他者から自分を垂直的に分離しようとしているのに、他者が私を認めてくれてはじめて装身具は意味をもつということになる。つまり装身具をつけた私は、他者に依存しているのであって他者から突出しているわけではない。むしろ、他者と同列のものに引き下げられている。装身具には、垂直的に分離する力と、水平的に引きおろし結合する力との両方が働いている、というわけです。このようにいろんなエッセイが展開して、なかなかおもしろいのです。

もう一つ挙げておくと、闘争についても、ジンメルは、結合と分離の論理でうまく説明しています。闘争はふつうに考えると分離局面だけでできているように見えます。闘争があると、分離ばかりしていて結合しない、と。ならば、一度も喧嘩したことがない人同士は、すごく仲が良いのか？　必ずしもそうではない。ときには率直にものを言い合ったり、喧嘩をするぐらいのほうが、より親密だということもあります。まったく波風が立たない関係が、すごく仲が良いとは限らない。この場合も、闘争の中にある分離的な要素が、必ずしも結合を弱めるわけではなくて、結合を強めることもある。ときには、激しい喧嘩（分離）を経たことによって、より真に深い友情（結合）が生まれる、ということもあります。

あるいは、ジンメルがやったもっと複雑な分析として、外部集団との間の闘争が、内部集団のほうに二重の効果をもたらす、という論点があります。

まず、よくあるのは、共通の敵が出来たことで、日頃喧嘩している者同士の小さな葛藤が消えていく、という現象です。大同について、小異を捨てていく。しかし、逆もあるのです。重要な敵と戦わなければいけなくなると、強い結合が必要になるため、ふだんは見過ごしていた、あるいは無視してきたお互いの違いが気になり始めるという具合にです。「あの敵と戦うにあたって、お前との違いを無視できなくなった」といったことになる。

敵との戦いがなければそこそこ仲良くできたのに、敵との戦いが深刻になったがゆえに、われわれの中の葛藤も表に出てしまう。ついには、決定的な破綻（分離）に至る、ということさえあります。外部集団との闘争が、内部集団の内的な結合と分離のバランスに影響を与える、というわけです。

どんな相互行為にも結合アスペクトと分離アスペクトの両面があって、それは必ずしも矛盾しない。むしろ、これらの両面あるがゆえに相乗効果で強まったりする。あるいは、そのバランスが崩れたときに集団が壊れる。これが、ジンメルの洞察の中で、基本にあるアイデアです。

なぜ相互行為は形式をもつのか。それは、相互行為に分離と結合の両面があるからなのです。なぜコミュニケーションが独特の形式を必要とするのか。相互行為にかかわる個人の心的な内容（動機・心情・狙い・利害……）はおのおの別々です。ここから、分離のアスペクトが生まれる。分離の部分をもっているさまざまな人が、さまざまな思いや違いがあってもなおつながることができるのは、形式の側面があるからです。

あるいは、逆に、人々が結合している中にあって、それぞれの動機や目的を保持し続け、互いの間の分離を保存するためには、相互行為の形式が必要です。たとえば、呉越同舟みたいなことだって起きるわけです。それぞれの個人が違う目的、違う動機、違う背景をもっていますが、協力し合うとか、模倣し合うとか、助け合うということもできる。内容のレベルでの人々の間の差異を保存しつつ、その同じ人々の間の結合を担保しなくてはならない。この両面の調停のためには形式が必要になります。形式のこのような働きをわかりやすく、そしてあからさまに表現しているのが、先に述べた「社交」なのです。

三人結合

相互行為の形式についてのこうした理解を補強するのに役立つのが、二人結合と三人結合についてのジンメルの分析です。これは、ジンメルの社会学の中でも、私が特に気に入っている議論で、なかなか鋭い観察を含んでいます。

抽象的な結論を先に言っておくと、ジンメルの考えでは――あるいはジンメルの考えを少し明晰化して断言してしまえば――、本来的な「社会」というのは三人結合から生じます。二人結合はまだ社会以前の段階であって、本当の社会らしい社会は三人結合からなのです。どういうことかというと、三人結合には、二人関係には還元できない三番目の人が登場します。その三番目の人と同じ働きをもっているのが、相互作用における形式なのです。つまり、当事者同士のお互いの心の内容とは独立に、形式というものがあるおかげで、一つの社会が実在性をもつわけですが、その形式と同じ役割を、人間関係における第三者が果たすのです。

具体的に説明します。ジンメルの言う通りに解説しますと、二人結合にあっては「それぞれの個人が自分から独立していると感じるような超個人的生命は存在しない」。どういうことかというと、二人だけの関係のときには、「私とあなた」とは独立の「私たち」というものが、リアリティのあるものにはならない、ということです。具体的には、「壊れた皿の結社」というドイツの説話らしいのですが、そのエピソードについて書いているので、それを紹介します。

あるとき人々が集まって食事をしている。そうしたら、皿が落ちて割れた。よく見たら、割れた欠片《かけら》の数と人数がちょうど同じだった。それで、それぞれの人が皿の欠片を一つずつもとうではないか、ということになった。それをもって「壊れた皿の結社」を作ろうというわけです。

いまここに七人います。壊れた皿もちょうど七つの破片になっていた。でも、これは七人結合ではない。七人いたとしても、まだ七人とは独立の第三者がいるわけではないので、二人結合の集合にすぎない。どうして、七人いても二人結合のレベルを超えないとされるのか。あるとき、皿をもっている大澤が死んでしまった。そこで、大澤がもっていた欠片を山田君が自分の欠片に接着剤でくっつける。次に井上さんが死んでしまったら、その皿の欠片も山田くんが自分の分にくっつける。このように、誰かが亡くなるたびに一つずつ欠片を結合していくと、だんだん皿が組み立てられていきます。そして、最後に山田君も死ぬわけです。その瞬間に、結社もなくなります。つまり、この結社は、この七人という個人たちとは独立の実在性をもっていなかったのです。七人がいなくなったところで、結社としてのアイデンティティは百パーセントなくなってしまう。「二人結合は超個人的生命をもっていない」というのはそういう意味です。二人結合は、個人の生を超えた生命をもたない「いずれ死ぬ団体」です。

ところが、三人結合になると、話が別になります。どうしてか。三人結合というのは、私とあなたがいたとして、それとは別に三番目の人がいるということです。二人結合に対して半ば分離し、半ば結合している第三者が入るのです。この三番目の人に対して、私たちが存在し始める。私でもない、あなたでもない、第三者の目から見た「私たち」という高次の統一体が急に存在し始めるのです。これは、私とあなたとは別のものです。三番目の次元が入ったときに、個人とは独立の、二者のうちのどちらの当事者にも還元できない、社会という生命が宿る。

こんなイメージでしょうか。ある集団があって、その仲間だけだったら、「壊れた皿の結社」になる。しかし、彼らの中に、実際の王は本当は死ぬんだけど「死なない王」というイメージが生まれたとする。あるいは王位は代々継承されることによって、死なないとする。そうすると、その王との関係でわれわれは家臣になるわけです。一人ひとりの家臣はいずれ死んでしまいますが、王との関係でアイデンティティを得る家臣団は残り続ける。こういうふうに三番目の水準があれば、人が入れ替わったり死んだりしても、超生命体としての結合は残る。この段階で初めて、社会らしい社会、固有の意味での社会が始まるわけです。いま、「王」のイメージを提供しましたが、ジンメルは、三人結合のさまざまな事例を挙げています。中立者としての第三者、漁夫の利を得るようなケース、間接支配のケースなどです。

ここからは、私の解釈が入りますが、次のように考えられます。「三番目の人」の介入と考えましたが、その「三番目の人」と機能的に同じ働きをするのが、相互作用の「形式」です。相互作用の形式というのは、そこにさまざまな動機や目的（つまり内容）をもった個人を代入できる変数をもった「関数」のようなものです。変数にさまざまな値を代入しても、関数は変わらない。この関数が、「超個人的生命」にあたります。つまり、相互作用に形式があるということと、「三番目の人」の介入ということとは、同じ働きをしているのです。言い換えれば、形式をもった相互作用を行っているとき、それは、具体的に三番目の人がいなくても、潜在的には三者結合であると言ってもよいわけです。

3－3　貨幣論

ルソーとの対比

ジンメルを、これまでに出てきた他の学者と比較してみましょう。そうするとジンメルの特徴がよくわかる。

ジンメルは十九世紀の終わりから二十世紀の初頭にかけての人です。この人が十七世紀や十八世紀の思想家とは違った世界観、違ったものを見ているということを見て取るには、ルソーがいい。ルソーは、ジンメルのアイデアとはきわめて対立的です。この点を指摘したのは、先ほども名前を挙げた奥村隆さんです。

ルソーとジンメルとはどう対照的なのか。ジンメルの話では、人間の相互行為、人間のコミュニケーションは、どんなに結びついているときでも分離というアスペクトをもっているわけです。分離があるのに結びつくことができるのは、何度も述べたように、相互行為に形式があるからです。どんな相互行為＝コミュニケーションにも、必然的に距離＝分離が孕《はら》まれている、というのは、ジンメルの最も重要な洞察です。

ここで、ルソーを思い出してください。ルソーを規定している原初的な感覚は、コミュニケーションの完全な透明性ということでした。人々の心が完全に通じ合い、一体化することが可能だし、そうすべきだというイメージが彼にはあるのです。ジンメルは秘密がもっているポジティヴな作用について論じていました。秘密をもっているからこそ、みんなうまくいくんじゃないの？　と。こういうセンスはルソーにとっては許しがたい。とんでもないことです。お互いのことが百パーセントわかることが最も望ましいわけです。あるいは、ルソーは社交をすごく嫌いました。それは、ウソの関係だ、内容面でどう思っていようと、外面的にはお互いに礼儀正しくやるような欺瞞的なのはダメだ、と。だから彼は文明人を批判します。しかし、ジンメルは社交を重視する。

こういうふうに考えると、ルソーは社会契約ということを言って、ルソーなりに社会を見ていますが、少なくともジンメルが見出したような社会は、ルソーには存在しないのです。ジンメルは、ルソーには見えていなかったもの、あるいはルソーがほとんどマージナルなものとしてしか見ないで、できることならないほうがよいと考えたようなものの中に、社会の正常な姿を見ている。言ってみれば、ルソーが見ていなかったものを、ジンメルは発見したことになります。要するに、個人の直接の延長ではないような、固有の実体としての社会への自覚は、ルソーには乏しいと言わざるをえません。

マルクスとの対比

もう一人、比べておきたいのはマルクスです。マルクスも形式、形態（価値形態論の形式、形態）を非常に重視しました。マルクスの場合、とりあえずは市場の関係に目をつけていますが、先に触れたとおり、それは、実は経済的な関係を超えた社会関係を意味していました。いずれにしても、マルクスも相互行為がもっている形式的なアスペクトを重視する。つまり、人は何かの使用価値を持っていて、それに対するそれぞれの人の欲求や欲望があるけれど、それとは独立に、形式としての価値形態――つまり貨幣――を重視します。

そこで、マルクスの「形式」をジンメルと比較してみます。ジンメルにはマルクスにないものもあれば、マルクスにはあるがジンメルにはないものもある。どういうことか。

まず、マルクスは、形式と言っても、一番抽象度の高い形式しか扱っていない。市場の全体に通用する一般的等価形態――貨幣ですね――となるような形式、すべての商品をひとし並みに商品として意味付け、価値付ける形式、そういう最も抽象的な形式にしかマルクスは目をつけていない。しかし、ジンメルはもっと繊細に観察すると、形式というのはいろんなレベルにあるのだ、と言っているのです。非常にミクロな相互行為から、大きな相互行為まで、あらゆるレベルでの形式があって、その形式の働き方には独特なものがあるということを繊細に観察しています。そういう意味で、マルクスにはない、ジンメルの圧倒的に繊細な記述が目立ちます。

同時に、マルクスにはあるが、ジンメルにはないものもあります。ジンメルの用語とあえて対応させてマルクスの問題意識を言えば、彼は内容と形式の間のダイナミックな関係に関心を向けているのです。つまり、形式というのはどのように生成するのか、その生成の論理を導き出そうとしている。それが、先に述べた『資本論』の中にある価値形態論です。価値形態論は、人間の非対称的な関係の中から貨幣というものが発生するメカニズムを何とか描こうとしている。それが成功しているかどうかは別にして、とにかく内容と形式の間に複雑でダイナミックな関係があって、そのダイナミズムから形式が内容から独立の契機として定着するときに作用している論理を知ろうとしている。

これに対してジンメルは、たしかに「社会化」という言葉を使っているけれども、実際には、ダイナミックな「論理」を描くというよりも、起きていることを記述しているだけです。説明するというより、起きていることを観察して記述しているだけなのです。マルクスのほうが、論理の筋をダイナミックに説明するというスタンスです。そういう意味で、ジンメルにはまだ物足りないところもあるわけです。

貨幣の哲学

ここでなぜマルクスと比べたかというと、次の話につなげたいからです。ジンメルもマルクスと同様、貨幣に非常に興味をもっていました。『貨幣の哲学』という本がジンメルの主著の一つです。ちょうど一九〇〇年に書かれた非常に分厚い本です。

この本にはあまりにもいろんなことが書いてあって、一言でこうだとは言いにくいのですが、その特徴がよくわかるポイントだけ抽出して紹介しておきます。

まず、マルクスは、労働価値説を前提にものを考えています。私の考えでは、マルクスの労働価値説は古典派の労働価値説とは一線を画していますが、そういう細かいことは抜きにすれば、マルクスの基本は労働価値説です。しかし、新古典派以降の経済学者は、労働価値説をとりません。彼らのベースにあるのは、限界効用の理論です。限界効用は経済学を勉強すると一時間目に出てくる概念でしょう。そして、ジンメルも『貨幣の哲学』の中で「限界効用」に言及しています。ジンメルのこの本よりも少し前に、すでに限界効用説が出てきているのです。ジンメルは、労働価値説よりも、新古典派的な「価値」の理論に近いものを前提にしていることになります。

その後の限界効用説は、「無差別曲線」というものを使って数学的に洗練されたものへとなっていきますが、そういうアイデアはジンメルにはありません。しかし、ジンメルは労働価値説よりは新古典派的な価値の理論に近いものを採用します。やや暴力的に単純化して言えば、それは、価値は需要—供給という関係から、つまり欲望から発生するのであって、労働から発生するのではない、という理論です。この点を踏まえた上で、ジンメルの『貨幣の哲学』の特徴を二つだけ述べておきます。

一つは、欲望の対象との「距離」という問題です。これは、ふつうの経済学のテキストにはない着想で、おもしろい。ジンメルによれば、価値を生じさせるものは何なのかというと、欲望の対象に対する適度な距離である。つまり近すぎてもダメだし、遠すぎてもダメなのです。近接性と遠隔性の中間状態にあるものを、人間は欲望し、それが価値を生み出す。

抽象的な言い方ですが、簡単に言えば、こういうことです。山田君が持っているアレが欲しいな、山田君はアレを一万円で売ってくれると言っている。じゃあ一万円を出して、それを買おうということになる。そのときに、自分はまだ持っていないが、あちらにある。でも、一万円を支払えれば、それが手に入るほどには近い。そういうかたちで、適度な距離と、しかし届かないほどではない近さと、その両面があったときに、経済的な価値が生じ、貨幣が機能するのです。貨幣は、このように適度な距離のある——それゆえに発生する価値あるものを所有する——他者との間に、交換の関係を樹立するわけです。気付かれたと思いますが、この貨幣が媒介する中間的な距離という着想のところで、相互作用の関係における、分離＝結合の二重性という主題が、再論されています。遠隔性という分離の側面と近接性という結合の側面が両方あるとき、貨幣が登場するわけです。

もう一つは、この本は、貨幣が人間を自由にする、個人に自由を与えるということを、重視している。ジンメルは最初の『社会分化論』のときから、社会圏が大きくなればなるほど、人間は自由度が増していくと言っていたわけですが、貨幣についても同じことを言っています。

こう考えるといい。税金を、貨幣で納める場合と、労働とか、あるいは農作物で納める場合を考えてみます。貨幣で納めることができれば自由になります。貨幣は、どのような活動を通じても得られるのですから。貨幣があるおかげで人間は自由になる。あるいは、先に、マルクスの物象化論とか物神性の理論をベースにしながら、こんな話をしたことを思い出してください。伝統社会においては、人格の支配が起きる。それが資本主義社会や近代社会では、物象的支配になる。直感的に言えば、封建社会の領主と臣下あるいは農民というのは、領主に対して人格的に帰依しているのですが、資本主義社会において労働者が雇われるときには、彼は、資本家に対して恭順の意志をもっているわけでも、忠誠心をもっているわけでも何でもない。たんに、労働者は自由な労働者として、自己利益のために資本家と契約して、雇用関係に入っただけである。人格的に支配されている状態よりも、貨幣に媒介された雇用関係のほうが、はるかに人間は自由です。雇用関係自体が、すでに自由な選択の産物なのですから。

それと同じような問題をジンメルも言っているわけです。貨幣は、人格的な関係（内容）を外部に切り離すことで、人間を自由にする、と。これは、人格的支配から物象的支配へ、というマルクスの理論と並行した論点です。ジンメルは、貨幣経済の時代になると、感性の優位が終わり、悟性・知性の優位の時代になると主張していますが、このような論点も、マルクスの議論から引き出すことができるでしょう。

しかし、同じようなところに着眼しながら、マルクスとジンメルでは、力点の置きどころが違います。ジンメルはそれで人間が自由になるということを問題にしているわけです。マルクスは逆です。支配の関係が現れる場面が人格から物象に移ったときに、たしかに意識のレベルでは自由になっているけれども、行為のレベルでは、無意識のレベルではそうではない、と。人格に体現された神には支配されていないが、物象的な神が現れ、人は意識することなく、その物象的な神への信仰の束縛の中にある。そのようにマルクスは考えている。

人格の支配から物象的支配に移ったときに、人間が解放されるのだというアスペクトにジンメルは力点を置いています。それに対して、この移行によって、束縛が生じる場所が変わっただけで同じ関係が残っている、というところにマルクスのポイントはある。

簡単に言うと、神がふつうの人格に体現されるものから貨幣という物象に変わったときに、貨幣のほうが自由だと言うのがジンメル。それに対して、お前は自由になったつもりかもしれないが、貨幣に拝跪《はいき》している以上は神に従っているのと同じだぞ、というのがマルクスです。

十八世紀の自由／十九世紀の自由

最後に、ジンメルが「自由」という問題について言っていることを、少しだけつけ加えておきます。

ジンメルは、十八世紀の思想における自由と、十九世紀——自分のいる時代です——の自由は、同じ「自由」という語を使っていても、意味が違っていると言っています。これはおもしろい論点です。

十八世紀の、たとえばルソーの自由は、平等と両立するのは当然だという感覚を前提にしています。だから、たとえば封建的な領主であるとか王であるとか、そういう主人にあたる者たちに束縛されている状態から人々を解放して、みんなを自由にしてやれば、そのことは、そのまま平等の実現であるという前提があります。自由にすれば平等になる。自由と平等は同一視されている。

ところが十九世紀は、自由と平等の間に、むしろトレードオフの関係がある、ということを見出した。つまり、「自由なき平等」とか「平等なき自由」という発想です。自由なき平等というのは、極論すれば──「自由なき」と言ったら怒られるかもしれませんが、自由軽視の平等は──社会主義です。平等を追求するために、自由の抑圧は許される。それに対して、平等なき自由という逆の発想もある。

このとき、ニーチェやシュライエルマッハーのような人がイメージされています。特権的な単独者で、ふつうの人間たちから突出した超人だったりする状態が肯定される。その特権的な単独者は、他者たちから際立って自由なのです。しかし、平等性は否定されている。唯一者の自由というアイデアが十九世紀には出てくる。十八世紀は「みんなの自由」が追求された。それに対して、十九世紀には、自由である人はそれなりの天才であったり、特別な個性をもっていたりする唯一者であるという発想が出てきた。ジンメルは、十八世紀のほうを「量的個人主義（自由）」と呼び、十九世紀のほうを「質的個人主義（自由）」と呼んで対比しています。

4　ヴェーバー　合理化の逆説

4―1　神経症

順調な人生

十九世紀末から第一次世界大戦の頃までの世紀転換期は、社会学史上、最も重要な三人の学者がほぼ同時に出てきました。デュルケーム、ジンメル、そしてマックス・ヴェーバーです。社会学連峰とでも呼びましょうか。中でも特別な高峰が、これから話すヴェーバーです。

まず、ヴェーバーの人生について少し話します。「序」で話したように、ヴェーバーは、ある時期から、重い「神経症」に苦しんだと言われています。「神経症」と言うより、鬱病と呼んだほうがよいかもしれない。ともかく、彼は非常に重い鬱症状に苦しみました。「序」では、それが「社会学的な憂鬱」という問題なのだという「予告」めいたことを話しておきました。この話題につなぐためにも、ヴェーバーの人生をまずは見ておきたいのです。

ヴェーバーは、広くとればデュルケームとジンメルと同世代ですが、二人より少し年下です。デュルケームとジンメルは一八五八年生まれ、ヴェーバーは、彼らより六歳年下の一八六四年生まれ。

ヴェーバーはユダヤ人ではありません。プロイセン王国のザクセン県エアフルトで生まれました。父親の名前もマックスなので紛らわしいのですが、お父さんのマックスは織物業者だったらしい。町の有力者でしたが、政治家と法律家を目指してベルリンに出ます。ベルリンで市参事会員をやったあと、やがて「国民自由党」から国会議員に立候補します。当選したり落選したりしますが、いちおう代議士になる。つまり父親は政治家です。

マックス・ヴェーバー自身はエアフルトで生まれていますが、幼い頃に、いま述べたように父親がベルリンで一旗揚げようと法律の勉強をしたり政治家として活動したりしていますから、ヴェーバーもほとんどベルリンで育ったと言ってよい。

母親もやはりお金持ちの公務員の娘で、非常に敬虔なプロテスタントでした。ヴェーバーは後に『プロテスタンティズムの倫理と資本主義の精神』で、プロテスタントの生活態度の歴史的な意義を重視する議論を展開するわけですが、その母親こそ、敬虔なプロテスタントでした。ヴェーバーの伝記を読むと、彼は、お母さんがあまりにも敬虔すぎて困ったものだと思っていたふしがあります。

このように、ヴェーバー家はなかなかの名門で、知的な人たちが出入りする、社交場のような面もあった。彼は、こういうとても知的な環境の中で育ったのです。

最初は、父親にならって法学を目指しました。徴兵にも応じて、フランスとの国境付近のシュトラスブルクで兵役を経験しています。当時のドイツで優秀な人は、大学を渡り歩いて学位を取るのですが、ヴェーバーの場合はハイデルベルク、ベルリン、ゲッティンゲンと有名大学で学び、最終的にはベルリン大学で法学博士になりました。いまではほとんど知られていませんが、彼は『ローマ農業史』という本で大学教授資格を獲得しました。

ヴェーバーは、社会政策学会という当時勢いのあった学会に入ります。そして、一八九二年、ベルリン大学の私講師になった年に、つまりわずか二十八歳で、この学会の依頼で、東エルベ（ドイツの東のほうです）の農業労働者の調査を行いました。これはいかにヴェーバーが、当時有能で目立っていたか、どれほど将来が嘱望されていたかということを示しています。三十になるかならないかの若い私講師に、学会が一つの大きな仕事を依頼して、調査に行かせるわけですから。

東エルベにはポーランドから移民労働者が入ってきます。移民労働者は非常に安い賃金で仕事をするのですが、ヴェーバーは、ポーランドから移民が入ってきたことで、東エルベの農業や文化、生活がどう変わっているのかを調査しています。この調査に、実はヴェーバーらしさが出ています。彼は文書の中でも講演でも、何度もこの調査に言及していますが、結論的に言うと、ポーランドからの移民によって東エルベは文化破壊が起きている、と報告するわけです。

リベラルなナショナリスト

この報告に暗示されているように、ヴェーバーは、熱心なナショナリストです。だから、外国人労働者によってドイツの文化が崩れていくことを憂えたのです。ヴェーバーの政治的な立場を一言で言えば、「リベラルなナショナリスト」ということになるでしょう。ここで「リベラルな」という部分が重要です。それが意味するところは、率直に言えば、西洋指向です。ドイツの、とりわけ知識人には、自分たちは十分に西洋なのか、ということに関して、しばしばコンプレックスのようなものがある。ヴェーバーもそれと無縁ではなかった、と思います。西洋指向は、とりわけイギリスへの羨望のようなかたちで現れます。

こういうわかりやすい、近代主義的なナショナリズムは、現代の、たとえばポストモダ

マックス・ヴェーバー

ンなマルチカルチュラリストからすると批判されるところでしょう。が、ヴェーバーが政治的にどんなポジションをとったかということは、私たちにとってはあまり重要ではない。そういうことを、時代の状況を考えずに問題にしても意味がないですから。

ただとにもかくにも、ヴェーバーが非常に政治的な人だったということははっきり押さえておかなくてはなりません。彼は、非常に強い政治信念をもち、それをもって社会に影響を与えたり、関わりたいという、活動家的な側面があった。この事実は重要です。このポーランド移民の調査が学会からも高く評価されました。

その後――東エルベの調査の翌年――、マリアンネという人と結婚します。なぜ、ヴェーバーだけ結婚相手のことを言うかというと、このマリアンネは非常に有名だからです。ヴェーバーの死後、彼女がヴェーバーの伝記を書いたり、あるいは遺稿の整理に口を出したりして、良い意味でも悪い意味でも重要な人になる。

結婚とほぼ同時に、フライブルク大学の経済学の正教授になって、この時期、ヴェーバーは絶好調です。「国民国家の経済政策」といういかにもナショナリストらしい講演をしています。

そして一八九七年に、まだ三十代の前半で、母校ハイデルベルク大学の教授になります。ハイデルベルクは大学町で、ハイデルベルク大学は、ヨーロッパでもトップクラスの名門の大学です。しかも、この段階で彼はリベラルなナショナリストとして、今風に言えば政治評論家としても注目されていた。論争好きで、攻撃的で、すごい才能、という感じです。

ここまでは、順風満帆の人生ですが、もしヴェーバーが達成したことが、ここまでだったらどうでしょうか。ここまでであっても、同時代の者にとっては、ヴェーバーはすでに著名な学者であり、論客でもあったでしょう。先ほどのポーランド移民の調査や、ローマ農業史は、当時すでに著作として出ていて、それなりに高い評価を得ていました。とはいえ、それらが百年後にも読み返されるような古典かと言えば、疑問も残ります。つまり、この段階までのヴェーバーは、まだ、社会学史において注目すべき重要な著作は一つも残していません。デュルケームやジンメルは、ヴェーバーと同じ年齢で、すでに最初の主著を出していたというのに。

息子が父を裁く

とにかく、ヴェーバーは、ここまではおおむね順調な人生です。ところが、この後、ヴェーバーに思いもかけぬ挫折があった。どんなヴェーバー伝にも書かれていることです。ハイデルベルク大学に着任して間もない頃、一八九七年の晩夏、奥さんのマリアンネと一緒にスペインを旅行したときのことだと言われています。ヴェーバーは突然、自分でもよくわからない鬱、「神経症」の症状に悩み始めてしまうのです。一体何が原因なのか。直接の原因は、ヴェーバーと父親との争いにあったと考えられています。当時の家族もそのように思いました。その経緯は次の通りです。

話してきたように、一八九七年にヴェーバーは名門ハイデルベルク大学で正教授のポストを得ました。ヴェーバーがハイデルベルクに移り住むと、ベルリンの母親は息子の行っているハイデルベルクに数週間の日程で訪問したいと言い出した。実は母親の実家の近くでもあったのですが、母親としては、息子の新しい門出の場所にしばらく滞在したいというわけです。これは、どうも次のような事情だったらしい。母親にしてみると、夫マックス――つまりヴェーバーの父――との生活が大変だったのです。それなりの実力者として評価も得ているけれども、ときどき選挙に落ちる。百パーセント選挙に勝てるほどの政治家ではない。そういう夫から、彼女はしばらく解放されたい……。

ところが、夫はおもしろくない。俺から逃げるのか、それならば俺も行く、となってしまった。妻としては、夫からのしばしの解放を求めていたのに、その夫が一緒にハイデルベルクに付いてきてしまったのです。それが事の発端になっているらしい。息子のヴェーバーからすると「たまにはお母さんを休ませてやれよ」みたいな気持ちになったのです。そのため、息子が憤慨し、父を激しく罵倒する。このときの様子をマリアンネはあまり丁寧には書いていませんが、少し引用します。

このとき、長いことくすぶっていた不幸が爆発したのである。息子は鬱積していた憤懣をもはや抑えることができなかった。熔岩は砕けた。途方もないことが起った。息子が父親を裁いたのである。女たちのいる前で審判がおこなわれた。（中略）彼らは和解せずに別れた。

つまり、母親や妻がいる目の前で、息子マックスが父マックスを糾弾した。父は怒って、一人でベルリンの自宅に帰ってしまうわけです。帰宅後すぐに、父マックスは友人と一緒にロシア旅行に出かけるのですが、その最中にリガで急死してしまう。息子マックスは、父親の葬儀をすませ、少し心身を休めましょうということになって妻とスペイン旅行に出かけました。その旅行で、突然、先ほど述べた急激な神経症、重い鬱の症状が出て、苦しむことになった。こういう経緯から考えて、父親との関係が原因になっていることは間違いなさそうです。

ヴェーバーはこの後、一生の間、この病気から完全に回復することはなかった。症状には波があって、最も調子が良かったのは第一次世界大戦の真っ最中ですが、結局完治することはありませんでした。せっかくハイデルベルク大学で、若くしてよいポストに就くことができていたわけですが、一学期を過ごしたあたりでこの病気になってしまった。講義などとてもできない。文献すら読めない。だから、大学を休んだ。ヴェーバーは大学をすぐ辞任しようとしますが、将来を見込んで彼を採用した大学としては、最初は慰留します。何年間かほとんど講義もせず、ごくまれに二、三回大学に出講するとまたダメだ、といったことをヴェーバーは繰り返す。

そうやって数年間を過ごすわけですが、ヴェーバーとしては堪え難い、ということで、一九〇三年に辞職することになりました。つまり、六年ぐらいドイツの名門大学に正教授として籍を置いていたかたちにはなりますが、実際はほとんど教壇には立っていません。もちろん、自分の弟子を育てることもなかったのです。

社会学者としての再生

ここで、すぐに気づくのは、この状況、ヴェーバーの病気は、絵に描いたようなエディプス・コンプレックスだということです。これは、フロイトの提起した最も重要なコンセプトであり、仮説です。ヴェーバーの例は、エディプス・コンプレックスの図式に完璧にはまっています。つまり、ヴェーバーは父と喧嘩し、父を裁き、殴り殺したわけではないですが、その直後に父は旅先で死んでしまった。ヴェーバーの観点からは、自分が父を殺したと感じたことでしょう。

では、なぜ父を殺したのかというと、父が母を拘束し、逃亡しようとする母に付いてきたからです。ヴェーバーは、その母を自分の元へと解放し、自分で独占しようとして、父に反撃した。すると父は死んでしまった。こういう図式です。

この時代のヨーロッパの男の多くがそうだったのかもしれませんが、フロイト自身も父親の死に非常に大きな衝撃を受けています。フロイトはそれを一般化して、「男にとって父が死ぬということは、人生の中で最も重要な出来事なのだ」といった趣旨のことを書いています。そして、フロイトも父の死の直後、エディプス・コンプレックスの理論を完成させ、精神分析という学問を世に問うた——『夢解釈』を出した——のは、先に説明した通りです。

マックス・ヴェーバーの場合も同様です。つまり、彼は大学で講義もできないほど重い病気に悩まされているわけですが、ヴェーバーの主要な社会学的な仕事は、ほとんどすべて神経症にかかった後に書かれているのです。量的にも、質的にも、ヴェーバーの研究は、神経症発症後、圧倒的に上がりました。もしこの神経症がなければ、ヴェーバーは凡庸な学者に終わっていたと思います。ほんものの社会学者としてのヴェーバーは、まさにこの病を得た後に誕生したといってよい。

どうしてでしょうか？　ふつうは病気になってしまったために、有能な学者になりえたのによい仕事を残せなかった、ということになりそうな状況なのに、どうして、逆に、この病の中でこそ、ヴェーバーは真に創造的になったのか。

大学との関係でも似たようなことが言えます。大学に籍を置いているとき、ヴェーバーは、優秀ではあっても、歴史に名を刻むほどではない。むしろ、彼の社会学者としての仕事が学説史に決定的な貢献をするのは、大学を辞めてから成し遂げた業績によってです。

大学を辞めてから、ヴェーバーの学者としての、あるいは政治的な論客としての名声は非常に高まった。彼の主要な論文はほとんど『社会科学・社会政策アルヒーフ』という雑誌に載ります。ヴェーバーはこの雑誌の編集・発行の仕事をしながら、その雑誌にまずは自分の論考を発表するというかたちをとったのです。また、ヴェーバーは、ドイツ社会学会の創設メンバーのひとりです。

彼は政治評論家として著名で、その政治的発言はドイツの論壇や思想界にかなりの影響を与えました。たとえば、ドイツが第一次世界大戦を始めたときに、ヴェーバーは、アメリカを参戦させてはいけない、アメリカが入ってきたら負ける、と主張しました。実際に最終的には、彼の予想通りの結果になるわけですが、ヴェーバーは、アメリカに参戦する口実を与えてはいけないと政治家に盛んに働きかけたようです。ヴェーバーは、第一次世界大戦の後のヴェルサイユ講和会議にもドイツの代表として出ています。そのぐらい、当時、大学に所属しないフリーの学者として高く評価されていたのです。しかし、第一次世界大戦後、一九二〇年に肺炎で急死しました。

この死の原因のひとつは、やはり第一次世界大戦での敗北が関係していたのではないでしょうか。彼は、ドイツが負けたら大変に悲劇的なことになると思っていろいろ発言していたわけですが、それはうまくいかなかった。この敗北が彼にとっては大きなダメージになっていたと推測できます。ヴェーバーは社会学者としてまことに優れた仕事をたくさん残したわけですが、本人は、かなり挫折感をもって死んでいったように私は思います。

4-2 社会学の方法

価値自由――天使であれ

このように、ヴェーバーは一九〇三年には大学を辞めるほど病いが重かった。にもかかわらず彼は、その一九〇三年から〇五年にかけての二年ぐらいの間に、立て続けに三本の長い論文を書いて、『社会科学・社会政策アルヒーフ』等に載せています。その三つのうちの一つが、「プロテスタンティズムの倫理と資本主義の精神」ですが、これについては後に検討します。他の二本は、デュルケームで言えば『社会学的方法の規準』に当たるような、社会学や社会科学の方法に関するものです。デュルケームもヴェーバーも重要なのは、初めて、社会学という学問がどのようなメソッドにもとづいているのかということを自覚し、それを定式化したことです。

二本の論文のうちのひとつは「ロッシャーとクニース」という、人の名前が出ている論文です。これも重要ですが、より有名なのは――これは社会学の勉強をする人は必ず通らなければいけない――「社会科学と社会政策にかかわる認識の「客観性」」という長いタイトルの論文です。ふつう「客観性論文」と省略して呼ばれます。

「客観性論文」の中で、ヴェーバーは二つの重要な概念を出しました。一つは「価値自由（独 Wertfreiheit, 英 value freedom）」という概念で、もう一つは「理念型（独 Idealtypus, 英 ideal type）」。ふつうの教科書には書かれてないことも含めて説明します。

まず「価値自由」とはどういうことか。事実判断を価値判断から区別しなさいということです。（ここでヴェーバーはまだ「社会学」という言葉を使っていないところが重要で、「社会科学」と言っていますが、細かいことは抜きにして）社会学がかかわるのは、基本は事実判断なのです。価値判断ではない。だから、価値自由というのは「価値から自由である」ということです。

では、社会学という学問は、価値判断とまったく無関係かというと、ヴェーバーによれば間接的には関係がある。どういうことか。いま、ある価値判断が与えられており、その価値判断にもとづく目的が設定されているとして、その目的に対してどのような手段が適合的であるか、どの選択肢が最も有効であるかということについての判断は、事実判断ですから、社会学の守備範囲に入ります。あるいは、ある目的があったとき、その目的が何に、どのような価値に貢献しているのかということは事実判断ですから、社会学は、目的の背後にある理念や価値を明示することができます。このように、社会学は間接的には価値判断にかかわることができるのです。

価値自由は、ごくふつうの公準です。科学は事実判断にかかわることであって、価値判断にかかわるものではない。別に社会（科）学に限りません。たとえば物理学で核融合とか核分裂という現象が発見されたからと言って、それは、核兵器がすばらしいとか、核兵器を用いた外交がよいとかと言っているわけではないのと同じです。だから、価値判断と事実判断を区別するというのは、ある意味では当然なのですが、しかし、考えておかなくてはならないことがここにもまだあります。

ジンメルについて論じたときに、ヴェンダースの映画に言及しました。ジンメルは都市生活の傍観者のようなものであり、それは、『ベルリン・天使の詩』の天使に喩えられる、と。天使は、外から人間を観察して、人間たちが何をやっているか、それぞれの個人の心の中で何が起きているのかを、ひたすら記述することができる。価値自由というのは、いわば、天使のようにやれ、という命令です。あなたは傍観者として、ひたすら人間の社会を観察するのだ、と。

理念型——人間であれ

「客観性論文」でヴェーバーが提起したもう一つの重要概念が、「理念型」です。「価値自由」と「理念型」という二つの概念はふつう、ただ並べて紹介されるだけです。ヴェーバーもただ並べて論じているだけです。しかし、この二つは、個々独立にみてはならず、一緒に考えなければいけないのです。両者を一緒にしてみたとき、一見ごくあたりまえのことに思える価値自由ということに、ただならぬ要請が含まれていたことが明らかになります。

では理念型とは何か。ある現象――この場合にはもちろん社会現象ということになるでしょう――に関して、特定の観点から見て意義あるとされたことがらだけを抽出し、強調したことによって得られる概念的構築物が、理念型です。と、こんなふうに説明するとわかりにくいでしょうが、似顔絵だと思うとよい。似顔絵は、現実の顔をそのまますべて正確に写しているわけではない。しかし、ときに写真より似顔絵のほうが、誰なのかがすぐにわかる。写実性という点では、写真のほうが似顔絵よりはるかにまさっている。部分だけでみれば、似顔絵は、現実の顔とぜんぜん似ていません。それなのに、似顔絵は、写真以上に、誰の顔かを特定しやすい。私たちがその人物の顔を識別するときに注目している特徴を作為的に誇張し、逆に、識別に関係していない性質を無視しているからです。そのため、その人らしさが際立ってくる。理念型とは似顔絵のようなものです。

ここでひとつだけ注意しておけば、理念型と「平均」の像とは違う、ということです。たとえば、ヴェーバーは、近世西洋の人間の理念型として「禁欲的なプロテスタント」を描きます。しかし、禁欲的なプロテスタントは、当時の西洋の多数派でもないし、平均値でもない。むしろ、どちらかといえば少数派ですが、しかし、理念型なのです。なぜなら、西洋に起こりつつあった本質的な変化（資本主義化）との関連では、この人間像こそが有意義だからです。理念型は、社会（科）学でのみ活用されているわけではない。自然科学を含むあらゆる学問で必ず、理念型は構築されている。それは、ある種のモデルをつくるということです。

価値自由と理念型の二つが重要なのはよいとして、ここで留意すべきなのは、この二つの概念を一緒に考えると、両者の間に強い緊張関係があるということです。なぜか。まず理念型とは、「肝心なポイントについてだけ抽出しなさい」ということです。しかし、何が肝心で何がイレレバント（どうでもよい）かという区別は、その区別をほどこす者が何らかの価値にコミットしていなければ現れようがありません。何かを欲望する者、何かを意欲する者にとってしか、意味のあるものとないものとの区別は生じないのです。ということは、完全な価値自由を遂行した者、天使のように虚心な傍観者には、原理的に、理念型は構築できない、ということになります。

このように、価値自由と理念型は、互いに逆方向を向いているのです。価値自由を徹底させれば、理念型は不可能になる。理念型を構築するためには、価値自由の原理をどこかで停止させなくてはならない。だから、価値自由と理念型をともに要求することは、ヴェンダースの映画に託していえば、天使であり、かつ人間であれ、と命令していることになります。

ということは、ヴェーバーは、社会学・社会科学に不可能なことを要求しているのでしょうか。彼は不可能なことをなそうとしているのでしょうか。少なくとも、ヴェーバー自身は、価値自由と理念型との間のトレードオフの関係（互いに足を引っ張り合うような関係）を意識してはいません。しかし、それでも、純粋な価値自由のもとで、つまり何らかの社会的なコミットメントをすべてカッコに入れたとき、はたして理念型がありうるのか、と問うことは意味があることです。

社会学の定義

先ほど述べたように、「客観性論文」の段階では、ヴェーバーは、「社会学」という語は使わず、「社会科学」と言っています。しかし、やがてヴェーバーも、自分が専門としているディシプリンを「社会学」と呼ぶようになる。

社会学とは何か。デュルケームと同様に、ヴェーバーも社会学という知に、独自に定義を与えています。「客観性論文」よりずっと後の「社会学の根本概念」――これは大きな論集の中の一部です——等の論文において、です。ヴェーバーによる「社会学」の定義はこうです。「社会的行為を解明的に理解し、そのことによって経過と結果を因果的に説明しようとする科学」である。これは非常に有名な定義で、その後の社会学の歴史に大きな影響を与えました。この定義を構成している概念を整理しましょう。

まず、「行為」とは何か。ヴェーバーは、「主観的に思念された『意味（Sinn）』」に結びついた行動である、と書いています。意味が関係していなければ、仮に身体の運動があっても行為ではない。たとえば、いわゆる「無条件反射」で動いたのであれば「行為」にはならないわけです。「意味」とは、主体がどういう意図で、何をしようとしたのか、ということです。目的がある。それが「行為」です。この「意味」という概念がその後、二十世紀になってから非常に重要になります。

ヴェーバーの社会学の定義では、行為の中でも、「社会的行為」が対象とされている。社会的行為とは、他者の行為へと指向している行為のことです。自分の部屋で一人で沈思黙考しているのではなくて、他者の行為へと向かっている行為です。私のこの講義は、皆さんの聴講という行為へと差し向けられていますから、当然、社会的行為です。行為のほとんどが、社会的行為です。いや社会的ではない行為などありうるのか。いま、一人の沈思黙考が社会的ではない行為であるかのように言いましたが、それでさえも、見ようによっては他者（の行為）へと向かっているのではないでしょうか。「社会的」という部分を完全に消去した行為がありうるのか、という問いは、ヴィトゲンシュタインの純粋に私的な言語は可能かという問いと結びついていて、興味深い哲学的な疑問ですが、いまは先に進みましょう。

ともあれ、重要なことは、ヴェーバーの定義によると、社会学という探究には二つの要素があるということです。「解明的に理解する」とは、社会的行為がどのような意図をもっているか、その行為の意味を理解するということです。その上で、「因果的に説明する」。意味を理解した上で、その行為という出来事がいかなる因果関係を構成しているのかを説明する。このように、社会学は、理解の部分と因果的説明の部分の二つがなくてはなりません。

因果的説明は、科学ですから当然ですが、「理解」が入っているところに社会学の特徴が出ています。ヴェーバー自身もそういう言葉を使うことがありますが、ヴェーバーの社会学を「理解社会学（verstehende Soziologie）」と呼ぶことがあります。これも二十世紀の中盤から後半にかけての社会学の中で、かなり注目された概念です。

ヴェーバーによる、「社会学」の定義には、デュルケームの方法論的集合主義とは逆の、方法論的個人主義と呼ばれるヴェーバーの特徴がよく出ています（方法論的集合主義や方法論的個人主義という表現を、ヴェーバーやデュルケームが使ったわけではありませんが、後の社会学者が、そう名付けました)。つまり、ヴェーバーの議論の出発点は、それぞれの行為者がどのような主観的・主体的な「意味」をもっていたかということ、個人の内面で起きている意味の理解からスタートして、社会現象を理解し、説明する、という構成になっているわけです。社会的・集合的なレベルでの事実を、それ以上は還元できない前提として採用し、そこを出発点にして説明するデュルケームとは逆です。ヴェーバーの論理は、方法論的個人主義だと言えます。

と、このように紹介すると、いかにもヴェーバーとデュルケームがまったく対照的なことを言っているように聞こえるでしょう。しかし、実際の社会現象の理解や説明ということになると、両者は、それほど明確に対立しているとは思えません。この点については後に論じます。とりあえず、以上が標準的な理解です。

4-3 合理化

「ただ西洋においてのみ」

さて、準備体操はこのぐらいにして、いよいよヴェーバーの社会学の内実に入りましょう。いったいヴェーバーは何に対して興味をもっていたのか。彼の社会学は、その全体を通じて何を主題にしているのか。

ヴェーバーの議論がそれをめぐって展開していると見なしうる、究極的な主題をあげるとすれば、それは「合理化（Rationalisierung）」という現象でしょう。ヴェーバーは近代化の本質を合理化に見ます。つまり、近代化とは、社会のさまざまな領域で合理化が進捗することです。それが近代化という現象なのだ、と。

ヴェーバーにとり憑いた疑問は、合理化が、西洋でのみ真に徹底して進捗している、ということです。なぜ合理化は西洋においてのみ徹底して起きたのか？「ただ西洋においてのみ」は、ヴェーバーのテクストに頻出する語です。特に宗教の経済倫理の比較にどのような意味があるかを論じた、「世界宗教の経済倫理」の「序論」には、この語が多用されています。「合理化」が徹底していると解釈しうる、いろんな文化現象が、ただ西洋においてのみ生じている。そのことにヴェーバーは驚愕し、どうして、西洋でのみそうしたことが起きたのかを知りたいと思っている。

西洋でのみ出現した文化現象としてヴェーバーが挙げているものは、次のようなことです。ただ西洋においてのみ科学という営みが生まれた。ただ西洋においてのみ合理的な法が生まれた。ただ西洋においてのみ和声音楽が生まれた。ただ西洋においてのみゴシック建築がある。ただ西洋においてのみ新聞や雑誌が生まれ、定着した。ただ西洋においてのみ近代官僚制が生まれた。ただ西洋においてのみ定期的に選出される議会とこれに対して責任を負う「大臣」という形式の政治指導者の支配が成立した。ただ西洋においてのみ合理的に制定された憲法が生まれた。ただ西洋においてのみ、その憲法と諸法規に基づいて専門官僚が行政を行うような（政治アンシュタルトとしての）国家が確立した。そして、何よりも西洋においてのみ資本主義が生まれた。加えて、西洋にだけ合理的生活態度が生まれ普及した。……

こういうふうにいろんなことが、「ただ西洋においてのみ」生じた。いまとなれば、それらの多くが世界中に波及しているわけですが、しかし、それらはすべて、まずローカルに西洋で出てきたことは確かです。それはなぜか？　これが基本の疑問です。

もちろん、この謎を解くには、西洋だけを見ていてもダメです。だから、結果的には西洋以外のもの、つまり世界の重要な文明、とりわけ世界宗教の比較が必要になってくる。それがヴェーバーの膨大な仕事につながったわけです。

ここまではどんなヴェーバー論にも書いてあることです。ここで私たちが考えなければいけないのは、先ほど挙げた「西洋においてのみ」起きたさまざまな現象は、ちょっと雑多だという印象を与えることです。それらの間に共通性はあるのか？　科学と新聞とゴシック建築と和声音楽と大臣と資本主義に、何か共通性はあるか？

そもそも、そんなことを言うなら、「ただインドにおいてのみカースト制がある」とか「ただ中国においてのみ科挙の制度があった」とか「ただ日本においてのみ漢字カナまじり文がある」とか「ただバリ島においてのみガムラン音楽がある」とか、いくらでもお国自慢のように、それぞれの文明に関して、「ただ……のみ」を言えます。西洋にだけ驚いてどうするんだ？　と思われるかもしれない。しかし、そういうことを言っているわけではないのです。一見雑多に見える西洋の現象には、ある共通性がある。それが「合理性」とか「合理化」です。

当時も、あるいは現在も、この「ただ西洋においてのみ云々」に対しては、「こちらにだって法はある」「自分のところにだって資本主義はあるよ」という反論が出ます。たとえばいまや資本主義なんて世界中にあるわけで、あくなき利潤追求や営利衝動はどこにでもある。そんなものは人類共通の現象ではないか。これが、かつてもいまも、ヴェーバーに対していちばん言われてきた批判です。

しかし、ヴェーバーはそんなことはよくわかっている。では、どこが「ただ西洋においてのみ」なのか。利潤追求はどこにでもあるかもしれない。が、問題は「合理性」なのです。つまり、交換を通じて利潤を獲得することを予期・期待し、「自由な労働者（賃金労働者)」を合理的に組織し、家計と経営を分離し、合理的な簿記によって資本計算をして、そして略奪せずに平和的に資本主義を営む……という現象。こうしたことは、なぜか西洋でのみ、まず出てきた。営利を追求する商人は世界中にいました。中国にもイスラムにもいた。でも、合理的な経営、合理的な投資をして、生活全般を合理化する――ヴェーバーの言葉を使えば「実践的・合理的な生活態度」――、そういう意味での資本主義は西洋にしかなかった。

つまり、繰り返せば、西洋でのみ生じた現象の基底にあるのは、合理性、実践的・合理的な生活態度です。とはいえ、まだ気になります。ゴシック建築と和声音楽と官僚制と……云々に共通している合理性とは何であろうか、と。確かに、直感的には「何か」が共通しているとの印象を与えますが、その「何か」とは何なのか。

しかし、ヴェーバー自身は、合理化や合理性そのものを定義することはありませんでした。そこでまずは、合理化ということが何を指しているのか、ヴェーバーの論述を越えて概念化しておかなくてはなりません。これは、非常に重要な認識的・実践的な意義もあります。「合理性」ということが、「ただ西洋においてのみ」生まれた特殊な文化現象が、結局、世界標準になったのはどうしてなのか、ということを説明するからです。科挙が世界標準にならず、西洋由来の官僚制のほうが世界標準になったのはなぜなのか。その違いを説明するのは、「合理化」ということです。それは、どのような意味なのか。

支配の正統性

外堀から攻めていきましょう。

ヴェーバーのいう「合理性」ということが最も明快に現れており、しかも、社会学史のテクストにふさわしい有名な概念を、手がかりにします。

ヴェーバーは、政治的な支配には三つのタイプがあると考えました。「支配の三類型」としてまとめられている概念です。この概念は、その後の社会学に絶大な影響を与え、いわば社会学の共通財産として継承され、いろんな人に使われてきました。

まず、ヴェーバーはこう言っています。支配が可能であるためには、自発的に服従する人々がいなくてはならない、と。つまり、支配が安定的になるためには、人々に服従する意欲や動機がなくてはならないのです。支配者の権力に従うということには、「やりたいことではないが仕方がない」という含みがありますが、その「仕方がない」という留保が付いていても、人々が究極的にはその支配を受け入れていることが重要です。安定的に支配するためには、必ず支配される人々にそれを自発的に受け入れさせなくてはならない。

では、その人々の服従動機は何によってもたらされるのでしょうか。こうした動機が存在するためには、ヴェーバーによれば、支配の「正統性の信念」がなくてはならない。その正統性の源泉を基準にして、三種類の支配の純粋型——つまり理念型——が存在する。これがヴェーバーの名高い議論です。三つとは、

① カリスマ的支配 charismatische Herrschaft

② 伝統的支配 traditionale Herrschaft

③ （官僚制的行政幹部を有する）合法的支配 legale Herrschaft

です。後のものほど合理化が進捗しているとヴェーバーが考えていたことは間違いありません。これらの内容をかんたんに見ておきましょう。

まず、カリスマ的支配。カリスマは、われわれもよく使う言葉ですが、非日常的な感じを与える人物の資質ですね。超自然的・超人間的な力をもっているかのようにみえる、個人の内在的資質。もしくは神からその人に委ねられたり、神から遣わされたりしている、と思わせる特権的な能力や権能。そうしたものがカリスマです。それが人々から評価され、主人と見なされる。こうして成立するのが、「カリスマ的支配」です。

カリスマ的支配が成り立つためには、主人は自分がカリスマをもっているということを不断に服従者に納得させなければいけません。つまり、主人は、自らにカリスマがあることを服従者に認知させ、なんらかの方法で証明しなくてはならない。そのために、奇蹟を

行ったり、神憑《かみがか》りの力を発揮したりと、すごい能力をもっていることを頻繁に服従者に見せるのです。

カリスマ的支配の最大の弱点は、後継の問題です。つまり、カリスマをもっている次の人を探さなければいけないのですが、これは簡単にはいかない。そこで、いろいろな変形が生じます。最も一般的なケースは、カリスマは血によって継承されていくという見方です。父のカリスマが子へと受け継がれる、と。この場合、カリスマは氏族（クラン）に帰せられるという観念があることになります。これを「世襲カリスマ」と呼びます。

カリスマ後継のもうひとつの方法は、秘儀的な手段による伝授・譲渡です。つまり秘密の教育によってカリスマが継承される。これをヴェーバーは「官職カリスマ」と呼んでいます。どちらのケースでも、カリスマが特定の人物——特定の個人の身体——から独立して、血によって受け継がれたり、教育によって伝授されたりする実体となっています。このとき、カリスマは、（世襲カリスマの場合には）伝統的支配に、あるいは（官職カリスマの場合には）合法的な官僚制の支配に、一歩近づいています。

ついで、伝統的支配。これは、伝習の秩序と主人の権力の神聖性についての観念から正統性を得ている支配です。この支配で重要なことは、服従が、制定された規則にではなく、伝統によって決まっている秩序に向けられているということです。伝統的支配は、プリミティヴで単純なものから、かなり複雑なものまで、いくつにも分類されます。

最もシンプルな伝統的支配は、家父長制や長老制です。これらは比較的小さな集団にしか支配が及ばないケースで、行政幹部をもたないということがそのメルクマールです。しかし、大きな集団を支配しなくてはならないときには、行政幹部（官僚のようなもの）が必要になります。行政幹部をもつ伝統的支配としては、家産制やスルタン制があります。家産制というのは、支配者が土地とかその地位とかを家産（所有物）のように扱い、それが特定の家系（たいていは父系）で継承されているケースで、その支配者のもとに行政幹部がいるわけです。中華帝国の皇帝の支配も、また日本の武士の幕府も、家産制の伝統的支配ということになります。「スルタン」というのは、イスラーム圏での「王」の称号ですが、ヴェーバーは、この語を一般化して独自に使用し、主人の恣意性（自由度）が極端に大きくて、一時的には伝統の拘束すらのがれることがあるようなケースを「スルタン制」と呼んでいます。行政幹部の成立とともに、それまでの「仲間」が家臣になります。さらに、家産制的支配は、支配の権限自体が、家臣である行政幹部に専有されるようになると、身分制的支配――いわゆる封建制――になります。封建制とは、家臣自体が、それぞれのローカルな場所で伝統的支配の主人になっているケースです。

最後は合法的支配。これは、現在のわれわれにも馴染み深い支配の形態です。意図的に制定された規則としての法への服従によって生ずる支配。合法的支配はカリスマ的支配の対極にある。つまり、主人の人格的威光に従うのではなく、非人格的で抽象的な秩序に従っているわけです。その場合、主人――というよりむしろ上司――もまた、同じ法に従っている、ということが前提です。合法的支配には、官職事務が継続的で、規則に拘束された経営が、つまり官僚制が伴っています。

合法的支配の合理性

さて、三つの支配の形態を概観してきました。ここまでは普通の教科書に載っている内容の整理です。ここからもう少し考えてみたい。

カリスマ的支配から、伝統的支配を経て、合法的支配へという移行を考えると、合理性の程度が高まっている、という印象をもつでしょう。このとき「合理的」と見なされていることとは何なのでしょう。どうして、合法的支配が、カリスマ的支配や伝統的支配よりも合理的だと見なされるのか。合理性のエッセンスとは、どのようなことか。

われわれが服従するということは、支配者から発せられる命令に従うということです。どの命令が正統性をもち、従わなければならないのか。どの命令は正統ではないのか。合法的支配の場合には、少なくとも理屈の上では、法を参照することができるがゆえに――

つまり法から正統性を調達できるがゆえに——、このことが一義的に決定できます。どの命令が従わなければいけないものなのか、どの命令が無効なのか。合法的支配の場合は、建前上は、命令は、すべての法に根拠をもっているので、あいまいさがなく決定できるのです。また、合法的支配においては、命令と命令の間に首尾一貫性があり、矛盾がなく、命令の集合が全体として整合的なシステムになっているのです(命令の間に矛盾があったときには、法自体を変えなくてはなりません)。したがって、支配者がどのような命令を発するのか、どのように判断するのかということを、服従者は、おおむね予期することができます。

これと対照的なのが、カリスマ的支配です。こちらのケースでは、命令は、カリスマ的な主人の恣意(気まぐれ)に依存しています。ということは、命令相互間に整合性があるとは限らないし、一つずつの命令の意味が一義的に決定されるとも限らない、ということです。さらに、どんな命令が発せられるだろうか、という予測可能性も低い、ということになります。服従者が予想していなかった命令が発せられることもあるわけです。

伝統的支配においては、こうした命令の恣意性の程度は、低下します。伝統的な因習による制約があるからです。とはいえ、伝統そのものが、結局は、根拠がなく恣意的です。なぜそうするのか、という根拠は、「伝統だからだ」というトートロジーにしかならない。それゆえ、伝統的支配に基づく命令は、合法的支配に比べると、なおはるかに大きな恣意性やあいまいさが残っている、ということになります。

「合理性」ということは、こうしたことに関連しているのではないか、という見通しが立ちます。

脱呪術化

ここからもう一歩進めておきます。合理化という現象の核をさらにピンポイントに把握するために、です。今度は、ヴェーバーにとって最も重要な題材、宗教に着眼しましょう。

ヴェーバーが、「宗教における合理化」とまったく同じ意味で使っている語が、「脱呪術化」という概念です。ヴェーバーによれば、呪術は合理的ではない。広い意味で使うときには呪術も宗教の一部に加えますが、呪術と狭い意味での本来の宗教との間には違いがある。呪術より宗教のほうが合理性が高い。そこで、脱呪術化と言うわけです。ヴェーバーの観点では、実は、この「世界の脱呪術化（Entzauberung der Welt）」こそが、すべてのジャンルでの合理化の原型です。

しかし、ここは、考えなければいけないポイントです。なぜかというと、近代科学の立場からすれば、宗教だろうが呪術だろうが、どちらも非合理と言えば非合理的です。実際、アメリカの福音派の人たちが天地創造説を唱えると、科学者が非合理的なことを言うなと批判するわけです。宗教だって十分に非合理的に見える。

しかし、ヴェーバーによれば、（狭義の）宗教は呪術よりも合理的です。どのような意味でそう言えるのでしょうか。さらに重要なことを付け加えておけば、呪術から宗教を隔てる差異、その差異こそが合理性の原型です。宗教それ自体が合理的であるとヴェーバーは言っているわけではない。問題は、宗教と呪術の差異なのです。

また後の議論を先取りして言っておけば、宗教の中で最も合理的なものがプロテスタンティズムです。これから説明する「合理性」の概念を用いたとき、プロテスタンティズム、とりわけ予定説を中心にすえる教義が、論理的に見て、合理性の極限になることがわかるはずです。

さて、呪術にも宗教にも、広い意味での超自然的な存在（神、あるいは神々）が出てきます。人間を超えている、あるいはふつうの自然現象を超えた、プラスアルファ的なものが、過剰なものが出てくる。それらをすべてまとめて広い意味での神と考えたときに、呪術を成り立たせている関係性は「神強制」であり、宗教のほうは「神奉仕」です。ヴェーバーは、『宗教社会学』の中でこのように論じています。

神強制と神奉仕とは何か。たとえばわれわれ日本人がお正月になると百円ぐらいのお賽銭をあげて、今年一年無病息災で過ごせるように、と神さまにお願いする。これは神強制の一種です。お賽銭で神さまを買収し、動かそうとしている。一種の賄賂ですね。この例に見られるように、人間が、ときに専門家である人間（呪術師）が、救済や利益を得るために、なんらかの手段で神を使役すること、これが神強制です。

それに対して、人間が神にもっぱら従属する関係性が神奉仕です。神奉仕は、具体的には、供犠とか、礼拝とか、祈禱とかの行為によって具体化されます。神強制が呪術に、神奉仕が（狭義の）宗教に対応している。脱呪術化とは、神強制が有意味に成り立つ世界から神奉仕でなくてはならない世界への移行です。

人間と神々の関係の循環

問題は、どうして、神強制の関係が神奉仕の関係に比べて合理的ではない、と見なされるのか、その理由を理解することです。ヴェーバーが書いていることを、積極的・創造的に解釈しながら解説いたします。鍵となるのは、神（々）と人間との関係です。たとえば、何らかの呪術的手段によって、超自然的な存在者の力を利用して、雨を降らすとか、敵を呪い殺すとかという例を考えてみてください。一方では、呪術は、言うまでもなく、超自然的な存在者である神々の助けを必要とします。それは、人間の行為や人間が属する世界が神々に規定されているからであり、人間の世界にあるさまざまな善きこと／悪しきことが神々の意思や行為を原因とする仕方でもたらされているからです。しかし、他方では、呪術において、神々は、人間の行為による働きかけがなくては活動しません。この場合には、人間の行為のほうこそ、神々の活動にとっての原因となっているわけです。

すると、人間と神々の間の関係は自己言及（セルフレファレンス）的な循環を描くことになります。人間の行為や体験を規定する神自身の活動が人間の行為によって規定されている……ことになるからです。言い換えれば、人間と神とでどちらが優位なのかが決定できません。人間に対して超越しているように見える神に対して、人間自身が作用を及ぼしている……とすれば、人間と神との優劣関係がくるくるとそのたびに反転してしまうからです。これは、嘘つきのパラドクスと同じ構造です。「私は嘘つきです」という命題は、自己言及の形式のゆえに真偽が決定できない。同じように、神強制の関係においては、神が人間に対して超越的であると見なしうるかという点に関して決定不能に陥るのです。

神奉仕は、こうしたあいまいさを完全に払拭し、克服したときに出てくる態度です。神が人間に対して優越しており、超越的であるならば、神奉仕以外にはありえません。呪術によって神を操作するなどもっての他です。いまや、神の行為が人間の行為を決定するのか、逆に人間の行為が神の行為を規定しているのか、ということに関して決定不能なところはない。明らかに前者だからです。

たとえば宗教改革は、カトリックの中に残っていた呪術的な残滓《ざんし》を払拭するものだったと解釈することができます。たとえばルターは、贖宥状《しょくゆうじょう》を批判しました。贖宥状を購入すると罪が赦される。ということは、ローマ教皇にちょっとした賄賂をさしだすと、罪が赦されていることになる。ところで、罪の赦しは、ほんらいは神のみがなしうることです。贖宥状という設定は、神の権能をローマ教皇という人間が侵し、神の判断を左右していることになるではありませんか。これは神強制以外のなにものでもありません。

合理的な宗教は、自己準拠による決定不能性を逃れているのです。ところで、これを先ほど説明した支配の三類型と関係づけたらどうなるのか。「カリスマ的支配→伝統的支配→合法的支配」という順序も、これと類似の決定不能性が、次第に小さくなっていく過程だと解釈することができます。たとえば、一般の人々とほんとうはいくらも違わないカリスマの判断が、正統である根拠はほんらいはどこにもありません。だからカリスマは、まさにそのカリスマ性を何らかの方法で証明し、自身の超越性を確保しようとするわけですが、それは、常に成功するとは限りません。

カリスマのカリスマたるゆえんは、ほとんど呪術的なものです。そのカリスマの機能を、伝統、そして法へと移転させると超越的な権能は安定してくるのです。このように、支配の諸形態における合理性と、宗教における合理性ということとは、パラレルな関係にあります。

Ratio

ここで、ヴェーバーの直接語っていることを離れ、合理性ということの原義に遡ってみたいと思います。そうすると、ヴェーバーの合理性の概念が、その原義をきわめて忠実に反映していることが理解できるはずです。

合理的というのは、英語で言えばrational。この語はラテン語のratioから来ています。「理性」という意味ですが、本来の意味は「比」です。つまり、合理性という問題は、実は「数」、とりわけ「自然数」と関係があるのです。

比とは、自然数の間の関係です。「2：1」とか「3：2」とか「4：3」とか。古代ギリシアには「ピタゴラスの定理」の名前の由来になっているピタゴラス教団という結社がありました。彼らは音楽を重視した。音楽の中にロゴスが働いている、と見たのです。そのように考えた理由は、まさに比ということに関係している。和音、つまり調和的な音の関係を見ると、そこには必ずきれいな比が利いているのです。

たとえば、最も基本となる一オクターブ。それは弦の長さにして、ちょうど2：1の比になる音の間の関係です。他に五度とか四度というきれいな和音は、弦の長さの単純な比――3：2とか4：3とか――によって構成しうる。こうした事実の発見から、ピタゴラス教団は、音には合理性があり、そこに理性が作用していると考えた。合理性は、数の関係の中に美しく収まる感覚と深く結びついているのです。

もっとはっきり言いましょう。自然数とは何か？　自然数は、最も単純なもの1から始まって、2、3、4……とまさに1ずつ増やしていくことで構成される。合理性というのは、だから、最も単純で、それゆえに自明なもの（1のこと）と関連づけて、「それ」が何であるかを、明示的かつ一義的に定めることができる、ということです。たとえば、比は、最も単純なものとの関係で構成される自然数の間の関係として定義できる。合理的とは、いわば「比で表すことができる」ということなのです。

比とは、要するに分数です。ですから、日本語で言えば、「割り切れる」ということと似ています。実際、余りなく、ちょうど割り切れると、私たちは、美しいとか、合理的だとか感じるではありませんか。このあいまいさや残余がない、「割り切れた」感が合理的ということのポイントです。

ピタゴラスの定理と自己言及

ピタゴラス教団が歴史的な実体としてどういうものだったのかよくわからないところもありますが、彼らは音楽と数に神秘的なつながりがあると考え、そこに合理性、世界の理性の働きを見ようとしたわけです。しかしながら、話はここで終わらない。「比で表すことができる」という合理性の原理から考えたときに、まさにその原理から始めたがゆえに、西洋の理性は、実は比では表しえないものが世界の中に必ずある、ということを発見してしまうのです。その発見をもたらしたのが、皮肉にもピタゴラス教団なのです。私たちは、今日、この結社の名前を、この発見を意味する定理によって記憶しています。その定理とは、「ピタゴラスの定理」です。

「ピタゴラスの定理」は、合理性という問題にとって、きわめて深刻なチャレンジを含んでいました。どういうことか。たとえば、等しい二辺の長さが1であるような直角二等辺三角形を考えます。この直角二等辺三角形の斜辺をひとつの辺とする正方形を作ると、その正方形の面積は2になる。ピタゴラスの定理からこのことが導かれます。ということは、その正方形の一辺の長さ（ということは直角三角形の斜辺の長さ）をxとしますと、その二乗x^2は、2になるということです。つまり二乗すると2になる数が存在していることになる。

$x^2=2$ ・・・・・・①

ご存じのように、このｘは分数にはなりません。つまりｘは、どのような自然数の比にもならないのです。合理性とは、自然数の比であるという見方を前提にすると、合理的な世界の把握のうちに収まらないものが存在している、ということになります。ですから、この比には回収できない数字ｘが存在しているということは、ピタゴラス教団にとっては、自分たちの基本的な教義を否定するスキャンダラスな事実でした。私たちは、彼らを否定する事実によって、この教団の名前を知っているのですから、彼らにとっては気の毒なことです。

さて、この問題は、自然数やその比によって定義できる数字（分数）とは異なる別種の数字、つまり「無理数」を導入することで解決されているわけです。①の方程式の解は、「$\sqrt{2}$」である、という具合にです。しかし、ここで中学の数学のおさらいをしたいわけではなく、この無理数の導入が、何をしたことを意味しているのかを理解してもらいたいのです。

方程式①の両辺をｘで割ると、次のような方程式に変形できます。

$x=\frac{2}{x}$ ・・・・・・②

この式は自己言及の形式をもっていることに気付かれるでしょうか。（左辺の）xを定義するために、（右辺でも）xを使っているからです。つまりxをxで定義しているのです。このように、二次方程式（①）は、自己言及の形式をもつ方程式（②）です（このことに私に最初に気付かせてくれたのは、ジョージ・スペンサー＝ブラウンという数学者の『形式の法則』という本で、彼は、これを虚数の導入ということと関係づけて論じていますが、虚数以前に無理数の段階でこのように自己言及性が出現します）。ここで、思い出して欲しいのです。神強制を含む呪術とは、神々と人間の間の関係の自己言及性を伴っていたことを、です。

では、数学的にはこの問題をどうやってクリアするか。先ほど述べたように、無理数を導入するわけです。無理数は英語で言うとirrational number、有理数はrational numberです。無理数、有理数というのは誤訳に近い——少なくとも無理・有理が何を意味しているのかさっぱりわからない。有理数の英語にあたるrational numberとは「ratioになる数、比で表せる、分数になる数」という意味です。いっぽう、irrational numberは「比にならない数」です。だから、無比数と有比数と訳せば、意味がよくわかる。

ここで確認しておきたいことは、無理数の導入というのは、自己言及にともなう決定不能性（分数化不可能性）を克服する、ということと同じ意味をもつ、ということです。無理数（たとえば二乗すると2になる数）とは、いわば自己言及性（②の方程式のような）を含みこんだ数字だからです。同じことがヴェーバーの脱呪術化にも言える。神奉仕の対象となるような超越的な神を導入するということは、呪術の神強制が必然的に帯びてしまう、人間と神との関係の自己言及の形式を克服することでした。純粋に超越的な神を導入することと、無理数を導入することとは、いわば、同じ効果をもつのです。

数の領域では、無理数を入れることで、いったん崩壊しかけたかに見えた合理性というものが、一段、高いレベルで再構築されている。同じように、宗教の領域で、超越的な神と、その神への神奉仕の関係が確立することで、呪術の合理性が克服され、レベルの高い合理性が形成されるのです。

音楽の合理化

だいぶヴェーバー自身の論述を離れて論じましたので、ここでヴェーバーの直接の記述に立ち戻ります。というのも、ヴェーバーもまた数と音楽ということとの関連で、合理化について論じており、そのヴェーバーの議論を用いて、いま述べたことを再確認できるのです。ヴェーバーの著作の中に『音楽社会学』という難解な本があります。ヴェーバーは、音楽にこそは、西洋の合理化の精髄が現れている、と見なしたのです。音楽自体は世界中にあります。特に西洋的な現象ではありません。ヴェーバーは西洋音楽にしかないある特徴に注目した。それは、平均律、厳密には十二平均律です。

ヴェーバーによれば、音楽の合理化の最大の成果は、調性（和音）を可能にするシステムです。そのシステムが、近代的な平均律です。調性というのは、ハ長調とかイ短調とかいった、特定のひとつの音（主音）を中心にして秩序づけられた音の連続のことで、これは和音ということと深く結びついている。十二平均律（一オクターブを十二個の音にする）ができあがったとき、調性音楽が可能になった。具体的には、バロック音楽以降の音楽ということになります。

興味深いのは、ここで、文字通り、無理数が関与していることです。どういうことか。最初は、ピタゴラス教団が見出したことに、音の調和の合理性の原型がありました。このとき音の調和と自然数の比とが対応している。ところが、こうして作られる、純正五度と呼ばれる協和音をいくら積み重ねても、完全なオクターブが得られないことがわかってきた。いくら純正五度を重ねても、オクターブとの間にわずかなズレが生じて、それが解消されないのです。いわば、きれいな公倍数がないような状況です。このことは、ピタゴラス教団のようなやり方では、平均律を作ることができない、ということを意味します。

そこでどうしたのか。自然数の比にこだわっている間はダメです。そこで、一オクターブを、強引に、12の半音音程に分割してしまったのです。それぞれの音と音との間の音程比は、「2の12乗根」です。自然数の比を放棄して、無理数の違いのある微妙な音程を作っていくわけです。だから、たとえば、ヴァイオリンの音の音程とピアノの音の音程とを完全に合致させるのは難しい。なぜならば、弦でつくっていく音と、十二音階を鍵盤でつくる場合では、完全にはそろわないわけです。いずれにしても、ここから平均律の導入と無理数の導入は同じことであるとわかるでしょう。ここでも無理数の音程を導入することによって、合理性の次元が高くなっている。

そして、この音楽で見られたことが、宗教でも見られるというのがここでの主張です。ちなみに、西洋で平均律が生まれた時代と宗教改革が進捗していた時代とはほぼ合致します。

さて、ここまでで、まだヴェーバーの話の半分です。これだけではまだ、合理性の本質は捉えきれていません。ヴェーバーを読んでいると、みんな、その重要さに気づいていない盲点が一つあります。ヴェーバーの本には、合理性についていろいろ書いてありますが、よく読むと二種類の合理性について論じています。つまり、ヴェーバーにおいては、合理性は二つの系列をもっているのです。しかも、そのことをヴェーバー自身が十分には意識していません。

4-4　予定説の逆説

二種類の合理性

ヴェーバーの合理性の概念に二つの系列があるらしいということは、ヴェーバーの「社会的行為の四類型」を参照すると予感できます。この分類も非常に名高いものです。ヴェーバーは、分類魔なんですね。ヴェーバーの分類は気が利いているからよいのですが、どうでもいいような無意味で煩雑な分類をしている論文を読むと腹が立つことがあります。それはともかく、ヴェーバーは「社会的行為（独 soziales Handeln, 英 social action）」には四つの類型があると言いました。

では、社会的行為の四類型とは何か。第一に、感情的行為（affektuelles Handeln）。第二に、伝統的行為（traditionales Handeln）。「支配の三類型」との対応を考えれば、三つ目は合理的行為になるはずです。が、ヴェーバーはここで合理的行為を二種類に分けます。つまり、目的合理的行為（zweckrationales Handeln）と価値合理的行為（wertrationales Handeln）の二つです。

支配の三類型との対応を考えてみましょう。感情的行為は、激情に駆られるとか、非合理的なパッションに駆られてとられる行為です。これは、カリスマ的支配に対応しています。カリスマに対する愛情とか敬意とか崇拝の感情は、感情的行為に通ずるものがあります。伝統的行為は、慣習に従った行為です。もちろん伝統的支配と深く結びついています。

そして、ヴェーバーは、合法的支配に対応する合理的行為を、二つに分けました。三類型（支配）と四類型（社会的行為）で数が合わない。二種類の類型化の間に一対一のきれいな対応が付けられない、という問題については、これまでもときどき指摘されてきたことです。

ここでこう考えるべきなのです。社会的行為の方が一つ余分なのではなく、本当は支配の類型のほうが一つ足りないのだ、と。どうしてそう考えなくてはならないのか説明しましょう。

社会的行為の四類型は、ただ思いつくままに四つが上がっているわけではない。四つの間に論理的な関係があります。伝統的行為の否定が目的合理的行為で、感情的行為の否定が価値合理的行為なのです。そういうペアになっている。合理的ではないタイプが二種類あるわけですから、合理的なものも二種類なければいけない。ということは、支配の三類型には、合理性の側に属するものが抜けているはずです。

合理的ではないほうに属する二種類の支配の形態、つまりカリスマ的支配と伝統的支配の間に、どのような関係があるかははっきりしています。カリスマが何らかのかたちで日常化してしまえば伝統になるのでした。このように、カリスマと伝統の間にははっきりとした関係があるのですから、それに対応する二種類の合理性（目的合理性・価値合理性）の間にも、これと並行した何らかの関係があるはずです。

それでは、その関係を、われわれはどう考えればよいのか。これを解き明かしてくれるのが、ヴェーバーの最も重要なテキストである『プロテスタンティズムの倫理と資本主義の精神』です。誰もそんなふうに読んではこなかったと思いますが、このテクストをきっちりと理解すると、二種類の合理性が、あるいはその二種類の合理性はどう関係しているのかが、自然と見えてきます。

資本主義の精神と召命

これから、『プロテスタンティズムの倫理と資本主義の精神』というヴェーバーの不朽の名作を読んでいきます。重い神経症になって、大学を辞めた直後、病気が最も重い時期に書かれています。これを批判する人は実にたくさんいますが、それは、文句を言いたくなるほど出来がいいということです。どうでもよいような内容だったり、まったく説得力がなかったりしたら、そもそも批判する必要はありませんから。

一般に、人文社会系の本や論文は、それに対する批判が多いものほど重要だという傾向があります。凡庸で当たり前のことが書かれているため、批判もない、という本はありますが、独創的な洞察を含んでいるけれども、誰にも批判されなかった本というのは思いつきません。

とまれ『プロ倫』に戻りましょう。まず、資本主義の精神とは何か。これをはっきりさせておかなければいけません。

ヴェーバーは、特にベンジャミン・フランクリン（Benjamin Franklin, 一七〇六—一七九〇）という人を素材にしながら、資本主義の精神がどんなものかを説いています。そのことをはっきりさせるために、ヴェーバーはフランクリンを、中世ドイツの——ということはプロテスタンティズムよりも前の——大商人ヤーコブ・フッガー（Jacob Fugger, 一四五九—一五二五）と対比します。フッガーは大富豪で、きわめて貪欲に利益を追求している。しかし、ヴェーバーによれば、フランクリンと違って、フッガーは資本主義の精神を体現しているわけではない。どこに違いがあるのか？

フランクリンは、「時は金なり」という言葉で知られている人です。フランクリンには、仕事をミッションと見なす思想がある。つまり、倫理的な職業義務の思想が、フランクリンのほうに（だけ）はあるのです。だから、儲からないことをやったとしたら、単に「損をした」のではなく、「倫理的に間違ったことをやった」という自覚をもつことになります。「時は金なり」という命題は、時間を無為に使うと損をするということ以上の意味があります。非生産的な時間の使用には、何か倫理的に大きく間違った点がある、という感覚があるのです。

利潤を追求する職業に、何か宗教的な意味が宿っているのです。要するに、資本主義の精神とは、正当な利潤を「天職（召命）」として合理的に追求する心情です。このような心情が、フランクリンにはあるが、フッガーにはない。前者にあっては、天職という観念があるために、利潤の追求が、無駄のない合理的で実践的な生活態度の形成につながっています。資本主義の精神のもとでは、生活は、すみずみまで合理的に統制され、利潤の追求につながらない部分は、倫理的な意識をもって排除される。

職業を天職と見る思想は、マルティン・ルター（Martin Luther, 一四八三―一五四六）に始まる、というのがヴェーバーの見立てです。イエス自身には、営利追求を天職とする倫理はありません。パウロにもないし、またカトリックにもありません。ルターとともに、この倫理は始まるのです。というのも、ルターの訳として普及した聖書の中で、職業が「Beruf」と訳されたのです。いま、「天職」と呼んできた言葉は、このドイツ語の単語です。「Beruf」は、英語では「calling」です。つまり呼びかけです。誰が呼びかけるのか。もちろん神です。神の呼びかけに応じることが仕事だ、という倫理をルター訳聖書が与えた。ルターは、日常的な労働に、ただ儲かるということではなく、宗教的な意味合いを与えたわけです。

少しだけ説明に繊細さを加えておきます。ルターより前のキリスト教世界において、労働に宗教性や倫理性はなかった、と言いましたが、厳密には、少し違います。古代・中世から修道院では、労働に特別な倫理性があった。そこでは「祈りかつ働け」とされていたのですから。ですから、ルターの宗教改革は、修道院を世俗化し、日常の労働にも倫理性を与えた、ということができます。いや、ヴェーバーをより忠実に解釈すれば、逆に、世俗を修道院化した、と言ったほうが正確です。

ここでやや脱線気味に、マルクスとの関係を言っておきます。

ヴェーバーは、ルターを経由して、プロテスタント系列のヨーロッパの精神では、職業は神に呼びかけられるようにして遂行されていると捉えた。たとえば自分が出版社の社員であったら、良い本をつくって売るということは、会社が儲かるとか、ボーナスが増えるということ以上の、特別な意味がある、ということです。結果的には会社も繁栄するわけですが、直接的な目的はそこにはない。

ところで、マルクスについて論じた章で、彼が、フランス語からの流用で、「階級（Klasse）」という概念を導入した、ということを話しました。この「階級」という概念にも、ヴェーバーが見出したのと同じ「呼びかけ」という含みが入っています。ただ、マルクスの場合には、資本主義の社会においては、（神に）呼びかけられている者と呼びかけられていない者とが構造的に分割される、と考えたのです。前者がブルジョワジーで後者がプロレタリアートです。この資本主義の神からの呼びかけがなく、見捨てられているほうの階級が、まさにそれゆえに、真の神の呼びかけに応じてたちあがる……というのが革命のイメージである、という趣旨のことを前に述べました。

ヴェーバーが「Beruf」という概念の意義について論じているとき、彼は、マルクスの階級概念のことは念頭にはないでしょう。しかし、ここで私が論じているようにリンクを付けていくと、ヴェーバーとマルクスの言っていることを総合していく道も見えてくるのではないでしょうか。

不可解な予定説の効果

いずれにせよ、ヴェーバーは、ルターと結びついた改革だけでは、伝統主義からの離脱は不可能だった、と考えています。伝統のしがらみからのブレイクスルーには、別のもっと重要な要素が必要だった。それこそが、カルヴァン派に代表される禁欲的プロテスタントです。ルターとカルヴァン（Jean Calvin, 一五〇九―一五六四）はともに宗教改革の中心的な推進者ですが、ルターのほうが一世代ぐらい年長です。ルターも重要ですが、それ以上にカルヴァンが決定的だった、というのがヴェーバー説の核になります。カルヴァン派を考慮に入れたとき、合理性という主題との関連も見えてきます。

ヴェーバーが重視したのは、カルヴァン派の予定説です。厳密に言えば、予定説はカルヴァン派だけが唱えたわけではなく、またカルヴァン派が創出したわけでもありません。しかし、カルヴァン派が予定説をとりわけ重視したことも確かです。予定説は明らかにカルヴァン派と深く結びつけて考えられてきました。それにしても、予定説と資本主義の精神がどうつながっているのか。このヴェーバーの議論はたいへん有名ですが、まじめに考えるとたいへん難解です。

予定説とは何か。何が予定されているのか。キリスト教の設定では、終末の日に裁きがあって、ある人は救われ、神の国で永遠の生を享受することになりますが、ある人は呪われ、地獄に行きます。予定説とは、神は、誰を救い、誰を呪うかということをあらかじめ決定しており、人間の行為によって、これを変更することはできない、とする教説です。

まず、気づかなくてはならないことは、この説は、ヴェーバー的な観点からみてきわめて合理的だということです。つまり、先ほど「脱呪術化」との関係で説明した宗教的な合理性の極点だということです。どうしてか。たとえば、カトリックでは、いろいろ罪を犯して地獄に行きそうだという人は、告解だとか、贖宥状の購買によって、罪を免れ、神の国に行けるかもしれない。すぐにわかるでしょう。これは神強制です。予定説を前提にしたら、こんなことはできない。人間の業によって、神の意思を変えることはできない。予定説は、神の人間に対する超越性ということを徹底させたときに導かれる教義です。

厳密に言うと、神が予定しているのは、最後の瞬間、最後の審判における判決だけではありません。なぜ神の予定を変更できないのかを考えてみるとわかります。神が全知だからです。神は、一人ひとりの人間が何をするかをあらかじめ知っている。人間が、神が計算に入れていなかった善行や悪行をなし、予定を変更せざるをえなくなる、などということはありえないわけです。それゆえ、神は、その最後の審判までの全過程を予定しており、それゆえ知っている、ということになります。

予定説のもう一つのポイントは、神の予定していることを人間はあらかじめ知ることができない、ということです。神がすでにそれぞれの人の運命を決定してしまっていることは確実です。しかし、どのように定められているか、そしてどのような裁きがなされるのかを、人間はあらかじめ知ることはできない。神は人間を圧倒的に超越しているので、神がどのような判断をするのか、神が何をよしとするのか、人間の想像力の範囲をはるかに超えています。神の観点からは何がよく、救いに値するのかは、人間には原理的にわからない。

この、神がわれわれをどうするかを全部初めから終わりまで決めていて、しかも人間にはそれがわからない、という二重性が、予定説という考え方の根幹です。そして、これが資本主義の精神につながったというのがヴェーバーの言っていることです。

問題はその論理です。予定説が資本主義の精神にどのようにつながっていくのか？ ヴェーバーはまさにこの点を説明しているわけですが、明快とは言い難い。説明は非常に難しいのです。先ほど述べたように、資本主義の精神が導く行動は、世俗内的な禁欲によって律せられた労働です。しかし、ふつうに考えると、予定説が、そのような倫理的な禁欲の生活に結びつくとはとうてい思えないのです。

予定説から世俗内禁欲（合理的禁欲）がもたらされたのだとすると、これはとてつもない逆説です。たとえば、こんなふうに考えてみるとその逆説がよくわかります。教師が、その学期の授業の前に、生徒たちに対して、こう宣言したとします。「君たちの合否の判定はすでに決めてある。君たちが何をしようが――つまり勉強しようが怠けようが――その結果を変えることはできない」。この宣言は、予定説の方式に見えます。では、生徒たちは、この宣言にどう反応するでしょうか。彼らは熱心に勉強するでしょうか。絶対にそんなことはありません。ほとんどの生徒たちは、怠けるに違いありません。生徒たちに勉強させたければ、君たちの成績、君たちの合否は、君たちの勉強次第だ、と言わなくてはなりません。授業にきちんと出席し、教師の質問によく答え、立派なレポートを書いたら、「優」になるが、そうでなければ、「不可」になるかもしれない、と。

しかし、予定説では、神は、「君たちの合否ははじめから決めてある」と宣言している教師のようにふるまっています。もし予定説によって世俗内禁欲がもたらされ、それが資本主義の精神につながっていくのだとすれば、それは、神がこの教師と同じようなことを宣言しているのに、生徒たちが熱心に勉強している、というケースにあたります。これはまことに奇妙なことではないでしょうか。

謎の理論物理学者

この奇妙さは、予定説に、いや正確には予定説を前提にしたプロテスタントの生活に、あるとてつもない非合理があることを暗示しているのです。この非合理性は、予定説を「ニューカムのパラドクス」に置き換えることで解明することができます。ニューカムのパラドクスは、あるゲーム的な設定の中で出てくるパラドクスです。ヴェーバー自身が、これを引きながら自説を説明しているわけではありません。そもそも、このパラドクスが提起されたのはヴェーバーが死んだずっと後ですから、ヴェーバーが知りようもないことです。しかし、これを活用すると、予定説から資本主義の精神への転換の論理が、明快に説明できるのです。

このパラドクスは、ウィリアム・ニューカムという人が作ったことになっています。ニューカムは量子力学の専門家ということになっていますが、実は何者かはよくわかっていません。ニューカムの論文として引用されているのですが、ニューカムの元の論文を読んだ人は誰もいない。これまで常に引用の引用というかたちでだけ紹介されてきた。おそらく、最初に「引用」した人の捏造で、ニューカムという人物も、また彼が書いた論文も存在しません。

ということは、最初に引用した人が怪しいということになります。つまり、その人こそ、ウィリアム・ニューカムを騙《かた》って、このパラドクスを提示しているのです。ということで、そのパラドクスの最初の発見者として、最も有力視されているのは、政治哲学者のロバート・ノージック（Robert Nozick, 一九三八―二〇〇二）です。リバタリアンとして有名な哲学者ですが、彼は、実際、もともと物理学、量子力学を専攻していました。いずれにせよ、ニューカムがほんとうは誰なのか、ということはここではどうでもよいことです。

このパラドクスが、『プロ倫』の論理とつながっているということを見出したのは、フランス人の哲学者、ジャン＝ピエール・デュピュイ（Jean-Pierre Dupuy, 一九四一―）です（『経済の未来』）。実はフランス人でヴェーバーを深く読む人は珍しい。ヴェーバーはプロテスタントを重視するので、カトリックのフランス人には人気がないのです。しかし、デュピュイは、フランス語圏でよりも、どちらかと言えば英語圏で活躍しているからかもしれませんが、ヴェーバーを果敢に活用して議論を展開しています。デュピュイの議論をさらに私なりに少しアレンジしながら、ヴェーバーの説明の中核をえぐり出してみます。

ゲーム状況の導入

さて、ニューカムのパラドクス――これは独特のゲーム状況から導かれるものです――がどういうものなのかを理解してもらわなければいけません。これはある種のゲームです。

まず、目の前に二つの箱が置かれています。一つは透明で中を見ることができる（箱A）。もう一つはブラックボックスで中を見ることができない（箱B）。で、透明な箱には、けっこうな札束が入っています。たとえば1000万円としましょう。一方、不透明な箱には、0円か10億円ということにしておきます。理論上は1000万円よりも多ければいくらでもいいのですが、「はっきりと1000万円よりいい」という感じを出したいので、このくらいにしておきます。

A　透明な箱　　1000万円

B　不透明な箱　　0円　または　10億円

もしここで「Aをとるか Bをとるか、どちらかを選びなさい」というゲームだったら、おもしろくも何ともない。もちろんゲームとしては成り立ちますが、あまり深みがない。Aをとる人とBをとる人が出てきますね。たとえば、慎重な人はAをとるでしょう。「1000万円でもかなり儲かるし、まあいいか」と。でも、うまくすれば10億円ですから、思い切ってBにいく大胆な人もいる。慎重なのか、それとも一か八かにかける無謀な大胆さがあるか、性格の違いです。これではふつうのゲームです。

ニューカムが考案したゲームでは、行為者に与えられる選択肢は、次の二つです。

選択肢H1：Bをとる

選択肢H2：AとBの両方をとる

あなたはどちらを選びますか。当然、H2に決まっていますね。どう考えたって。H1は運が悪ければ、得られるお金はまったくなく、0円。H2は最悪でも1000万円、運が良ければ10億1000万円ですから、どう考えたってH2です。だからゲームとしてはあまりにもばからしくて、成り立たないように思える。しかし、先に言っておきますが、禁欲的プロテスタントとは、このときH1をとる者なのです。しかし、このままの設定では、誰もH1をとることはない。

そこで、このゲームにあるヒネリを加え、それによってこのゲームを予定説ゲームに変えるのですが、そのまえにこれが予定説的な設定とどう対応しているのかを、言っておきます。

一番のポイントは、Bが0円なのか10億円なのか、というところです。Bが空っぽだったというのが最悪の結果ですね。これは最後の審判で、呪われ、地獄行きに判定された状況に相当します。10億円が入っていれば、最後の審判で祝福され、神の国に入れるという状況に対応します。つまり、最後の審判の日に、自分が救われているのか救われていないのかが、10億円か0円かに対応しています。10億円なら救われて「永遠の生」、0円なら呪われるほうで「永遠の死」になる。

次にH1とH2の意味です。H1のほうは「世俗内禁欲」に対応すると考えてください。どうしてそうなるかは後で説明します。H2は「怠慢」に対応します。いまはまだ重要なヒネリを加えていないので、この対応の意味はわかりにくいと思いますが、直感的にはわかるでしょう。つまり、H2をとる人は目の前の、つまり直近の1000万円に、まずは目がくらんでいる。H1をとる人は1000万円に動かされてはいない。その人は快楽を延期しているのです。

予見者を入れる

ここで、このゲームに一つ重要な工夫を入れます。ニューカムはゲームの外に「予見者」というものを導入します。予見者は何をするかというと、ゲームをするわれわれが、H1とH2のどちらを選択するかを予想する。ただ予想するだけではなくて、予見者には重大な権限があります。この予見者こそがBの箱の中身を、つまりそこにあるのが0円か10億円かどちらにするかを決めるのです。その上で予見者は予想をする。

予見者の予想と、彼のBの中身についての決定との間には、ある相関があります。Bの中を0円にするか10億円にするかということと、予見者の予想との間に、つながりがあるのです。

私が予見者で、あなたがゲームをするとします。私は、あなたがH1を選択するだろうと予想したときに限って、Bの中に10億円を入れておくのです。そして、私は、あなたがH2を選ぶだろうなと推測したら、Bの中を0円にする。つまり、予見者は、プレイヤーの選択はどっちだろうかと予想し、それによってBに入れるお金の額を決める。

予見者の予想とBの中身との間には、このような相関関係がある、ということは、あなた自身にもあらかじめ教えられています。つまり「予見者はあなたがH１を選択すると予想したら、10億円を入れます」、「H２を選択すると予想したら、０円ですよ」と。

さて、ここまで設定したときに、あなたはどちらを選びますか？

一見、H１にいきたくなります。でも、よく考えてください。

ケースは二つだけです。予見者がH１と予想するか、H２と予想するか、どちらかしかありません。予見者がH１と予想しているとしましょう。あなたはどちらを選択するほうが得かと言えば、もちろんH２です。そうすれば、10億１０００万円もらえます。もしH１をとると10億円にとどまります。では予見者の予想がH２だったらどうしますか？　その場合、H１の中は０円ですから、絶対にH２のほうが得です。１０００万円をとれるから。ということは、予見者の予想がH１であろうが、H２であろうが、合理的な選択は、明らかにH２です。

ここまでが第一段階。

ここでのポイントは、予見者の存在は、このゲームで効いていないということです。予見者がどう予想しようが、H２をとっておいたほうが得になる。つまり、予見者は、このゲームではいようがいまいが同じことなのです。ふつうに考えて、AとBの箱の両方を二つとったほうが得なのです。

禁欲的プロテスタントの無意識的推論

これが第一段階ですが、禁欲的プロテスタントはどう行動したかというと、H1を選んだのです。禁欲的プロテスタントの選択は、ふつうの観点からすると、非合理的な選択です。なぜかH1を選択した。それはどうしてか。その理由がわかれば、予定説が信者の行動にどのように作用するのかが理解できるのです。

これは、予見者がたとえば私（人間）であるか、それとも神であるかの違いなのです。人間である予見者の予想は、ゲームの設定には何も効いていません。その予想は、プレイヤーにとって何も関係ない。ところが、禁欲的プロテスタントは、予見者（神）がどう予想するかということに反応している。予見者がH1を予想していた、ということにしたいわけです。プロテスタントは、予見者の予想を予想して、その予想に合致するように行動している。それが禁欲的プロテスタントです。

どうしてそういう違いが出るか。

私が予見者である分には、誰が考えたって、H2を選択するほうが得なわけです。ところが、予見者が神になったとたん、プロテスタントはH1をとるようになる。

そこには、こういう想定がありますつまり、あなたは、私が予想している分には、当然、予想が外れる可能性があると思っているわけです。大澤の予想は、あなたの行動を正しく見抜いているとは限らない。

しかし、真に超越的な神は違う。神の予想が外れるはずがない。というより、厳密に言えば、あなたが信者であるとすれば、信者の想定では、神はあなたの行動をあらかじめ知っているのです。神の予想とは、神が知っていることそのものです。ですから、神の予想通りのことしかありえない。そうだとすると、Bの中に10億円があるケース――つまり信者であるあなたが救済されるケースは、あなたの選択がH1だったときだけです。したがって、救済されるためには、あなたはH1をとるしかない、ということになるのです。これが禁欲的なプロテスタントの論理、彼らが無意識的に行っている推論です。

このように、信者は、神の予想――というか神に帰せられていると想定された知識――に合致するように行動するわけです。客観的に、第三者の観点からすると、これは本末転倒です。ふつうの状況では、あなたが行動して、私はそれをただ予想しているだけです。あなたの行動は、私の予想とは何の関係もない。私は、予想をあてるために、自分の予想の内容をあなたの行動に適合させようと努力する。あなたの行動のほうに優先権があって、私の予想は、それに寄り添おう、適応しようとしているのです。

しかし、予見者が神になったときには逆です。神はすでに知っており、その知っている内容と合致している予想は外れるはずがない……このように想定されている。このとき、信者であるあなたは、神の予想——神が知っているはずのこと——に合致するように行動することになる。神＝予見者の場合には、適応の方向性がふつうの状況とは逆になっています。信者は、神＝予見者の予想＝知に合わせて行動しようとしている。かくして、神の予想は当たっていたことになる——というか神はやはりあなたの行動を知っていたことになる。しかし、これは当たり前です。あなたは、あなたが想定している神の予想（神が知っていること）に合致するように行動を選択しているのですから。

ふつうに考えて合理的な選択肢を、ゲーム論では、支配戦略と言います。このケースでは、H2が支配戦略です。しかし、いま述べた、プロテスタンティズム的な設定では、この支配戦略を裏切る選択H1が生じます。これこそ、信者の世俗内禁欲です。これは、ある意味では——支配戦略ではないという意味では——非合理な選択の産物です。予定説を前提にしたときには、この非合理が非合理には見えなくなるのです。

神が全知であるかのように行動する

以上が、ニューカムのパラドクスを利用した、『プロ倫』の解読です。ここから二つの教訓を引き出しておきます。

第一の教訓。予定説は、呪術からの解放という意味での合理化の極点に登場する教義です。神の超越性ということを最も厳格にとれば、予定説になる。予定説は、脱呪術化の最終形態なのです。しかし、私たちがいま見てきたのは、ここにはとてつもない逆転がある、ということです。なぜなら、客観的に見れば、この極点において、神は、呪術以上に徹底して人間の行動に依存していることになるからです。どういうことかと言いますと、予定説の神が、まさに神でありうるのは、人間が神の予想——というか神の知を想定し、それにそって行動するからです。とすれば、客観的に見れば、結局、人間（信者）こそが、神の無力を救って、神に権威があるかのような状況を作っていることになるでしょう。

もし人間のほうが、神の予想・知をめぐる「想定」を放棄してしまえば、神はたちまち無力な傍観者になってしまいます。ただ人間の行為を眺めながら、こうなるはずだと予想するだけで、人間の行為に何の影響も与えることができない。そうです、これは『ベルリン・天使の詩』の天使と同じです。ただ人間を眺めているだけの傍観者です。ここで言いたいことは、宗教の合理化が極限にまで推し進められたとき、極端な逆転が待っているのではないか、という予感です。神の超越性を厳密に保持したそのとき、神は最も強く人間に依存していることになるからです。

ともかく、予定説の設定の中で、客観的に見れば、人間（信者）は、自分で神を救っているのです。しかし、彼らは、そのことを自覚してはいません。神のほうが自分たちを救ってくれているのだという意識をもっている。

さらに、マルクスの議論との関係を付け加えておきましょう。いま概説した、プロテスタントの世界から、神についての具体的な表象を省略してしまえば、マルクスが見出した、資本主義における、貨幣や商品の物神化の状況が導かれます。資本主義において、人々は、貨幣が、何かそれ自体で神秘的な価値や力を宿していると思うから、それを欲し、追求しているわけではありません。人々は、貨幣はそれ自体としては無力で、自分たちの間の暗黙の「約束」のゆえに交換や支払いの手段として通用することをよく自覚している。しかし、人々は、まるで貨幣そのものにそれ自体で価値があるかのように振る舞うのです。そのように振る舞えば、結果的に、貨幣に崇高な価値があるのと同じことになります。

これと似て、プロテスタントたちは、神が超越的で、全知であるかのように行動しているのです。そうすれば、神は、実際に全知の超越者のように見えてきます。プロテスタントの態度は、資本主義的な物神化の一歩手前にある、と言ってよいかと思います。

非合理性と合理性

第二の教訓。禁欲的なプロテスタントは、生活のすみずみまで禁欲的で合理的に行動します。「時は金なり」とばかり、一瞬たりとも無駄のない生活をする。それが「資本主義の精神」を体現した行動になるのでした。そのようなことが可能になるのは、神であるところの予見者の知（予想）を信者が想定するからでした。ところで、そこで想定されている神の知、神の予想には、何の根拠もありません。それは、神の気まぐれのようなものであって、少し難しい言葉を使えば、まったく偶有的なものです。

信者は、自分は救済されるほうに予定されているだろう、と想定するでしょう。しかし、その信者を「救済」の側に入れるという神の選択には、何か合理的な根拠があるわけではなく、ただの神の気まぐれ、神の恣意です。予定説によれば、神は、信者が立派なことを行ったから、それに心動かされて、その信者を救済しよう、と決めたわけではないからです。先ほどのゲームに即して言えば、ゲームのプレイヤーは、予見者が箱Bの中に10億円を入れるはずだと想定して行動するわけですが、そのように予見者の決断を推測してよい合理的な根拠はまったくないのです。予見者は、ほんとうは箱Bに何も入れないほうを決断している可能性だって同じくらいの確率であるのに、プレイヤーは、ただ、予見者は「10億円」のほうと決定しているはずだ、と想定する。

つまりこういうことです。まず前提として根拠のない、その意味で合理性のない想定がある。神の恣意的で偶有的な決断（「神は私を救う」）についての想定がある。そのような決断をわが行動の前提にしようとする信者のやはり根拠のない決断、根拠のないコミットメントがあるわけです。その前提さえ置いてしまえば、禁欲的で合理的な生活態度が導かれます。先のゲームで言えば、予見者が「箱Bに10億円を入れたはずだ」という根拠のない前提を、やはり根拠なく採用してしまえば、目の前の快楽をあえて断念するH1という禁欲的な選択肢が導かれるわけです。

ということは、徹底して生活のすみずみにまでゆきわたった合理性は、まったく非合理な、根拠のない想定・決断にこそ依存している、ということになります。その非合理な一点、非合理な前提がなければ、合理性は貫徹されないのです。合理性の根っこの部分に、合理性に回収できない非合理的な一点がある、ということになります。

気まぐれな神の選択

ここで、ヴェーバーの合理性には二種類あるように見えるという論点に戻ります。その二種類の合理性に、実は相関関係があることがわかる。どういうことか。

禁欲的プロテスタントの人生を考えると、きわめて合理的に計算し尽くされた禁欲的な人生を送っているわけです。その信者は、しかし、その人生の最後に出てくる最後の審判のところに「気まぐれな神の選択」を、根拠もなく前提にしている。合理的な根拠のない神の選択、神の予想を前提にして、その一点に向かって行動する。そうすると人生の全体が合理的に律せられる。

ヴェーバーの合理性には二種類ありました。目的合理性と価値合理性です。気まぐれで偶有的な神の選択への根拠なきコミットメントという一点を除けば、残りの人生、残りの行動は全部、目的合理的に出来ているわけです。計算し尽くされた人生になっている。これは、官僚制がもっている合理性と同種のものです。

ところが、一点だけ、何の根拠もない神の選択の、やはり根拠のない想定が前提になっている。その非合理な一点をも含めて全体の人生を眺めたときに立ち現れるのが、価値合理性です。そして、この非合理な一点を前提としよう、それにコミットしようという決断こそが、いわゆる「価値判断」に対応します。ヴェーバーが、「価値自由」を唱えたときに、社会学から排除しようとした、あの価値判断です。

先ほどのゲームを使って、こんなふうに説明してみましょう。予見者が人間であれば、H2が選択されるのでした。それは、ただ目前の快楽に飛びついているだけです。人間としての予見者はいてもいなくても同じことです。予見者が不在でも、同じ行動がとられる。しかし、神であるような予見者が存在することを前提にするとどうでしょうか。実は、そのようなタイプの予見者が存在しているということを保証するいかなる合理的な根拠もないのです。しかし、それを前提にする。そうすると、H1を選択する行動が出てくる。妥協して目前の快楽に飛びつくことのない、禁欲的な行動が導かれるわけです。

このH1の行動の合理性を可能にしているのは、予見者＝神の存在を前提にするという非合理な決断です。前者の合理性だけを捉えれば、目的合理性です。しかし、後者の非合理な決断をも含めて捉えたときに見えてくるのが、価値合理性です。

ヴェーバーとデュルケーム――「個人を越えた社会現象」

さて、ここで、ヴェーバーとデュルケームの比較をしておきます。

先ほど、ヴェーバーは方法論的個人主義で、デュルケームは方法論的集合主義だと言いました。

ヴェーバーの『プロテスタンティズムの倫理と資本主義の精神』と、デュルケームの『自殺論』とを比べてください。そうすると、たしかにある種の違いがあります。つまり、ヴェーバーは「資本主義の精神」というものが生まれるメカニズムを説明するにあたって、信者はどのように行動するか、どのように考えるか、ということを考慮に入れました。信者は、神の予定に対してどう反応するのかという、信者の内面の問題を解釈・理解して説明しています。

これに対して、デュルケームは自殺が起きるにあたって、自殺者がどんなふうに思い悩んだかなんてことは考えていない。いろんな理由で死んだのでしょう。失恋したかもしれない、試験で落ちたかもしれない……。しかし、あなたを最後に自殺に踏み切らせたのは、あなたが試験に落ちたからではない。試験に落ちたあとに、あなたを迎えてくれる共同体とか家族があれば、自殺はしないのです。だから、本当の自殺率を決めているのは、試験に落ちたかどうかではない。落ちた人を、セーフティーネットのように迎えてくれる連帯があるかどうかで自殺率は決まる。だから、デュルケームは自殺する人が何を考えたかという心理状態は回避し、その部分を完全に迂回して説明しているわけです。それに対してヴェーバーは、信者がどう考えたか、どう感じたのかということを説明の中の重要なエレメントに加えて、説明しています。

ここに方法論的集合主義と方法論的個人主義の違いがあるのですが、この違いをあまり高く見積もってはいけません。ヴェーバーとデュルケームは大同小異だということにも、気をつけなければいけない。

ヴェーバーはたしかに「信者はどう考えるか」ということを計算に入れていますが、そこから資本主義の精神が生まれるというのは、完璧に意図せざる結果なのです。人々は、プロテスタントになっておけば、資本主義がうまくいくだろうと考えて、神を信じているわけではない。資本主義を成功させるためにプロテスタントになろう、と思っても、絶対にほんものの信仰にはなりえない。自分はただただ神のために、神の道具として生きていると人々が思うからこそ、結果的に、意図とは無関係に、むしろ意図に反して、資本主義なるものが実現するわけです。

「資本主義を成熟させるためにみんなでプロテスタントにならないか？　そのほうが得だ」と言われたら、それは信仰ではないでしょう。本当に神が存在していると思っていないといけない。だから、結局、ヴェーバーの場合も、確かに彼は人々の内面の思考や意図を理解することを重視しましたが、そのような心情の中で予期されたり、意図されたりしていたことを越えてしまう、というところにこそ、社会現象の本質を見ている。

デュルケームの場合、自殺者がどういう意図をもっているかとは関係なく、自殺率は決まってしまうわけです。ヴェーバーの場合も――信者がどう考えるかというのはある意味で関係があるけれども――その直接的な結果ではなくて、むしろその結果を裏切るように社会現象が生じている。

どちらの場合も、当事者の意図の結果として社会現象が起きているのではなく、当事者の意図と無関係か、あるいはそれを裏切って、社会的な水準の出来事が起きるわけです。ヴェーバーの発見の一番重要なところはそこにあります。つまり、個人の意図や意味づけによって社会が決まると言っているのではなく、その意図や意味づけとは違った水準で社会現象が生起してしまうと説明したところに、ヴェーバーの議論のダイナミズムはある。どちらも個人の動機や意図や信念には還元できない、それとは違った水準で起きてしまう社会現象に目をつけているのです。

そういう意味で、デュルケームもヴェーバーもともに、個人の意識には還元できない、それとは独立の場所に「社会」なるものを発見したのです。たとえば、社会契約説の人たちを考えてみてください。ホッブズにしても、ルソーにしても、自分たちの意図の通りに社会が実現すると思っているではないですか。ホッブズは自分たちの安全のためにリヴァイアサンに自然権を譲るし、あるいはルソーは自分たちの意図の透明な一体化によって一般意志が出てくる。だから、社会契約説の人たちが社会を考えているときには、その社会は、個人の内面のストレートな延長線上にあります。

二十世紀になるかならないかの時期に社会学を成熟させたデュルケームやヴェーバーは、そのような内面の素直な延長線上には見出すことができないところに社会現象が生じるということを自覚したのです。これがこの時代に社会学が決定的な力をもつ、重要な理由になっています。

4-5 政治家の責任倫理と社会学者の鬱

心情倫理と責任倫理

まとめに入りましょう。

ヴェーバーの『職業としての政治』という本についてふれます。これは、ヴェーバーが死の一年半ほど前、一九一九年一月にミュンヘンの学生団体を前に行った講演です。政治家が読んだこともないくせに適当に引用するので、名前だけはよく知られている。ここでヴェーバーが言っていることの意味を、ここまでお話ししてきたことの文脈で考えてみます。

ヴェーバーは、心情倫理（Gesinnungsethik）と責任倫理（Verantwortungsethik）という話をしています。政治家には、心情倫理だけではなく、責任倫理が必要だと言っているわけです。どういうことかというと、「僕は誠実に頑張ったんだ」といくら言ってもダメだということです。政治家は結果に責任をもたなければいけない。「僕は頑張ったんです」と言って許されるのは、ふつうの人の場合です。政治家は、「僕は頑張ったんです。でも、日本はつぶれてしまいました。ごめんなさい」というのはダメなのです。たとえば、「自分は誠実に何とかノミクス政策をやった。ところが日本はとてつもない不況によって破綻国家になってしまった。私としては一生懸命やったんだけどね」ということは許されない。それが政治家であると言っている。それが責任倫理の意味です。

このときヴェーバーは、政治家に過剰な要求をしています。誰にも予想できない結果というのはありますから。第一次世界大戦が始まってしまったときに、オーストリア＝ハンガリー帝国の皇位継承者夫妻がサラエボで撃たれたら、そのあとこうこうこうなって、第一次世界大戦になるだろう、だからここで止めておけ、なんて誰も予想がつかない。あれよあれよという間に世界大戦になってしまって、何百万もの人が死んでしまった。これは、政治家であれ誰であれ、誠実であったり頭がよかったり熟慮していればわかったことではない。誰にもわからないことです。

わからないけれども、政治家はそれに対して責任をもたなければいけないとヴェーバーは言っているわけですから、倫理学的に考えると、不可能なこと、過分なこと、過剰な要求をしていることになる。政治家は倫理学的に根拠のない責任まで取れと言っているわけです。つまり、ヴェーバーは、政治家は本来、人間として不可能なことまで担う覚悟がなければやってはいけないと主張しているのです。

これがふつうの理解ですが、ここで、ヴェーバーが政治家に求めたことを、先ほどのニューカムのパラドクスの図式で説明します。

神が実は、あなたの行為に関してH2を予想していたとします。でも、あなたとしては神はH1を予想しているだろうと考えて、実際にH1を選択する。すると、あなたは、一銭も得られない。箱Bを開けてみたら空っぽだ。神は、あなたの行為についての予想を外したのです。このとき神に「すまん。お前はH2を選択すると思ったんだよ。ふつうゲーム論的にはそうだろう」なんて言われたら、あなたは腹が立つでしょう。神を信頼して、H1を選択したのに、結局無一文になってしまったのですから。

もちろん、この神は、予想を外してしまうくらいだから、偽物の神として信者から見捨てられます(ヴェーバーの宗教社会学には「苦難の神義論」という有名な考察があります。詳しくは説明いたしませんが、苦難の神義論は、神がこの偽物の神のように失敗しているように見えるとき、信者がどのようにして、「あれは神の失敗ではないのだ、やはり神はほんものだ」と納得できるのか、ということについての論法です。ユダヤ人の神は、実は頻繁にユダヤ人を救済することに失敗しているように見えるため、苦難の神義論によって救い出され、結果として、不屈の唯一神として君臨することになりました)。

政治家が責任倫理を負わなくてはならない、というのは、この偽の神のようなことを言ってはいけない、ということです。別の言い方をすれば、責任倫理を負うということは、神の分まで、あるいは神のように責任を担う必要があるんだぞ、ということです。政治家は人間であっても、神の分まで責任を負え、と。人間の立場としては本当は不可能なことを要求されているのですが、人間の分際でありながら神の選択についても責任を負う、というのが責任倫理です。

天使と神

最後に、価値自由との関係を話しておきます。価値自由、すなわち価値判断から自由になって社会学をするのは、『ベルリン・天使の詩』の天使のような立場になる、ということであると述べました。つまり、無力な傍観者として、ただ集合的な現象を眺めて、予想したり記述したりするだけ。これが天使の立場です。

先ほど、ニューカムのパラドクスで、予見者が大澤（人間）であるケースと神であるケースと、二つに分けて説明しました。天使は、前者のケースの予見者に対応します。大澤は勝手に人々の行動を予想している。その予想は、人々には何にも影響を与えない。それが価値自由の立場において、傍観者的にやるということです。

しかし、これはすごく寂しいじゃないですか。私が社会学者として予想しようがすまいが、そんなことは関係ない。いてもいなくてもいい人です。そんな社会学って何のためにあるのか、ということになります。ですから、もっと踏み込みたいわけです。予定説の神であれば、予想したことが——というより気まぐれに決断したり選んだりしたことが——確実に現実に影響を与えます。大澤のケースの場合は、予想は何の影響も与えません。予定説の神は、予想したことが現実に何らかの効果を与えている。

社会学という学問は、やはり、天使であることに完全に満足してはいないのです。予定説の神のように、その決断が、社会に、世界に決定的な変化をもたらしたい……と言ったらもちろん、それは行き過ぎです。が、しかし、人間の境遇にありながら、予定説の神の力の一端を担おうとしていたとしたらどうでしょうか。少なくとも、ヴェーバーの社会学には、このような野心がそれとしてはっきりと表明されることなく秘められているように思います。

ヴェーバーは、この秘められた野心を、実践的には政治家に、学問的にはカリスマという概念に託したのです。ほんとうは、社会学は、その「社会学」としての資格で、神の分をわずかでも担いたい。しかし、それは禁欲しなくてはならない。そこで、ヴェーバーは、その過分な野心を、政治家に外注し、そしてカリスマという概念の中に学問的に封じ込めた。

だから、社会学をやるときに、人は二つの立場に分裂します。天使が、神への野心を抱きつつ、なお天使の地位に止まらなくてはならない。神であり、かつ天使であること。この二つは矛盾しています。ヴェーバーは、両者に引き裂かれつつ苦しんだ。その結果こそ、ヴェーバーの深い鬱、彼の「神経症」だったのではないでしょうか。これは、彼が真に誠実に社会学者であろうとしたことの証だったのです。

Ⅲ　システムと意味

1　パーソンズ　機能主義の定式化

1─1　社会学、アメリカへ渡る

アメリカ社会学の勃興

ヨーロッパの思想の歴史を考えると、第一次世界大戦でかなりはっきりした切れ目があります。西洋の上り坂はここまで、という印象すらもちます。いずれにせよ、第一次世界大戦と第二次世界大戦の戦間期は微妙な時期で、そこでひとつ時代が転換しています。

社会学の場合も、デュルケームもヴェーバーもまさにそのころに亡くなりました。これには、偶然以上のものがあった、と言いたくなります。デュルケームの場合は息子が第一次世界大戦で亡くなったことが大きな精神的ダメージになりました。ヴェーバーの場合は、熱心なナショナリストとしての側面があり、第一次世界大戦中は元気なのです。戦争直後まで元気でした。しかし、戦争に負けて、命も切れてしまったようなところがあります。社会学の歴史にも、やはりこの時期に断絶があります。

ところで、いままでの社会学の歴史はすべてヨーロッパの学者でした。ここで初めてアメリカ人が登場します。二十世紀はやはりアメリカが中心なのです。社会学の中心も、アメリカ合衆国になります――というと言い過ぎですが、少なくとも、アメリカがもうひとつの中心となる。それから、ヴェーバーをはじめマルクスにしてもフロイトにしても、社会学という学問に限らず、幅広い分野で名前が出るような人たちでした。これから出てくる人たちは、社会学という学問をやっていないとあまり勉強しない。でも、社会学をやっていると飽きるほど出てくる。そういう人たちが主役になっていきます。

最初の章はタルコット・パーソンズ（Talcott Parsons, 一九〇二―一九七九）が中心です。ただし、パーソンズについて話す前にクッションを入れておきたい。オリジナルなアメリカ社会学がどんなふうに興ったかを、少し話しておきます。というのも、そこにすでに、ヨーロッパにはなかった、独自の特色をもった社会学が育ってきているからです。

アメリカの大学では早い段階から社会学を教えていますが、最初は、ほとんどヨーロッパの真似でした。ヨーロッパの学者の書いたテクストを翻訳して、大学の授業に使っていて、アメリカ独自の社会学はほとんどありませんでした。繰り返しますが、アメリカ独自の社会学が出てくるのは、ヨーロッパが第一次世界大戦で没落してからです。このとき、社会学に限らずすべての学問の中心が、つまり知一般の中心が、ヨーロッパからアメリカに移ります。

その直接的な原因のひとつは亡命です。ナチスの勢力の拡張にともなって、ユダヤ人の重要な学者たちがみんなアメリカに亡命したのです。たとえば、フランクフルト学派のホルクハイマーとかアドルノ、あるいはマルクーゼやフロムもいました。経済人類学のカール・ポランニも、イギリスに亡命した後にアメリカに渡っています。社会学の調査研究に大きな足跡を残したラザースフェルドも亡命者です。ハンナ・アーレントもこのとき、アメリカに渡った。あるいは、レヴィ＝ストロースも一時的にアメリカに移っていて、その亡命期間中に、彼は、南米の調査を博士論文にまとめたのです。レヴィ＝ストロースのように、第二次世界大戦が終わった後に、アメリカからヨーロッパにまた帰った学者もいるし、逆に、アーレントのようにずっとアメリカに残った人もいます。

ただ、二十世紀になって、知の中心がアメリカに移ったこと、もうひとつの知の中心がアメリカになったことに関しては、ある時期、何人かの個人が移動した、ということだけでは、十分に説明し尽くされないものがあります。それは、政治や経済における「覇権」の移動にともなう、文化の覇権の移動の一部と考えるべきでしょう。このことは、興味深い知識社会学の主題です。しかし、ここではその点を考察している余裕はありません。

最初の移民の精神の研究

さて、アメリカ合衆国の独自の社会学が起きる上で重要なのは、「移民」という体験でした。アメリカ人は、ネイティブ・アメリカンを別にすると、本来は全員移民ですね。この移民の研究こそが、二十世紀初頭のアメリカ独自の社会学の最初の見るべき成果なのです。

まず、前提となる事実を確認しておけば、移民は大きく三波に分かれて北アメリカにやってきました。第一波は、十七世紀ぐらいに西ヨーロッパ、北ヨーロッパから来た人たちです。とりわけ、イングランドから来た。彼らは、東海岸に入植しました。その次の第二波は、十九世紀の後半から二十世紀にかけて、イタリアなど南欧や、あるいは東欧からの移民です。そして最後の第三波は、二十世紀になってアジアから、そして中南米からの移民です。これら三つの波に、さらに、アフリカから奴隷とするために強制的に連れてこられた人たちが加わります。

この何層も積み重なった移民の中で、「アメリカ的な精神」の形成ということとの関係で、特別な地位を占めているのは、やはり最初の移民です。西欧や北欧から東海岸に移った人たち。この人たちの主流は、ピューリタン、熱心なプロテスタントです。私たちが

「アメリカ的なるもの」として最初に思い浮かべるもの、つまりアメリカ的マインドというのは、そのときのプロテスタンティズムの倫理に由来するものです。アメリカ人自身もそう思っています。「アメリカ建国の精神は？」と聞かれたら、何系に限らず、みんな「ピルグリム・ファーザーズ」を規準にして考えるのです。

この最初の移民、アメリカ的精神についての研究は、アメリカ人自身ではなく、ヨーロッパの学者によってなされました。ドイツの社会学者マックス・ヴェーバーです。ヴェーバーの『プロテスタンティズムの倫理と資本主義の精神』は、アメリカのことを直接書いているわけではないのですが、プロテスタントの像のひとつ――典型といってもよいかもしれません――は、イングランドからアメリカに渡っていった初期の移民たちの精神を継承していたプロテスタントです。『プロ倫』は、最初のほうで、ベンジャミン・フランクリンの生活信条の分析から入っているくらいですから。

それから、『プロ倫』はひとつにまとめられていますが、本来は雑誌に二回に分けて掲載しています。その一回目と二回目の間に、ヴェーバーは、何ヵ月にもわたるアメリカ大旅行をしている。彼は、アメリカに行って、アメリカ人の生活を実際に見て、そこで刺激を受けながら『プロ倫』を書いていたのです。ヴェーバーは、プロテスタンティズムのエートスの典型的なあり方を、アメリカの第一波の移民の生活態度を継承してきた人たちに見出したわけです。

アメリカ移民の第二波

ですから、移民の最初の層を研究したのは、ヨーロッパの社会学者だったことになります。しかし、それ以降の移民、つまり第二層以後の移民を研究しながら、独自の社会学を構築したのはアメリカの社会学者たちでした。ここから、アメリカ独自の社会学が生まれてきました。

それでは、研究として何が一番重要か。つまり、アメリカ独自の社会学として、最初のみるべき成果は何か。それは、社会学を勉強していると頻繁に出てきますが、他ではまず見たことがない有名な本です。実際に読んだ人はあまりいないのではないかと思いますが、『ヨーロッパとアメリカにおけるポーランド農民』です。長いタイトルなので、『ポーランド農民』と略されます。

この本は、ウィリアム・アイザック・トマス（William Isaac Thomas, 一八六三—一九四七）という学者が中心になって書いています。共著者はポーランド人の哲学者のフロリアン・ズナニエツキ（Florian Znaniecki, 一八八二—一九五八）です。すごく浩瀚《こうかん》な本で、全五巻。一九一八年から二〇年にかけて書かれました。ここで初めて、アメリカ人がヨーロッパとは関係なしに自分たちの社会学を始めたと言えます。

これは実は非常に重要な研究です。まず、ここから紹介します。

アメリカの社会学を見ると、特に初期の社会学者はほとんどシカゴ大学を中心に出てきます。だから、彼らのことをシカゴ学派と呼ぶことがあります。ふつう社会科学の文脈で重要なのは、経済学のシカゴ学派ですが、社会学でシカゴ学派というと、トマスをはじめとして、これから名前を出す初期のアメリカの社会学者を指します。

シカゴ学派と言うぐらいだから、何か独特の理論的な前提があるのかというと必ずしもそうではありません。ただ、シカゴ大学からというより、シカゴから出てくる理由があったと思います。つまり、たまたまシカゴに人が集まったのではなくて、シカゴという場所でアメリカ独自の社会学が最初に生まれた理由があったのです。

シカゴはいまでは大都市ですが、もともとは小さな寒村でした。移民の第一波はここにはほとんど入っていません。しかし、第二波以降の移民、つまり南欧や東欧からの移民がここに定着するようになって、シカゴは大都市に変わっていったのです。ですから、シカゴはアメリカの一番古い層ではなくて、その上の層を代表する場所です。ちなみに一番古い層を代表する場所は、たとえばボストンなど東海岸の諸都市です。三番目の層は、西海岸の都市ということになります。

トマスという人は——初期のアメリカの社会学者はたいていそうですけれども——まずヨーロッパに留学して、そのあとアメリカに戻って社会学をやる。

トマスは、アメリカに渡っているポーランドの移民の実態を調べてみようと思い立ちました。最初はトマス一人で始めましたが、調べているうちにズナニエツキに出会う。ズナニエツキはポーランドにいました。もともと哲学を研究していた人ですが、トマスに感化されて、アメリカに渡って社会学の訓練をして、ポーランド農民の実態を調べることになったのです。

トマスの定理

『ポーランド農民』は、ヨーロッパの元々のポーランド農民とアメリカに渡ってきたポーランドの移民の実態を調査しようというのが最大の目的でした。学説史として見た場合、二つの意味があると思います。一つは実証研究の方法としての意味、もう一つは理論としての意味です。

まず重要なのは、実証の方法が新しく、当時としては画期的だったのです。膨大な一次資料を地道に集めています。たとえば、ポーランド農民が書いた手紙、日記、あるいはちょっとした自伝、集会での記録、ミニコミ誌のようなものの記事、裁判の記録、そういうものを全部集めて実証の裏付けに使っています。手紙などは簡単には手に入らないので、ポーランド人がよく読むミニコミ誌に広告を出して、一枚あたりいくらで買い取ると告知して収集したりもしている。そういう膨大な一次資料から実証しているのです。

これは、いまではよく使われる方法です。たとえば、いわゆるモノグラフというタイプのノンフィクションを書く仕事とか、あるいは社会学で現在流行っているライフヒストリー研究が、この方法の現代版です。特定の集団や個人に焦点を合わせて、ごくふつうの人の人生全部を伝記的に追いかけることで社会を浮かび上がらせるのです。ここに、現在ではよく使われているこうした手法の始まりがあります。それが『ポーランド農民』の重要な貢献です。

もっとも、後の学者には、この研究を批判する人もいます。現在の研究者は「データの代表性」といって、データに偏りがないかいろいろ検証したり、配慮したりします。しかしトマスたちはそんなことは気にしないので、「データの代表性に問題がある」という批判があるのです。ただ、それはたいした批判ではありません。さまつな揚げ足取りと言うべきでしょう。

もう一つのこの本の社会学に対する貢献は、全体を貫く基本的なアイデアです。ある意味で、理論的と言ってもよいアイデアです。この段階では、まだ素朴ではありますが、後々まで受け継がれていく理論的なベースです。
そのアイデアは、「トマスの定理（Thomas theorem）」と言われています。この名は、後にロバート・K・マートン（Robert King Merton, 一九一〇―二〇〇三）という社会学者が与えたものです。『ポーランド農民』は、そういう名前を与えたくなるような独創的な考え方に基づいていた。トマスの定理は、ウィリアム・I・トマスが後にドロシー・スウェイン・トマス（一八九九―一九七七。一九三五年にウィリアムとドロシーは結婚）と一緒に書いた『アメリカの子ども』（一九二八年）でこういうふうに定式化されています。

人がある状況を現実として定義すると、その状況はその結果として現実となる。
（『アメリカの子ども』）

つまり、状況が現実になるのは、人がその状況をまさに現実として定義したからだ、というのです。この定理は、原因と結果の間の奇妙な転倒を記述しています。ふつうは、人は、現実的・客観的な状況がまずあって、それへの対応として行為している、と主観的には認知しています。ところが、その状況は、行為そのものにおいて含意されている「定義」の産物なのだ、というわけです。したがって、行為は、自分自身の原因を、自らの結果として措定していることになります。このトマスの定理は、今しがた述べたように、機能主義の社会学者マートンによって再発見される。さらにのちには、「意味学派」によって発展的に継承されていきます。

「逮捕」されたトマス

ちょっとエピソード的なことを話しておきます。

トマスはアメリカの初期の社会学者として有名ですが、『ポーランド農民』は全部で五巻もある大きな本で、最初の二巻はシカゴ大学出版局から出ています。残りの三巻は別の東海岸の出版社から出ているのです。たまたま出版社を変えたのではなく、社会学史の中では時々話題になるある事件が、これには関係しています。

第二巻が出た後の一九一八年に、トマスは、突然逮捕されたのです。おそらく一種の謀略ですが、ＦＢＩがトマスの家にやってきて逮捕した。それでシカゴ大学を解雇されました。トマスは東海岸に移って、非常勤講師のような仕事はするのですが、二度と大学の正規の教授の職には復帰しませんでした。裁判では無罪になりますが、判決が出る前に大学を辞めさせられてしまったので、シカゴ大学出版局は『ポーランド農民』の続刊を出さなかったのです。トマスはその後、ニューヨークを中心に活動することになる。

では、なぜトマスは逮捕されたのか。直接の容疑は、「マン・アクト」（「マン」は人の名前）という風俗禁止法みたいなものに関わっています。要は売春婦がたくさんいるので、取り締まりたいが、簡単に取り締まれないので、営業目的で売春婦を大都市から大都市へ移動させるときに、州をまたいでの移送に携わった人を罰しようという法律です。この法律をもとにした嫌疑によって、トマスは逮捕された。

裁判では無罪になっていますから、いかがわしい営業を目的に行動した決定的な証拠はない。おそらく女性と一緒に移動していたのでしょう。しかし、背後にはもっと重い問題があったと思います。トマスは政治的に危うい状況にいたのです。なぜかというと、『ポーランド農民』は要するにマイノリティの研究です。当時、ふつうの人は、マイノリティの道徳的ないかがわしさを問題にしてきたわけですが、トマスの研究は、ポーランド農民の問題は彼らが道徳的にレベルが低いということではない、と証明するものでした。だから、アメリカの既得権を有しているレイシスト的な人には、トマスの仕事は、政治的に非常にリベラルで左翼的で、「危険」な主張に聞こえたのです。

トマス自身も比較的自由な人で、謹厳実直な大学の先生ではなかったということもあります。もっと重要なのは、トマスの奥さんも政治的な運動をしていて、フェミニストなのです。そのため、妻にも敵が多かった。だから、トマス夫婦ともども政治的に無力化しよ

う と画策した者がいて、トマスは逮捕されたのでしょう。トマスは、しかし、大学を離れた後も、『ポーランド農民』の続巻の出版をはじめ、精力的に執筆・言論活動を続けました。

『ポーランド農民』の第二巻が出たのは一九一八年ですから、第一次世界大戦が終わった直後ぐらいからの時期です。この時期に、ヨーロッパに依存しないかたちのアメリカ社会学が、スタートを切ったのです。

実証研究としての都市社会学

もう少しだけ、シカゴ学派について紹介しておきます。

トマスがシカゴ大学の最初の重要な社会学者だとして、その後のシカゴ学派の社会学者として、どうしても記憶しておいてほしいのは、ロバート・エズラ・パーク（Robert Ezra Park, 一八六四―一九四四）、とアーネスト・バージェス（Ernest Burgess, 一八八六―一九六六）です。この二人は、アメリカという文脈を離れて大きく社会学全体の流れで見ても重要です。彼らはトマス以上にシカゴという町に結びついた研究をしています。簡単に言えば、現代風の都市社会学の生みの親です。

もし「都市社会学」という分野の教科書を書くとしたら、最初の都市社会学者は、すでに触れたジンメルということになります。ジンメルはたしかに、ベルリンという大都市に暮らして、ベルリン的なるものの表現というか、都市的な感性や都市的な人間のあり方を繊細に観察しています。ですから、ジンメルが最初の都市社会学者だという認定は間違いありません。パークもバージェスも、ジンメルの影響を受けています。彼らはジンメルの翻訳もしているのです。

たとえば、ジンメルの有名な論文に「Stranger（よそ者）」があります。この「よそ者」というジンメルの概念をパークは一般化して、「Marginal man」という有名な概念を提起しています。最近は、ポリティカル・コレクトネスの影響で「Marginal person」と言わなくてはならないのですが、パークが出したのは「Marginal man」です。「境界人」ですね。さまざまな集団に所属しているがゆえに、本質的にはどの集団にも属していない、そういう人のことを「Marginal man」と言います。

こういうかたちで、パークやバージェスはジンメルの影響を受けて研究していますが、しかし、ジンメルの場合は優れた研究ではあっても、それは自分の直観に基づく観察のデリケートな記述の範囲のことです。だから、確かに説得力はあるけれども、「お前が見ただけだろう」みたいな反論を受け得る。つまり、実証的な妥当性について疑問がのこるわけです。それに対して、パークやバージェスは、堅実な経験的な調査に基づいている。現代風の実証的な都市社会学の嚆矢《こうし》は、パークとバージェスだと言ってよいと思います。

パークとバージェスについては、二つの概念を記憶にとどめおくとよい。パークは「人間生態学（human ecology）」という概念を唱えました。それは、自然環境や文化的環境、社会的環境、あるいは工学的環境と相互作用するものとして人間を捉える学問という意味です。パークは、人間生態学の観点から、都市の全体性を調査したのです。

もう一つは、二人とも唱えましたが、どちらかというとバージェスに結びついている、都市の「同心円モデル（concentric ring model）」という図式です。これは学者でなくても、都市の全体像を眺めれば気づくことを厳密化したものです。都市の発達の過程で、一つの中心から同心円を描くように空間の分布が決まってくるわけです。単純化して言えば、中心に最も重要な繁華街ができますが、その中心の近くには中流の下ぐらいの貧しい人たちが暮らす場所ができて、その外に中産階級以上の高所得者の住宅地ができる。

もう少していねいに言うとこうなります。一番真ん中にオフィス街、つまり業務地区、そのすぐ外に住宅地と商業地域の中間のような地帯、住商遷移地区。それのすぐ外に低所得者の住宅地（低級住宅街）があって、その外には、中産階級の住宅地がある。さらに外側に、通勤圏内の街ができる。このように五層の同心円の形状で、都市が自然に発達していく。これが都市の同心円モデルです。

まとめると、アメリカではまず、初期の社会学者が、シカゴを舞台として活動した。まずは、トマスとその同僚のズナニエツキがいた。その後に、パークとバージェスという都市社会学者たちが登場します。こうして、ヨーロッパとの直接的な依存関係を断った、アメリカ独自の社会学を始めたわけです。

そういう流れをふまえて、最大の主役であるタルコット・パーソンズの話をします。

1－2　社会学固有の主題の自覚

パーソンズの機能主義

タルコット・パーソンズは、二十世紀の中盤、一九四〇年代から六〇年代ぐらいに世界で最も影響力があった社会学者です。日本は戦争をしていたこともあり、一九五〇～六〇年代になってからパーソンズが導入されますが、世界的に見ると一九四〇～六〇年代ぐらいに最も影響力がありました。

パーソンズの業績として何が重要かというと、社会学の理論の基本的なスタイルを確立したことです。その理論は厳密には「構造－機能主義（structural-functionalism）」と言いますが、大まかには「functionalism（機能主義）」と呼ばれます。Function は本当に多義的な言葉で、日本語にちょうどいい訳語がありません。関数もfunctionですから。それはともかく、パーソンズは、機能主義の社会理論を整備し、洗練させたのです。

アメリカ社会学は源流にシカゴ学派、シカゴ大学を中心に活躍した社会学者たちがいたと話してきましたが、実はパーソンズはシカゴとはまったく関係のないところから出てきました。個人的な背景としても、学問的な背景としても、パーソンズはシカゴ学派とは違う流れの中にいました。

タルコットは、一九〇二年、コロラド州のコロラド・スプリングスというところで生まれました。パーソンズ家はかなり古い家柄らしくて、元をたどっていくと、十七世紀のごく初期の入植者にたどりつくそうです。アメリカの移民の第一波です。ただ、パーソンズが生まれたときは東海岸ではなく、西部のコロラド州にいた。どうしてかというと、パーソンズのお父さんは牧師で、辺境のコロラドで伝道したからです。まさにプロテスタント。考えてみると、parsonは牧師という意味です。ですから、本当にマックス・ヴェーバー的な環境の中にいるわけです。彼はアメリカに渡った初期のプロテスタントの精神の流れの中で生まれ育ちました。

実際、パーソンズは、学者としては最初のうち、マックス・ヴェーバーをいくつも翻訳しています。たとえば、『プロテスタンティズムの倫理と資本主義の精神』を初めて英語に訳したのはパーソンズです。アメリカではそれほど知られていなかったマックス・ヴェーバーを導入したのがパーソンズなのです。そういう意味では、個人的にもヴェーバー的環境にいたし、学者としてもヴェーバー的な人です。

大学は、マサチューセッツのアマースト大学です。はじめは社会学をやろうと思っていたわけではなくて、どちらかと言うと理科系でした。細かいことは省略するとして、そのあと、イギリスに留学します。そこでブロニスワフ・マリノフスキー（Bronisław Malinowski, 一八八四—一九四二）という有名な文化人類学者についた。「機能主義」は、もともと文化人類学者が使っていた言葉です。マリノフスキーとラドクリフ＝ブラウン（Alfred Reginald Radcliffe-Brown, 一八八一—一九五五）という二人のイギリスの重要な文化人類学者がこの潮流の担い手です。二人はライバル同士で、パーソンズはマリノフスキーのほうに行って、機能主義の元になる考えを得ます。

そのあと、ドイツに移って、ハイデルベルク大学で学んだ。ヴェーバーのいたところです。パーソンズが行ったときには、すでにヴェーバーは亡くなっていましたが、そこで、カール・マンハイム（Karl Mannheim, 一八九三—一九四七）などけっこう重要な人と出会い、教えを受けています。

そしてアメリカに戻った。最初は、自分の出身校であるアマースト大学で教えますが、そのあとはずっとハーバード大学です。一九二七年から七三年まで、ハーバードで活躍する。

ちなみに、この人はすごく弟子に恵まれていて、彼の下から有名な社会学者が数多く生まれています。ロバート・マートンや、ハロルド・ガーフィンケル、クリフォード・ギアツ、あるいはロバート・ベラー、それからエズラ・ヴォーゲルもそうです。社会学の専門家の間でしか知られてはいませんが、ニール・スメルサーも、有名な学者です。このように、彼の門下から、超大物の学者がたくさん出ている。ハーバード大学だから優秀な人が集まったということもありますが、それでも門下からこれだけ輩出するということは、パーソンズがなにかもっているということでしょう。

タルコット・パーソンズ

しかもすごいと思うのは、パーソンズ門下だからといって必ずしもパーソンズと似たようなことをやっている人が多いわけではない。ヴォーゲルとかベラーはまだ比較的パーソンズに近いイメージがありますが、多くの人がパーソンズとはかなり違った社会学をします。パーソンズと正反対であったり、パーソンズを批判した人さえもいる。自分と違うタイプの優秀な弟子を育てられるのは、やはり相当な器です。そういう意味で、パーソンズは、優れた指導者でもあったと思います。

功利主義という敵

さて、ライフ・ヒストリーについてはこれぐらいにして、彼の社会学の内容、その理論について説明いたします。

まず、一番重要な最初の研究——いまでも読む価値がある本をあげると、『社会的行為の構造』(一九三七年)です。かなりの大著です。これは、学説史の本として非常に優れています。この本の主題は、パーソンズの理論のベースとなる「行為とは何か」を考えています。つまり社会学の対象である「行為」が何であるかを解明しようとしているのですが、その探究の過程がそのまま、一つの社会学史にもなっているのです。

そこでこの本を通じて、パーソンズは「主意主義的行為理論」なるものを唱えています。「主意主義」は、一般にはあまり使わない言葉ですが、「voluntarism」です。「voluntaristic theory of action」というのが「主意主義的行為理論」。ボランティアという言葉を思い浮かべますが、あまり関係ない。でも、ボランタリーと聞くとボランティアとは、自分で自発的に社会貢献をすることですね。主意主義というのは、人間の主体性、人間の自由意志による選択を重視する立場のことです。能動性・主体性、あるいは自由意志をもって選択する人間のアクティブな側面を、行為の理論の中でどのように活かすかということが、主意主義の行為理論の焦点になっている。

ただ、これだけでは大雑把すぎて何を言っているのかわからないでしょう。主意主義的行為理論が、何をやっつけようとしたのか、何に対立しているのかを考えると、この理論の意味がわかります。

パーソンズの念頭には、二つの敵がありました。重要なほうの敵だけを言うと、それは「功利主義（utilitarianism）」です。

功利主義は、経済学などでよく言う「homo economicus」といった人間観の基礎となる、理論です。功利主義は、いくつかの条件によって定義されます。パーソンズの言っている通りに説明します。第一は、アトミズム（原子論）。要するに個人主義的な理論だという意味です。前に紹介した言葉を使えば、方法論的個人主義です。第二に、行為の合理性。第三に、これはあまり重要ではないですが、経験主義。科学的な命題を根拠にしているということなので、「科学的」とほとんど同じ意味です。第四に、目的のランダムネス。

この中で特に重要なのは、「合理性」と「目的のランダムネス」の二つの条件です。合理性というのは、目的と手段の関係に関するものです。手段が目的に対して整合的である、つまり、ある目的に対して常に合理的な手段を選ぶ、ということです。ただし、どんな目的を掲げるかというのはランダムである。そういう人間観が、功利主義です。

これについて、私たちの文脈で少し話しておきましょう。先に、マックス・ヴェーバーにとって問題になっていたのは、広い意味での社会の合理化の過程だと言いました。ヴェーバーにとって「合理化」は重要な概念だったわけです。彼は合理性という概念をきっちり定義しないで、しかも重要概念として使うのですが、よく見ると、合理性の概念は二つの系列に分かれている。二種類の合理性が彼の議論にはある、と話しました。それが、マックス・ヴェーバーの言葉で言えば、目的合理性と価値合理性。あるいは、形式合理性と実質合理性という言い方もあります。その二種類の合理性がどういう関係になっているかということを見極めるというかたちで、『プロテスタンティズムの倫理と資本主義の精神』を読み解く方法を提案したわけです。二種類の合理性があるのが、ヴェーバーの深いところです。

これに比べると、功利主義の合理性には一種類しかない。ヴェーバーとの関係で言えば、「価値合理性」にあたる部分がまったくない。「目的合理性」しかありません。その目的はランダムであって、合理性ということは目的と手段の関係でしか言えない。そういう人間観です。

功利主義では解けない問題

パーソンズの狙いは、これとは違うタイプの理論を作ることでした。なぜか？　なぜ功利主義とは違う理論が必要なのか？

功利主義を前提にすると、解けない問題があるからです。その問題を、パーソンズは「ホッブズ問題（Hobbesian problem）」と言いました。あるいは「秩序のホッブズ問題（Hobbesian problem of order）」とも言います。

ホッブズについては、社会契約説のところで、ルソーとロックとともに紹介しました。社会学の前史として、社会契約説を念頭に置かなければいけない。

ある学問が成立したと言えるための条件は、その学問固有の主題があるか、ということです。社会学が固有の主題を獲得するのは十九世紀ぐらいからですが、その前史になるのが十七〜十八世紀の社会契約説です。社会学の固有の問題は何かというと、「社会秩序はいかにして可能か」という問いです。社会秩序は、現実に成立している社会秩序でもいいし、これから作ろうとしている可能的な社会秩序でもいいし、あるいは過去にあった社会秩序でもいい。論理的な意味で言ってもいいし、現実的な意味で言ってもいい。とにかく何らかの意味での社会秩序がなぜ可能なのかということを、理論的・実証的に研究するというスタイルを広い意味で共有しているのが社会学です。

だから、秩序問題は社会学の基本問題なのです。ホッブズ問題とは、この「社会秩序はいかにして可能か」という問題を、パーソンズ流に言い換えたものです。パーソンズはこの問題を、ホッブズという十七世紀のイギリスの思想家に託して言ったわけです。

功利主義の理論では、人間は個人主義的であり、ある種の科学的合理性をもっていて、目的については自分勝手に決めることができる。そして、目的さえあればきわめて合理的に動く、そういう個人の集合を考えます。この前提のもとでは、ホッブズが問題にしたように、各人が自分の生存と利益のためだけに行動するため、血で血を洗うような闘争が生じ、無秩序状態が出現する。ホッブズの場合は、そこからリヴァイアサンを導き出すわけですが、ここではその推論を認めず（というのもそこにもう功利主義に回収できない要素が入っているからですが）、カッコに入れておきます。要は功利主義の前提で考えた場合には、ホッブズが前提にしたような自然状態になって、社会秩序は生まれないわけです。だから、功利主義ではホッブズ問題は解決できない。

したがって、功利主義的な理論とは別の、行為の理論を提供しなければいけないというのがパーソンズの考えです。パーソンズはそのことを考えるために、ヨーロッパの四人の重要な社会（科）学者の説をベースにしました。

1─3　主意主義的行為理論

二つの系譜──実証主義と理念主義

これから、「主意主義的行為理論」とはどういうものかを説明します。

『社会的行為の構造』というのは大著で、英語もきわめて読みにくい。ともかく、この本の中で、パーソンズは四人の学者を次々に登場させています。特に後の二人が重要ですが、四人とは誰か？

最初は、アルフレッド・マーシャル（Alfred Marshall, 一八四二─一九二四）です。マーシャルは初期の経済学者です。経済学では、まず、アダム・スミスなどの古典派経済学が出て、その後にマルクスが出てきて、マルクスより後の今風の経済学を新古典派と呼びます。マーシャルは新古典派経済学の創始者の一人です。

なぜ、パーソンズはマーシャルから始めたのか？

結論的に言うと、マーシャルはこの本の中では敵役、いわば悪者、やっつけられ役なのです。なにしろ、功利主義をやっつけるのがこの本の狙いですから。功利主義的な世界観の代表として、まず登場するのがマーシャルです。

マーシャルよりもかなりマシな人として、二番目にヴィルフレド・パレート（Vilfredo Pareto, 一八四八—一九二三）が出てきます。経済学をやれば必ず出てくる「パレート最適」という概念の、パレートです。イタリアの大学者です。パレート最適というのは、要するに複数の人の満足が均衡している状態です。教科書的に定義すると、「誰かの満足を向上させるためには、すくなくとも一人の別の人の満足度を低下させなければいけない」というのがパレート最適状態です。

たとえば、みんなでケーキを分けて、誰かが「これだけじゃ足りないから、山田君の分もいただきます」と言ったら、山田君の満足度は下がるわけです。だから、全部を切り分けたところでパレート最適になっている。しかし、もし真ん中にまだ残っている部分があれば、誰の満足度も下げないで誰かの満足度を上げられますから、これはまだパレート最適ではない。つまり、最低限、パレート最適を満たさないと、よい分配状態とは言えないということになります。ただ、全部を切り分けてしまうやり方も、ひとつだけではなく、さまざまにあるわけですから、パレート最適の状態の中から、さらにどれがよりよいのか、と考える余地はあります。ともかく、パレート最適は経済学にとっては重要な概念です。

では、なぜパーソンズは、パレートを登場させたのか。パレート最適という概念は、いかにも功利主義的な世界観に則っていますが、パレートという人は同時に、人間の行為には二種類あるということを重視したのです。一つは、いまの例のように、それぞれの個人が満足度を最大化しようとして行動するときには、人間は合理的です。しかし、そういう論理的行為だけではなく、ある種の非論理的な行為もあることを、パレートは重視した。論理的行為ではない「余り」の行為です。昔は難しい言葉で、これを「残基《ざんき》」と訳したのですが、これではよくわからない。ですから、ここでは非論理的行為としておきます。

非論理的行為とは具体的にはどういうことかというと、パレートは、例として、古代ギリシアの水夫たちが、海の神ポセイドンに毎年、犠牲を捧げた行為を挙げている。それで航行の安全を守るわけですが、それは経験的な実証に基づくものではない。本人の自己満足にすぎないわけで、非論理的です。でも、そういうものに人間は支配される。人間には感情があり、その感情に従えば、科学的に見れば非論理的な行為もあることを、パレートは重視した。つまり、人間の行為の、功利主義とは関係のない部分についてのセンスがあるということが、パーソンズがパレートをマーシャルの後に置いた理由です。

三番目はデュルケームです。デュルケームの社会学はこの講義でも論じました。功利主義は個人主義的でかつ利己的な人間観です。しかし、デュルケームは社会的な連帯のような、人間の行為の前提となる道徳的な結合の重要性に気づいていた。デュルケームの見方は、功利主義に対するアンチテーゼになっているわけです。

以上の三人は、パーソンズの言葉通りに言えば、全員、「実証主義（positivism）」の流れの人たちという位置づけになっています。そして、四人目だけ違う。それは誰かというと、マックス・ヴェーバーです。ヴェーバーの立場は、実証主義に対して、「理念主義」。英語で言えば「idealism」ですから、ふつうは「観念論」と訳す言葉です。「ドイツ観念論」と言うときの観念論です。ヴェーバーはたしかにそういう流れの中にいる人です。つまり、自然科学の方法とは異なる精神科学の方法がヴェーバーにはある、というわけです。

パーソンズが、ヴェーバーのどこが偉いと考えているかというと、人間の行為の中で理念とか価値を重視した点です。人間の行為の前提には、共通の価値へのコミットメントがある。その共通の価値こそが、特定の（社会）秩序を正当化しているのです。

行為の準拠枠

こうして四人を検討して、これらを総合しながら行為の主意主義的理論を作っていきます。行為の主意主義的な理論には、次のような特徴があります。

功利主義では、ヴェーバーの用語で言う「目的合理的行為」の一本槍です。しかし、すでにパレートの段階から、これに還元できない行為がある、とされている。パレートなら感情的行為や伝統的行為、あるいはヴェーバーなら価値合理的行為のように、広いベースで人間の行為を考えるのが第一の特徴です。

功利主義は人間の行為を説明するのに、主観的な要素、つまり動機や感情しか問題にしてこなかった。しかし、主意主義的な理論では、社会の多数者に共有され、かつ各パーソナリティに内面化されている要素としての価値・規範・役割などを重視します。これが、第二の特徴。

第三に、行為には、環境や外的な対象によって規定されるパッシヴ（受動的）な部分と、人間がもっているボランタリスティック（意志的）なアクティヴ（能動的）な部分と、両面があるということを見ている。つまり、行為の受動性と能動性の両方を視野に収めている、というわけです。

なんだ、ふつうの結論だなという感じもしますが、いずれにしても『社会的行為の構造』という大著の大まかな結論はこういうことです。この本は学説史研究なので、ちょっとパーソンズも遠慮しているのだと思います。

この本の最後に、パーソンズは、「行為の準拠枠（action frame of reference）」という語を出してきます……訳語が難しい言葉ですね。いまの若い研究者だったら、こんなふうに訳さないでしょう。「行為の枠組み」とか。

この本よりも後、一九五一年に刊行された、『社会システム』という本があります。これはパーソンズの主著と言っていい。この本の中で、「action frame of reference」とはどういうことか、ということを、パーソンズは、もう少し積極的に打ち出しています。こちらのほうも紹介しておきます。

まず、行為者が客体に対して何らかの関心を向けることを「指向（orientation）」と言います。その「指向」には二種類ある、というのがポイントです。「動機指向（motivational-orientation）」と「価値指向（value-orientation）」。動機指向とは、行為者が客体に対して欲求の充足を期待する、ということです。そして価値指向は、行為者が客体に対して文化的な価値の実現を期待すること、にあたります。

パーソンズは自分で「自分は理論病である」と言っています。そこまでやって何の役に立つのかな、と思うような理論化への執念があります。行為の準拠枠の説明に関しても、その病的な側面が少し現れています。ともかく、「動機指向」と「価値指向」の二種類がある。ここまでだったらまだ許せるのだけれど、さらにそれぞれに関して、三つのアスペクトがある、と言っている。「認知的（cognitive）」アスペクト、「カセクシス的（cathectic）」アスペクト、「評価的（evaluative）」アスペクトの三つです。

「認知的」というのは、その客体が何であるかということに関わる。「cathectic」というのは、それが欲求を満たしてくれるかどうか、ということです。そして、それとの関係で全体として客体が自分にとってどういう価値があるかを「評価」する。こういう三つのアスペクトがある。

「動機指向」は自分の欲求との関係だけで客体を見るわけです。それに対して、「価値指向」は、自分がもっている、あるいは信頼している文化的な価値との関係で、「あれはよいものだ」とか「悪いものだ」と考える。たとえば単純に食欲を満たす、「うまそうだ」「食べたらいいだろう」「食べよう」というのは「動機指向」です。それに対して、同じ料理であってもより「美しく」とか、グルメとしての評価を考えたりすると、「価値指向」が入ってくるのです。

これが「action frame of reference」の基本線です。

「それ」は解決されたか

パーソンズは功利主義的な行為理論ではなく、もっと豊かな行為理論を作ろうと考えた。その最終的な成果が「行為の準拠枠」でした。

功利主義的な行為理論の何がダメかというと、パーソンズによると、ホッブズ問題が解けないからでした。つまり、目的をそれぞれ勝手に設定し、その目的のために自分にとって有利な、合理的な行動をとるような個人たちが集まっているだけだとしたら、どうして社会秩序があるのかを説明できない。そのような個人たちの集まりからは、社会秩序は成立しないのです。

では、パーソンズはホッブズ問題を解いたのか？　もし「動機指向」だけだったら、功利主義と同じです。つまり、行為者が動機指向しかもたないのであれば、ホッブズ的な無秩序は避けられない。パーソンズのオリジナリティのポイントは「価値指向」のほうにある。行為者に価値指向があるがために、社会秩序は可能になる、というわけです。つまり、共通の文化的価値や規範が、行為者に「内面化」され、社会システムに「制度化」されているがために、社会秩序が可能になる、ということがパーソンズの結論です。

少し用語を解説しておくと、まず内面化（internalization）というのは、社会化（学習による獲得）を通じて、一定の文化的価値と規範への同調が、行為者の欲求の一部となることです。制度化（institutionalization）というのは、一定の文化的価値と規範が社会システムの制度として正統性（レジティマシー）を付与され、それらからの逸脱がサンクション（報酬と制裁）によってコントロールされることを意味しています。

整理すると、パーソンズの回答はこうなります。共通の価値は行為者に内面化されているのです。それを保障するために、社会的にも制度化されている。そういう条件があれば、社会秩序が実現するという論理です。でも、これで人は納得するでしょうか。パーソンズ先生、いくらなんでもそれは？　と思うところです。なぜかというと、「社会秩序が成り立つのは、価値が人々の間に共有されているからだ」というのは、論点先取だからです。つまり、循環論法です。

なぜ、人々の間に共通の価値が内面化されているのかが説明されなくてはなりません。それを、制度化によって説明するわけですが、考えてみれば、そのような制度化が効果的になされている状態こそ、社会秩序が成り立っているということではありませんか。そうすると、パーソンズは、社会秩序が成り立っているために社会秩序は可能だ、と言っていることになる。だから、「行為の準拠枠」でホッブズ問題が解けたとは言えません。これは、パーソンズに対する一般的な批判ですし、私もこの批判は正しいと思います。

1－4　構造－機能理論

社会システムとは何か

パーソンズが重要なのは、社会システムの理論をきっちり整備したことです。「社会システム」は、いまではふつうの言葉になりましたが、一般的に使われるようになったのは、パーソンズ以降です。

パーソンズの後にニクラス・ルーマンという重要なドイツの学者がいます。この人はパーソンズに学んで、独自の社会システム論を出すのですが、両者の違いを、簡単に触れておきます。

社会システムとは何か？　それを定義するには、まずシステムの定義が必要です。システムとは、要素の集合であって、かつその要素の間に独特の関係性がある、ということです。ただの集合ではシステムとは言いません。では、社会システムの要素とは何か？　これは学者の間では論争になったりしますが、パーソンズは、社会的行為だと考える。後にルーマンはこれを「行為ではなく、コミュニケーションだ」とします。行為とコミュニケーションとでそんなに違うのかと思われるかもしれませんが、学問的には重要なポイントなのです。

とにかく、パーソンズの「行為の準拠枠」というのは、社会システムの要素がどのようなものなのかを確定する作業だったことになります。

パーソンズは、社会システムを分析するための理論の枠組み、というか図式をつくり、提唱しました。それが、「構造 - 機能分析（structural-functional analysis）」です。パーソンズがつくった社会システムの理論のことをそう言います。あるいは「構造‐機能理論」と言うこともあります。これよりも広い概念として「機能主義」という概念があるわけですが、「機能主義」の中できっちりと理論の筋が決まっているのが、パーソンズが考えた「構造‐機能分析」です。

「構造‐機能分析」というのは、構造分析の部分と機能分析の部分を両方もっているということです。まずは、大まかなことだけを言っておきます。

システムは、システムとしてのアイデンティティといいましょうか、統一性をもち、自らを維持しなければなりません。そのためには、個々の要素――この場合「行為」ということになります――が必要な活動を適切に果たさなくてはならない。行為の「機能」とは何かというと、このシステムが維持されるために、その行為がどういう貢献をしているかということです。諸行為や諸集団は、システムの機能の達成のために、必要な「役割」を分担している。「役割（role）」もパーソンズの重要な概念の一つで、個人や集団が社会システムの必要に応えている状態を指します。社会システムは、したがって、さまざまな役割の間の関係としての「構造」をもっていることになります。

構造‐機能分析は、二つのステップを経るわけです。第一に、社会システムの構造を記述する。第二に、その構造が、どのような機能的要件を充足しているのか、ということに注目して、その構造を説明する。「機能的要件（functional requisite）」というのは、システムが維持されるために必要とされていること、いわばシステムの「目的」です。構造－機能分析の論理については、この後、もう一度整理いたします。

パターン変数

構造－機能分析についてさらに説明する前に、パーソンズの作った概念をいくつか紹介しておきます。それらは、構造－機能分析の理論の成否とは独立に、かなり役立つからです。

それは、「パターン変数（pattern variables）」という一連の二項対立です。日本語に訳すと「変数」ですが、variables は「変化するもの」という意味ですから、数字でなくてもかまいません。

では「パターン変数」とは何かというと、行為者が客体（他者）に関わるときの関係の性質を記述するときに使う「あれか／これか」式の選択肢です。つまり、行為者が社会的客体に対したときに、どのようなジレンマに直面しているのか、ということに関するパターンなのです。が、このように抽象的に言っても何のことかわからないので、具体的に一組ずつ解説していきます。

「パターン変数」は五組あります。五であることに必然性があるのかどうかは微妙ですが、パーソンズは必然性があると言っています。

1、感情的（affective）／感情中立的（affective neutrality）。たとえば、ある編集者が私と関わるときに、「大澤は苦手だけど、良い本を書くんだよな」と思っていたとします。そうすると、嫌いだけど、感情を押し殺して、感情中立的に関わる。これに対して、彼が趣味であるサーフィンに一緒に行く友達は、好きか嫌いかの問題だけで選ぶ。嫌いなのに無理して一緒に行くことはない。それが感情的ということです。

2、集合指向的（collective-orientation）／自己指向的（self-orientation）。これは、自分のためにやるのか、会社のためにやるのか、といったことです。たとえば、お家の名誉のために命を捨てるというのは集合指向的だけど、俺にとってはそんなことはどうでもいいと思って自分のことだけ考えれば自己指向的になる。

3、個別主義（particularism）／普遍主義（universalism）。これは私が『ナショナリズムの由来』を書いたときに重視したパターン変数の一つです。普遍的な価値とか理念とか正義とか信義のためにやるのか、それとも特定の自分たちの利益とか自分たちなりの価値観や習慣、あるいは自分たちの存続とか伝統を重視するか。ちなみに、ナショナリズムは、個別主義の一形態に見えるけれども、実はそのように片付けるわけにはいかず、普遍主義と個別主義の独特の交錯の上に成り立っている、というのが、私の考えでした。

4、属性主義（ascription）／業績主義（achievement）。これは社会学では一番よく使われるかもしれません。人間を評価するときに、その人の先天的な属性（人種・性別など）によるのか、その人が獲得してきた業績によるのか。たとえば、コネで採用するのは属性主義です。それに対してその人の業績を評価して選ぶのが業績主義。

5、無限定性（diffuseness）／限定性（specificity）。たとえばいま、この社会学史の本づくりに関わっている何人かの人がいます。そのときにそれぞれの関心事は「大澤にそれだけの知識や能力があるのか」とか「社会学に興味がある人にとって意味のあることを話したり、書いたりできるのか」とか、あるいは私のほうも「みなさんが学芸書を作る上での素養や知識や背景をもっているのか」「本をしかるべきルートに乗せて読者に伝えるためのノウハウをもっているのか」とかそういうことに興味がある。つまり、互いに相手の特定の側面に興味をもっているわけです。逆に言えば、それ以外のことについては興味がない。これが限定性です。それに対して、無限定性はすべての側面ということになります。たとえば、誰かと意気投合して一生の友人になりました。これは無限定性です。彼のすべてが好きなんだと。それに対して仕事の必要の範囲でのみ関わるのは、限定性です。

こんなふうに五つの「あれか／これか」がある。その組み合わせで社会関係の性質を記述することができるわけです。パーソンズの作った概念の中では、比較的使い勝手のよい部類に入ります。

社会学という学問では、よく社会の分類をします。さまざまなタイプのやり方がありますが、「王道中の王道」は、ヴェーバーよりも十歳近く歳上の――ということは大きくみればジンメルやヴェーバーとおおむね同時代の――ドイツの社会学者フェルディナント・テンニース（Ferdinand Tönnies, 一八五五―一九三六）の、「ゲマインシャフト（Gemeinschaft）とゲゼルシャフト（Gesellschaft）」という分類です。その後もいろんな人がいろんなかたちで社会分類をしていますが、たいていの分類は、多かれ少なかれ、この「ゲマインシャフト／ゲゼルシャフト」の変形版、改訂版です。つまり、この二項対立は、すべての社会分類の原型。『ゲマインシャフトとゲゼルシャフト』は、テンニースが三十代の前半に書いた本です（一八八七年）。彼はこの一冊で社会学史に名前を残しました。

パーソンズによると、パターン変数は、「ゲマインシャフトとゲゼルシャフト」という概念の中に含まれていたことを、分析的に取り出したものです。いま見たようにパターン変数は五組の二項対立です。簡単に言えば、感情的・集合指向的・個別主義・属性主義・無限定性がゲマインシャフト的な系列で、感情中立的・自己指向的・普遍主義・業績主義・限定性がゲゼルシャフト的な系列です。「ゲマインシャフト／ゲゼルシャフト」という対立には、いろいろな要素がごちゃまぜになって入っていたが、それを解きほぐすと、この五つの組の対立になる、というのがパーソンズの理解です。

ゲマインシャフトとゲゼルシャフト

「ゲマインシャフトとゲゼルシャフト」は有名な概念ですが、テンニースの本では、非常に難しい書き方をしています。「ゲマインシャフトは本質意志（Wesenwille）による関係態、ゲゼルシャフトは選択意志（Kürwille）による関係態」であると。ヘーゲルを意識したような難しげな概念ですけれど、わかりやすく言えばこういうことになるんじゃないの？というのがパーソンズの言っていることです。

それにしても、本質意志と選択意志とはどういうことなのか。たとえば、ゲマインシャフトの典型的なものは、家族でしょう。家族は、理由や目的があって互いを選んだわけではない。ただ宿命的共同体として一緒にいるわけです。これが本質意志です。ゲゼルシャフトは、たとえば会社でしょうか。特定の目的があって、その目的に同意でき、かつ貢献できるものが選択的に集まり、そこに参加している。これが選択意志です。

ついでに、この文脈で付け加えておきたいことがあります。私の先生の見田宗介先生はこのゲマインシャフトとゲゼルシャフトという概念が好きで、著作の中でよく使われているのですが、この概念を明晰化するために、パーソンズのパターン変数、そしてマルクス主義とヘーゲルとサルトルに由来する概念を利用しています。見田先生は、パターン変数の中では、五番目の「無限定性／限定性」を重視して、さらに見田流にアレンジして四つの社会類型を出してきているのです。少し脱線しますが、有意義なので、脚注的にこれを紹介しておきます。

見田先生の考えでは、ゲマインシャフトとゲゼルシャフトを分ける一番重要な側面は、マルクス主義者が昔よく使った言葉で言えば、人格的（persönlich）と物象的（sachlich）です。人格的というのは、無限定的と同じ意味です。つまり、その人の人格のすべての部分に関わりますよ、ということです。物象的というのは、objective に近い意味ですから、その人がもっている客観的な能力に関わる。だから specific（限定的）と、ほとんど同じ意味になります。

より直感的に言うと、物象的とは、それが自分にとってどんな役に立つのか、ということです。物象に関わるとき、たとえばコンピュータを買うときに、どっちの機種が自分の仕事に役に立つか、という観点で選びますね。もし人間に関わるときも同じように、この人とこの人ではどっちが俺の目的にとって役に立つかな、ということで選ぶとすれば、それが物象的関係です。このとき、相手の特定の能力にだけ関わっているから限定的関係と言い換えることもできます。

それに対して人格的関係というのは、相手の人格の全部に関わっている。ある人が好き、というときはそうですね。自分の目的に役立つ、相手の特定の側面だけを見ているわけではない。相手は、私の目的には従属してはいない。

この二つの対立が、ゲマインシャフト（無限定的＝人格的関係）とゲゼルシャフト（限定的＝物象的関係）の基本的な軸になっています。この軸に、見田先生はもう一つ別の軸を加えます。

先ほど、ゲゼルシャフトの典型例として会社を挙げましたが、もう一つ挙げればマーケット（市場）です。マーケットでは、みんなが自分の利益のために切磋琢磨しています。切磋琢磨して競争的な状態にある市場と、みんなで一緒になってある目的を果たそうとしている会社では、だいぶ性質が違います。そこで、同じゲゼルシャフトでも、その二つを分けるような軸が必要です。

それが「即自的／対自的」という軸です。どういうことかというと、メンバーが自覚的

社会の四類型（狭義の共同態、コミューン、集列態、連合態）

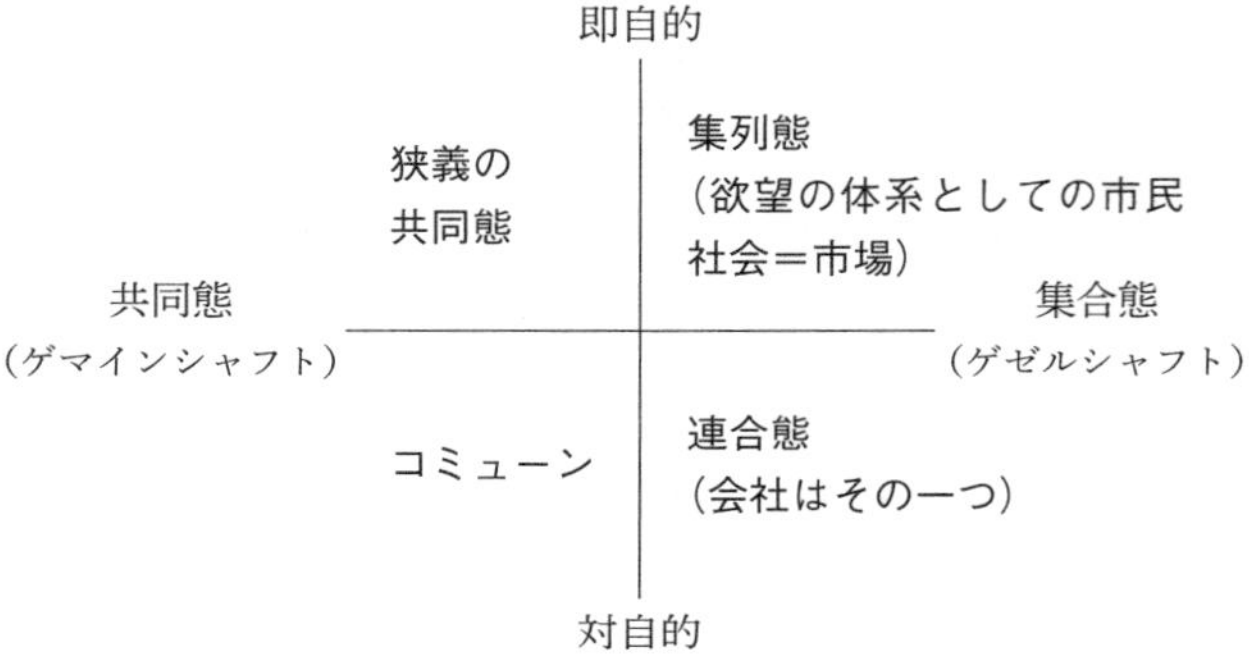

に自分の自由意志でその関係を選んでいるのか（対自的）、それとも、自分たちの意志に関わりなくその関係に巻き込まれているのか（即自的）、ということです。日本語では、難しい言葉になりますが、英語で言えば、即自的はin itselfですから、「それ自体で自然に」ということです。対自的はfor itselfでごく簡単。ドイツ観念論、特にヘーゲルに由来する概念です。「対自的」というのは、自分自身に対して距離をおき、自分を対象化し、反省しているという意味です。「即自的」には、そのような自己を突き放すような契機はありません。

そこで、「人格的／物象的」という先ほどの軸に「対自的／即自的」という軸を組み合わせると、2×2で四つの社会類型を導き出すことができる。これが、見田宗介流の分類です。

たとえば、「対自的」で「物象的」なものとしては、みんなが自覚的に、何かの目的を持って一緒になってやっている組織としての会社。それに対して、市場は、それぞれ勝手に競争しているので、「即自的」で「物象的」。家族は、自覚的に選んだ関係ではなく、最初からの運命共同体なので、「人格的」で「即自的」。それに対して、「対自的」で「人格的」なのは、友情とか恋愛とか。意識的に選択しているけれど、相手の能力とか特別な部分に関わっているわけでもない。そうすると、自由な共同体になる。

パターン変数が、けっこう分類の役に立つという例です。

構造ー機能分析の論理

さて、パーソンズの社会学に戻ります。

「構造－機能分析」がどのような論理になっているのか。実は彼の文章ははっきり言って悪文で、非常にわかりにくい（あれだけ言っていることがわからなくても、影響力があるのはすごいことだな、とは思いますが）。

だから、パーソンズの記述そのものを丁寧に追うと混乱の中に入っていくので、彼の言っていることを煎じ詰めるとどうなるのか、結論的に言ってしまいます。

「構造－機能分析」というのは、こういう論理になっています。

まず、社会構造がある。その社会構造のもとで、特定の社会が実現するわけです。これを、あまり使う言葉ではありませんが、「社会状態」と言う。どのようなイメージか。会社にたとえて言うと、会社には組織図がありますね。これが「社会構造」です。その通りに人員を配置し、それぞれの人が役割を果たすと、会社としての動きが起きる。それが「社会状態」（社会システムの状態）。

この「社会状態」という語を用いると、構造－機能理論は、こう定義できます。それは、（任意の）社会状態の出現とその変動（別の社会状態への変化）を、以下に述べるような二つの分析の局面を通じて説明する社会理論である、と。二つの分析の局面とは、第一に、相互連関論であり、第二に、機能評価です。後者のほうにこそ、構造－機能分析の中核があるわけですが、順次解説しましょう。

社会状態というのは、抽象的に言えば、互いに関係のある（有限個の）要素＝変数の組み合わせで表現できます。というと抽象的ですが、たとえば、出版社という組織であれば、編集部でやっていること、営業でやっていること、あるいは執行部や人事部でやっていること、そうしたことが、互いに連動しているわけです。だから、ある要素＝変数の変化は、別の要素＝変数の変化へと波及していく。営業部の方針が、編集部にも影響を与えたり、逆の影響関係があったりする。このような要素（変数）の間の相互関係を分析するのが、相互連関論です。しかし、たとえば（経済学の）一般均衡論などにも見られるものであって、とりたてて、構造－機能分析に特徴的なものではありません。

そこに機能主義の側面、機能評価という分析の局面がさらに加わるのです。機能評価とは、相互連関論から導かれた社会状態が、機能的要件の達成度に関して、ポジティヴまたはネガティヴに評価を受けている、と解釈する、ということです。機能的要件については、先ほども少しふれましたが、要するに社会の目的です。どんな社会システムも、一種の「目的」、つまり機能的要件がある、と考えるわけです。その目的は、メンバーに意識されている場合もありますが、たいていは、はっきりとは意識されていません。とにかく、社会システムは、それが満たされなくては維持できなくなるような、機能的要件（目的）をもっていて、社会システムは、社会状態が、その機能的要件を満たしているかどうかを評価している。

もし、機能的要件が、満足できる水準で満たされてはいない、ということになったらどうなるのか。つまり、機能的要件の達成度が合格水準以下だと社会システムが判断したらどうなるのか。社会構造が変更されるわけです。変更した社会構造のもとで実現された社会状態が、機能的要件を満たしているだろうか、と再び評価がなされる。だから、機能的要件の達成度を通じて、社会構造が制御されている、ということになります。

たとえば、出版社にとっては、本を売って一定以上の収益を上げるということも一つの機能的要件でしょうし、また、優れた本を世に送り出し、人々を啓蒙したり、文化を後世に伝えていく、ということも機能的要件かもしれない。このとき、本があまり売れないとか、人々に読むに値すると思われるような優れた本が作られていない、とすると、機能的要件は満たされていないことになる。

すると、組織の構造の変動が起きる。営業部の人員が多すぎるとか、編集部をさらに、文芸担当、学芸担当、漫画担当とはっきりと分割させ、それぞれに自由裁量の権限を与えなくてはならないとか、です。そうすると、今度は機能的要件が満足できる水準で達成されるかもしれない。

以上に解説した、構造 - 機能分析は、サイバネティクスの論理の一種です。論理の道筋を整理すると、以下のようになります。

構造 - 機能分析の論理を紹介しましたが、考えてみると、多くの社会学的な説明は、実質的には、この論理に従っているのです。とりわけ、機能主義の論理に従っています。

たとえば、この講義ですでに紹介した、デュルケームの『社会分業論』や『自殺論』のことを思い出してください。これらの本においてデュルケームは、実質的には、社会には、社会的な連帯をもたらす、という機能的要件がある、と考えているわけです。その機能的要件を満たす社会構造として、かつては、機械的連帯があった。機械的連帯というのは、同類同士が集まってできるシンプルな構造です。それに対して、社会の規模が大きくなったときには、社会構造は、有機的連帯の形式をとる。それは、複雑な分業によって成り立つ社会構造のことです。

このように、デュルケームの社会学では、社会的連帯が一つの機能的要件になっているわけです。そして、そこに社会構造として、分業のさまざまな形態がある。さらに、この機能的要件を満たしていない社会状態のことを、彼は「アノミー」と呼んだわけです。パーソンズの図式にあてはめると、こんなふうに説明できるわけです。

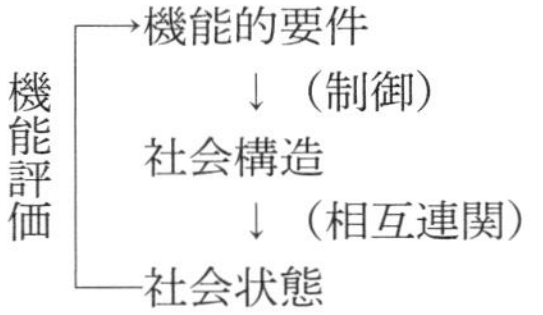

ＡＧＩＬ図式

この論理は、社会構造と社会状態の部分だけだったら、実は経済学でも同じです。たとえば、市場の構造から均衡価格（社会状態）が決まる。その均衡価格を決める方程式があるわけですが、それこそ、社会構造に対応します。

構造－機能分析の場合、こうした論理に加えて、機能的要件がくっついているところが重要です。つまり、その結果（均衡価格）が、機能的要件によって評価されるわけです（機能評価）。これによって社会構造が「制御」される。そして、社会構造の中でのさまざまな「相互連関」によって社会状態が決まる。そういう論理になっています。

ここで重要なのが、やはり機能的要件です。そうすると問うべきことは、機能的要件にはどんなものがあるのか？　ということです。

パーソンズによると、どんな社会システムでも四つの機能的要件がある、ということになります。その四つが出てくる理由に、ものすごく面倒な理屈がついていますが、あまりに面倒すぎて説得力がないので、結論だけ言います。

機能的要件には四つある。それを英語で言ったときの頭文字をとって、ＡＧＩＬ（エージーアイエル）と言うのが習わしになっています。ＡＧＩＬ図式と言います。

ひとつは、Adaptation（適応）です。外部の環境に対して適応する。つぎに、Goal-

Attainment（目標達成）。それから、Integration（統合、つまりまとまっていること）。最後が、Latent pattern maintenance and tension management（潜在的なパターンの維持と緊張緩和）。

説明します。

Adaptationは、社会システムにとっての、特に物質的な環境を念頭においているのです。この機能的要件に特に責任があるのが、典型的には経済システムです。

Goal-Attainmentは、狭い意味での目的です。これは政治システムのことが主として考えられているのです。たとえば「日本の国益のためには」と言うときに、国がある目的をもっているように語ります。そういう目的です。

Integrationは、仲が良いということです。社会にまとまりがある、ということ。これを担うシステムを、パーソンズは、統合システムとか、社会共同体とか呼んでいます。

Latent pattern maintenance and tension managementは、わかりにくいのですが、直感的に言うとこうなります。たとえばわれわれが今日久しぶりに会ったとします。話を始めるときに、おおむね「いつものパターン」でやりますね。「もしかしたら、こいつにいきなりなぐられるかもしれない」なんて心配しません。このとき、Latent pattern（潜在的なパターン）が守られているわけです。ほとんど緊張がない。それはどうしてかというと、基本的な価値が共有されているからです。お互いに、基本的には期待通りに動くのです。この機能的要件を担っているのは、文化、あるいは「動機付けのシステム」である、とされています。

パーソンズは、このAGIL図式を展開したり、精緻化したりしているわけですが、それを追いかけるのはやめておきましょう。

社会進化の理論

このあたりまでは中期のパーソンズの仕事です。パーソンズは、一九七九年に亡くなるわけですが、六〇年代後半から後は、後期のパーソンズということになるかと思います。パーソンズは、一九六〇年代まではものすごく影響力のある学者だったのですが、晩年の仕事は、あまり影響力がなかった。ですので、ここでは、ごくかんたんに紹介するにとどめておきます。

後期パーソンズの代表的な著作は、『社会類型　進化と比較』(一九六六年)や『近代社会のシステム』(一九七一年)でしょう。これらを通じて、パーソンズがやろうとしたことは、要するに、近代社会へと至る、全体社会の進化の理論を打ち立てることです。大きく言うと、「原始社会→中間社会→近代社会」という進化の道筋をたどった、とされています。

原始社会というのは、文明以前の社会、国家以前の社会、典型的には無文字社会です。中間社会というのは、原始社会ではないが、近代社会でもない段階を指しているわけですが、典型的には、近代以前の帝国のようなものが念頭に置かれています。中間社会も二種類あるということになっていて、中間社会1は、古代エジプトのような「古代社会」です。近代に接続する前に滅亡してしまった帝国だと思えばよい。中間社会2は、「進歩した中間社会」などと呼ばれてもいて、たとえば中華帝国やイスラム帝国です。つまり、近代社会に隣接するようなかたちで存続した帝国です。

中間社会と近代社会の間に、「苗床社会」が置かれている。近代社会は、要するに、西洋に生まれるわけですが、その苗床となった社会という意味です。何が苗床かと言えば、ヘブライズムとヘレニズム、つまり苗床社会とは、イスラエルと古代ギリシアのことです。そして最後に近代社会が来る。

1-5　機能主義批判

政治的批判

繰り返し確認しておけば、パーソンズの最大の学問的な功績は、「構造‐機能分析」を定式化したことです。もっとも、これは、もともとわれわれが社会を説明するときに直感的に採用している図式を、学問的に明晰に取り出しただけだ、という側面があります。いずれにしても、パーソンズは、二十世紀の中盤には、社会学の世界で圧倒的な影響力がありました。

しかし、みんなが諸手を上げて彼に賛成だったかというと、すごく影響力があったのに、それに負けないぐらいの多くの批判がありました。その批判について少し解説しておきます。

パーソンズの議論に対する批判は、半分以上はこの講義で特に問題にする必要がないものです。つまり、ほとんどの批判は、学問的な、理論に内在する問題点ではなく、政治的な批判だったからです。彼に影響力があった一九六〇年代は、アメリカでは公民権運動があったり、ステューデント・パワーも強くなってくる、そういう時期にあたります。この時期に、パーソンズのような理論を唱えていると、いかにも体制擁護的に聞こえます。「システムが維持されるためには、どういう構造がいいか」という議論だからです。システムなんか維持されないほうがいい、という時代の気分があったため、パーソンズはリベラルな人からすると許しがたい反動に見えたのです。社会学という学問は、やはり政治イデオロギーともつながる面があるので、そういう政治的な批判はたくさんありました。

実際、私の若い頃はみんなパーソンズの勉強をしていましたけど、他方で、リベラルだったり、ラディカルだったりした人は「パーソンズなんかに忠実に考えているようでは、おしまいだ」といった雰囲気もありました。「パーソンズを好きか嫌いか」で社会学者の趣味がわかるという、踏み絵みたいなところもありました。でも、それは主に政治的な批判なので、学問的にはあまり意味がありません。

複数の機能的要件の集計

では、この構造－機能分析に、理論的にどういう問題があるのか。私の考えでは、二つの問題があります。

そのうちの一つに関しては、実は日本の当時の若手の社会学者、具体的に言えば橋爪大三郎さんとその友人だった志田基与師さん、恒松直幸さんの三人が優れた研究をしています。三人は共著で、一九八〇年代前半の日本社会学会の学会誌等で、次々と論文を発表しました。一般書にならなかったのは、いまでももったいなかったなと思います。国際的にみても非常に意味のある鋭い批判だったので、まずは、それを紹介しておきます。

橋爪さんたちが問題にしたのはこういうことです。パーソンズ理論では、機能的要件があって、社会構造がある。でも、考えてみると、機能的要件は、ひとつの社会やひとつの集団にひとつしかない、というわけではない。一般に、社会には、たくさんの機能的要件があると考えるべきです。先ほど紹介したように、パーソンズ自身も、四つの機能的要件（ＡＧＩＬ）が重要と考えたわけですが、四つかどうかはともかく、社会システムには、満足させなくてはならない機能的要件はたくさんあります。たとえば、会社だって、ただ収益を上げればいいというわけではない。社員が仕事をして、その中で生き甲斐を感じなくてはならないとか、いろんな機能がある。かなりはっきりと目的を掲げているようなシステムでさえも、意識されていないものも含めて、機能的要件はたくさんあるのです。

では、複数の機能的要件があることを前提にしたときに、この理論はどうなるだろうか？　結論的に言うと、機能的要件がたくさんあると考えた瞬間に、この構造‐機能分析の図式は成り立たなくなるというのが、橋爪さん、志田さんと恒松さんという三人の学者が出した批判です。なぜかというと、機能的要件が一つではないとすると、複数の機能的要件の評価を「集計」しなくてはならなくなるのですが、そこに根本的な困難が生じてしまうのです。それは、厳密に数学的に証明できることなのですが、数学の部分を省いて、要点を解説します。

現代新書を刊行している、講談社という社会システムを例にしましょう。講談社には、いくつもの機能的要件（目的）があります。まず、資本主義の下での企業として、利潤をあげるということ。そして、日本社会の言論の世界に豊かなものをもたらすという文化的な使命。それから、社員たちの幸福を満たさなければいけない。そんなふうに三つも四つも目的があるとします。

そうした場合、まず、利潤をもたらすという観点で見たら、どういう組織構造がいいか。たとえば（あくまで架空の例ですよ）、現代新書はあまり儲からないからやめたほうがいい、となるかもしれない。それに対して、日本の言論状況に対して貢献することがこの組織の重要な使命だとすると、現代新書は日本の読書層にとってよい知的刺激になっているから、現代新書に有能な人を配属し、ギリギリまで働かせるのがよい、ということになる。それから、社員が人生に生き甲斐を感じて、ゆったりした気持ちで生活できることも必要だとなると、あまりたくさん仕事を課すのはやめたほうがいいということにもなる。そうやって、それぞれの観点によって、望ましいと思われる社会状態が変わるのです。

これは、次のような状況と同じです。Aさんの観点から望ましいと見なされる社会状態、Bさんの観点から望ましいとされる社会状態、Cさんの観点から望ましいとされる社会状態、それがみなバラバラだ。AとBとCとを機能的要件と考えると、複数の機能的要件がある状況は、この意見がバラバラの状況と同じです。

意見がバラバラで、AとBとCが平等だとすると、どうすればよいのか。このとき、みんなの意見、つまりみんなの選好（好み）を合理的に集計するわけですが、合理的な集計というのは、民主的に集計する、ということです。ところが、この問題については、ケネス・アロー（Kenneth Joseph Arrow, 一九二一—二〇一七）という人が、一九六〇年代に証明した「一般不可能性定理」が適用される。一般不可能性定理というのは、直感的にいうと、民主主義の不可能性の定理です。（三つ以上選択肢があるとき）一般に、複数の意見（選好）を、民主主義の条件を満たすような方法で集計する方法は、存在しない、というのがこの定理の含意です。「民主主義の条件」は何かということが重要で、こうしたことはすべて、数学的に表現されているのですが、ここでは詳しい説明は省きます。

ともかく、この社会的選択理論という領域ではよく知られている定理を、そのまま、複数の機能的要件があるケースに適用するとどうなるのか。複数の機能的要件の評価を、合理的に——いわば民主的に——集計する方法は存在しない、ということになるのです。そうすると、機能的要件から、社会構造を導き出すこともできません。講談社の例でいうと、利潤重視の要件、日本の言論文化への貢献という要件、社員の幸福度という要件、それぞれの評価は異なるわけですから、会社の組織を決めるには、これらの異なる要件の要求を集計しなくてはならない。しかし、その集計の方法が存在しない。

というわけで、構造‐機能分析は、機能的要件がたくさんあるとすれば、社会を説明する理論としては、一般的には成り立たない、ということになるわけです。

アローの一般不可能性定理のところが、数学的にめんどうだということで省いたのでピンとこないかもしれません。この部分を少しだけ補っておきます。実は、アローの定理のエッセンスにあたることは、十八世紀の段階で、啓蒙思想家のコンドルセが、言っているのです。すごくわかりやすいので、コンドルセに基づいて説明しましょう。

グー、チョキ、パーと三つの選択肢があるとしましょう。Aは言います。「グーが最もよい。なにしろ、グーはチョキより強く、チョキはパーより強いのだから。グー＞チョキ＞パー」。Bは反論します。「いやチョキが最もよい。チョキ＞パー＞グー」。Cの意見は違う。「いやいや最もよいのはパーである。パー＞グー＞チョキ」。

そこで、多数決で決めようということになる。まず、グーとチョキでどちらがよいのかを、多数決してみる。すると、2（AとC）対1（B）で、グーが勝ちます。チョキはもう負けたということで外して、今度は、グーとパーのどちらがよいかを多数決で決める。すると、2（BとC）対1（A）でパーが勝つ。したがって、三人の意見を民主的に集計すると、「パー＞グー＞チョキ」ということで、Cの意見と一致していたということになる……という結論は、どう考えてもおかしいでしょう。一見、民主的に見える投票を通じて、明らかに非民主的な結論が出てしまっているのです。アローの一般不可能性定理が言っていることも、これと同じです。

社会変動の説明の不可能性

ただ、橋爪さんたちの批判は、構造－機能分析にちょっと厳しい条件を課しすぎているかなと思います。つまり、機能的要件がたくさんあって、それが全部対等であって、集計することができないじゃないか、というのですが、社会システムの機能的要件は、優先順位が初めから決まっている可能性もあります。たとえば、会社でも、社員みんなが幸福な気分で働いていることと、収益を上げることを比べたら、後者のほうが優先されるでしょう。このように、機能的要件には実は初めからランキングがあるので、全部の機能的要件が対等だと考えた橋爪さんたちの議論は、やや構造－機能分析に対して厳しい。

しかし、この理論は、機能的要件が一つしかないと仮定しても、つまり一番シンプルな場合で考えても、重大な欠陥をもっていると私は考えています。

社会理論の最低限の使命として、社会変動（社会構造の変化）を説明できなくてはなりません。では、構造－機能分析によって、社会変動を説明できるのか。この理論で、社会の変動とは、どういうことを意味しているのかを考えてみるとよい。この論理の中で社会が変化するのは、機能的要件の内容が変わったときです。機能的要件が一定のままなら、社会変動は生じません。その社会システムのアイデンティティを規定しているような、評価基準が変わったとき、社会変動が起きるわけです。

しかし、構造-機能分析には、社会システムの機能的要件がどのように変化するのかとか、どのように生成されるのかは、まったく視野に入っていないのです。だから、構造-機能分析は、社会変動を説明できない。社会の変化を説明できないということは、実は、そもそもホッブズ問題に答えられない、ということでもあります。構造-機能分析では、無秩序の中からひとつの社会秩序が生まれてくるメカニズム、社会の生成や変化を説明することはできません。

別の言い方をすると、このシステムの理論は、自己組織や自己言及の逆説を乗り越えられない、それをはじめから視野の外においているのです。この理論では、システムが自律的に組織化されたり、変化したりということが説明できない。パーソンズの後に出てきたニクラス・ルーマンの理論にとっては、この部分が一番のポイントになっています。システムの中に組み込まれている自己言及の形式が、です。

1－6　潜在的機能

中範囲の理論

では、この機能主義の理論は全然意味がないのか、と言うと、そうではない。少し観点を変えて見直したり、条件を付け加えて見直すと、この理論には、やはり一定の価値があることがわかります。

パーソンズの社会学の話の最後に、彼の弟子の中で一番重要な人の話をしておきます。それはロバート・K・マートンです。この人はパーソンズのもとで学び、その後、ニューヨークのコロンビア大学で教えました。マートンは、独特の着想によって、機能主義の理論の可能性を拡張したり、開拓したりした人だと思います。

マートンは社会学の試験だとふつう「中範囲の理論（theory of middle range）」を唱えた人ということになっています。「中範囲の理論」とは何か。パーソンズの理論はすべての社会について説明するみたいな、お話としてはいいけど、気宇壮大にすぎる。それに対して「中範囲の理論」は、簡単に言えば、実証可能な範囲で説明しなさい、ということです。社会理論は、社会調査によって検証可能な範囲のものでなくてはならない、という公準

（基本的な前提・要請）です。まあ、わざわざそんなことを言わなくても、ほとんどの人がそうしているのだから、気にすることはないのですが。

マートンとコロンビア大学で同僚だった人にポール・ラザースフェルド（Paul Felix Lazarsfeld, 一九〇一－一九七六）という学者がいます。ラザースフェルドは、マスコミ研究でよく知られた人です。E・カッツとの共同研究で、「コミュニケーションの二段の流れ」という理論を提起する。これは日本でも通用するのかちょっと微妙なのですが、こういうことです。

マスメディアで言われたことが、人々にどういう経路で影響を与えるのかを考えている。マスメディアを通じて、ある情報なり意見なりが発せられたとします。たとえば、「アベノミクスは素晴らしい」と。それを聞いた人々がみんな、すぐに素晴らしいと思うかというと、実はそうはなっていない、というのです。どういうふうになっているかというと、コミュニケーションは、オピニオンリーダーにまずは受け止められているのです。マスコミで公表されることは、オピニオンリーダーに濾過された上で、一般の人々に影響を与えるのです。「アベノミクスはすばらしい」ということを、われわれが尊敬しているエコノミストが「これは効きますよ」と言ったら、「あの人が言っているんだから信用できるね」という気になる。あるいは、その人が「アベノミクスなんて全然だめですよ」と言うと、アベノミクスを擁護する宣伝をいくらやっても効果がない。

こういうふうにコミュニケーションは二段の流れになっていることを、ラザースフェルドはちゃんと実証しています。実際に、アメリカの（かつての）コミュニティはこういう説明に実に適合的なのです。各コミュニティにそれなりにみんなに信頼されているオピニオンリーダーがいた。人々はその人に直接に影響されていました。日本でもそういうふうになっているかどうかは微妙です。ただ、現在、インターネットの中に「コミュニケーションの二段の流れ」的なものがあるかもしれませんね。

なぜ、ラザースフェルドについて説明したかというと、マートンが「中範囲の理論」ということの重要性に思い至ったのは、ラザースフェルドとの交流を通じて、だからです。「コミュニケーションの二段の流れ」は、「中範囲の理論」のひとつと言えるでしょう。

『プロ倫』の機能主義的解釈

ただ、ここで私が本当に説明しておきたいことは、「中範囲の理論」のような凡庸なことではありません。マートンは、機能主義に、もっとはるかに重要なことを付け加えているのです。しかし、マートンから直接説明するとわかりにくいので、違った筋を通っていきます。

先ほど、デュルケームが『社会分業論』や『自殺論』で提示した説明は、直感的にはすでに構造 - 機能理論のフォーマットに乗っていると言いました。では、マックス・ヴェーバーの理論はどうか。たとえば、マックス・ヴェーバーの『プロテスタンティズムの倫理と資本主義の精神』を機能主義流に説明できるかどうかということを、考えてみます。

プロテスタンティズムのエートスが、資本主義的な精神をもたらした。とすると、言ってみれば、「資本主義の精神」が機能的要件ということになります。その機能的要件を満たすのは、あるいはこの機能的要件の充足に非常に適合的な行為は、プロテスタンティズムの倫理にもとづく世俗内禁欲だったということになる……。

強引にやればこういう論理になるわけですが、こう要約してしまうと、ヴェーバーの説明の最も肝心で繊細な部分が脱落してしまいます。プロテスタントたちがある種の倫理に従って世俗内禁欲をしているとき、彼らはこれが資本主義に適合的だからと思って、そうしているわけではないのです。資本主義の世界で成功するためには、あるいは資本主義の精神を育てるには、カトリックではダメだ、プロテスタンティズムや予定説でなくては、と思ってやっているわけではない。プロテスタントは、終末の日に救済されるにふさわしい者が採用するであろうような生活を送ろう、と全力を尽くしただけです。それが、意図に反して、あるいは意図とは無関係に、資本主義の精神をもたらしただけです。

逆に言うと、意図したらそれはうまくいかなかったのです。たとえば「君たち、プロテスタントになりたまえ。予定説を信じたまえ。なぜなら、資本主義にはそれが一番有利なのだから。そうすれば資本主義の勝ち組になって裕福になれるから」と言われても、決して、真に予定説を信じることはできない。「資本主義で勝ち組になるために予定説を信じる」という態度は、予定説を信じていないに等しいからです。

つまるところ、もし「資本主義の精神」をもたらそう、資本主義を生み出し裕福になろう、と積極的に意図していたら、世俗内禁欲そのものが不可能になり、また資本主義の精神ももたらされることはなかったのです。資本主義の精神は、それを意図的に目指さない限りで到達される状態です。

顕在的機能／潜在的機能

さて、このことが、機能主義のある種の可能性、機能主義の面白さを発見させてくれます。何を言いたいのかというと、いま、『プロ倫』に関して述べたことが、マートンが「潜在的機能（latent function）」と呼んだこととつながっているのです。

マートンは、潜在的機能と顕在的機能（manifest function）という区別を、機能主義の理論に付け加えました。普通、「機能（的要件）」と言われているのは、顕在的機能のほうです。あるいは、マートン以前は、両者の間の区別の重要性に気づかれていなくて、ただ漠然と同一視されていました。しかし、この二種類の機能の区別が、本質的なのです。『プロ倫』の例にあてはめると、こうなります。プロテスタントの世俗内禁欲の顕在的機能は、「神の国に入るに相応しい者として神の視点で評価されること」です。それに対して、世俗内禁欲の潜在的機能が、「資本主義の精神」だったわけです。

顕在的機能というのは、社会システムの内部にいる者（この場合はプロテスタント）が意識している機能、自覚的に目指していることがらです。それに対して、潜在的機能は、顕在的機能の副産物としてしかもたらされない機能のことです。潜在的機能は、積極的な産物――システムの中にいる人が意識的に目指すような目的――にはなりえません。つまり、潜在的機能を、顕在的機能としてもたらすことは不可能なのです。

ここで、私が言おうとしていることの理解を深めてもらうために、こういう問いを出してみましょう。どうして、わざわざ「機能」という概念を使わなくてはならないのか。どうして、因果関係だけで説明してはいけないのか。つまり、なぜ端的に「意図せざる結果」と言ってはいけないのか。

その理由は、こうなります。潜在的機能が得られるためには、システムが顕在的機能を実現しようと指向していることを必要条件としているからだ、と。潜在的機能と顕在的機能は、セットになっている。社会システムの説明の中に、どうしても、機能という概念が必要になる所以は、ここにあります。

マートンは、他にもいろいろとおもしろい概念を提起しているのですが、そのひとつに「予言の自己成就」があります。この「予言の自己成就」も、潜在的機能に関連する事象の特殊ケースになっています。このことを解説しておきましょう。

予言の自己成就というのは、予言したがために実現してしまう、という現象です。予言がなければ、予言通りのことは起きなかったかもしれないのに、です。たとえば、有名な投資家が、どこかの会社の株価が上がるだろうと予想する。その予想に一般の投資家は反応し、その株への買い注文が殺到し、実際に、株価があがる。これが予言の自己成就です。

予言の自己成就のちょうど裏返しのことが起きることもあります。予言したがために、かえって、予言を否定するようなことが起きる、という現象で、これも、広義の予言の自己成就に含まれます。一九七〇年の大阪万国博覧会があったときに、入場者のピークは八月上旬になるだろう、と予想されていました。だから、多くの人は八月上旬を避けて、八月下旬に万博の見物に行ったのです。そうしたら八月下旬が一番混雑してしまい、ついにその日のうちに会場から出られない人までいた。予言の自己成就と同じメカニズムが、逆に出たわけです。

これらはみな、潜在的機能という概念を使って説明できることです。潜在的機能というのは、「人々がGを目指すとき、その限りでXがもたらされる」という現象です。もちろん、Xが潜在的機能になります。

さて、ここで、たまたまG＝Xのようなケースがあったとする。それが、予言の自己成就です。だから、予言が自己成就したとき、「予想外にも予言があたった」というような気分になるわけです。Gが予言されたことで、人は、Gを目指すようになる。その意図せざる結果Xとして、まさに同じGが（予想以上に誇張されて）実現されてしまうわけです。予言の自己成就の裏返しヴァージョンは、Gという予言が、Gの否定の行動を誘発するわけです。Xは、この場合、その「Gの否定」と合致します。

こういう機能の潜在性ということは、社会システムの成立にとって本質的です。機能主義の理論には、このようなことを洞察させてくれる価値があったのです。

2 〈意味〉の社会学

2―1 〈意味〉の社会学、その前史

〈意味〉の社会学

構造‐機能主義とパーソンズの話はここまでです。

とにかく一九七〇年代の前半ぐらいまで、パーソンズの理論は、社会学の世界でずば抜けた影響力をもちました。日本の社会学界でもそうでした。構造‐機能主義は、社会学において、明らかに最も優位なパラダイムになりました。

ひとつのパラダイムが、ひとつの学問を完全に支配し、その分野のすべての学者の探究にとっての前提になるほどまでになったとき、科学史では、そのパラダイムがノーマル・サイエンス（通常科学）となった、と言います。構造‐機能理論もノーマル・サイエンスになるのではないかと考えられていた時期もありました。しかし、実際にはそうはならなか

った。この理論のまさにその絶頂期にあっても、いくつかの別の理論的な潮流があり、構造－機能理論に挑戦し続けていたのです。

別の潮流のうちのひとつはマルクス主義系の理論ですが、これは昔からある流れで、二十世紀の前半には、フロイトの精神分析とも合流して、「フランクフルト学派」のような有力な流れも形成したのですが、すでにマルクスやフロイトについては基本的なことは論じましたから、ここでは措くとします。

構造－機能主義に対抗した重要な潮流がもうひとつあるのです。構造－機能主義と同様に、アメリカを中心的な活動の場とする潮流が、です。その潮流は、「機能理論」のように、一つの理論を自覚的に唱えたわけではありません。一見、さまざまな人がそれぞれいろいろなことを論じているように見えます。しかしよく見ると、彼らはみんなよく似た顔をしていました。実際、単一の中心はないのですが、相互にゆるやかな影響関係をもっていた。一本の太い綱とは言えませんが、細い糸をたくさん束ねれば、全体として一本の綱に匹敵するものになる。この潮流が、一九六〇年代の後半ぐらいから、徐々に出てきました。

この潮流は、七〇年代後半から八〇年代ぐらいになると、社会学の全体に対して、また外部の社会科学の諸分野に対して、無視できないほどの影響力を発揮してくるのです。ところで、彼らがもっていた「よく似た顔」とは何か。つまり、この潮流を形成する社会学者にある、明白な共通性とは何か。それは、〈意味〉の概念を中核に置いていたということです。個々の人間はみな、自らがかかわる対象に対して、〈意味〉を見出さずにはいられない。この事実を重く見たのが、この潮流です。要するに、この潮流は、人間諸個人の主体的な解釈の活動を――しばしば言語や記号を媒介にしてなされる解釈の活動を――重視しました。〈意味〉は英語では、meaning であったり、sense であったりしますが、両者を一括して〈意味〉としておいてかまいません。

この潮流には、「学派」として特に自称した名前はありません。ここでは「〈意味〉の社会学」としておきます。たまに「〈意味〉学派」などと呼ぶ人もいます。いずれにせよ、自称ではありません。

〈意味〉という概念をもう少しはっきりさせておきましょう。この概念は多義的で、論者によって使い方も少しずつ違っていますが、大雑把には次のように考えればよい。人間は対象にかかわるとき、その対象を「～として」とらえる。この「～」の部分が、その対象のその人間にとっての〈意味〉です。

「〈意味〉の社会学」には、機能主義にとってのパーソンズほどの決定的な中心はありませんが、あえて代表者をひとりあげるとすれば、つまりこのグループのスターをあげるとすれば、現象学的社会学のアルフレッド・シュッツ（Alfred Schütz, 一八九九―一九五九）です。オーストリアの人ですが、この人もユダヤ人で、アメリカに亡命しました。

ここまで述べてきたことからもわかるでしょうが、パーソンズの社会学が先に主流になりかけ、その後、一九六〇年ぐらいから徐々に力を出して八〇年代ぐらいになるとむしろ優勢になったのが、〈意味〉の社会学です。ただ、その代表者と目すべきシュッツは、実はパーソンズとほとんど同世代の人です。厳密に言うと、パーソンズは一九〇二年生まれで、シュッツは一八九九年生まれですから、シュッツのほうが少し年上です。ただ、シュッツが広く読まれるようになったのは、彼の死後です。つまり、彼がこのグループの「スター」だったとしても、スターとなったのは、一九五九年に彼が死んだ後です。

シュッツの主著――というか生前の唯一の著作『社会的世界の意味構成』は、一種のヴェーバー論です。この本は、一九三二年に書かれています。しかし、このシュッツの大著が英訳されて、アメリカの学者に広く読まれるようになったのは、一九六〇年代以降のことです。

ミードの「自我」理論

しかし、いきなりシュッツが出てきたわけではなくて、その前史というか、準備期間にあたるものが、アメリカの社会学にはいくつかありました。それらを先に説明します。

この準備期間の〈意味〉の社会学を構成する学者の中で最も重要なのは、ジョージ・ハーバート・ミード（George Herbert Mead, 一八六三—一九三一）です。

ミードはシュッツよりもずっと前から〈意味〉の社会学の前哨戦というか、そのための準備的なことをアメリカの若手社会学者に教えていた。ミードは、ハーバード大学で学んだ後、ドイツに留学し、帰国後、シカゴ大学の哲学科で教鞭をとりました。このようなキャリアから推測できるように、ミードは、シカゴ学派の社会学者と交流しているのです。

彼は非常に尊敬されていました。しかし、生きているうちには本を一冊も出していませんん。死んでから、彼の講義録が整理され、次々と世に出ました。その中で社会学の観点から見て最も重要なのが、『精神・自我・社会』（一九三四年）です。

この本の中で、彼はいろんなアイデアを出していて、それらがいまでは、社会学の共通財産になっています。たとえば、自我には二重の層がある、というアイデア。それぞれの層を指すのに、ミードは、「I」と「me」をテクニカルタームとして使いました。無理して訳すときには、「I」を「主我」、「me」を「客我」としますが、音で聞くと何を言っているのか全然わかりません。「I」と「me」なら中学生でもわかりますから、この原語のままのほうがよいと思います。

Iとmeのそれぞれについて説明します。まずmeは、客体としての自我、私の客観的な側面です。自分自身を外から、他者の観点から眺めているわけです。したがって、meとは、他者の期待——規範的な期待——の中で自我がどうあるべきものとして現れているのか、ということです。

それに対して、Iのほうが曖昧です。ミードもうまく説明できていないように見えます。とりあえず、Iは、自我の主体的な側面ということになります。しかし、Iを積極的に定義しようとすると難しい。結局、meには還元できない自我の余りの部分がIである、としか言いようがなくなるのです。

私は、さまざまな社会的なコンテクストに応じて、meをもちます。たとえば、私は、ある場面では、社会学的な知や洞察を文章や言論によって提供することを期待されている学者でしょう。しかし、家族や親族のコンテクストでは、夫であったり、父であったり、息子であったり、そうしたポジションにふさわしい役割を期待されている。また、同窓会の仲間との関係では、幹事かもしれない。こうした「社会学者」とか、「夫」云々とか、「幹事」とかは、私のある側面を規定するmeではありますが、私はそれらに尽きない、とも思います。私はそれらすべてではありますが、それらで尽くされてもいない。その尽くされていない「残余」がIです。

ミードが述べたことで、理論上、特に興味深いのは、me（客我）がいかにして形成されるのか、という問いとの関係で提起した「一般化された他者（generalized others）」という概念です。たとえば、私が、ある出版社の中で学芸書を作ることを仕事とする編集者だとします。この「編集者」ということが me です。それには、「そうすべきだ」「そうすることが望ましい」という含みをもった規範的な期待がともなっています。有能な書き手を見出し、学術的な価値をもち、人々の知的好奇心を満たし、人々に読書の喜びを提供できるような本を、年に何冊か作る、というようなことへの期待、です。では、その期待は誰に帰属するのでしょうか。誰が、私にそのような期待の視線を向けているのでしょうか。会社の上司の誰々とか、一緒に仕事をする書き手の何某とか、読者の誰さんとか、がそうした期待をもっているわけですが、その中の誰かだけがそうした期待をもっているとも言えない。結局、規範的な意味を帯びた期待の担い手は、どの特定の具体的な他者とも言えないのです。その担い手のことを、「一般化された他者」と呼びます。

抽象的・概念的に定義するとこうなります。一般化された他者とは、me へと向けられている規範的な期待がどこに帰属しているのかというときのその「どこ」、つまり me は誰に対してあるのか、というときの「誰」です。一般化された他者の視点との相関で、つまりその視点の対象として、自我の規範的な役割が指定されているのです。

ミードがこうした理論を講義していたのは、二十世紀への転換期で、あるいは二十世紀のごく初頭です。つまり、フロイトが精神分析という知を作りつつあったのと同じ時期です。フロイトにも、「自我」とか「超自我」とか、あるいは「自我理想」とかといった、似たような概念があります。ミードとフロイトには、同時代性を感じます。もっとも、フロイトに比べると、ミードのほうがかなり単純ではありますが。

シンボリック相互作用論

とにかくミードはシカゴ大学で教えて、当時の若い社会学者に非常に強い影響を与えた。これが〈意味〉の社会学の前史になります。もう一人、シカゴ大学近辺で重要な学者がいます。ミードの後継者と目されているハーバート・ジョージ・ブルーマー（Herbert George Blumer, 一九〇〇―一九八七）です。彼もシカゴ大学の関係者です。つまり、シカゴ大学で学位をとり、シカゴ大学で教壇に立ちました。

ブルーマーは、はっきりと学派に名前を与えました。彼は、「シンボリック相互作用論（Symbolic Interactionism）」なるものを唱えたのです。これは、相互作用は、シンボル（言語）を介した意味の解釈過程である、とする立場です。

ブルーマーによれば、この立場には、三つの前提がある。第一に、人間は、生《なま》の事象に反応しているのではなく、事象に付与した意味にもとづいて行動している。第二に、意味は、社会的な相互作用において生み出される。第三に、意味は、人間によって解釈されることでまさに意味として実現される。

ブルーマー以降、「シンボリック相互作用論」を標榜し、その立場を意識的に継承する社会学者が続々と出て来ました。タモツ・シブタニ、ラルフ・ターナー、ヒュー・ダンカン等々です。彼らは主として、一九六〇年代（以降）に活躍しました。

2−2　シュッツと現象学的社会学

銀行マンにして社会学者

このように、アメリカには、意味や言語や象徴を重視し、また人間の解釈という営みに注目する社会学の流れがもともとありました。ただ、それは細い流れだった。そういうアメリカに、アルフレッド・シュッツがオーストリアから亡命してきた。そして、死後に彼の仕事が再発見された。その再発見を通じて、〈意味〉の社会学は、はっきりとした大きな潮流となりました。ここでシュッツの社会学について説明します。

シュッツは、一八九九年にオーストリアのウィーンに生まれたユダヤ人です。アメリカに渡る前から、社会学の研究はしていました。しかし、この人は学者としてかなり異色です。これまで十九世紀のヨーロッパの学者の話をしてきましたが、十九世紀には、大学にまだ「社会学」という講座もなく、二十世紀の初頭でも、大学でまともに社会学の教授になったのはデュルケームぐらいだと述べました。ヴェーバーはせっかくなったのにすぐに神経症で辞めてしまいました。その中でも特に、シュッツが異色なのは、市井の学者だったというだけではなく、「日曜学者」とでもいうべきか、つまり別のはっきりとした仕事を持っていたことです。シュッツは金融機関で仕事をしながら、学究生活を送っていたのです。

シュッツがアメリカに亡命したのは、一九三九年です。アメリカに亡命しても、学者としての仕事があるわけではないので、銀行マンとしての仕事を続けていました。ただし、アメリカでは、New School for Social Research（ニューヨークにある大学です）で、教える機会も与えられました。ただし、ずっと非常勤講師でしたから、銀行勤めを辞めることもできませんでした。彼が、金融機関の仕事を辞めることができたのは、五十七歳で教授に就任したときです。しかし、彼は大学で安定した職を維持できた時間は短かった。この三年後には没したからです。

このように大学で常勤のポストをもっていた期間は短かったのですが、シュッツは、学問的には優秀で、「現象学的社会学（phenomenological sociology）」を創始しました。現象学は、もちろん、フッサールの哲学です。つまり、シュッツの学問的な業績は、フッサールの現象学を社会学に導入したことにあります。ヨーロッパにいた頃、シュッツは、フッサールと直接の交流もありました。シュッツがアメリカに渡った頃、アメリカでは、フッサールの現象学はまだあまり紹介されていなかった。

すぐ後で、シュッツの主著『社会的世界の意味構成』について紹介しますが、これは、彼がオーストリアにいたときに書いたものです。彼のメインの収入源は銀行員としての給料でしたが、本を出版したのです。この本は、彼が死ぬまで英訳されることはなかった。先に述べたように、死後に英訳されて、アメリカの社会学者に広く読まれ、大きな影響を与えました。

シュッツはフッサールの現象学を社会学にもちこんで、現象学的社会学という学問をつくりだした、と言いました。その通りなのですが、厳密に言えば、現象学と社会学との総合を目指した学者は、シュッツが最初というわけではありません。ヨーロッパでは、シュッツよりも前に、フッサールを社会学に導入しようとした学者がいた。一九一〇年代から二〇年代にかけて活躍した、リット、フィアカント、ガイガーといった学者たちです。しかし、彼らの理論や説はメジャーなものにはなりませんでした。これらの人たちは、いまではほとんど読まれていない（余談ですが、一九八〇年代の初頭、私が東京大学の社会学研究科の大学院を受験したころ、大学院入試の過去問を見ると、つまり六〇年代、七〇年代の試験問題を見ると、リットらの概念の説明を求める問題がけっこう出されています）。だから、結局、本当にフッサールの議論を社会学に導入するのに成功したのはシュッツだけだと言って、差し支えないでしょう。

シュッツによって——しかも彼が死んだ後になって——現象学は、社会学に活用しうるひとつの理論として認知されたのです。これはフッサールが自覚していた射程よりも現象学の可能性を拡張したことでもある。ただし、私たちは次のことも留意しておく必要がある。シュッツ以前に、アメリカには、〈意味〉の社会学の萌芽があった。こうしたものが、アメリカの学者の現象学の理解の助けになったに違いありません。

社会的世界の意味構成

さて、シュッツの生前に出た唯一の本が、『社会的世界の意味構成』です。この大著が、現象学的社会学のマニフェストになっているので、その内容を紹介しておきましょう。

繰り返し確認しておけば、この本がおもに読まれたのは一九六〇年代で、書かれたのは一九三二年です。この年代に注目しておいてほしいのです。タルコット・パーソンズの『社会的行為の構造』という本が出たのは、一九三〇年代の後半です。ということは、両著は、ほぼ同じ時期に書かれているわけです。しかし、人々に読まれ、学説史にはっきりとした足跡を刻印したのはシュッツのほうがずっと後です。

『社会的世界の意味構成』という本は広い意味でのマックス・ヴェーバー論です。パーソンズの『社会的行為の構造』も四人の学者の理論を読み解く構成になっており、その中で最も重要なのがマックス・ヴェーバーでした。ということは、二十世紀中盤の社会学の二人の大物、社会システムの〈機能〉を重視したパーソンズと人間にとっての〈意味〉という問題を重視したシュッツは、ほぼ同じ頃にヴェーバーを原点において社会学を再構築しようとしていたわけです。

では、『社会的世界の意味構成』にはどんなことが書かれているのか。重要なポイントだけを紹介します。

シュッツは哲学的に考えます。「社会学の対象は何か」、ヴェーバーによればそれは「社会的行為」である。それでは社会的行為、特に「行為」とは何か。行為であることのポイントを、マックス・ヴェーバーは「〔個々の人間によって〕主観的に思念された意味」に見た。「行為」についてのヴェーバーの定義の中に入っている「主観的に思念された意味」という部分は、しかし、とてもあいまいです。この概念を徹底的に考え抜き、精緻化したのが、『社会的世界の意味構成』という本です。その際、フッサールの「現象学」が、加えてベルクソンの「生の哲学」が援用されるのです。

この本は、全体の構造が非常にきちんとしている。四つの問いがあり、それぞれに答えるために、一章ずつが充てられているのです。

第一は、「『行為者が自分の行為に意味を結びつける』とは、どういうことなのか」という問いです。この問いは、次のように答えられる。まず、体験は大きく見ると二つに分かれている。ひとつはまさに体験がそのまま無意識のうちに、無我夢中に流れていくという側面がある。ベルクソンだとこれを「内的持続」と呼ぶ。この内的持続現象が、体験の第一のタイプです。

体験はもうひとつ、すでに「流れ去った体験」という形式をとるものがある。後者は、反省的に見つめ直すなかで現れる。つまり「流れ去った体験」は、「過去把持《はじ》」と「再生」という形式をとるのです。たとえば、いま私はこうやって話しているという事実を、特に意識せずに、懸命に、没入して話しているわけです（内的持続）。しかし、ちょっと我に返って、「俺はいま何をしているのだろうか？　社会学史の講義をしていたんだ」と思ったりすることがあるわけです。これが過去把持を通じた「流れ去った体験」の再生です。一瞬立ち止まり、「～をやっていた」というわば完了形の形式で思い描くわけです。「主観的に思念された意味」というときの〈意味〉は、内的持続のときにはまだ発生していない。いままさにやっているその行為が何なのか、何のためなのか、ということがはっきりするのは、過去把持と再生の段階です。つまり、過去把持と再生から〈意味〉が発生するのです。行為がまさになされている現在においては、まだその行為の〈意味〉は意識されていない。つまり行為の最中には、自分が何をやっているかをいちいち意識しているわけではない。

このように、〈意味〉は過去への志向性の中でまずは発生するわけですが、この過去への志向性を未来にも活用（応用）することができる。すると、未来把持や未来完了的思考が生まれます。たとえば、未来のことを漠然と思い浮かべながら、さらに「来週末までに論文を書き上げておこう」と思う。これは、現在の視点を未来（来週末）に投射した上で、その未来化した現在の視点から、過去把持したときに、つまり未来完了形的に振り返ったときに、「論文が書きあがった」という状態になっている、ということです。このとき、また〈意味〉が発生しています。こんどは、これからなされる行為（論文の執筆）についての〈意味〉が、です。

ここから、行為の動機には二つの種類がある、という説が出てきます。未来との関係で行為を説明すれば、それは「目的の動機（in-order-to motive）」となります。逆に、過去との関係で現在の行為を説明すれば、つまり、いままでこういうことをやってきたのだから、こんどはこういうことをしなくては、というふうに説明すれば、それは「理由の動機（because motive）」となる。このように、動機には、未来からくるものと、過去からくるものと二種類がある。この動機の二類型は、ヴェーバーにはなかったもので、純粋にシュッツが付け加えた論点です。

これが「行為に意味を結びつけるとはどういうことか」という一番目の問いに対して、シュッツが言っていることです。

他人の心がどうして私にわかるのか

二番目。社会学という学問の対象は、「社会的行為」です。そして、「主観的に思念された意味」を行動に結びつけているというのが、行為の定義です。われわれは、他人の行為を見ながら、そこにきちんと彼の「主観的な意味」がある、と思うわけです。プロテスタントは「予定説」を信じるがゆえに、世俗内禁欲の一環として仕事をしているようだ、とか、そんなふうに他人の主観的に思念された意味を推測する。二番目の問いは、「いかにして他我（他人）が、自我に対して有意味な存在として与えられるのか」というものです。

これは一般的には、哲学でしばしば問われてきた他我認識の問題です。つまり、他我が主観的に思念された意味をもっているということが、どうして私にわかるのかという、哲学の伝統的な問題。「他人の心が私にどうしてわかるのか?」、そもそも「目の前のこれが私と同様に心を備えた他我であるとどうしてわかるのか?」という話です。私たちは、他人が行為に結びつけている意味を誤解したり、誤って推論することはあるでしょうが、なんであれ、その他人が行為に意味をもたせている、ということについては自明の前提としている。どうして、そのような確信をもつことができるのか。この問題でシュッツは苦戦していきます。というより、シュッツのもとになっているフッサールがこの問題で苦戦していたのです。

苦戦しながらも、シュッツは、一応、回答を出しています。どのように考えているのか。現象学で「付帯現前(Appräsentation)」と呼ばれている現象がある。これを応用するのです。難しい言葉ですが、この概念が念頭においていることは、ありふれたことです。付帯現前というのは、しばしば、何ごとかの現前にプラスαが伴っている、ということです。どういうことか。現象学は「立ち現れるがまま」を重視します。たとえば、私の目の前にコップがある。私にまざまざと直接に立ち現れているのは、コップの正面の側だけです。しかし、このコップには、直接には見えていない裏側があることも、私は直感的にわかります。ということは、裏側も間接的に付帯的に現前しているというわけです。

付帯現前という概念が最も活躍するのは、「記号」の理解の説明においてです。たとえば「木」という字を見たときに、木という概念がただちにわかる。「意味するもの（記号）」の現前に、「意味されるもの（概念）」が付帯現前しているからだ、と説明される。これと同じように、他者の心、他者の意識体験が現前する、とシュッツは説明した。つまり、直接には、「他者の身体」が現前しているのですが、それに対して、「他者の意識体験（意味）」が付帯現前するわけです。要するに、

意味するもの／意味されるもの＝他者の身体／他者の意識体験

という類比の関係が成り立つ、というわけです。これを、「自然的な見方における他我の一般定立」と難しく言います。要するに、ふつうの見方で見たら、他我はそういうふうに見えますよ、という趣旨です。

率直に言って、この説明にはムリがある、いやこの説明は失敗している、と私は思います。「記号」の意味と、「他我」の意識体験はまったく別のメカニズムで現前すると私は思います。はっきり言えば、後者のほうが、はるかに基礎的です。他我が何を意識しているのかということの類推は、少しは「記号」の理解と似ているところがありますが、他我が（何であれ）意識体験をもっているという事実は、記号の意味のように付帯現前するわけ

ではない。付帯的・二次的に現前するどころか、直接にはわれわれはこの事実を直観します。たとえば、「木」という文字が記号として見えるためには、学習が必要です。学習がなければ、それは、線の組み合わさった模様でしかなく、何も付帯現前しない。しかし、他者が、私と同じように意識体験をもっていることを知るのに、そんな学習はまったく必要はない。

同心円状に並ぶ世界

さて、三番目。他人が心（意味）をもっているとして、さらに他人が何かを信仰しているんだなとか、儲けようとしているんだなとか、他人の行動を把握したり理解したりします。つまり、他人の行為を類型化したりして、理解する。「自我はどのようにして、他我の行動を、主観的に思念された意味にしたがって理解するのか」が第三の問いです。本のボリュームとしてはここが一番長いのですが、結論的には簡単です。

シュッツによれば、社会的世界は、さまざまな層をなしている。たとえば、いま私とあなたがたは一緒にいます。互いに顔を合わせ、身体をさらし、一緒にいることを互いに自覚している。このような社会的世界を、「直接世界（Umwelt）」と言います。

それに対して、今日は誰かが建物の外でお祭りしているな、というようなことがある。

あるいは、もう少し離れて、いま、国会議事堂では、国会議員たちが憲法について議論している、などということがある。このように、同じ現在の世界に同時に生きているけれども、ここには一緒にいない他者たちを含む社会的世界があります。これを「共時世界(Mitwelt)」と呼びます。同時代人ということですね。それから、過去の世界の人が属する社会的世界が「前世界(Vorwelt)」、最後にこれからやってくる人たちの社会的世界を「後世界(Folgewelt)」と呼ぶ。こうやって、私を中心において、最も直接性の高い社会的世界から、より遠く間接的な世界が、同心円状に並んでいる。それが「直接世界／共時世界／前世界／後世界」です。

直接世界で一緒にいるとき、状況も、また個体も類型化されません。状況は「いまここ」でしかなく、かけがえのない私と、かけがえのないあなた(たち)が対峙しあっている。この関係は、生きた現在として把握されています。これを、「われわれ関係」と呼びます。その外に出ると、他者や他者の行為の類型化が始まります。つまり「彼ら関係(あるいは君ら関係)」として間接化されるや、類型化が始まるのです。「祭りをしている町衆」とか、「国会議員」とか。他者の行為の意味の解釈は、こうした類型に基づいてなされる。

四番目は短い章です。「社会的世界を適切に調べるのに、社会学はどんな方法が必要なのか」が問われます。ここでは、マックス・ヴェーバーの理念型などの概念が、現象学の観点で見てどういう意義をもつのか？　ということが書いてあります。この部分は、詳しい解説を省いてもよいでしょう。

レリヴァンス、多元的現実

このように、ヴェーバーの「主観的に思念された意味」という概念を出発点にして考えを発展させていったのが、『社会的世界の意味構成』という本です。これがシュッツの唯一のまとまった本です。この本が出たときにはまだ登場していない、シュッツが作った概念の中には、学説史に残ったものもあるので、それらを少しだけ紹介しておきましょう。

シュッツが提起し、現象学的社会学の論文の中で比較的よく使われるもののひとつは、（なかなかうまく日本語にならないので、いつもカタカナになっているのですが）「レリヴァント（relevant）」あるいは「レリヴァンス（relevance）」、という概念。あえて日本語に訳すならば、「関連性」となります。そのときどきの関心に応じて、われわれは何が関連があり、何が関連がないかを分けている。状況によって、関連があるとされるものが異なってくる。たとえば、いまのこの状況では、「社会学」として分類されている学問の中に登録されていることであれば、関連性がありますが、この部屋の壁の色について誰かが急に話したりすれば、それは関連性がないこととして退けられる。レリヴァンスというのは、人々の関心を方向づける基準です。

シュッツの時代にはまったく出てきていませんが、AIが発達した今日の観点では、この概念は、あらためて見直されてよいと思います。というのも、この概念は、AIの発達によってはじめて気づかれた問題、「フレーム問題」と関係しているからです。フレーム問題とは、人間はいかにして、臨機応変に、レリヴァントな主題を選択できているのか、という問いです。これは、人工知能にはきわめて難しい――というか、少なくとも今日までに知られている人工知能の基本的なアイデアの中では解けない問題になっています。

もうひとつ、シュッツに由来する重要な概念は、「多元的現実（multiple realities）」という概念です。何がレリヴァントなのかに応じて、現実には、いくつもの意味領域が形成される。遊びの世界であるとか、仕事の世界であるとか、夢の世界であるとか、それぞれに相対的に独立した多様な意味領域ができるのです。これが多元的現実です。

しかし、シュッツの考えでは、すべての意味領域が対等ではない。他のすべての意味領域の前提になっていて、他の意味領域の源泉になっているような意味領域がある。それは、日常生活世界です。だから、それは「究極的で至高の現実」である、とされます。

新しい知識社会学

シュッツが読まれるようになってから、現象学的社会学という理論的な立場がはっきりとした基礎をもつようになりました。シュッツ以降のこの理論の後継者として、二人の学者の名を挙げておきます。ピーター・バーガー（Peter Berger, 一九二九—二〇一七）とトーマス・ルックマン（Thomas Luckmann, 一九二七—二〇一六）です。この二人の共著で、『日常世界の構成』——この原題は *The Social Construction of Reality*（直訳すれば『現実の社会的構成』）——という本を、一九六六年に出しました。この本は、現象学的社会学の立場から、それまでの社会学のさまざまな理論を総合しようと試みたものです。

シュッツは未知の領域へと、手探りをしながら試行錯誤して入っていった、という印象を与えます。それに対して、バーガーとルックマンの二人は、すでに開拓された道をふりかえり、「まとめてみればこういうことではないか」と示すような仕事をした。まとめたほうがおもしろいかというと、そうとも言い切れませんが、しかしわかりやすくはなっています。私は、社会学を専攻する学生が最初に読む本としては、この『日常世界の構成』は、非常によいのではないかと思っています。

では、これはどういう本なのか。「知識社会学（英 sociology of knowledge, 独 Wissenssoziologie）」という言葉がありますが、この本は、まず、これを独特の仕方で新しく定義するものだと言えます。まず、「知識社会学」が、本来はどういう意味なのかを説明します。私はこの語を——これから説明するもともとの意味で——わりとよく使いますが、実のところ、最近ではあまり流行りの語ではありません。知識社会学というのは、人が置かれている社会的状況との関係で、その人の知識や思想やイデオロギーを説明するもので、カール・マンハイムが主唱者として知られています。マルクス主義のイデオロギー論が、知識社会学の原型です。イデオロギーを階級的なポジションによって規定されているものとして説明するイデオロギー論が、です。

知識社会学は、社会の中での位置と、その人がもつイデオロギーとの関係を見るわけですが、それをマルクス主義っぽく言いたくないときに「知識社会学」という語が使われるわけです。これが、知識社会学の本来の意味です。しかし、バーガーとルックマンはこの語を、これとは全然違う意味で使いました。

現実は、人間が解釈したり、意味を付与したりしなければ、現実にならない。ということは、社会的現実とは、人間の知識に媒介された構築物だということになります。このような現実の理解に立脚しているのが、バーガーとルックマンの「知識社会学」です。もともとの、普通の知識社会学では、「知識」として念頭に置かれているものが、主として、政治思想とか政治的イデオロギーです。しかし、バーガーとルックマンの「知識」は、そんな高級で複雑な思想やイデオロギーではない。ごく日常的な常識的知識です。人間が、常識のような知識に依拠して、どのように現実を構築するのかを見るのが、彼らの「知識社会学」です。その知識社会学は、現象学的社会学によって基礎づけられる、という筋になっています。

この本がとてもよい点は、まず、社会学理論や社会学史の勉強になるということです。いろんな学者の理論が出てきて、それらが、バーガーとルックマンの構図の中に、それぞれ位置づけられる。別の言い方をすれば、二人の構図は、さまざまな重要な社会学者の理論の張り合わせになっている。

どういう話になっているのか。一方に、「主体」があり、他方に、「(社会的)現実」がある。両者が、「外在化 externalization →客体化 objectivation →内在化 internalization」という循環によって関係づけられるのです。

わかりやすく説明しましょう。外在化とは、主体の広い意味での「知識」――価値観とか意識とか欲望とか――によって現実を意味づけることを通じて構築することです。つまり、現実は、主体に内在していたものの外在化として構築されるわけです。客体化とは、本来は主体の知識によって媒介されて生み出された現実が、主体とは独立して存在する事物のように現れることです。このように現実が客体化されると、こんどは主体のほうが、その現実に適応しなくてはいけなくなる。つまり、主体は、現実を内在化しなくてはならない。この内在化は、一般に、「社会化」と呼ばれている過程に対応します。もっとはっきり言えば、それは、学習し、我がものにすることです。

この三つのステップの中で理論上最も興味深いプロセスが、「客体化」です。バーガーとルックマンによると、人間は、他の動物と違って固有の環境を欠いている——つまり本能の中に書き込まれている環境がない。だから、人間は、客体化された意味によって秩序を構成する必要があるのです。この客体化の過程の中に、制度化の過程が含まれています。制度化によって、客体化された現実が安定化する。

この場合、制度化とは、まずは習慣化であり、後続世代への継承によってそれは完成します。ただし、制度はバラバラで、全体としての意味の統合に欠けている。この欠陥を補い、制度に統一性と妥当性を付与するものこそ、宗教です。というわけで、バーガーもルックマンも、宗教の役割を非常に重視しています。

この「外在化／客体化／内在化」という構図は、ヴェーバーやデュルケームやマルクスなどの「総合」——というか、ごった煮的な折衷——になっている。たとえば、「外在化」と呼ばれる、現実の意味づけは、ヴェーバーに最も関係が深い。客体化は、デュルケームの「社会的事実」の概念と結びついている。そして、この三つの循環のステップが、全体として、マルクスの疎外論や物象化論と似ている。
このように、バーガーとルックマンは、現象学的社会学の立場から、社会学理論の全体化を図ろうとしました。

2―3　ミクロ社会学

エスノメソドロジー

以上が現象学的社会学の概要です。現象学的社会学は、〈意味〉という概念を中核においた社会学の中心にあったわけです。でも、現象学をあえて標榜しない、あるいは現象学とは独立に、〈意味〉を重視した学派もいくつかあるので、それらを紹介しておきます。

そうした社会学の中の最も重要なひとつはエスノメソドロジー（ethnomethodology）です。この名は造語です。ハロルド・ガーフィンケル（Harold Garfinkel, 一九一七―二〇一一）という社会学者が、この名のもとで新しい社会学を提唱しました。ガーフィンケルはパーソンズの弟子なのですが、むしろシュッツに影響されていて、社会学の考え方がパーソンズとはまったく違う。パーソンズについたのですから、ハーバード大学を卒業しているわけですが、教鞭をとったのは西海岸のＵＣＬＡ（カリフォルニア大学ロサンジェルス校）です。

エスノメソドロジーとは何か。この言葉をガーフィンケルは一九五〇年代から使い始めて、*Studies in Ethnomethodology* という本を一九六七年に出しました。この本によって、「エスノメソドロジー」というものが広く認知されるようになった、と言ってよいと思います。「エスノ」は、普通は民族という意味ですね。ここでは、広く一般の人々、民衆というイメージに近いものを指します。「メソッド」は方法。だから、エスノメソドロジーは、「ふつうの人がどういう方法を使っているか」「社会的世界において、人々が日常的に使っている方法」ということです。

具体的にはわれわれがコミュニケーションするときに、どういうことをしているか、に注目する。これを一般論として抽象的に論ずるのではなくて、ものすごくミクロに丁寧に記述するのです。したがって、エスノメソドロジーは、社会秩序がいかにして構成され、維持されているのかについて、徹底的にミクロで繊細な観察にもとづく研究です。

Studies in Ethnomethodology には、たとえばこんな実験が紹介されている。学生に、「今日、家に帰ったら、お前は下宿人として振る舞え」と指示するのです。学生は、家族の中で突然、下宿人のように振る舞い始める。そうするとまわりの家族のメンバーは、「お前どうしたんだ？」と大混乱になる。なぜそんなことをするのか。この混乱を通じて、自分たちのコミュニケーションがふだん、特に意識することなく、どのような方法によって、

家族の秩序を維持していたのか、ということが浮かび上がってくるのです。このようなやり方を「違背実験」と呼びます。わざと他者の期待に反することをやることによって、自分たちが用いていた無意識の方法を暴き出すものです。

最初に「エスノメソドロジー」という語が使われたのは、陪審員の審議過程を厳密に研究したときです。私たちは、陪審員は、事前に定められた法から、一般的に妥当する推論規則によって演繹するようなタイプの合理性、いわば事前に定められた合理性に従っている、と思っていた。しかし、ミクロに厳密に観察していると、陪審員はその都度の状況に即して反応していて、結論はしばしば法律の合理性とは無関係なことによって、たとえばその場の議論の偶発的な流れや会議の雰囲気によって決まっている。それでも、陪審員たちは終わったあと、もっぱら法の合理性にもとづいて結論した、という自覚をもつ。決して、彼らは嘘をついているわけではない。審議過程の正当性は、事後からの視点の中で遡求的に再構成されていたことがわかったのです。

会話分析

エスノメソドロジーは、ガーフィンケルのあと、多くの研究者に継承されました。とりわけ、それは、「会話分析（conversation analysis）」という分野を切り開きました。この分野の社会学者としては、Ｈ・サックスやＥ・Ａ・シェグロフなどが知られています。日本の社会学者の中にも、会話分析を専門としている人はたくさんいる。いまや、会話分析は、エスノメソドロジーの中で最も成果がたくさんあがっている分野だと言えます。

会話分析というのは、会話することそれ自体の中に内在している、半ば意識的、半ば無意識のルールを解明することです。私たちは、普段十分に意識することのないそのルールによって、会話を円滑に進め、秩序を形成している。

たとえば、私たちが仕事の打ち合わせをするときのことを考えてください。いきなり、用件に入るわけではなく、最初は、あいさつめいたことを話す。そのあと、仕事と無関係なこと、かといってまったく無縁でもないような周辺的な話を少ししたりして、誰かが、微妙な仕方で、そろそろ本題にはいりましょうか、というサインを出す。終わるときも、また、「そろそろ終わりにしましょう」という趣旨のことがわかる、間接的な言いまわしや口調があったりする。そういうときに働いている暗黙のルールを厳密に抉《えぐ》り出していくわけです。

最近では、会話を記録する視聴覚機材が飛躍的によいものになっていますから、会話分析も厳密に、精緻になっていく。言葉にならない表情や仕草なども、暗黙のルールの中にあることがわかってきます。

会話分析の初期の研究成果として最もよく知られているのは、「ターン・テイキング・システム」です。これは、発話の交替や順番がどのように調整されているのかということについての、細かなルールの体系です。あるいは、会話分析が見出したものとしては、「隣接対（adjacency pairs）」がある。隣接対というのは、「おはよう」「ああ、おはようございます」といった、隣接する二人の話者の発話が、ある定型的なパターンをなしている現象です。問いに対する応答のようなものが典型です。

演技としての相互作用――ゴフマン

エスノメソドロジーは、細部へのこだわりに特徴があります。着想や狙いはエスノメソドロジーによく似ていますが、細部への視線よりも、大局観のほうにもう少し重点をおいた人に、アーヴィング・ゴフマン（Erving M. Goffman, 一九二二―一九八二）がいます。とはいえ、ゴフマンもまた、人々の間のミクロな相互作用に対する鋭敏な観察者であるというところにこそ、やはり圧倒的な特徴があるというべきでしょう。ゴフマンはカナダ出身で、修士・博士の学位はシカゴ大学でとっています。ＵＣＢ（カリフォルニア大学バークリー校）などで教えました。最初の著書『行為と演技』（一九五九年）が最もよく知られています。

ゴフマンの考えでは、われわれの相互作用は、それぞれの人によって担われた「役割」

の演技としてその秩序を保っている。たとえば、私は、いま「講師」としての役割を担い、講義をすることでその役割を演じているわけですし、みなさんは「聴講者」という役割を果たしている。そのことによって、この場の秩序は保たれているわけです。

この基本的な着想はごく凡庸なものですが、ゴフマンの社会学には、ひとつ、きわめて重要な洞察が含まれている、と私は思っています。いま述べたように、ゴフマンは、われわれの相互作用が一種の役割演技として成り立っていると見なしたわけですが、その役割演技において、「自己」が「役割」にトータルには同一化していないこと、つまり「自己」と「役割」の間に距離があることをとりわけ重視したのです。これを「役割距離(role distance)」と言います。

ゴフマンが挙げている役割距離の例をいくつか紹介しましょう。ある若い外科医がこれから大変な手術をする。そんなときにこの外科医がジョークを言うわけです。切迫した状況を考えれば、一見不適切です。まじめに手術に集中すべきときなのですから。なぜ、彼は、目前の手術とは無関係なジョークを言っているのかというと、この外科医は、「このぐらいの手術は大丈夫だよ。こんなの簡単にできちゃうよ」と、自分が余裕をもっているところを見せているのです。だから、軽口を叩いて、適切ではない行為をわざとする。これは役割距離のひとつで、役割からの「軽蔑的離脱」の例です。軽蔑的離脱とは、「この役割が私のすべてではない」ということを示すことです。

いま、若い外科医が手術前にジョークを言うという例でしたが、ジョークを言うのがベテランの主任外科医だったらどうでしょうか。これもまた、一見、本来の役割にふさわしからぬ不適切な行為で、役割距離のひとつですが、その効果はまた別のところにあります。主任外科医は、ジョークによって、一緒に手術を行う仲間に余裕を与えているのです。これは、「不安管理」のために役割から距離をとっている例です。

このように、ある役割において期待されている行為、その役割に完全にふさわしいとされている行為から、あえて少しだけ逸脱することを行う。これが役割距離です。この役割からの小さな逸脱、役割の部分的な否定によって、役割演技の機能がその分削がれるのかというと、そんなことはなく、むしろ逆なのです。役割距離があることで、本来の役割がむしろ順調に機能する。ゴフマンはこの事実に着眼した。

ゴフマンは他に、「儀礼的無関心（civil inattention）」という概念も出しました。これは「気がついているけれど、気がつかないフリをする」ということです。これも、日常的に頻繁に経験していることでしょう。普通だったら気づくはずですし、気づくべきなのに、ときに、気づいていることに互いが気づいてしまうと、かえって気まずいことになる。そこで、見えていない――気づいていない――ようなフリをすることがある。本当はわかっているのだけど、わかっていないようなフリをするのが儀礼的無関心です。いわば「正直さ」をあえて抑制することで、コミュニケーションが円滑に進捗する、というわけです。

ゴフマンは、役割演技の世界において、われわれがわずかな逸脱や否定を導入することで、かえって役割演技がより順調に展開し、より肯定されていることになる、という逆説を敏感に見抜いていたわけです。このようなゴフマンのアイデアは、なかなかおもしろい。しかし、ゴフマンの指摘したことは、普通の生活者がまったく自覚していなかったことかと言えばそうではない。誰もが、半分は知っていることです。半ば知っていることを、繊細な観察を通じて明晰に抉り出したのが、ゴフマンの理論だということになります。

ルソーとゴフマンの距離

ゴフマンの仕事を社会学史の大きな流れの中で位置づけるとすると、彼と対照すべきは、この講義の最初のほうで紹介した――社会学が始まる前の社会学者とも見なすべき――ルソーでしょう。奥村隆さんが、この二人を対比しています。奥村隆さんの議論を参照しながら、どこにポイントがあるかを示しておきます。

ルソーの世界とゴフマンの世界は、まったく正反対なのです。スローガン的に言えば、ルソーの理想は「透明のユートピア」であり、ゴフマンが記述した現実は「不透明の効用」とでも言うべきでしょう。

ルソーは、完全に透明なコミュニケーションに憧れた。人々が、「以心伝心」風に完全に通じ合い、仮にたくさんの人がいても、あたかも単独であるかのような状態が実現しているとすれば、それこそ、ルソーの理想とする世界です。ルソーの「一般意志」は、このような理想が実現可能だということを少なくとも論理的に想定しうる、ということを前提にしてはじめて意味をもつのでした。

それに対して、ゴフマンが示したことは、人々がみなそれぞれ役割という衣を着ており、しかも、その役割からさえも皆が適度な距離をとっているとき、コミュニケーションが正常なものとして成り立つ、ということです。しかし、ルソーにしてみれば、人々が誰も彼も、その本心とは独立の役割を演じている、などということは唾棄すべき状態です。ルソーは、これを許しがたい堕落と見なしたはずです。ルソーが、演劇を嫌った、ということを話したと思いますが、ゴフマンは、現実の社会的世界は演劇的に構成されている、と主張したのです。

実は、厳密に言うと、「役割距離」というのは、人が、自分の役割を相対化することを通じて、役割には還元できない「本心」に立ち返ることですから、ルソー的にはいくぶんか許せる部分に見えます。しかし、その「本心」ですら、役割からの距離というかたちで役割を媒介にしなくては現れないわけですから、ルソーの観点からは、やはりポジティヴには評価できない。

このように、ルソーの世界とゴフマンの世界は、真逆です。その上で、どちらの極限も、つまりルソーの理想の世界への純化も、逆にゴフマン的な世界への純化もともに、一種のディストピアになってしまう、ということを指摘しておきます。まず、世界が完全にゴフマン的だとすると、そういう世界は、やはりルソーが述べたであろうように、寂しく殺伐としたものがあります。人々は役割という仮面をかぶってしか付き合わないのだとすれば、何が本心で何が虚偽なのかがわからない。こんなとき人は愛し合うことができるのだろうか、そんなふうにも思ってしまうわけです。

ならば、世界がルソー的に純化されるとすばらしいかというと、これこそ、真の地獄ではないでしょうか。人々が互いに透明に相手のことがわかってしまい、秘密が成り立たない世界。こんな恐ろしい世界はない。

実際、人々から「役割」を——それゆえ「役割から距離をとること」をも——完全に剝奪したらどんな世界になるでしょうか。そんな状態を記述してみせたのが、ゴフマンの『アサイラム』(一九六一年)という研究です。アサイラムは、犯罪とか債務とかの事情をかかえている人の避難所であり、同時に、病人や障害者、貧困者の収容所でもあります。ゴフマンは、ワシントンＤＣにある精神病院に、体育指導者の助手という肩書きで入り、一年間参与観察したあと、この本を書きました。

この本の中で、ゴフマンは「トータル・インスティチューション（全制的施設）」という状態を記述しています。それは、かなりの長期間、社会のほかの部分から空間的に隔離された上で、全面的に管理された生活を送る施設のことです。このような施設の中で、人はすべての役割を奪い取られる。ということは、社会的な制度の外へと締め出されるということです。それゆえ、トータル・インスティチューションこそ、真に完全な脱インスティチューションである、と言うこともできるのです。

ラベリング理論

さて、〈意味〉の社会学として、もうひとつ紹介しておかなくてはならない理論がある。ラベリング理論です。この理論の中心にいた社会学者は、ハワード・ベッカー（Howard S. Becker, 一九二八―）です。彼の主著は、『アウトサイダーズ』（一九六三年）です。

この著書のタイトルにも暗示されていますが、この理論が特に重視して主題化したのは逸脱行動です。ふつうは、当たり前ですが、逸脱行動がまずあって、それを人々が逸脱として認識する、という順序になっていると考えられている。それに対して、ベッカーは逆だと言う。われわれがそれを逸脱行動として認識するから、逸脱になるのだ、と。つまり、「逸脱」というレッテル貼り（ラベリング）が、「逸脱者」なるものを生み出している、というわけです。

逸脱というのは、一般には、法に対する違反です。ラベリング理論の発想をつきつめていくと、次のようになります。法そのものが逸脱を作り出しているのだ、と。法に準拠して、われわれは逸脱を認識するからです。逸脱行動があるから法によって取り締まるのではなく、法によってこそ逸脱が構築されている、というわけです。

さらに一九八〇年頃になると、ラベリング理論は、「社会問題の構築主義(constructionism)」という議論につながっていきます。J・I・キツセとM・B・スペクターが共同で、『社会問題の構築』を著したのは、一九七七年です。

「社会問題の構築主義」というのは、社会問題はその社会のメンバーによって構築されたものだ、ということです。つまり、社会問題というのは、ある社会状態を「問題だ」と異議申し立てしたり、告発したりする人々の活動そのものだ、ということになります。たとえば、女性にだけ参政権や選挙権がなかったとしても、その社会のメンバーが誰もこれを問題として告発しなければ、当の女性を含む当事者たちが異議申し立てをしなければ、そこには女性差別という問題は存在しない、ということになります。社会問題は、当事者たちが、それを問題として見出したときに始まるのです。

社会問題を問題として当事者たちが認識していない間は、当事者たちにとっては、社会問題は存在しない。この構築主義の主張は、ほとんどトートロジカルな真実だと思います。が、しかし、社会問題を解決し、何らかの正義を実現しようという規範的な指向性をもった理論は、構築主義に与《くみ》するべきではない、と私は思います。たとえば、男性にだけ参政権があり、女性には参政権がないという、性別にそって差別的な待遇があるのだけれども、社会のメンバーがこれを自明なことと見なし、誰も異議申し立てをしていないときには、いま述べたように、構築主義によると「社会問題は存在しない」ということになります。やがて、一部の人が、とりわけ（一部の）女性が、この差別的な待遇は不当であると異議申し立てを始めたとする。構築主義が、社会問題の存在を認定する段階です。そうなれば、やがて、男女の両方に平等に参政権がある社会が実現するかもしれません。

いま述べた三つの社会状態の中で、客観的に見て、差別が最も深刻な問題であるのは、第一の状態、つまり男女がともに、差別的な待遇を当たり前のことと見なし、文句を言っていない段階ではないでしょうか。一部の当事者が異議申し立てを始めたときには、問題は半分は解決しているのです。ですから、構築主義的に社会問題を捉えているときには、社会問題が最もひどいときには、社会学は何もすることがない、ということになります。

2-4 〈意味〉と〈機能〉

ただの相互の反発だけか?

さて、第2章のまとめに入ります。

この章では、大きく二つの社会学の流れを話しました。つまり、社会システムの〈機能〉を重視した社会学と、人間が現実をまさに現実として構成するさいにその媒介となる〈意味〉を中心においた社会学。二十世紀の中盤、〈機能〉の社会学のほうが少し先に出てきて、やや遅れて〈意味〉の社会学が出てきた。二十世紀の後半には、勢力的にやや逆転の傾向もあり、後発の〈意味〉の社会学が多様に展開した。

これら二つの社会学をどのように関係づけて理解すればよいのか。〈機能〉と〈意味〉はどのように関係しているのか。この点について、この章の最後に、私の考えを論じておきましょう。

一般には、二つの社会学の間の関係はどのように捉えられているのか。両者は、はっきり言えば、無関係であると見るのが普通です。両者の間には、なんら創造的な関係はない、とされる。両者の間にあるのは、互いの反発の関係だけです。それぞれの潮流が相手に対して何かを言うとすれば、批判か悪口だけです。どちらの陣営にも総合への意志はまったくない。

このことはシュッツとパーソンズの間の往復書簡に、早くも暗示されています。一九四〇年から四一年にかけて、二つの社会学のそれぞれの巨頭が、書簡を交換しあっており、それは、本として出版もされています。どうやら、シュッツが、パーソンズの『社会的行為の構造』について論じたことがきっかけのようです。この段階では、シュッツはまだ無名でした。往復書簡が印象づけるのは、両者のすれ違いぶりです。まったく嚙み合っていない。パーソンズの目からみると、シュッツは自分には関心がない哲学的な問題を論じているだけです。パーソンズとシュッツは、往復書簡を通じて、それぞれ相手が別の世界に住んでいるということを確認しあっているように見えます。

この書簡は、〈機能〉を核にすえた社会学と〈意味〉の社会学の間の相互的な反発の予告篇のようなものになっています。〈機能〉の社会学の立場からは、〈意味〉の社会学は、「こんな細かい会話の分析をして……、ただの趣味でしょ」みたいになる。もっと社会全体のことを考えろよ、と。それに対して、〈意味〉を重視する立場からすると、「人間がどうやって社会的世界を生き生きと意味づけていくのか、そういうことをきっちり見るほうが重要じゃないか。〈機能〉の社会学はそうした側面をまったく見ていない」ということになる。

しかし、このような通説的な態度に反して、二種類の社会学を生産的に関係づけて理解する道があると、私は思うのです。〈機能〉と〈意味〉を統一的な理解の中に収めるにはどうしたらよいのか。その方法の基本的な枠組み、基本的な方針だけ、ここで提起しておきます。

鍵は、トマス&ズナニエツキの『ポーランド農民』のところで話した、「トマスの定理」にあります。あなたがその状況を現実として定義するならば、その結果として、その状況は現実になる。あなたがそれをリアルなものとして定義したから、それはリアルなものになったのだ。〈意味〉の社会学は、——振り返ってみると——この「トマスの定理」の展開です。つまり、〈意味〉の社会学は、トマスの定理を理論的に精緻化するという か、厳密化した社会学だという面があります。

ここで留意すべきは、トマスの定理には因果関係の逆転(のように見える現象)が含まれているということです。行為は状況への反応ですから、状況が行為の原因です。しかし、その状況を有意味なものとして構成しているのは、他ならぬ行為そのものです。行為において意味されている「定義」の所産として、状況が有意味なものとしてたち現れる。行為ということは、行為の原因であるものが、行為が含意している「定義」の産物だ、となります。したがって、行為の原因こそが、むしろ行為の結果です。行為は、自分自身の原因を作っているのです。この因果関係の逆転は、どのようなメカニズムによって支えられているのか。このように問うことで、二つの社会学を総合するための道が見えてきます。

「夫の世話に苦しむ妻」の「美しい魂」

では、どのように考えればよいか。

いま説明したように「トマスの定理」は一種の論理的な錯乱、逆説を含意している。原因と結果が循環している。それを、首尾一貫した説明にうまく置き換えられれば、〈意味〉と〈機能〉の概念のつながりが見えてくる。そういう筋で考えていきます。

手がかりを得るために、ここで工夫をして、ある事例を見ます。といっても、現実の具体例ではありません。このような例があるということを、私は、友人の社会学者の長谷正人さんが若い頃に書いた本で知り、何度か自分の論文でも引いたことがあります。ただ、これはよくあるタイプの例です。決して、きわめてめずらしいものではない。

それは、心理学やカウンセリングの領域でよく使われる言葉で表せば、いわゆる「共依存」という現象のひとつです。アルコール依存症の夫と、それに苦しめられている妻がいます。妻は、夫が毎晩毎晩お酒を飲んで酔い、暴れたりして大変な苦労をしている。妻は、自分が夫のアルコール依存症の犠牲になっていることに関して、常に苦言を呈していた。そこで、夫婦は、カウンセリングに行った。そこで教えられた方法で、夫婦は、夫のアルコール依存症を治すための努力をする。やがて、夫が、少しずつ回復してくる。するとどうなるのか。夫婦は喜ぶのか。妻は、夫のアルコール依存症に苦しめられていたのですから、夫が徐々に立ち直ってきたことを喜ぶかと思いきや、そうではないのです。夫が回復すると、妻のほうが元気がなくなってしまう。

このようなケースは、次のように分析されています。アルコール依存症の夫が妻に依存し、妻の助けを必要としていることはもちろんですが、同時に、妻のほうも、夫に——夫のアルコール依存症に——依存しているのです。ということは、妻は、夫がアルコール依存症であることを、密かに——ということは自分でもそうと自覚することなく——望んでいる、ということです。

もう少していねいに言い直しましょう。もちろん、妻は、一方では、夫がアルコール依存症を克服することを望んでおり、そのために自分が献身的に協力しようとしている。しかし、同時に、より深いところで、妻は、「私が苦労しながら夫を必死に世話している」という状態にあることを欲しているのです。そのような状態が維持されるためには、夫は、アルコール依存症でなくてはならない。夫も実は、妻がそのような無意識の欲望をもっていることを、こちらも無意識のうちに知っている。そのため、夫も妻の（無意識の）

期待に応えてしまい、なかなか完全な回復には至らない。

もう少しこのケースの成り立ちを詳しく分析してみます。妻は、「アルコール依存症の夫の世話のために苦しむ妻」という役割に同一化しているわけですが、この同一化を可能にしている視点が、二重になっていることに気づくことが肝要です。一方で、これは、明らかにネガティヴで嫌な役割です。この役割を演じることには、苦難や悲しみが伴います。しかし、他方で、まさにそのような苦難の役割を引き受けることは、「夫のアルコール依存症からの立ち直り」に貢献することであり、ポジティヴなこと、好ましいことです。つまり、この役割は、重要な使命を帯びた一種の英雄的な犠牲でもあるわけです。わかりやすく言えば、この役割を引き受ける妻は、一種の悲劇のヒロインでもあり、かっこいいのです。

この妻の役割が、嫌なネガティヴなものとして現れているとき、これを捉えている視点は、この状況に内在したところにあります。この状況の内部の視点、つまり妻自身（援助者）なり、夫（病人）なりの立場から直接的に捉えれば、これは苦労が多いネガティヴな役割なのです。しかし、この状況を全体として捉える視点、つまり状況を外部から見る視点には、この役割は、困難（夫のアルコール依存症）を乗り越えるために不可欠で重要なもの、英雄的なものに見える。妻は、この二つの視点から自分の役割を把握し、意味付けているのです。

この視点が二重であることに応じて、（妻の）行為も二重になっているということに気づくことがここでのポイントです。もちろん、直接には、夫のアルコール依存症のために己を犠牲にするという行為、つまり夫を献身的に救済するという役割を引き受け、実行する行為がある。しかし、それだけではありません。さらなる前提として、この役割を含む状況の全体を定義し、状況をまさにこのようなものとして措定する行為があるのです。

この後者の行為は、いわば空虚な行為です。ここで「空虚な」というのは、この行為は、具体的なかたちをもって現れはしないからです。役割を実行する前者の行為、はっきりとかたちをとって現れる行為のときには、「すでに終わっていること」（状況は定義されてしまっている）としてつねに前提にされている。いわば、それは（直接に現れ実行される）行為の前の行為です。

しかし、この空虚な行為は不可欠です。この行為によって状況が定義され、その中で、妻の苦難がポジティヴな献身としての価値を与えられているからこそ、妻は、その役割をあえて引き受け、実行してくれるのですから。現実化される行為の前提となる状況を定義する行為、行為以前の行為を、カント由来の哲学用語を使って、「超越論的」と表現してもよいでしょう。超越論的とは、経験の前提となること、経験を可能にする条件となること、という意味です。

この事例の妻が、嘆きながら夫の世話をやいているとき、すでに、彼女は、悲惨ではあるけれども英雄的な（彼女のための）役割をその内部にもつシステムを、自分の世話やきの行為の前提として定義し、措定しているのです。この定義があって、はじめて、この状況は、彼女にとって意味ある現実に転換いたします。トマスの「状況の定義」は、実は、ここでいう超越論的な――空虚な――行為を指していたと考えられます。

役割距離の可能条件

この事例で考察したことを念頭に置きながら、議論を一般化していきます。ここで、ゴフマンのことを思い出してください。ゴフマンの概念の中で最も重要なのは「役割距離」です。社会やコミュニケーションの秩序が役割演技になっているなどということは、誰でも思いつくことですが、どの役割にも役割距離が孕まれているという指摘は鋭い。

どうして役割距離が不可避に生ずるのでしょうか。私の考えはこうです。いまの「アルコール依存症の夫の世話をする妻」という例で述べたように、行為は二重化しています。世話をするという役割演技の行為には、「すでに終わってしまっている行為」――空虚な行為――という形式の状況を定義する行為がある。この二重性は、視点の二重性に対応しているとも言いました。状況に内在する視点と状況を外部から眺める超越論的な視点の二重性です。簡単に言えば、役割距離とは、この二つの視点の間の距離なのです。

先の例に即して言いましょう。私が、その「妻」だということにしましょう。私が無我夢中で、嘆いたり文句を言ったりしながら夫の世話をやいているときには、役割距離はありません。私は役割に没入しているように見える。しかし、私は、悲しんでいる自分をヒロイックに演じている、悲劇の英雄である自分に陶酔している、ということにひそかに気づいてもいます。このとき、私と役割の間に距離が生じている。役割を冷静に見つめる距離が、です。

もう少し展開しておきましょう。ある役割1を相対化し、そこから距離をとっているとき、私は別の役割2を演じているとも言えます。この役割2に対しても、私は距離をとることができるわけですが、それは役割3を演じることです。もちろん、役割3に対しても同じことがいえ、いつまで遡っても、最終的な役割には到達しない。どの段階の役割に対しても、常にすでに、その役割を含む状況を定義するメタレベルの空虚な——いわば無意識の——行為が前提になってしまうのです。

いずれにせよ、重要なのはトマスの定理です。つまり、状況は、（空虚な行為を通じて）定義されることによって現実になる。状況は、行為の前提として選ばれることで、現実となっているわけです。

葬式と原罪

逆に言うと、選ばれ、定義されなかったことは、現実にはならないのです。ここで私は、ヘーゲルが「葬式」について述べていたことを思い出します。「人間はなぜ葬式をするのか」ということについて、ヘーゲルはこんな解釈をしていました。

人間は放っておいても死にます。でも、自然に死んでしまっただけでは、つまり自然の崩壊だけでは、人間にとって「死んだ」ということは現実にはならない。誰かが死んだということが現実となるためには、あたかも、その「死」が、共同体の選択の結果であったかのように演出されなくてはならない。ただ自然に死んでしまっただけなのに、その「死」という出来事を自分たちが選んだかのように、共同体は儀式的に演出するのです。それが葬式だ、というのがヘーゲルの解釈です。

同じような論理の筋を使って、キリスト教でいうところの「原罪」の観念にも、哲学的な根拠がある、と言うことができます。アダムとイヴがエデンでリンゴを食べて……という説明は、おとぎ話のようなものであって、われわれの合理性の基準をパスしません。しかし、次のように考えたらどうでしょう。いま、ヘーゲルにそって、身体が自然に崩壊しただけでは「死」は現実にならない、と述べましたが、同じことは、誕生に関しても言える。人間は自然に生まれます。そして、いくつかの性質については、もしかすると大半の性質については先天的に決まっているでしょう。しかし、死の場合と同じで、ただ自然に生まれた、というだけではその人の性質は現実にならない。つまり、自分も周囲の人々もそれを現実として認めない。ではどうしたら現実になるのか。

自分が誕生したこと、そして自分が自然にこうなっているということを、あたかも自分が選択し、自分がそのように定義したかのように引き受けたとき、それは、現実となるのです。それこそ、文字通り、先験的（超越論的）な選択です。客観的には、その人は、ただ自然に生まれ、そのような性質になってしまっただけですが、それを、自分が選択したようにふるまうわけです。もちろん、そんな選択について具体的な記憶があるはずがない。しかし、そのような選択を自分がすでに終えてしまったかのようにふるまうわけです。

このように、人間は、生まれながらの本性（＝自然）を、自分の選択と定義の産物として受け入れ、前提にしたとき、まさに「人間」になる。つまり、文化的な存在になる。そうだとすれば、人間は、その「終わってしまった選択」に関して、それぞれ責任を負わなくてはならないのではないでしょうか。つまり、人間は、自分がこの世界に出現したこと、この世界に存在していることに関して責任がある、というわけです。これこそが、

「原罪」という観念ではないでしょうか。

〈意味〉と〈機能〉の相補性

さて、ずいぶん長い回り道をたどってきました。本来の課題にもどりましょう。〈機能〉と〈意味〉とをどのようにして、統一的な視野に収めたらよいのか。機能主義の社会理論と〈意味〉の社会学を、どのように総合したらよいのか。これが、もともとの課題でした。

私たちは、回り道をしながら、次のことを確認してきたのです。行為者が、現実に〈意味〉を見出したり、何らかの〈役割〉に同一化するとき、そうした〈意味〉や〈役割〉にポジティヴな価値を付与するようなシステムや状況が、前提として選択されている。その選択は、つねに「すでに終わっている」という形式をとる「行為以前の行為」だと言いました。具体的なかたちをもたない、空虚な選択行為です。これを、哲学用語を使って、超越論的（先験的）と表現しました。〈意味〉とか〈役割〉は、それらを内部に位置づけるシステムや状況を定義する超越論的な選択を前提にしているのです。

もう一度、あの例を使えば、夫がある困難をかかえており、妻がその困難の克服に協力するために犠牲になっている。このとき、その犠牲の行為にヒロイックな価値を与えるような状況の全体が、あらかじめ選択されているわけです。ただし、その選択は、すでに終わった選択であって、要するに無意識の選択です。

ところで、選択というものは、その本性上、「何のために」ということがあります。選択は、何らかの目的へと指向していると解釈できなければ、選択とは言えません。このことは、超越論的選択についても、もちろん成り立ちます。つまり、超越論的選択に関しても、それを何かの目的へと指向していると解釈できるのです。そうできなければ、選択とは言えない。結論を言えば、超越論的選択にとっての目的こそが、〈機能的要件〉です。

このように考えれば、〈機能（的要件）〉を用いた社会システムの説明と、〈意味〉を活用した社会秩序の説明とは、まったく矛盾しないし、対立もしていない。それどころか、両者は互いに補い合っているのです。

ちなみに、私たちが使ってきた例、「妻－夫」という二人を構成員とする小さなシステムにとっては、機能的要件――そのシステムが解決をめざしている目的――は何でしょうか。「夫のアルコール依存症の解決」が目的のように見えます。少なくとも、本人たちはそのように思っているでしょう。しかし、このシステムの機能的要件は、ほんとうは違うのです。妻と夫の双方に相補的な存在意義を与え、家族共同体の連帯を維持することが、機能的要件です。そのためには、夫はアルコール依存症でなくてはならない。それが治ってしまえば、彼ら夫婦が一緒にいることの価値がなくなり、システムが崩壊する。

ここでもう一度、ロバート・マートンの理論に言及しながら述べたことを思いおこしてください。真の機能は潜在的だ、ということを、です。この例では、「夫のアルコール依存症の解決」は、顕在的な機能です。この顕在的な機能の追求を通じて目指されていること、副産物の体裁をとって目指されていることこそ、真の機能的要件であり、それは潜在的です。潜在的機能は、夫婦の間の協力関係を形成し、家族の連帯を維持することにあります。社会システムにとっての本来の機能が潜在的なものになるのは、それが「超越論的」選択に相関したものだからです。つまり、具体的な経験に先立つ選択、経験しているときにはすでに終わってしまっている選択に対応して現れる目的だからです。

このようにして、〈機能〉と〈意味〉とを統一的に把握するための道が開かれました。しかし、この説明には、まだ重大な謎が残っています。機能的要件へと指向する超越論的選択とは、どのようにして可能なのでしょうか。つまり、「実際には何もしていないのに、あらかじめやっていることになっている」という選択の仕組みは、いったい何なのか。その選択は、意識的には遂行していないのに、社会的には有効です。それは、いったいどんなメカニズムなのか。どうしてそんなことが可能なのか。

このことを説明するためには、社会学の歴史をもう少し後までたどる必要があります。

3　意味構成的なシステムの理論　ルーマンとフーコー

3―1　構造主義とその批判者たち

構造主義と機能主義

第Ⅲ部第3章に入ります。ここからの主役は二人の学者、ニクラス・ルーマン（Niklas Luhmann, 一九二七―一九九八）とミシェル・フーコー（Michel Foucault, 一九二六―一九八四）です。

その前に、前章の事例を復習しておくと、アルコール依存症の夫をもつ奥さんには、自分が夫の世話をするという嫌な役をやっている自覚と、しかし無意識のうちにその嫌な役自体を少し喜んでやっているという、二つのレベルがある。その意識されていないレベルのことを、「超越論的選択」という言葉で表現しました。その「超越論的選択」のレベルと、機能主義が言うところの「機能的要件」のレベルとを、関係づけてみればよいと示唆しました。そうすることで、〈意味〉と〈機能（的要件）〉とは相補的な関係にあり、決して互いに否定しあったりするような関係にはない、ということがわかる、と述べたのです。

それを受けて、これから構造主義の話をします。

まず、一つ問題があります。ここまで述べてきたように機能（的要件）とは、状況が指向している（かのように見える）一種の目的です。とすると、何者かが——状況を構成する個々人とは別の何者かが——目的を措定し、その目的との相関で状況を定義している、とも考えられる。少なくとも、事態はそのように見えているということです。ということは、機能という概念は、この概念を使う人がはっきりと意識していなかったとしても、実は、神のごとき超越的主体の存在を前提にしているということです。「目的」は、その超越的主体にとっての目的であり、それゆえ、その超越的主体が状況を、目的と関係づけて定義しているのです。

ここにある「目的論的な含意」とか、あるいは「不可視の超越的主体が目的を設定しているという含意」、それを排除したときに得られるのが、構造主義です。

具体的に話します。構造主義にはいろんな学者が属していますが、社会学の文脈の中で最も重視しなければならないのは、クロード・レヴィ＝ストロース（Claude Lévi-Strauss, 一九〇八—二〇〇九）です。彼は、二〇〇九年にちょうど百歳で亡くなりました。だから、タルコット・パーソンズやアルフレッド・シュッツとそれほど年齢が変わらない（ちなみに、構造主義の「構造」と、先に紹介した構造‐機能主義の「構造」は、系譜の違う概念です。まったく違う流れから出てきた言葉ですが、結果的に言えば、機能主義から機能的要件という目的論的な含みを外すと、構造主義の言う「構造」に近いものになります）。

親族の基本構造──第一の問い

レヴィ＝ストロースの最初の本『親族の基本構造』は、戦後間もない一九四九年に出た、非常に独創的な本です。

レヴィ＝ストロースは、文化人類学──フランスではよく社会人類学という言葉を使います──が専門です。『親族の基本構造』は、いわゆる未開社会──いまではよく「無文字社会」という言葉を使います──の親族構造についての研究です。この中でレヴィ＝ストロースは二つのことを問題にしています。

この点を説明する前に、まず、「平行イトコ」と「交叉イトコ」という、文化人類学の用語を説明しておきます。平行イトコは、母の姉妹の子ども、父の兄弟の子どもです。交叉イトコとは、母方だったらオジの子ども、父方だったらオバの子どものことです。単純に生物の論理として見れば、つまり遺伝子の観点からは、どちらのイトコのほうが自分に近いとか遠いということはまったくありません。

さて、『親族の基本構造』で主題になっている一つ目の問題は、多くの社会で、「交叉イトコ婚」は望ましいとされるのに対して、「平行イトコ婚」は近親相姦として禁止されている、ということです。血縁の論理からいけば、両方ともイトコですから、生物としてはまったく同じことなのに、どうしてこのような区別がなされるのか。

二番目の問いは、同じ交叉イトコでも、「母方」交叉イトコと「父方」交叉イトコの二つがありますが、多数の社会が、母方交叉イトコ婚のほうを選好し、父方交叉イトコ婚を望ましくないとしているのです。平行イトコ婚ほど厳しくは禁止されてはいませんが、父方交叉イトコ婚は、母方交叉イトコ婚に比べて避けたほうがよいとされている。これはどうしてなのか？

一番目の問いへの答えは、比較的簡単です。考える上でのアプリオリな前提があって、レヴィ＝ストロースによれば、「近親相姦の禁止」は、人間集団が文化的な次元を獲得するための、根源的な条件なのです。つまり、それは人間が人間であるための条件になっている。レヴィ＝ストロースの表現をそのまま使えば、近親相姦の禁止は自然と文化を媒介する蝶番のようなものになっている。これが、まず前提にあります。今日では動物にも、インセストの回避行動があることが知られていますから、この前提に対してもう少し慎重にならなくてはなりませんが、いまはレヴィ＝ストロースの前提にそのまま従いましょう。

近親相姦の禁止というと、われわれは親子とか兄弟姉妹のことを考えますが、一般的には同じ血統（人類学の専門用語では lineage）に属している者と結婚してはいけないということです。そうすると、父系の親族で考えても、母系の親族で考えても、平行イトコは同じ血統に属してしまうのです。

父系の社会と母系の社会があります。母系・父系というのは、その社会における主な権利が父方の系列を通って継承されているのか、母方の系列を通って継承されているのか、ということです。たとえば自分が将来得ることになる土地とか資格が、父から来れば父系であり、母の兄弟（オジ）から来るのが母系です（ところで、私は動物社会についても興味をもっているのですが、動物の研究者がいう父系・母系の意味は人間社会についての用法と少し違っているので注意してください）。母系をとろうが父系をとろうが、平行イトコ同士は結局、同じ系列（血統）に入ってしまうのです。血統よりも広い意味になる氏族（クラン）で考えても、同じことになります。だから、近親相姦を禁止すると、自動的に交叉イトコ婚にするしかなくなるのです。

親族の基本構造——第二の問い

社会学的により難しいのは、二番目の問いです。同じ交叉イトコでも、母方交叉イトコ婚（母の兄弟の子どもと結婚する）と父方交叉イトコ婚（父の姉妹の子どもと結婚する）がある。しばしば、母方交叉イトコ婚が選好されるのはどうしてか？

先ほど、父系の社会と母系の社会があると言いました。父系と母系を比べると、実は父系の社会のほうがずっと数が多いのです。このことが、まず前提となる事実です。するとどうなるのか。

きちんと血統図を書いて確認してみるとわかることですが、ここでは、結論的なことだけを言います。いま、血統（リネージュ）A、B、C……があるとします。これらは父系だとします。ここで、父方交叉イトコ婚の場合、どうなるか。女が結婚していくわけですから、女が血統の間を交換されると考えてください。ある世代で女がAからBに嫁いで行くとする。そうすると、次の世代は必ず逆方向、つまりBからAに女が移動します。もちろん、同じことは、BとC等の関係でも言えますから、ある世代において、女がA→B→C→……と移動するとしたら、次の世代の女の移動はこれを反転させた、……→C→B→A→……となるのです。父系で、父方交叉イトコ婚の場合、必ずそうなります。

ところが、父系で、母方交叉イトコ婚の場合、この世代でAからBに移動すると、次の世代も同じ方向に女が移動することになる。つまり、AとBとの関係では、Aは常に女を出す側になり、Bは常に女を受け取る側になります。同様に、BはCに対して常に女を出し、CはBから女を迎え入れる。いくら世代を繰り返しても、A→B→C→……という流れは変わりません。

a. 母方交叉イトコ婚

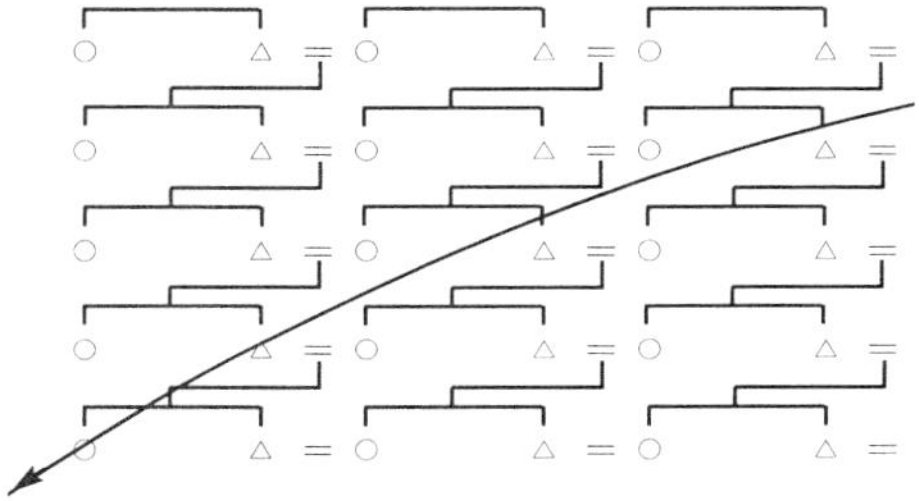

b. 父方交叉イトコ婚

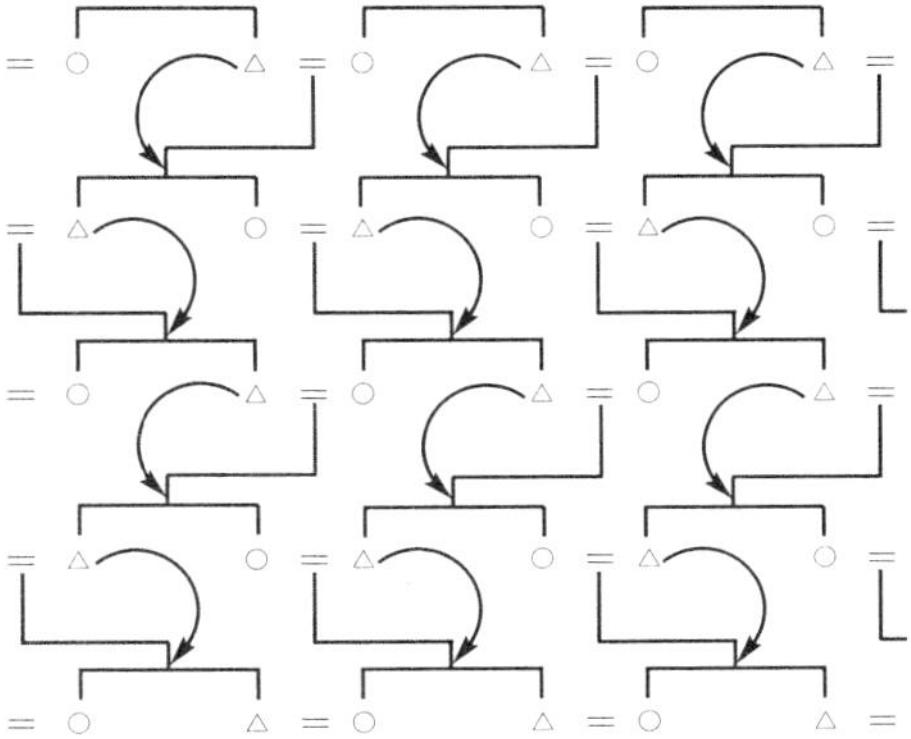

母方婚（a）の場合には、全世代を通じて、女性は右から左へと移動している。
父方婚（b）の図において、反時計回りの矢印は、父親（が属するリネージュ）から見て、女性（娘）が左から右へと移動していることを、時計回りの矢印は、逆に女性が右から左へと移動していることを表している。世代ごとに女性の移動方向が反転していることがわかる。（図はクロード・レヴィ＝ストロース『親族の基本構造』より）

もちろん、A自身もどこかから女をもらわないといけません。簡単なケースとして、AはCから女を受け取るとします。するとA→B→C→A→…とグルッと循環します。このように三つ以上の主体の間を循環する交換の形態を、一般交換（仏 échange généralisé, 英 generalized exchange）といいます。それに対して、二つだけの主体、AとBの間でやりとりする交換A⇄Bは、限定交換（仏 échange restreint, 英 restricted exchange）と呼びます。

まとめますと、父系で母方交叉イトコ婚の場合には、一般交換における女の移動が常に一定方向です。それに対して、父系で父方交叉イトコ婚ですと、世代ごとに一般交換の女の移動方向が逆になります。この女の循環が世代ごとに反転することに問題があるわけです。何が問題なのか。特に無文字社会の場合は、結婚は社会にとって最大のイベントです。女を与える側になるか受ける側になるかで、社会における立場が大きく違ってくるのです。社会によってさまざまな習慣や規範はありますが、よくあるケースでは、女の与え手の側に優位なポジションが割り振られ、受け手の側は、与え手に対して、消えない負債を負っているかのようにふるまうことが求められます。

この関係が、儀礼等での役割を強く規定します。ある血統Aから B に女が移動したら、Aが優位に立つ。しかし、次の世代では、BからAに女が移動したとする。そうすると、AとBの関係が不安定になってしまうのです。常に同じように女が移動していれば、AにとってのB、BにとってのAという関係は安定する。しかし、同一の集団があるときは与え手で、あるときは受け手となると、非常に不安定な関係になってしまいます。常に同じ方向に女が循環するためには、父系の場合は母方交叉イトコのほうがよい。もちろん母系の場合は、逆に父方交叉イトコのほうがよいわけですが、父系のほうが多いことを考えると、母方交叉イトコが選好されることになる。

この一般交換は、ジャンケンの関係に喩えられます。AとBの関係ではAが威張っているけれど、AとCの関係ではCが威張っていて、CとBの関係ではBが威張っている。どこかが特別に偉いということはないのですが、しかし、AとBの関係をとればAが強いということは確定していないと、AとBとの関係が不安定化します。グーとパーなら必ずパーが勝つということにしておかないと、ジャンケンが成り立たないのと同様です。こうして、父系の場合、母方交叉イトコ婚が選ばれる傾向が強い。

『親族の基本構造』に説明されていることを大まかに言えば、以上のような論理です。ここで注意してもらいたいことは、他の社会理論、とりわけ構造‐機能主義との関係です。もし、いま述べてきた論理を、さらに、社会システムのソリダリティ（連帯）を維持したり、高めたりするために、母方交叉イトコ婚が採用されている、と説明すると構造‐機能主義になるわけです。ソリダリティという機能的要件——つまりシステムの「目的」——

に資するような構造が選ばれた、という論法です。

それに対して、構造主義は、機能的要件のようなものをもち込まない。構造主義においては、ただ、結果的に社会構造を安定化させることになる、このような構造が存在する、という記述がなされるのです。「連帯」は、構造主義にとっては、構造の結果であって、原因ではない。構造主義は、構造－機能主義の論理がもっている目的論的な説明の含みをカットして、構造の部分を記述するのに徹していることになります。

三色スミレとともにやってきた

レヴィ＝ストロースの本で最も広く知られているのは、いま紹介した『親族の基本構造』ではありません。これよりずっと後に書かれた『野生の思考（パンセ・ソバージュ）』こそ、レヴィ＝ストロースを、狭い学問領域を超えて、一般に知らしめた著作です。つまり、この本を書いたために、レヴィ＝ストロースは、文化人類学の分野だけでなく、広く哲学者や一般の知識人に常にその動向が注目される超大物学者になったのです。

レヴィ＝ストロースの本の翻訳はなかなか難しいのですが、『野生の思考』に関して言えば、日本語訳は優れています。書かれたのは一九六二年ですが、日本で紹介されるようになったのは六〇年代の末期から七〇年代の初頭です。世界的にも広く読まれるようになったのは、六〇年代の後半だと思います。
内田隆三さんの書いた『社会学を学ぶ』（ちくま新書）に、『野生の思考』のことが出てきます。内田さんはいつも、たいへん文学的に書かれるのですが、このくだりは、あまりにも美しいので引用したくなります。

構造主義は柔らかな装いのもとに入り込んできた。『野生の思考』（La Pensée Sauvage）の表紙に描かれた「三色すみれ」の花の鮮やかさが印象的であった。

三色スミレ（パンジー）は、フランス語では「パンセ」。「思考」を意味する「パンセ」と発音も綴りも同じです。野生の三色スミレを、「野生の思考」に掛けていて、原著の表紙には三色スミレが描かれており、邦訳もこの図をそのまま採用しました。内田さんの文章はこう続きます。

キャンパスでは大衆闘争や革命が声高に叫ばれる時代に、三色すみれの花は何か優雅なものを表象しながら、時代を相対化する知を運んできたのである。

レヴィ＝ストロースと『野生の思考』

学生運動が盛んだった時代に、三色スミレのやわらかい装いのもとに、新しいものを運んできたというわけです。内田さんはこの時代、つまり六〇年代末期に大学に入学したはずですが、この短い文章は、『野生の思考』が、当時の若い学生に、どのような知的意味をもったかをよく表現している。マルクスを中核においた革命思想から、人を解放するような効果をもったのです。

ですから『野生の思考』は非常に重要です。内容的にはけっこう難しい。どういうことが書いてあるかというと、要するに人間の「無意識の思考」です。われわれは無意識のうちに実は高度な知的ゲームをしている、というわけです。もちろん、そのゲームは、われわれが生きるということと一体化している。レヴィ＝ストロース自身の表現ではありませんが、先ほどの言葉を使うと、無意識の思考とは、いわば「超越論的」な思考――「先験的」と「超越論的」は日本語として聞くとだいぶ語感が異なりますが、同じドイツ語「トランスツェンデンタール（transzendental）」の訳語――です。経験的な意識以前の段階で人間がやっている無意識の思考が、神話とか、トーテミズムとか、親族の構造とか、そうしたものの中に刻まれている、というのです。たとえば先ほどの交叉イトコ婚のシステムにしても、非常にきれいな数学的な構造になっているのです。これは意識的に計算して設計されたものではない。それなのに、すごくきれいな構造をもつ。それが無意識の思考の産物です。同じように、神話やトーテミズムに、まるで計算したかのような美しい構造がたくさん隠れている。そういう無意識のレベルにある思考のパターンを取り出したのが『野生の思考』です。

この本はただの学問的研究ということを超えた、非常に強い狙いをもっています。狙いとは、人間の精神や思考力は時代とともに進歩してきたという考え方への批判です。批判の対象として特に念頭におかれていたのは、マルクス主義です。マルクス主義には歴史の理論というものがあります。たとえば、マルクスの草稿『経済学批判要綱』によると、社会構成体（社会システム）は、原始的氏族的生産様式の段階から、アジア的生産様式、古典古代的奴隷制、ゲルマン的封建制、資本制生産様式と発展してきた。この後に、社会主義、共産主義が続くわけです。この生産様式の段階にそって、普通は、人間の精神そのものも進歩するかのように想定されています。しかし、『野生の思考』によれば、無意識のレベルの思考の構造（パターン）には普遍性があり、そこには進歩などないのです。近代人は、古代人よりも深く多くを考えている、という思い込みは完全に否定されます。

この本は、基本的には文化人類学の学術書ですが、最終章で、ジャン＝ポール・サルトルの『弁証法的理性批判』という本を——暗に——批判しています。この批判にこそ、この本をとりわけ有名にした理由があります。後でルーマンとハーバーマスの論争についても触れますが、大物で、もともと有名だった論争相手と互角に渡り合ったり、勝ったりすると、すごく衝撃があるのです。

当時サルトルは神のように偉かった。そのサルトルに対して、レヴィ＝ストロースははっきりとした反論を試みたわけです。『存在と無』と並ぶサルトルの主著『弁証法的理性批判』は、精読すると得るものがたくさんあるたいへんよい本だと私は思っています。この本で、サルトルは、自身の実存主義をマルクス主義と合わせ、総合しようとした。このマルクス主義を前提とした書物を、レヴィ＝ストロースはいま述べたように進歩の観念を退けることで、大胆に批判したわけです。

冷たい社会と熱い社会

『野生の思考』によれば、人間の思考の基本的な部分には普遍性があって、未開だからとか近代だからといって変わるわけではない。未開社会には未開社会なりに、彼らが使える道具の範囲内で——たとえば神話を使ったり、野生の動物を分類基準に使ったりしながら

――複雑な思考を展開しているわけです。この未開社会のやり方を、レヴィ＝ストロースは、「ブリコラージュ」に喩えています。「ブリコラージュ」は「器用仕事」などと訳されています。専門家ではない素人が大工仕事をするとき、手近なものを使ってそれなりに役に立つものを作りますが、「野生の思考」は、これに似ている、というわけです。

したがって、『野生の思考』によれば、人間の精神は、「進歩」とは無縁です。しかし、「歴史的生成」に対して二つの異なる態度がある、とレヴィ＝ストロースは論じています。それが「冷たい社会」と「熱い社会」という名高い対比です。冷たい社会というのは、歴史的要因が社会の安定性とか連続性にもたらす影響を可能な限り消去しようとする社会です。熱い社会は逆に、歴史的生成を積極的に取り込み、社会の発展の原動力にしようとする社会を指します。

これだけでは抽象的過ぎてわかりにくいでしょうから、誤解を恐れず、思い切って単純化しながらイメージを提供しておきます。たとえば、私はこうやって講義をしたり、執筆したりしながら毎日を過ごしているわけです。これを、同じことの反復、モデルとなる基本的な生活のパターンの繰り返しや継続として見なし、そうした継続性・反復性をよきことだと見なすこともできます。しかし、逆に、日々、あらたなアイデアを発見したり、異なる論点を加えたりしていて、どんどん変化していると見なし、またそのような変化を求めることもあるでしょう。前者の態度は、「冷たい社会」的なものであり、後者の態度は、「熱い社会」のようです。

近代社会は熱い社会の典型です。逆に、無文字社会は冷たい社会の極点にあります。出来事が生起したとき、その反復性の側面を強調し、社会を継続させる冷たい社会と、出来事をダイナミックな変化のために活用し、歴史的生成を極大化しようとする熱い社会がある。人間の精神自体は進歩したりはしないけれど、歴史的出来事に対する異なる態度がある、というのが、レヴィ＝ストロースの有名な主張です。

さらに付け加えておきましょう。私の社会学の師でもある見田宗介先生——というか真木悠介は、一九八一年に『時間の比較社会学』という本を出します。これは真木悠介の主著のひとつですが、この中で、「冷たい社会／熱い社会」の二分法が取り上げられ、レヴィ＝ストロースよりもさらに繊細にその特徴が記述されています。

レヴィ＝ストロースが「冷たい社会」の典型と見なした無文字社会は、真木悠介の本では「原始共同体」と呼ばれる。真木によると、原始共同体は、振動する時間によって特徴づけられる。日常の時間（俗なる時間）と聖なる過去との間の振動によって、です。聖なる過去とは、無時間的な過去です。つまり、「何年前」とかという日付をもたない過去であり、時間を通じてずっとほんとうは潜在していて、すべての「今」につきまとっている。

聖なる過去はまさに現在していて、そのために、生きる日常の時間との間で振動を引き起こすわけです。すべての現在に随伴している聖なる過去が規範的なモデルのようになっているので、未来への進歩のようなものは生じないし、求められてもいない。

それに対して、「熱い社会」であるところの近代社会の時間は、出来事が次々と過去になるや、とりかえしようもなく無へと帰していく「不可逆性」と、数に比せられる抽象的な「無限性」の二つの条件によって特徴づけられます。『時間の比較社会学』は、この二つの条件のそれぞれが、どのような社会構造をベースにして生まれてきたのか、ということを比較社会学的に説明しているのですが、レヴィ＝ストロースの『野生の思考』との対比という範囲を超えてしまいますので、ここまでとしましょう。

構造には中心がある

以上が、レヴィ＝ストロースの理論の紹介です。このあと、彼の構造主義がその後どういうふうに批判されていったかについて解説しておきます。というのも、構造主義を基準にして、それがその後どのように批判を通じて展開していったのかと考えると、二十世紀の特に後半以降、というか一九七〇年代以降の思想――社会学だけではなくすべての思想――の図式を理解するには、非常に都合がよいからです。

これから二つの（レヴィ＝ストロース）構造主義への批判をとりあげます。ひとつは、社会学という文脈を超えた一般的な哲学のレベルでなされた批判。もうひとつは、特に社会学という文脈に内在した批判です。

まずは、前者の批判。具体的には、フランスの哲学者ジャック・デリダ（Jacques Derrida, 一九三〇—二〇〇四）によるレヴィ＝ストロース批判をとりあげます。デリダはレヴィ＝ストロースよりもだいぶ若くて、一九三〇年の生まれで、二〇〇四年に亡くなりました。二十世紀末期には、世界中で読まれ、圧倒的な影響力があった哲学者ですが、社会学者としてカウントされることは少ないので、この講義では、ここで登場するだけです。

デリダはまずこう指摘しました。「構造」には必ず「中心」がある、と。構造主義はさまざまな構造を扱ってきました。親族システムの構造であるとか、神話に隠れている無意識の思考のパターンとか、です。そのどの構造にも、中心がある。構造の中の諸要素の配列を規定し、構造を統合させるような中心が、です。

具体的にはその「中心」とは何か。親族構造については、すでに言及しました。近親相姦の禁止が中心です。この禁止をめぐって、親族システムの複雑な構造が組織されていた。

より重要なのは、思考の構造、つまり意味を担った記号の集合からなる構造です。その場合は、中心とは何か。ここで、重要な注釈をつけておかなくてはなりません。いま、思考の構造と言いましたが、それは、要するに象徴（記号）のシステムとしての言語のことです。言語こそが構造の中の構造、構造の原点です。というのも、それは当然のことで、構造主義というのは言語学の応用、言語学の拡張として始まったからです。

言語のシステムの要素は一つずつの言語記号です。言語記号は、「意味するもの（音声）」と「意味されるもの（意味）」の二面で成り立っている。この二面については、構造主義の源泉であり、この二面性を指摘した言語学者フェルディナン・ド・ソシュール（Ferdinand de Saussure, 一八五七―一九一三）に敬意を払ってなのか、それぞれフランス語で「シニフィアン（意味するもの）」と「シニフィエ（意味されるもの）」と呼ばれることが多い。「シニフィアン／シニフィエ」という概念は、フロイトについて論じたときに一度説明していますから、思い出してください。実は、これから話すこともそのときに論じたことの一般化なのです。

ともあれ、言語を構成する言語記号は、すべてが対等なわけではない。そのなかに、特権的な記号、他の言語記号がまさにそれとの関係で意味をもちうるような「中心」として機能する記号がある。デリダはそのように主張するわけです。その「中心」となる記号のことを、「ゼロ記号」などと呼ぶわけですが、それは何なのか。

「共産主義の地平では」

どのようにイメージすればよいのか。ひとつの例を出してみます。ある時代や、ある状況の中にある人々を強烈に惹きつけてしまうスローガンとして働く記号がありますね。そういう記号に関する例です。若松孝二監督が撮った『実録・連合赤軍　あさま山荘への道程』という映画がありました。一九七二年のあさま山荘事件へと向かっていく連合赤軍のことをドキュメンタリータッチでまことに迫真的に描いた、三時間以上の長い映画です。

この映画を見ていると、連合赤軍に参加するような、当時の左翼の若者たちにとって、「共産主義」がいかに重要な言葉であったのか、がわかってきます。彼らは何をするにも、何を言うにも、共産主義との関係を問題にする。「共産主義の地平では……」が彼らの口癖です。「地平」という表現も実に当時の雰囲気をよく表しているわけですが、「共産主義の地平では」というのは、共産主義という大義を前提にして考えたときにはどういう意味をもつのか、という趣旨です。

たとえばこんな場面があります。彼らは、山岳ベースで革命のための訓練をしています。外から見ていると戦争ごっこのようですが、彼らはそれなりに本気だし、冬であったことを思えばたいへんながまん強さでもあります。そんな山岳ベースには、お風呂がない。ドラム缶を風呂代わりに使っているわけですが、そんなものでは満足できないので、あるとき数名が抜け駆けして、街に出て、銭湯に行った。小ざっぱりして帰ってくると、小屋で待っていた他の者たちが彼らを激しく批判した。本当は羨ましかっただけだと思うのですが、こんなとき、「共産主義の地平では」がもち出される。共産主義という観点から、銭湯行きが是か非か、問われるわけです。あるいは警察と対峙し、銃撃戦をしながらあさま山荘に閉じ籠っているときに、一人がビスケットをつまみ食いした。すると、残り少ない食料を勝手に食べるとはけしからん、ということが、またしても「共産主義の地平」で問われる。

このケースでは、「共産主義」こそが、構造の中心に置かれた特権的な記号です。ここで重要なことは、よく目を凝らして状況を見ると、「共産主義」とは何か、はっきりと定義できる人はひとりもいなかった、ということです。誰ひとりとして、「共産主義」が何を意味しているのか、明晰には言えなかったのです。つまり「共産主義」は、「シニフィエなきシニフィアン」であり、「ゼロ記号」です。

ここで、思い起こすでしょう。この講義の中で、「シニフィエなきシニフィアン」という概念には一度出会っています。ラカンを経由してフロイトの去勢コンプレックスについて論じたとき、「男根」が「シニフィエなきシニフィアン」であると述べました。デリダの観点からは、男根はゼロ記号のひとつです。別の言い方からすれば、構造の中心として働くゼロ記号的な要素の中で、ラカンは「男根」に特権的な意義を認めたのに対して、デリダは、何がゼロ記号になるかは究極的には偶然であって、状況次第でどの記号もゼロ記号としての位置を占めうると考えた。つまり、ラカンの観点からすると、すべてのゼロ記号は「男根」の代理物ですが、デリダは、そのような特権をどの要素にも認めなかったわけです。

いずれにせよ、いまは、デリダにそって、構造主義批判を見る文脈です。このケースで「共産主義」が意味をもたない空虚なシニフィアンだからといって、嘲笑してはいけない。なぜなら、まさにこのゼロ記号があるおかげで、連合赤軍の人々の言語に意味が宿り、その言語が彼らの行動を強く規定したからです。たとえば、女性メンバーの一人が軽く化粧していたり、指輪をしていたりした。このことは、あの銭湯のときと同じように、他のメンバーに軽い嫉妬や羨望の気持ちを起こさせるでしょう。それ自体は、どこにでもある平凡な出来事です。が、この種のことが、やがて仲間を何人も粛清するような過激なリンチへと至ってしまう。どうしてかくも過激化するのか、といえば、「共産主義の地平」でそれが問題にされているからです。

この種の記号を、デリダを含む何人かの論者は「ゼロ記号」と呼ぶ。さらに厳密なことを述べておけば、実は、レヴィ＝ストロース自身にも、「シニフィエなきシニフィアン」に対応する概念がなかったわけではありません。レヴィ＝ストロースはそれを「浮遊するシニフィアン」と呼びました。一義的な意味に結びつかずに、浮動していくシニフィアンがある、と。ただ、レヴィ＝ストロースは、デリダのように、それに構造形成にかかわる重要な意義を認めるまでには至りませんでした。

デリダによれば、ゼロ記号が付加されることで、構造がまさに構造として成立する。連合赤軍の例では、「共産主義」というシニフィアンが加わらなければ、彼らの過酷な戦争ごっこは何のためのものか、まったく定まらない。ゼロ記号とは、いわば「画竜点睛」です。これが加わったことによって、構造の中の要素のすべての意味が決定される。この付加のことを、デリダの用語で「シュプレマン（supplément）」（英語だと「サプリメント」）と呼びます。日本語では、なぜか知りませんが「代補」と訳されることが多い。

音声の中心性

デリダが、レヴィ＝ストロースの構造主義をどのように批判したかを理解するには、もう少しデリダの議論を追いかけなくてはなりません。デリダは、いま述べたように、構造形成のメカニズムを考えてきたわけです。ゼロ記号の代補によってそれが可能になっていた、と。このことを、彼は、今度は、西洋の形而上学の理解に応用した。「西洋の形而上学」というのは、ソクラテス－プラトン以来の西洋哲学のすべてのことだと考えてかまいません。西洋形而上学もまた、ひとつの構造としての閉鎖性や統一性をもっているのだとすれば、それは、何かの代補によって成り立っているはずです。代補しているものは何か。「ロゴス（理性）」です。デリダは、西洋形而上学に、ロゴス中心主義を見たわけです。

が、ここまでであれば、たいしたことはありません。デリダでなくても言いそうなことだし、言ってきたことです。デリダの独創は、さらにこれを「声」と関係づけたことです。ロゴスの真理を担保しているのは「声」である、と。したがって、西洋形而上学のロゴス中心主義は音声中心主義でもある。

デリダという哲学者は、ある時期からとても破天荒で詩的な書き方をするわけですが、実は初期には、わりと手堅い哲学論文を書いています。そのひとつで、かなりわかりやすい本に『声と現象』というフッサール批判がある。この中で、デリダは、フッサールの現象学の中で、声という比喩がいかに特別で中心的な意味を担って使われているかを明らかにしています。この声の中心性は、ただ現象学だけの特徴ではなく、西洋形而上学の全体の特徴であるとデリダは見たわけです。

声の中心性というのは、こういうことです。理性は、しばしば、声、内面の声のようなものによって表象される。その場合、「声」というのは、たまたま選ばれた比喩ではなく、ロゴス（理性）にとって、本質的な隠喩、他のものには代えられない必然的な隠喩になっているというわけです。

どうして、声でなくてはならないのか。なぜ声が特別なのか。声においては、話すことと聞くこととが一致しているからです。いま、私は話していますが、それがそのまま聞こえています。声においては、話すことと聞くこととの間に隙間がありません。どうして、このことがそれほど重要なのか。噛み砕いて説明します。

ジャック・デリダ

普通、私は、私の内面の真実、つまり私の意図や欲望を表現するために話します。つまり、私は、私についての真実を言語のような記号に置き換える。この内面の真実が、その記号の「シニフィエ」です。しかし、記号が私の外に出て、私にとって疎遠なところに置かれたとたんに、それは他者のさまざまな解釈にさらされ、誤解されたり、曲解されたりする。もはや、その記号から、本来のシニフィエが再現されなくなります。

しかし、私が自ら話しているのを聞いているときには、そのようなズレが生じようがない。私が聞いているそのシニフィアンとしての声は、私の内面にあるシニフィエ――私のまさに言わんとしていること――そのものだからです。少し難しい言い方を使えば、声は、自己の自己に対する現前を保証しているのです。これを「現前の形而上学」などと呼びます。

ここからデリダは翻って、レヴィ＝ストロースの構造分析にも、音声中心主義があると看破する。構造主義に音声中心主義が入るのは、仕方がないところがあります。なぜなら、「構造」は、もともと、言語学のとりわけ音韻論から来ているからです。先ほど述べましたが、構造主義は、構造言語学という流派から来ています。その原点にはソシュールがいるわけですが、レヴィ＝ストロースに直接に影響を与えたのは、ローマン・ヤコブソン（Roman O. Jakobson, 一八九六―一九八二）の構造言語学、とりわけその音韻論です。音韻というのは、フロイトについて論じたときに少し説明しましたが、意味の弁別に利いている最小の言語単位です。意味の弁別に役立たなければ、物理的な音声としては違いがあっても、音韻としては同じものと見なされます。音韻の分布は、独特の構造をもつ。それが、しばしばレヴィ＝ストロースの構造主義に応用されました。だから「構造」が音声中心主義的になることは不可避です。

それだけではありません。レヴィ＝ストロースの研究対象は、もともと無文字社会です。彼は、その音声だけのコミュニケーションによって成り立つ世界を、しばしば、疎外や権力のないユートピアのように描くのです。ここにも、レヴィ＝ストロースの音声中心主義が隠れている。

音声ではなく「文字」

デリダは、音声中心主義を批判する。どうして「批判」になるのかというと、もちろん、デリダが、構造の中心には「声」がある、というのは誤りであり、一種の幻想だと考えているからです。自己の自己への現前を保証する声、つまりシニフィアンにぴったりと本来のシニフィエ（私が言わんとしていること）が結びついている状態、これが構造の中心にある。これは、形而上学であり、かんたんに言えば思い込みである、というわけです。

このことは、もう一度、ゼロ記号について論じたことを思い起こすとすぐにわかります。ゼロ記号は（ここに述べてきたような意味での）「声」なのか。全然違います。たとえば、「共産主義」は、連合赤軍にとってゼロ記号になっていた、と解説しました。「共産主義」というシニフィアンは、充実した、真正のシニフィエと結びついているのか。そうではなかった。「共産主義の地平では」と叫んでいるとき、語っている主体は、自分でも何を語っているのかわかっていないのですから。しかし、このシニフィエの不確定、あるいはシニフィエの不在こそが、「共産主義」がゼロ記号として機能するための条件でした。

ゼロ記号は、主体の内面を正確に表現し、現前させている……どころではありません。どの主体も、ゼロ記号からは疎外されていて、自分の「内面」の状態とは対応しない。だからこそ、ゼロ記号はゼロ記号として働き、主体たちの言動を規定していた、と考えなくてはならない。

「音声」に対して、デリダが対置するのは、「エクリチュール（écriture, 文字）」です。エクリチュールのほうが、音声よりも本源的である、と。これは、それこそ文字通りとれば、明らかに暴論です。歴史的には、音声言語が文字に先立つことは明らかですし、文字などもたない社会はいくらでもあるし、あったのですから。だから、「エクリチュール」というのは、一種の寓意として理解しなくてはなりません。どういうことか。

音声の場合、聞かれることと話すことの間の距離が近い――ついには無になろうとしている――ということを特徴としている、と話しました。文字は逆です。文字は、書いた主体から離れ、独立しようとする。主体不在であっても、それは残ります。「文字」という概念は、主体というものがもつ、本来的な疎外のようなものを指し示すために、用いられているのです。つまり、主体は、「自分が言いたいこと」にぴったりと一致した記号を操るのではなく、逆に、「自分の言いたいこと」とか「内面」とかとは無関係なもの、何やら他者的なもの（一人歩きして連合赤軍のメンバーを呪縛したゼロ記号のことを思い起こしてください）にこそ支配されてしまう。これが、主体の本来的な疎外ということです。構造主義は、実のところ、実存主義的な主体を相対化し、主体が無意識の構造に規定されている、ということを証明しようとしました。しかし、デリダの厳しい目から見ると、それはなお、音声中心主義の圏内にある。つまり、それはなお、「主体から疎外されていない記号」という夢のようなものの中にある、というわけです。

ブルデューの「ハビトゥス」論

以上が、レヴィ＝ストロースの構造主義への哲学的な批判です。次に、社会学の内部からの批判をとりあげます。ピエール・ブルデュー（Pierre Bourdieu, 一九三〇―二〇〇二）による批判です。ブルデューは、デリダと同じ一九三〇年に生まれました。亡くなったのは二〇〇二年。ブルデューは二十世紀末期のフランスの社会学者の中では最も著名でしょう。レヴィ＝ストロースからも薫陶を受けています。ブルデューは、それゆえ、自分の師でもあったレヴィ＝ストロースを批判したことになります。

構造主義にとっては、「構造」は与えられた前提です。つまり、親族の基本構造であろうが、神話の中に現れる無意識の構造であろうが、構造はあらかじめ与えられていると見

ピエール・ブルデュー

なした上で、それを分析し、記述するのが構造主義です。ということは、構造がどうやって成立するかということは、構造主義の中にある限り、論理としても、歴史的な事実としても説明できない、ということになります。

構造がいかにして成立するのか、そのメカニズムを問わなくてはならない。これがブルデューの構造主義への批判であり、また彼の主題でもあった。この問題に応えるのが、「ハビトゥス（habitus）」という概念です。

ハビトゥスとは、行為者の現在の行為や経験の中で働いている、その行為者の過去の経験の沈殿物のことです。われわれはルールや規範に従って行動します。こうした行動の繰り返しや蓄積を通じて、そのやり方は完全に身につき、意識することもなくできるようになります。そうして沈殿し、身についた経験を前提にして、その都度また新しい行為がなされてもいく。

簡単に言えば、ハビトゥスこそが、ブルデューの観点から捉えた「構造」です。もう少し慎重に言い換えれば、次のようになります。行為の反復と蓄積によって、やがてそれが無意識の構造となる。その構造がいったん確立されれば、それは、行為を束縛します。しかし、構造によってトータルに行為が規定されるわけではなく、新たな行為は、既存の構造を変え、やがてまた新たな構造として凝固します。このように、構造と行為は相互に相手を規定しあうような持続的な循環関係があります。この循環関係を捉えようとしたのがハビトゥスです。この概念には、構造主義を超えていこうという、ブルデューの意欲が込められているのです。

ディスタンクシオンを説明する

この文脈で、構造主義批判ということから離れて、ブルデュー自身の社会学をも簡単に紹介しておきましょう。ハビトゥスという概念は、レヴィ＝ストロースの批判のためにあるわけではありません。ブルデューは、この概念を使って、むしろ現代社会を分析しています。その最大の成果は、一九七九年に出された『ディスタンクシオン』（英語で言えばdistinction、日本語に訳せば「区別」）という本です。ディスタンクシオンとは、階級の区別のことです。ただし、通常の階級とは違い、経済的なポジションを主として指しているわけではありません。むしろ、文化的な差異がここでは問題になっています。

この本の中で、ブルデューは、自分の分析の指針として、次のような方程式を出しています。

〔(ハビトゥス)(資本)〕+界=プラクシス

この方程式は、「プラクシス(praxis, 実践)」がどのような要因で規定されているかについての、ブルデューの考えを要約しています。「ハビトゥス」は、行為を規制する、無意識のうちに蓄積された習慣の束でした。「資本」という言葉は、ブルデューの場合、非常に広い意味で使われます。もちろん、経済的な意味での資本も含まれますが、それに限りません。資本は、まず抽象的・一般的な定義を述べておけば、社会の何らかの領域において交換価値をもち、社会的身体に配分された諸資源です。何らかの生産手段を所有していれば、もちろん、それはここで定義したような資本ですが、これだけではない。

ブルデューが提起したさまざまな資本の中でも、特に重要なのは「文化資本」です。文化資本というのは、その人が生育した知的・教育的環境の中で身につける教養や趣味のことです。たとえば、ある人が、よい学校に入れてもらっただけではなく、家にたくさん本があったり、優れた音楽や美術に接する機会に恵まれていたりして、高い教養や高雅な趣味を身につけていれば、その人は大きな文化資本をもつ、ということになります。その人の「交換価値」は狭義の市場でも高いでしょうが、さまざまな社交の場でも一般的に高くなる。

その他、たとえば「象徴資本」。これは、簡単に言えば地位のことです。地位が、その人の交換価値を高めることは見やすいところでしょう。あるいは「社会資本」。これは、要するに、コネのこと。つまりその人が利用できる関係のネットワークです。たとえば名門の学校を卒業して、同級生の多くに大企業の幹部や有力な政治家がいたりすると、その人の社会資本は大きい。

こうした多様な資本の分布によってこそ、社会階級が形成されます。そして、階級とハビトゥスの間には相関関係があり、階級ごとにハビトゥスが異なっている。だから、「ディスタンクシオン」なのです。

次に、「界（仏 champ, 英 field）」はかなり曖昧ですが、ブルデューが提起した固有の概念です。社会学で使われている他の概念と比べると、機能主義者が言うところの、機能的に分化した諸領域に近い。もっとイメージしやすいもので言えば、日本で言えば、政界とか経済界というときの「界」に近い感覚です。階級が社会の垂直的な区別であるのに対して、界によって、水平的な分化を指し示そうとしているわけです。それがひとつの界をなしているかどうかの基準は、「それ」をめぐって人々が競争するような固有のステーク（賭金）

があるかどうかです。たとえば、「出版界」では、ベストセラーを出すとか、広く社会的な話題になるような本を出すとか、あるいは後々まで名著として残るような価値のある本を出すとか、ということが、そのステークにあたる。

こうして、社会の垂直的な分化に関係している〔(ハビトゥス)(資本)〕のセットと界とを総合すると、その社会の中の人々の実践を説明することができる、というわけです。こうした方程式に示された概念の間の関係が、社会の階級的な区別を説明するための理論にとても有効な方針を与えてくれる。このことは確かであると思います。

構造は「行為の惰性化」か？

しかし、構造主義が見出した「構造」という概念への批判としてはどうでしょうか。私は、批判として十分に有効ではなかった、と思います。理由は二つあります。

第一に、構造の生成を説明する論理という観点で見たとき、ハビトゥスという概念が提示しているのは、循環論法になってしまっている、ということです。構造が行為に規定されている。その行為は構造に規定されている。その循環を指しているのが、ハビトゥスですが、これでは、構造の成立を説明したことにはなりません。

第二の理由は、もっと本質的なことです。ブルデューの想定では、構造というのは、行為が惰性化され、沈殿したものです。構造は、ほんとうにそういうものなのか。最終的に行為に還元されると想定しているということは、結局、構造の原点には、誰かの主観的な意図や意志があると見なしている、ということです。ヴェーバーに関連して述べたように、行為を行為たらしめているのは、主観的な意味だからです。誰かの意識的な目的とか意図によって、行為が始まる。もちろん、意図通りにはいかないのであって、意図が挫《くじ》かれたりしますし、他の人も意図をもっているわけですから、誰か特定の人の意図がそのまま実現するわけでもない。そういう挫折や集計による変化も含めて考えたとして、構造は行為の蓄積や沈殿によって説明できるでしょうか。

できないはずです。というのも、構造主義のいう「構造」とは、行為者の主観的な意識には還元できない、というところにこそポイントがあるからです。交叉イトコ婚の独特のルールとか、神話の中に埋め込まれている精妙な論理とかは、誰かの意識的な設計とか、意識的な計算とかには回収できない。そこにこそ、構造というもののふしぎがあるわけです。誰も「それ」を意識したことはないのに、人々の集合的な行動は、誰かが思考しているかのような構造をもつ。そのふしぎさは、行為の沈殿や惰性化ということで説明しようとしたときには見失われてしまいます。構造の本性は、行為が行為である所以の条件（主観的意識）に解消できないプラスアルファにこそあるからです。

「構造」という概念の真の乗り越え、つまりブルデューがねらっていた「構造を生成の相において捉える」という意味での乗り越えは、ニクラス・ルーマンの社会システム論によって成し遂げられます。いや、そう言い切ることができるかは疑問ですが、少なくとも、そういう方向への探究は、ルーマンにおいて始まっています。

3－2　意味構成システムとしての社会

官僚から転身したルーマン

これから、ニクラス・ルーマンとミシェル・フーコーについて論じます。両者は、現代の社会学にとって同じくらい重要です。しかし、フーコーに比べると、ルーマンは十分に紹介されてこなかった。ルーマンの業績は、社会学という業界の外では十分に知られていない。それどころか、社会学の世界の内部でさえも、十分に咀嚼されないままに、忘れられつつあるように見えます。専門の社会学者による、ルーマンについての研究書や論文は、私が若かった頃に比べて非常に少なくなっています。ですので、ルーマンについては、しっかり紹介しておきたいと思います。

ルーマンは一九二七年、ハンブルクの近くの小さな町リューネブルクで生まれました。

お父さんは実業家でビール工場を経営していて、かなり裕福な家庭だったようです。死の前年になされたインタヴューに応じて本人が言うには「幼少期はナチに囲まれて過ごした」。簡単に言えば、ヒトラー・ユーゲントの一員だったのです。しかし、まだ十代の少年だったのですから、彼はナチだったと言わなくていいでしょう。第二次世界大戦の末期には、まだ十代なのに最前線に送られて、あっという間にアメリカ軍の捕虜になりました。そのとき十七歳であったために、すぐに解放されたらしい。

戦争が終わってからは、最初は法律を勉強しました。学位を取って、裁判所につとめたり、政府機関につとめたりしています。しかし、どうも出世の見込みがないと判断したらしい。本人の言によると、政党に属さなかったこと、学問的な関心がありすぎたこと、などが出世に無縁であると判断した根拠です。

たまたま見つけた奨学金に応募したら、合格し、ハーバード大学に留学しました。一九六〇年から六一年にかけて、ハーバード大学に籍をおき、パーソンズからも教えを受けています。ドイツに戻って社会学で学位を取りました。一九六九年に、ビーレフェルト大学という比較的新しい大学で教鞭をとり、一九九三年に定年退職するまで教授をつとめました。一九九八年に七十歳で亡くなっています。

おびただしい数の本や論文を書いています。最もよく知られている本は、一九八四年に出された『社会システム理論』と、最晩年に出版された『社会の社会』というふしぎなタイトルの本でしょうか。

いま紹介した経歴からもわかるように、ルーマンは、研究者として初めは地味なスタートを切りました。しかし、あることがきっかけで、彼は一躍有名になりました。あることとは、一九七〇年代の初めの頃、ユルゲン・ハーバーマス（Jürgen Habermas, 一九二九―）との間でなされた論争です。ハーバーマスは、ドイツ社会学会でのルーマンの発表が気に入らなかったらしく、論争はハーバーマスから仕掛けたものです。二人は同じぐらいの年ですが、ハーバーマスはその段階ではすでに影響力のある学者でした。この論争にルーマンは互角以上に渡り合って、一躍、世界的に有名になっていきました。

批判的社会理論

ルーマンとハーバーマスの論争は重要です。ルーマンは後に、この論争から得るものは何もなかったと述懐していますが、社会学史を振り返るものにとっては興味深い。ハーバーマスとの対比でルーマンの理論の特徴が浮かび上がるからです。

ハーバーマスは、批判的社会理論、あるいはフランクフルト学派と呼ばれる学派に属しています。社会学の中では重要な流れなので、まず、ハーバーマスと批判的社会理論を簡単に紹介してから、ルーマンに立ち戻ることにします。

フランクフルト大学の社会研究所は、戦前からドイツの社会学研究の中心でした。この研究所に拠点をおく社会学者や哲学者をまとめてフランクフルト学派と呼びます。一九三〇年にこの研究所の初代所長に就いたのは、マックス・ホルクハイマー（Max Horkheimer, 一八九五—一九七三）です。ホルクハイマーとほぼ同じ時期に同研究所にいた人たちは、いまでもいろんな論文で何度となく引用され、言及されています。社会思想や社会科学に興味がある人なら、繰り返しその名を聞いたり読んだりするような人物ばかりです。

列挙しますと、まずは、ヴァルター・ベンヤミン（Walter Benjamin, 一八九二—一九四〇）。それから、アジア的専制国家の研究で有名なカール・ウィットフォーゲル（Karl Wittfogel, 一八九六—一九八八）。フロイト理論を導入して現代の人間疎外を批判したヘルベルト・マルクーゼ（Herbert Marcuse, 一八九八—一九七九）、いまでもよく読まれるエーリヒ・フロム（Erich Fromm, 一九〇〇—一九八〇）、テオドール・アドルノ（Theodor Adorno, 一九〇〇—一九六九）……これらの人たちがフランクフルト学派の第一世代で、全員、学説史に名を残す大物です。

ただ、これらの人たちの大半はユダヤ人でした。そのため戦争中は多くの人が亡命していいます。亡命の途中で亡くなってしまったベンヤミンみたいな人もいますし、アメリカにうまく亡命できて、そのままアメリカで活躍したマルクーゼのような人もいます。アドルノのように戦後にドイツに戻ってきた人もいます。いずれにしても、戦争中は、研究所は事実上閉鎖状態でした。

フランクフルト学派は、単にフランクフルトの研究所で活動している仲間ということを超えて、学問の内容に明らかに「フランクフルト学派っぽい」類似性があります。

まず、全員が広い意味でのマルクス主義者です。非常に柔軟なマルクス主義者と言ってもいい。彼らは、他人が読むと「マルクスがそんなことを言っていたっけ？」というようなことまで含めて、マルクスを経由して、あるいはマルクスを念頭において語る。もうひとつの特徴は、そこにかなり強い味付けとしてフロイトの精神分析が入ってくるということです。二十世紀までの近代の思想の中で最も重要で独創性のある二人は、マルクスとフロイトでしょう。彼ら二人の思想や学説を足し算するとフランクフルト学派になるわけです。その塩梅は「マルクス主義：フロイト精神分析＝6：4」ぐらい、でしょうか。

特に彼らの名を高めたのは、なぜドイツ人がナチスに精神的に支配され、実際にファシストになっていったのか、なぜナチスがドイツ人を政治的に支配することができたのか、についての研究です。非常にすぐれた研究を数多く出しました（もちろん、この人たちが、ナチスの純粋な被害者であることが関係しています）。

中でもとりわけ優れた研究は、所長のホルクハイマーとアドルノが二人で書いた『啓蒙の弁証法』（一九四七年）という本です。近代の啓蒙された合理的な市民がなぜ、ナチスの野蛮に走ったのか、それを説明しようとしている。もうひとつ、同じ主題を扱った本で、いまでもよく読まれているのは、エーリヒ・フロムの『自由からの逃走』（一九四一年）ですね。これはドイツの当時の中産階級が、自由そのものの重みに耐えかねてナチスに向かって行ったさまを描いています。

このように、フランクフルト学派の第一世代には大物学者が揃っています。ハーバーマスは、彼らよりずっと後に生まれています。一九二〇年代の最後の年です。だから、ハーバーマスはフランクフルト学派の「第二世代」と言われています。現在活躍している人は、第三世代、さらには第四世代になります。

ハーバーマスのコミュニケーション的行為論

同時代の知識人に大きな影響を与えたハーバーマスの最初の本は『公共性の構造転換』（一九六二年）です。これを書いたとき、ハーバーマスはまだ三十代の若手でした。どのような本か。まず、「市民的な公共圏」が、二十世紀になって崩壊し、危機に陥っている、という認識が端緒にあります。市民的な公共圏が堕落した原因は、ハーバーマスの認識では、「組織された資本主義」にある。「組織された資本主義」とは、国家が経済活動に積極的に介入する資本主義のことです。その下では、それまで市民の自発性の下にあった公共圏が衰退してしまった。それでは、市民的な公共圏は、ヨーロッパの歴史の中でどのように形成され、また変容してきたのか、ということを考察したのがこの本です。

内容的には賛否分かれるところもありますが、ここでは、この本の主張のポイントだけまとめておきます。イギリスとフランスとドイツ、これらのどの国でも公共圏が生まれます。それは最初、文芸の領域で成立した。つまり、十八世紀に小説を読むブルジョワジーが出てくることで、公共圏が始まる。この小説を読むブルジョワジーたちのサロンを土壌として形成された公共圏を「文芸的公共圏」と呼びます。この小説の読者たちが作った公共圏が、やがて政治の領域へと拡大する。こうして、「政治的公共圏」が形成された。これが、基本的な筋です。このように十八世紀ぐらいからの伝統としてあった理性的に討論する習慣が、二十世紀になって——組織された資本主義の勃興とともに——衰えてきたというわけです。

ハーバーマスの最も重要な理論的著作は、『コミュニケーション的行為の理論』(一九八一年)です。これは、さまざまな学説について勉強するのにとてもよい本です。パーソンズの『社会的行為の構造』について、パーソンズの考えを知る上でよいだけではなく、社会学史のテキストとしても優れており、パーソンズの理論に賛成できない人にとっても読む価値がある、と述べました。似たようなことが『コミュニケーション的行為の構造』にも成り立つ。コミュニケーションの理論、とりわけ言語行為論や語用論についての総合的な勉強にとっても、この本は非常によい。

　この本のメインのアイデアはどういうものか。まず、「コミュニケーション的行為(kommunikatives Handeln)」とは、簡単に言えば、話し合いです。この概念のねらいをはっきりさせるには、反対語と対照させなくてはなりません。反対語は「道具的行為」です。この行為の典型は労働です。道具的行為は、成果指向的です。つまり、成果をあげることが重要で、その成果に適合的であることだけが、過程に求められていることです。したがって、道具的行為は、ポジティヴな結果を目指して、目的－手段の合理性に従う。目的－手段の関係についての合理性のことを「道具的理性」と言います。それに対して、コミュニケーション的行為は、基本的にはお互いが理解しあう過程が重要です。だから、対話において相手を説得するとか、自分が本当のことを誠実に言っているとわかってもらうというような、対話における理性が重要になります。まとめると、次のように対比できます。

道具的行為	成果指向的	道具的理性に導かれる
コミュニケーション的行為	了解指向的	対話的理性に導かれる

対自然的行為(労働)と対他者的行為とをはっきり区別し、それぞれが異なる合理性に従っている、というわけです。これと同じセンスは、ハンナ・アーレントにもあります。彼女も『人間の条件』(一九五八年)で、人間の活動において、対自然的な労働と他者へと向かう言語的コミュニケーションをはっきりと分け、後者により人間的なものを見ようとしている。

同じように、ハーバーマスはコミュニケーション的行為を重視して、そこに人間らしさのポイントを見ている。

コミュニケーション行為というのは、言葉を通じて、理性的に、お互いに、文脈に応じたさまざまな妥当性を要求しあい、そして了解しあう行為です。学問的なコミュニケーションであれば、要求されるのは理論的妥当性ですし、倫理的な問題が話題になっときであれば、道徳的妥当性が、趣味判断についてのコミュニケーションにおいては、美的妥当性が要求される。ハーバーマスはフッサールから「生活世界(Lebenswelt)」という言葉を借り、自分流に用いています。生活世界は、コミュニケーション的行為で成り立っている、とされます。

ユルゲン・ハーバーマス

ところが、ハーバーマスの考えだと、二十世紀に入ってから、国家が生活世界に介入し、コミュニケーション的行為の合理性を歪めている。この場合の「国家」というのは、官僚制のことです。これを彼は「生活世界の植民地化」と言います。たとえばいま、公共事業があるとして、そのことによってコミュニティが建設業者たちの利権の争いの場となってしまっているとする。これが、生活世界が、官僚制や道具的理性によって植民地化されている状態のイメージのひとつです。こうした時代認識に関しても、ハーバーマスとアーレントとはかなり重なります。

ハーバーマスは、近代社会はもともと、平等な諸個人が参加し、合理的に討論する状態を目指していたし、実際、十八世紀、十九世紀ぐらいまではそこそこいい線まで編成されていた、と見ています。それなのに、あたかも政治と経済の論理がより重要な目的であるかのように外から介入してきて、コミュニケーション行為の対話的理性を抑圧することで、生活世界を破壊してしまった。したがって、近代社会が本来目指していた公共圏を回復し、確立することが重要である。言い換えれば、現状は、まさに近代の原理、近代が規範的に目指していた原理を通じてこそ、批判されなくてはならない、ということになります。その意味で、近代はまだ完成していない「未完のプロジェクト」である、というのが彼がよく使う言葉です。『近代　未完のプロジェクト』（一九九〇年）という本もあります。

こういうふうに、十八世紀の啓蒙主義と言われた時代（この講義でも最初のほうで社会契約説の話をしました）に出てきたものの考え方の延長線上に、近代の最もすぐれた産物がある、それを回復しなければいけないというのがハーバーマスの議論の筋です。要するに、ハーバーマスは、典型的な近代的啓蒙主義者です。

ハーバーマス＝ルーマン論争

それでは、次に、ハーバーマス＝ルーマン論争がどんなものだったかを見ておきます。この論争については二人の共著という形で論争の全体が見える本が出ています。『社会理論か社会工学か』（一九七一年）がそれです。この本が示していることは、要するに「俺たちはお互いぜんぜん違うぜ」ということなのです。両者の間には、基本的な態度に違いがある。

まず方法論に違いがあります。ハーバーマスの社会理論は、「規範的」です。正義にかなった公平な社会を目指すのが、社会理論である、というわけです。これに対して、規範的の反対語としては「記述的」という言葉を使いますが、ルーマンのほうはどのような社会が善いか悪いか、どちらが正義にかなっているかかなっていないかについてはカッコに入れておいて、その社会がどのようにして秩序を維持しているのかを、客観的に記述することに徹する。つまり、イデオロギーや価値観から自由に、というのが、ルーマンの方法論の根幹です。

以上は、分析における態度の違いですが、これと深く相関して、社会理論の内容の上での相違が出てきます。ハーバーマスは、社会は「人間」から成り立つ、と考えている。人間たちの理性的な討議によって、(少なくとも)理念の上では全員一致に近い合意が可能であり、そうなれば、少数者による多数者の恣意的な支配は除去される。これが、ハーバーマスの主張の基本的な筋になります。

社会が人間を要素としているなどということには、異論の出ようがない。「そんなの当たり前だ」と思うかもしれません。しかし、ルーマンはまさにこの点において、ハーバーマスと異なっているのです。ルーマンによれば、社会の要素は人間ではない。それでは何か。「コミュニケーション」です。コミュニケーションがコミュニケートしあうシステムこそが、社会です。

「待てよ」と思うのではないでしょうか。私たちはいま、ハーバーマスの理論にとって、コミュニケーションが中核的な概念である、ということを見てきたばかりではないでしょうか。ハーバーマスがコミュニケーションを無視してきたかのような批判は、とんでもない言いがかりではないでしょうか。しかし、ルーマンの観点からは、ハーバーマスはコミユニケーションのコミュニケーションたる所以を正確に把握していない、ということになるのです。ではルーマンはどうコミュニケーションを理解したのか。この点についてはすぐ後に述べます。

その前に、社会の要素は人間ではなくコミュニケーションだという主張は、一見、そう感じるほど奇抜なものではなく、考えてみればもっともなことだ、ということを述べておきます。たとえば、経済システムを考える。これは、さまざまな形式の売買を通じて作動するコミュニケーション・システムです。そこでは、どの口座からどの口座へと支払いがなされたか、ということが問題になる。口座に入金されているかとか、いつそれが支払われるか、とかが、です。ここでは、支払いという取引上のコミュニケーションだけが互いに反応しあっていくのです。支払いが完了したので、手形の割引が可能であるとか、そういうふうになっている。

口座を所有する人間に関して、経済システムはまったく無関心です。経済システムは、支払いに関連するコミュニケーションにだけ反応していくわけです。どのシステムにおいても、そのシステムにとってレリヴァントな（関連する）コミュニケーションが要素になっているのであって、そのコミュニケーションを支えている人間が何者であるかは問題になってはいない。だから、社会システムにおいては、常に、コミュニケーションがコミュニケーションしあうという構造になっている。

　このように、ハーバーマスとルーマンは基本の考え方が全然違います。論争を始めたときには、若くして横綱になったハーバーマスと無名の十両みたいなルーマンが対決している、という印象で見られましたが、いざ相撲を取ってみたら、十両のほうがはるかに技のキレが良く、どちらが横綱なのかわからない状況になった。

　いずれにせよ、かなりスレ違った論争でした。そのため、先ほど述べたように、ルーマンは、論争を振り返って、理論的には何も得るものがなかったと言っています。十両が横綱に稽古をつけてもらう、みたいな図式でスタートしたのに、実は、十両こそが大横綱で、自分にとっては益のない稽古だった、と言っているという状況です。しかし、この論争を通じて、ルーマンの考え方がどういうものであるかが際立ってきたのです。そして、ルーマンという社会学者が、人々に注目され、広く読まれるようになったのも、この論争があったからです。

体験加工の形式

　それでは、ハーバーマスから離れて、ルーマンの社会学がどういうものかをまとめておきます。

基本は、独特の社会システム論です。まず社会システムとは何か。その定義を考えます。システムにもいろいろありますが、重要なシステムは四つです。第一に、「機械」。第二に、「生体（生命）」。そして、第三がややわかりにくいのです。先ほど、人間は社会システムの要素ではない、と述べました。つまり、人間の「精神」、あるいは「人格」がそれ自体、社会システムとは独立のシステムだとされます。この第三のシステムは、「意識システム」と呼ばれることもあります。それから、最後の第四が「社会システム」。

代表的なシステムはこの四つです。条件を加えていくことで、四つの中から社会システムを絞り込んでいきます。まずシステム一般から、「オートポイエーシス・システム」を取り出す。オートポイエーシス・システムというのは、ルーマンの理論を考える上で中核になる概念ですから、後で説明しますが、とりあえず、ある種の自己組織性をもつシステムと考えておけばよい。四つの中で、「生体」「精神」「社会」の三つのシステムは、オートポイエーシス・システムです。これら三つのうち、「精神」と「社会」は、両方とも「意味」に関係している。つまり、これらは意味構成的なシステムです。では、「精神」と「社会」の違いはどこにあるのか。違いは構成要素です。「社会システム」の構成要素は「コミュニケーション」です。「精神システム」の要素は、ひとつずつの思考です。まとめると、社会システムとは、①オートポイエーシス的であり、②意味を構成し、③コミュニケーションを要素とするシステムである、ということになります。
社会システムについての探究は、これらの条件にそって見ていけばよい、ということになります。まずは、「意味」と「コミュニケーション」がそれぞれ何であるかを確認しておく必要がある。

まず「意味」という概念から見ていきます。「意味」が、二十世紀の社会学において非常に重要な役割を果たした、ということは、ていねいに論じておきました。その源流には、現象学があります。ただ、ルーマンは、「〈意味〉の社会学」とは対立的な関係にあった、パーソンズがその中心であった機能主義の社会システム論の系列に属する社会学者であると見なされています。ということは、ルーマンは、いわば「敵対勢力」の中心概念を取り入れ、我が物にしていることになります。ただし、ルーマンの社会システム論の「意味」概念には、ルーマンなりの強調点があり、かなり個性的なものになっています。

ニクラス・ルーマン

ルーマンのポイントはどこにあるのか。彼は「可能性の地平」という概念を使います。先ほど、連合赤軍の例の中で出てきた「共産主義の地平では」の

「地平」ですが、その概念は、本来は、フッサールの現象学に由来します。ルーマンによれば、「意味」は、可能性の地平の中での否定（＝区別）によって定義されます。というと抽象的で、難解そうに聞こえるでしょうが、わかりやすく言えば、次のようなことです。

いま、私は、ホワイトボードに図や要点を書きながら講義をしています。しかし、図や文字に依拠しながら説明するとき、他にいくらでも可能性があるわけです。パワーポイントを使ってもよいし、レジュメを印刷して配布してもよいし、あるいは声だけで説明してもよい。こうしたさまざまな同じ機能をもった可能性の集合が、可能性の地平を構成しているわけです。その可能性の地平の中から、私は、ホワイトボードを使うという選択肢を、他の選択肢から区別して切り出している。つまり、他の選択肢は否定されているわけです。その否定を通じて、いまやっている行為に、「ホワイトボードを使って説明する」という「意味」を宿す。

つまり、さまざまな可能性を含む地平の中で、他の可能性を否定することで一つの可能性が浮かび上がるわけですが、ここで重要なことは、「否定」という語に独特の含みを与えていることとです。他の可能性があったのに、「それ」をとっているのですが、重要なのは、このとき、否定は排除ではない、ということです。つまり、他の可能性があった「けれども」これをとったのは、他の可能性でもよかったということでもあります。他の可能性を保存しながら抑圧する、というのが「否定」という操作の含意です。いわば、他の可能性を貯蔵庫の中にキープしているのです。意味の地平の中にキープしておいて、そこからあるものを取り出している。これが、ルーマンにおいて「意味」という概念の一番重要なポイントです。ルーマンは、このように他なる可能性を保存しつつ、特定の可能性を浮上させることを、「体験加工」と呼ぶ。意味は「体験加工の形式」である、と。

「意味」の三つの次元

ルーマンによれば、「意味」には三つの次元があります。ルーマンはことあるごとに、このことを繰り返し論じています。意味は三つの次元で対象を一般化する、と。

これだけ聞くと難しそうですが、言っていることは簡単です。三つの次元というのは、「事象的」(事物のレベル)、「時間的」、「社会的」と形容される三つの軸です。この三つのレベルの一般化が、全部独立しているというのです。事象的一般化は、最も普通の意味での一般化です。たとえば、この白いセラミックスの板を、「(講義用や掲示用の)ホワイトボード」として意味づければ、これを、隣の部屋やその他世界中の類似の機能をもつ掲示板の一例として一般化したことになります。一つずつのホワイトボードにはさまざまな違いがありますが、それらの違いを無視して一般化すると同時に、それを、同じように書き込み可能な表面であっても、普通の紙やスクリーンからは区別したことにもなります。

時間的一般化というのは、「意味」を充当して、同定すると、そのものの同一性が、時間を通じて持続するということです。これに「ホワイトボード」という意味を与えれば、昨日も、明日も、これからずっと後も、たとえば多少の劣化があったとしても、「これ」は「ホワイトボード」なのです。

社会的一般化というのは、「意味」にはある種の公共性があるということです。これが「ホワイトボード」であるのは、私にとってだけではない。ホワイトボードの使い方を知っている共同体の誰にとっても、これは「ホワイトボード」です。意味は社会的に一般化しているとは、このような状態を指します。

これら三つの次元の一般化は、それぞれ独立している、というのがルーマンの主張です。事象的な意味での一般性はあるけれども、社会的には一般化していない、というようなこともありうるわけです。たとえば、難解な学術概念などはそうでしょう。高度な事象的な一般性はありますが、それを理解できる人は、ごく一部だったりするので、社会的な一般性のレベルは低い。

そしてこれら三つの次元の中のひとつ、社会的次元の一般化が、コミュニケーションということと結びついています。

コミュニケーションの構造

ルーマンによれば、社会システムの要素はコミュニケーションです。ルーマンは、そのコミュニケーションがどのような構造をもっているのかを分析し、そのことを通じてコミュニケーションに定義を与えています。

コミュニケーションとは、三つの選択の総合である。ルーマンは、コミュニケーションについてこのように述べています。この「選択」という概念は非常に重要で、先に、「意味」との関連で述べた「否定」と結びついています。コミュニケーションを構成する三つの選択には、送り手に属するものと、受け手に属するものがあります。送り手の側に帰属する選択は、二つあります。まず、「情報の選択」。これは簡単です。これより重要なものは、「伝達」そのものの選択です。これについては、このあとすぐに説明いたします。受け手の側に帰属する選択は「理解」です。

たとえば、AさんがBさんに、「今年出版された村上春樹の小説はおもしろい」と話したとします。Aは、まず「村上春樹の小説はおもしろい」という情報を選択しています。しかし、AがBに伝えたいことは、この情報だけではありません。

まさに、AがこのことをBに伝えたいと欲しているということをAはBに伝えたいのです。言い換えれば、Aは、Bが『Aが語ったということを原因として、Bがその情報〔村上春樹の小説はおもしろい〕を知ること』をAが欲していること」を理解することをも求めています。このように、送り手であるAの側には、情報の選択のみならず、(受け手Bへの) 伝達の意図そのものの選択が属しているわけです。

もう少し複雑な例で、たとえばAがBに、「明日、どこどこの喫茶店で会いましょう」と言ったとします。この発話は、まず、Aが明日その喫茶店に行くだろう、という情報を伝えています。それと同時に、「約束」という形式で互いを束縛するような伝達の意図をもっています。

二つのレベルの送り手の選択を受け手が理解という形式で対応したとき、つまり、Bが「今年出版された村上春樹の小説はおもしろい」ということと同時に、AがそれをBに伝えようとしたということそれ自体を理解したとき、コミュニケーションが実現したことになります。

ただ、私はルーマンのこのコミュニケーションのモデルについて、少しだけ改造したほうがよい、と思っています。送り手側の「情報の選択と伝達の選択」は、「オブジェクトレベルとメタレベル」の関係になっています。伝達の選択というのは、その情報に対して、送り手Aがどのような態度をとっているのか、ということを含意しているわけです。

その情報を一個の事実についての知として伝えようとしているのか、それを要求として表明しているのか、あるいは約束のためのものなのか、等々と。そうだとすれば、受け手側の選択にも、オブジェクトレベルとメタレベルがあってしかるべきではないでしょうか。

送り手のオブジェクトレベルの選択である「情報の選択」に対しては、受け手側は、「理解」ということで対応します。その情報の内容の理解です。送り手のメタレベルの選択であるところの「伝達の選択」に対応する受け手の側の選択は「受容（もしくは拒絶）」です。したがって、次のように整理できます。

	送り手	受け手
メタレベル	伝達	受容／拒絶
オブジェクトレベル	情報	理解

コミュニケーションは、三つではなく四つの選択の総合として、把握することができます。

とても人間的なシーン

さて、コミュニケーションについては、しかし、二つの謎があります。第一の謎は、コミュニケーションの接続可能性についての謎です。コミュニケーションは、ひとつの出来事です。生起し、たちどころに消えていく出来事。しかし、それは、どこまでも、いつまでも接続されていく。接続される、というのは、前のコミュニケーションにおいて選択されたことが、次のコミュニケーションにおいては前提にされる、ということです。ルーマンは、コミュニケーションの接続可能性ということの驚異を指摘しています。しかし、コミュニケーションは、どうして端的に無視されることなく、接続されていくのか。これは問うに値する理論的な疑問です。

第二の疑問は、この第一の疑問を前提にしています。コミュニケーションの接続は、必ずしも、受け手側が、送り手の伝達の意図を受容するということを含意していません。拒否されることもあります。しかし、いったん伝達がなされると、受け手側では「受容」が選択される蓋然性のほうが高くなります。拒絶するときには、受け手は、かなりの抵抗感を感じているし、何か言い訳めいた理由を必要とする。ということは、普通は受容されるのです。このことが、コミュニケーションの集合であるところの社会に秩序をもたらす上で、大きく利いている。どうして、ありそうもない高い確率で、受容されるのか。ルーマンは、この問題も銘記していますが、答えは与えていません。

とにかく、人間の行為というものは、言葉として明示されていないときでさえも、コミュニケーションとしての意味を担ってしまいます。それが、人間の圧倒的な特徴だ、と思います。たとえば、いま、あなたが友人と並んで歩いているとします。特に用事もないので、二人で黙って歩いているとする。このとき、その友人が、あなたに何も言わずに突然、方向転換してスタスタと別の方向に行ってしまったとする。あなたはびっくりするでしょう。「あいつどうしたんだ、どこか精神に変調を来したのではないか」と思い、呆然と相手を見つめることになるでしょう。どうしてあなたがびっくりするかというと、ただ一緒に歩いているというだけで、相手のその行為は、「一緒に行きましょう」という提案をあなたに向けてしていた……とあなたは受け取っていたからです。そして、あなたのほうも、並んで歩き続けることで、その提案を受容していたわけです。だから、もし相手が突然、方向転換するのであれば、その相手は、自らの提案によって成り立っている小さな約束（一緒に行こう）をキャンセルする理由を言う必要がある。あなたはそう思っているわけです。もしその相手が、方向転換の前に「あっ、忘れ物を思い出した」とか言っていれば、あなたはびっくりしなかったはずです。

ルーマンの本に書いてあるわけではない、こんな些細な話をどうしてしているかというと、これがとても人間的なシーンだからです。私は霊長類の社会にも興味があるのですが、チンパンジーと人間の違いをつくづく感じるのは、いま述べたようなシーンなのです。一緒にいた二頭のチンパンジーのうちの一頭が、突然、どこかに行ってしまう、というようなことはよくあることです。残されたチンパンジーは、全然、ショックを受けません。我関せずといった風情です。しかし、人間だったら、突然去っていった相手の精神に、何かとんでもないことが起きているのではないか、と心配するような状況です。

「システムと環境」という区別

これで社会システムを定義する条件として、「意味」という概念と「コミュニケーション」という概念を説明しました。残されているのは、「オートポイエーシス（autopoiesis, 自己創出性）」という性質です。社会システムは、生命や精神とともに、この性質をもつ。自己創出的（オートポイエティック）システムとしての社会とは何か。次にこの点をルーマンの議論に即して話しましょう。

システムの理論は一九三〇年代から出てくるのですが、ルーマンは自分は「第二世代のシステム論者である」ということを強調しています。わざわざ「第二世代」というとき、どこに主眼があるのか。第一世代の理論家にとって、システムを見るときの最も重要な尺度は、「部分と全体」という区別です。システムの全体が、部分の総和を超えた性質をもつ、ということに理論家たちは注目した。もう少し厳密に言い換えれば、部分から得られる情報をすべて足し合わせたとしても得られない情報が、システムの全体からは得ることができる。このように、全体が部分の集計を超える。これがどのようにして生ずるのか、ということの説明が、第一世代のシステム論者の課題でした。

　ルーマンの自己理解では、自分を含む第二世代のシステム論者が注目している区別は、別のところにある。それは「システムと環境」という区別です。この場合の環境は、「自然環境」の環境とは意味が違います。環境は、システムがそこからの差異によって自身の同一性を維持するときに参照されている、システムの外部の一般で、かなり抽象的な概念です。

　システムと環境の間には、複雑性（独 Komplexität, 英 complexity）の落差がある。つまり、システムの内部では、複雑性が小さくなっている。これがルーマンが最も重視することです。二十世紀の終わりから二十一世紀にかけて、複雑系とか複雑性、コンプレックス・システムの理論が、世界中で流行りました。そんな流行よりもずっと前から、ルーマンは「複雑性」という概念を使って考えていた。複雑性とは何か。複雑性とは、簡単に言えば「可能性の大きさ」です。システムには、要素とその要素の間の関係がある（社会システムにとっては、要素とはコミュニケーションでした)。その要素の数(要素の多様度)と要素の間の関係の多様度、これが複雑性を定義しています。システムが成立しているとき、この複雑性が縮減されている(Komplexitätsreduktion)、というわけです。

わかりにくいでしょうから、具体的に説明します。たとえば私たちはいま、「社会学史の講義」を受ける集団という、小さな社会システムをつくっています。この中で、可能なこととして許されている行為やコミュニケーションは、かなり少ないことがわかるでしょう。たとえば歌を歌いたくてもそれは許されません。アルコールも飲んではいけない。話す内容もかなり限定されています。出版社の中の会議室だからといって、このシステム内では月刊誌の特集について検討することも許されていない。ここで可能なコミュニケーションは、社会学という学問に言及しているものに限られている。これが、複雑性(可能性の多様度)が縮減されている状態です。このシステムの外、つまり環境においてのほうが、許されていることが多く、複雑性が大きいわけです。

システムが環境から切り出されるということは、複雑性が縮減されている、ということです。言い換えれば、複雑性の間に有意味な差異がないとすれば、システムは存在しない、ということです。ことその外とで、可能なコミュニケーション、主題化できる話題に何の違いもなければ、社会システムはない。

ということは、複雑性の縮減こそが、すべてのシステムにとって根本課題だということになります。この課題を克服しなくては、システムは成立しない。どのようにして複雑性が縮減されるのか。これが第二世代のシステム理論が解くべき問題です。オートポイエーシスは、複雑性を縮減するひとつの方法です。

インプットもアウトプットもない

それから、第二世代のシステム論は、ルーマンによれば、システムを「操作的（オペレーショナル）に閉じている」ものとして扱う。どういうことか。

社会システムの前に、生体やその機能的な部分システムが、すでに操作的に閉じたシステムになっているので、まずはこれを例にとって説明しましょう。最も端的な例は、血液循環システムです。このシステムは、ただ血液が循環することによってのみ継続するわけです。血液の循環のうちに閉じたシステムになっている。

ただ、血液循環システムはあまりにも簡単で、社会システムとの関係がわかりにくいので、免疫システムで解説してみましょう。免疫システムは、抗原に対して反応します。抗原は生体の外から入ってくる異物ですから、システムは閉じていないように思われるかもしれません。しかし、免疫システムが抗原に反応するのは、免疫システムのほうにそれをまさに抗原として認識する機構、レセプターのようなものが備わっているからです。もしレセプターがなければ、それは異物と見なされない。というより、免疫システムにとっては存在しないも等しいものとなり、完全にスルーされてしまう。

ということは、免疫システムに対する「インプット（異物）」とされるものも、免疫システムに内在している操作のメカニズムと相関的にしか見出せないのですから、システムにとって、真の外部、真のインプットとは言えない。厳密には、免疫システムの内部での反応と、異物（インプット）への反応とは——免疫システムの観点からは——、区別することができないのです。これが、操作的に閉じられている、という状態です。ルーマンは、少し挑発的に、インプットもアウトプットもない、と述べますが、その趣旨は、以上のようなことです。

免疫システムと同じことは、精神システムにも言える。カントのことを思うとよいかもしれません。カントによれば、私たちは、感性や悟性の形式を通じて対象を認識する。この感性の形式や悟性の範疇が、免疫システムのレセプターのようなものです。

社会システムも同じです。社会システムは、自らに関心があるもの、自らにとって有意味（レリヴァント）なものだけを認識する。このことは、全体社会のシステムだけではなく、機能的な部分システムでも同じです。たとえば科学システム。科学システムは、「真

／偽」という判別に関係したコミュニケーションにしか反応しない。私たちのコミュニケーションには、たとえば道徳的な善さとか美とか、経済的な価値とかに関係しているものもありますが、それは、科学システムの関心の対象にはならない。

従来のシステム論では、「インプット→システム→アウトプット」という連関が考えられていました。しかし、ルーマンによれば、自らもその一員であるところの第二世代のシステム理論は、インプットやアウトプットとの関係もまた、システムは、自らの中に操作的に内在させている、と考える。固有の意味でのインプットやアウトプットは存在しないわけです。

とはいえ、勘違いしてはいけません。操作的に閉じたシステムは孤立して存在しているわけではない。操作的に閉じたシステムたちは、互いを環境として必要としてもいるのです。たとえば、免疫システムは、血液循環システムとか、消化器システムとかが、その環境の中に存在しなくては生きていけない。科学システムは、経済システムとか法システムとかが環境になければ、成り立たない。このように、操作的に閉じられたシステム同士が、互いを必要とするかたちで結びついている状態を、「構造的カップリング（strukturelle Kopplung）」とルーマンは呼んでいます。

オートポイエーシス・システムとしての社会

ここまで解説しておけば、オートポイエーシス・システムについて論じる準備はととのったといえます。操作的に閉じられたシステムは、一種の自己言及の関係にあることがわかるかと思います。この自己言及の関係が、システムの全体に関して言えるだけではなく、個々の要素の創出のレベルにまで及んでいるのが、オートポイエーシス・システムです。と、説明してもわかりにくいかもしれません。「自己組織システム」という概念があります。これは、ルーマンよりもずっと前から、社会システム論でも、他のシステム理論の領域でも使われていた用語です。システムの秩序をシステム自身が自ら作り出すことができるとき、そのシステムは「自己組織システム」と呼ばれます。自己組織システムの最も強いヴァージョンが、オートポイエーシス・システムです。

「最も強いヴァージョン」とはどういうことか。それは次のような意味です。普通の自己組織システムでは、システムを構成する要素自体は与えられており、その要素の配列や関係だけをシステムが組織化します。しかし、オートポイエーシス・システムは、その要素すらもシステムが自分で創出するのです。システムの要素が、要素同士の関係を通じて生産されるようなシステムが、オートポイエーシス・システムです。

生体もオートポイエーシス・システムです。新しい細胞が生体内の反応として生まれるわけですから。精神システムも、この種のシステムに他なりません。精神システムの構成要素は思考だと言いました。思考はどうやって生まれるのか。思考は、別の思考からしか生まれません。

そして何より、社会システムはオートポイエーシス・システムです。その構成要素はコミュニケーションでした。新しいコミュニケーションは、コミュニケーションの間のネットワークから生まれてきます。それ以外のところからコミュニケーションが出現することはありえない。新たな要素が、要素同士の関係を通じて産出される、というオートポイエーシス・システムの定義を完全に満たしています。

「オートポイエーシス」は、ルーマンが発明した概念ではありません。この概念を創ったのは、マトゥラーナ（Humberto Matturana, 一九二八—）とヴァレラ（Francisco Varela, 一九四六—二〇〇一）という生物学者（神経生理学者）です。ルーマンは、彼らの仕事に刺激を受け、それを社会システムに転用したのです。

さらに付け加えておくと、オートポイエーシスを含む自己言及の論理を表現する数学が、ジョージ・スペンサー＝ブラウン（George Spencer-Brown, 一九二三—二〇一六）という風変わりな数学者が発明した「指示の算法（calculus of indication）」です。この数学者のことは、専門の数学者の間でもほとんど知られていませんが、ルーマンは、ときどきその名に言及しています。それで私は興味をもち、大学院生のとき、この人の『形式の法則』（一九六九年）という本を読み、ものすごく興奮しました。普通の数学や論理学では、自己言及（たとえば「この文は偽である」）は扱えません。その不可能性の表現が、ラッセルの階型《かいけい》理論やゲーデルの不完全性定理なのですが、スペンサー＝ブラウンは、ブール代数を改造することで、自己言及を扱える数学を構築したのです。私は、このスペンサー＝ブラウンの数学に刺激を受け、社会システムの基礎理論を自分なりの仕方で再構成しました。それが、私の博士論文であり、また最初の著書でもあります（『行為の代数学』）。

それはともかくとして、先ほど、ブルデューの「ハビトゥス」概念を批判しました。この概念は、ブルデューとしては構造生成の論理を含むものとして提案されているわけですが、しかし、それは論理の体をなしていないのではないか、と私は批判しました。これに比べると、ルーマンのオートポイエーシスの理論は、はるかに精緻で、洗練されていきます。人間の意識的な統御の及ばないかたちでコミュニケーションは次々と接続され、自律的に秩序を形成していく。こちらにこそ、（構造主義の意味での）構造の生成の論理につながりうるものがある、と解釈できるのではないでしょうか。

複雑性の縮減と増大

ルーマンの社会システム論には、「社会進化」という概念があります。社会進化論というものは、十九世紀からあるわけですが、ルーマンの「社会進化」の概念はそれとは独立しており、生物進化の論理とも関係ありません。

システムが「進化」する、つまり、ヴァージョンアップするとは、どういうことか。システムの内部の複雑性は環境の複雑性よりも小さい、と言いました。複雑性の縮減こそが、システムの根本課題である、と。システムは、過剰な複雑性を識別し、そこから特定のものだけを選び出しているわけです。進化は、システムのこの根本課題との関係で規定されます。

直感的に言えば、この「縮減」のギャップが大きいほど進化している、と見なされるわけです。ギャップが大きいということは、システムの選択の能力が高いということだからです。縮減の落差が大きくなるのは、システムが環境の複雑性を繊細に識別している場合です。システムの感度が高くなっているわけです。どうしたら、システムの感度・精度が高まるのか。そのためには、システム自身の内的な複雑性が高まらなくてはなりません。

ということは、いささか逆説的なことが起きているわけです。複雑性を縮減するシステムの能力を高めるためには、システム自身の複雑性を大きくしなくてはならない、ということになるからです。どういうことなのか、これも思い切って単純化して、具体的に説明してみます。

たとえば漫画だけを出版している出版社があったとしましょう。その出版社にとっては、世の中に出ている本は、漫画か漫画じゃないかの二種類だけです。この出版社は、人気が出る漫画かどうかには関心がありますが、たとえば学術書に対しては何の関心もない。この出版社が他の種類の書籍にも関心をもち、書籍の世界の多様度に目覚めるのは、どういうときか。この出版社の中に、漫画部門だけではなく、たとえば文芸書とか、学術書とかの部門が作られ、そうした種類の出版物を発行するようになったときでしょう。このように、出版社の内的な複雑性が高まらなくては、その出版社が見出す環境の複雑性も高まりません。

このように、複雑性を縮減する能力を高めるためには、システム自体の複雑性を上げなくてはならない。ルーマンよりずっと前から、システム論の領域では、(ウィリアム・ロス・アシュビーが唱えた)「最小多様度の法則(the law of requisite variety)」という法則が知られていました。システムの内的な多様度と、そのシステムが対応できる環境の多様度との間には、正の相関関係がある、という法則です。いま紹介した、複雑性の縮減と増大に関するルーマンの理論は、この法則と同じような着想に基づいています。

社会進化の三つの段階

いま、「進化」の抽象的な基準について説明したわけですが、それでは、社会システムは歴史的にはどのように進化してきたのか。ルーマンによれば、社会システムは三つのステップをたどって進化してきました。

最もプリミティヴな社会システムは、「環節的システム」。これは同じようなユニットが水平的に接続している社会システムです。たとえば、レヴィ＝ストロースの『親族の基本構造』を紹介したときに論じた無文字社会のことを考えてください。ほぼ同じような氏族（クラン）が女性の交換を通じて連なっています。これが環節的システムです。

これより複雑性が高まっているのが、「成層的システム」。これは、権力の大きさに応じた垂直的な分化があるシステムです。たとえば、王や皇帝のような支配者を頂点におき、その行政スタッフを周辺に配置し、さらに下層の人々を支配しているようなシステム。

ここまでは前近代のシステムです。近代的な社会システムは、「機能的に分化したシステム」です。たとえば政治は政治、経済は経済、宗教は宗教、科学は科学等々といったかたちで、社会システムが機能的に特化したサブシステムに分化している。するとどうなるのか。たとえば科学システムと政治システムは別である。だから、科学システムにおける正しさの判断は、政治システムの中で権力が作動するのに都合がよいかどうかとは独立になります。科学システムと経済システムも別なので、市場でよく売れるかどうかと科学的な真理とはまったく独立に判断される。

機能的に分化したシステムは、それぞれ固有の「メディア」をもっている。このメディアは、システムに固有の「あれか／これか」という二項対立のコードを形成します。何を言っているのかわからないかもしれませんね。具体的に説明します。

最もわかりやすいのは経済システムです。経済システムが自立するために必要なメディアは、「貨幣」です。貨幣が浸透しているということは、要するに、経済システムで重要な選択肢は、「支払うか、支払わないか」だけだということです。売り手の側からすると、貨幣を受容するか、拒否するかの二つの選択肢だけが重要です。この「支払い／非支払い」が、貨幣というメディアに対応したコードです。このコードを前提にして、「支払い（貨幣の受容）」という選択のほうが十分に高い蓋然性で連続すれば、経済システムは成り立ちます。

科学システムにとっては、メディアは「真理」です。そして、コードは「真／偽」。「真」のほうが圧倒的に選好され、真であると見なされるような言説が次々と生産されないと、科学システムは成り立たない。科学システムのメディアは、たとえば経済システムのメディア、他のどの機能的なシステムのメディアとも独立に働かないといけません。

このように機能的に分化すると、社会システムは高度な複雑性をもつことになります。たとえば、宗教的な判断とは別に経済システムに準拠した判断がくだされる。政治的な判断と学問的な判断と道徳的な判断は、みんな独立している。このように、それぞれ独立の機能的なサブシステムをもつところに、近代の社会システムの特徴がある。

二重の偶有性

ルーマンの言っていることをだいぶ噛み砕いて説明してきました。それにしても、この社会学者の考え方の肝はどこにあるのでしょうか。どこが押さえるべき要点なのでしょうか。この点について、あらためて説明しておきます。

ルーマンの理論の一番の基本になっているアイデアは、私の考えでは「偶有性（独 Kontingenz, 英 contingency）」です。ルーマン自身は、そう考えていないかもしれませんが、私から見ると、この概念は社会理論的含意も深く、ルーマンのシステム論の基本的な着想を知る上でよい手がかりになります。

日本語の「偶有性」は難しい言葉です。英語の“contingency”のほうがまだ少しはわかりやすいかもしれません。偶有性は、抽象的には、「不可能性」と「必然性」の両方の否定によって定義される様相ということになります。つまり、「不可能ではなく（可能であり）、そして必然ではない」というわけです。わかりやすく言えば「他でもありえた」ということです。他でもありえたのに、たまたまこうだ、というのが偶有性の意味です。他でありえないことは、必然性です。また端的にありえないことは不可能性です。これらのどちらでもないことが偶有性です。

偶有性という言葉は、パーソンズもシステム論の中でかなり使っていましたが、力点の置き所を変えつつ、これを中核に据えたのがルーマンです。システムの要素（コミュニケーション）も他でもありえたし——現に起きたことをしないことが可能だったし——、要素の間の関係（コミュニケーションの接続）も他でありえた。これが、偶有性がある状態です。パーソンズもそうだったのですが、それ以上にルーマンは、「二重の偶有性（独 doppelte Kontingenz, 英 double contingency）」ということを重視します。これは、どういうことか。（パーソンズの論は無視してルーマンに関してだけ述べますが）偶有性を二重だと考えるのは、自他の関係の中で偶有性を考えているからです。私の選択が他でありうるだけではなく、私と関係している他者の選択も他でありうる、というわけです。

ただ、この点について、ルーマンよりもさらに踏み込んだことを言いたい気がします。二つの偶有性が単に足し算されて二重になるのではなく、偶有性というものは、本来的に二重でしかありえないのではないか、と。どういうことかというと、偶有性ということが意味をもつためには、現に起きたことに対して、起きなかったり、なされなかったりした潜在的なことが、起きたことと同じくらいのアクチュアリティがなければいけません。実際には起きなかったり、起きていなかったことが、どうして現実と同じ権利でアクチュアルなどと言う権利があるのか。それは、他者が存在するからだと思うのです。偶有的というのは、究極的には、私が他者だったら、あるいは他者が私だったら、そのようにはやらなかった、ということに原点があるのではないでしょうか。

もし世界が独我論的で、私しか存在しなかったら、偶有性ということは無意味だったのではないか。偶有性は、他者が存在する世界でのみ有意味な概念ではないか。そう考えると、偶有性は本来的に自己と他者との関係の中にしかなく、定義上、二重なのではないか。これがルーマンを超えて指摘しておきたいことです。

「普遍化された犯罪」としての秩序？

この偶有性ということが、先ほどから説明した社会システム論とどう関係しているのか。社会学の主題は、「社会秩序はいかにして可能か」という問いだと言いました。社会秩序が成り立っている状態とは、ルーマンの言葉で言えば、複雑性が縮減している状態です。偶有性という概念のほうから見直すと、複雑性が縮減しているとき、偶有性が小さくなり、吸収されてしまっているように見える、ということです。

たとえば、いま、私たちのシステムでは、このように講義が成り立っている。それは、皆さんが聴いていてくれるからです。実際には、皆さんは他のことをいくらでもなしうる。歌を歌うことも、部屋から出て行くことも、眠ることもできる。その「他でもありうる」というゾーンが小さくなり、吸収され、まるで皆さんは、これ(聴講する)しかできないかのように振る舞っているとき、ここに秩序が成立する。複雑性の縮減と偶有性の吸収とは対応しています。

しかし、ここで注意してください。ルーマンがほんとうに強調したかったことは、社会秩序が成り立っているときでも、偶有性は完全には消え去らない、それは常に残っている、ということのほうにあったからです。ルーマンの「意味」の定義を思い起こしてください。「意味」というものを成り立たせるのは「否定」という操作ですが、それは、実現しなかった他の可能性を排除しているのではなく、むしろ保存しているのだ。ルーマンはそう主張したわけです。これは、行為や出来事を「意味」を通じて同定したとき、その行為や出来事の偶有性が保存される、ということです。

コミュニケーションも同様です。コミュニケーションは三つないし四つの選択の総合でした。送り手の情報や伝達意図は、高い確率で、受け手によって理解され、受容されます。しかし、選択である以上は、理解されない（誤解される）確率、拒否される確率は、常に残っています。システムが複雑性を縮減しようとしても、偶有性は吸収され尽くさない。

ルーマンはしばしば「ありそうもなさ（非蓋然性）」という言葉を使います。こうして秩序が成り立っている状態のことを「ありそうもないこと」と記述するわけです。偶有的なのに、こんなかたちで秩序が成り立ち、互いの期待が満たされあっているなんて、まるで奇跡ではないか、偶有性が残っている論点に重心が置かれているわけです。

複雑性を縮減し、社会秩序が成り立っているときでも、偶有性は残っている。この論点をさらに前に進めると、秩序の成立にとって脅威に見えている偶有性こそが、むしろ、秩序を可能なものとしてもたらしているのではないか、という逆転の発想にまで持っていくことができるでしょう。

ここで私が、ホッブズの社会契約説を解説したときに論じたことをあらためて思い起こしてほしいのです。「万人の万人に対する闘争」から、リヴァイアサンを導き出し、秩序が成り立つとするホッブズの論理が成功しているとは私は思わないのですが、ここで注目してもらいたいことは、その論理の中身ではなく、出発点と結論です。誰もが他人の自然権を否定してしまうような、血で血を洗う争いというのは、秩序が成り立ってしまった側から振り返れば、すべての人が犯罪に関与している状態以外の何ものでもありませんが、ホッブズは、社会契約による秩序形成の原点には、これがあったと言っているわけです。つまりホッブズの社会契約説は、犯罪の普遍的可能性（誰もが殺人や強盗のような犯罪をしている状態）が社会秩序へと変容する、と述べていることになる。同じことは、ルーマンにも言えるのです。偶有的であることの一般性（消えない偶有性）こそが、社会秩序の原点であり、秩序を生み出している、と。

機能‐構造主義

パーソンズの理論は「構造‐機能主義」である、と述べました。ルーマンは逆に自分のことを「機能‐構造主義」であると自称することがあります。「構造‐機能主義」と「機能‐構造主義」はどう違うのか？

構造‐機能主義とは、先に説明したとおり、システムには「機能的要件」という満たさなければいけない目的があって、その目的を満たすような構造が選ばれる、とする論理です。機能‐構造主義は、この論法を逆手にとるのです。

満たすべきある機能的要件があるとする。その同じ機能的要件を満たすのに、他にどのような選択肢があるのか、どのような構造が他にありうるのか、を開示するために、機能という概念を活用するわけです。たとえば、ある国の安全保障が目的だとする。その目的を果たすためには、強国と軍事同盟を結ぶという手もあるし、自国の軍備の強化という手もあるかもしれないし、周辺国との平和条約の締結という手もあるかもしれない。機能的に等価なさまざまな選択肢がある。

この論法は、実にルーマン的です。なぜかというと、「他でもありうる」ということを示すのが目標だからです。パーソンズの構造－機能主義の場合は、機能的要件によって構造を絞ることにポイントがある。それに対して、ルーマンは、同じ機能を果たしうるさまざまな構造がありうると示すこと、他でもありえたという、偶有的な可能性を示し、選択の幅を広げることにポイントがある。ルーマンの機能－構造主義は機能的等価物の発見を目指すものです。

ラディカルな構成主義

ルーマンの話の締めくくりに、彼の議論が、現実の社会を変えようとする実践に対していかなる含意をもつのか、ということについて論じておきます。ルーマンは、自らの立場を「根源的な構成主義（独 radikaler Konstruktivismus, 英 radical constructivism）」と呼びます。

この意味するところは、先に「システムは操作的に閉じている」と論じたときに述べたことから理解できるでしょう。たとえば、免疫システムにとっては、自分自身の作動を通じて認識できるものしか、存在しない、と論じました。同じことは、他のシステムにも成り立つ、と。

広い意味で、システムが「認識」し、対象をなにものかとして識別することを、「観察(独 Beobachtung, 英 observation)」という語で言い表します。システムにとって存在は、全面的にシステムによる観察に相関しており、観察されていないものは端的に無です。つまり、存在は、システムの観察によって構成されたものです。これが「根源的な構成主義」という立場です。

たとえば、いま私たちは「社会学史」についてのコミュニケーションによって成り立つシステムに内属している。このシステムは、ここにあるカップを観察していない。カップが何色なのかなどということは、まったく無関係です。それに対して、ルーマンという社会学者のこと、彼が社会システムについてどんなことを論じたかということは、システムに観察されており、このシステムにとっては、生き生きとした実在性をもつ。

根源的な構成主義は、カント以降の近代哲学のポテンシャルを徹底した結果だと言えます。とりわけ、ポストモダンの哲学者たちは、ほとんどみな、根源的な構成主義への傾きをもっていました。近代とか西洋とかといった範囲を越えれば、考えてみると、大乗仏教の唯識論は、まさに根源的な構成主義です。

ラディカルなアイロニズム

ルーマンの晩年、あるいは死後に出版された本の多くは、奇妙なタイトルをもっています。『社会のX』となっているのです。最初に、『社会の経済』（一九八八年）が出ました。その後、『社会の法』『社会の芸術』『社会の政治』『社会の宗教』『社会の教育システム』等の本が書かれ、出版されました。Xのところには、社会システムの一機能領域が入るわけです。どうして、単純に『経済』とか『経済システム』とかではなく、「社会の」が付くのか。根源的な構成主義の構えをはっきり示すためです。つまり、経済現象として存在するものは、社会システムとしての経済システムの観察の産物である、ということをはっきりさせるためです。

『社会のX』のシリーズの究極のヴァージョンは、完全な自己言及で、Xのところにも社会が入る場合です。つまり『社会の社会』（一九九七年）。社会はそれ自体、社会の自己観察の産物として実在する、というわけです。

そうすると、結局どうなるか。それぞれのシステムは、それぞれ自分の見たいものだけが見えているわけです。システムから独立した実在、個々のシステムとは関係のない、あらゆるシステムにも通用する普遍的な真理などはない、ということになります。どんなシステムにも成り立つような道徳的命題とか、正義という観念もここからは、出てこない。というより、そうしたものははっきりと拒否される。それぞれのシステムに相関したかっこつきの真理や正義だけを認める、徹底した相対主義です。

そうすると、ハーバーマスとの論争の意味があらためてわかってきます。ハーバーマスは、何が普遍的な正義かを考えようとしていたわけです。近代が未完だとされたのは、まだ普遍的な正義が実現していないからですが、まさに現状を「未完」として位置づける完成した近代が、理念的な極点に想定されている。その極点には、普遍的な正義や真理が待っているのです。

ルーマンは、これとは対極にある。ルーマンの相対主義は、実践的には何を含意するのか。何も含意しない、というのが答えです。社会学ができることは、事態を記述することだけで、何が善いとか、何が正しいとかいう権利はない。しかもその記述も、「社会の社会学」に相関した相対的な「真理」であって、普遍的な妥当性は要求できない。私は、これを「ラディカルなアイロニズム」と呼んでいます。

相対的な「真理」や、システムに相関した「正義」を、絶対的で普遍的な真理・正義と取り違える、押し付けがましい主張に対して徹底して距離をとる。これはこれでひとつの見識である、と思います。が、そうだとすると、社会学は何のためにあるのか。そんな疑問も禁じえません。この問題については後でまた考えましょう。

3—3　言説と権力

アメリカで受けた人と受けなかった人

今度は、ミシェル・フーコー（Michel Foucault, 一九二六—一九八四）について解説しましょう。フーコーを「社会学者」の中にカウントしない人もいます。それは、しかし、フーコーの仕事が、標準的な社会学の領域から外れたところにあるからではありません。むしろ逆です。フーコーの仕事はさまざまな領域を横断しており、「社会学」という専門分野の中に囲い込むことが難しいからです。哲学や、科学史、思想史、あるいは歴史学等々の多くの学問分野の専門家が、フーコーの仕事に関心をもち、刺激を受けてきた。そして、フーコーが行った研究は、明らかに、社会学にとってのメインの主題にも応答しようとしています。

実際、日本でも、また海外でも、フーコー以降、彼の研究に触発された理論的研究、歴史社会学的研究が、たくさん出てきました。ただ、フーコーは、ルーマンと違って、「社会学」という領域の中でなされてきた研究をとりたてて意識していない。ルーマンは、パーソンズを強く意識しているが、フーコーにはそういうところはない。しかし、繰り返しますが、結果としてフーコーが行った研究は、社会学にとってはきわめて有意義です。社会学の歴史の中にフーコーを入れなかったら、社会学にとって失うものはあまりにも大きい。

いま、社会学の領域でも、フーコーの研究に刺激を受けた後続の研究者がたくさんいた、と述べました。フーコーはルーマンに比べると後継者に恵まれました。彼の問題意識を受け継いだ研究はたくさんあります。またフーコーを紹介した本、フーコー論も多い。それに比べると、ルーマンは後継者が少ない。どうしてこんな違いが出たのか。この違いの一因は、フーコーはアメリカで受け入れられたということにあると思います。一九七〇年代後半から八〇年代にかけて、フーコーは、当時のアメリカの若い研究者に熱心に受け入れられ、フーコー自身もアメリカに何度も渡っています。

それに比べて、ルーマンはアメリカでは人気がなく、本人もアメリカの研究者に「受けよう」と努力した形跡もない。二十世紀後半以降の人文・社会系の知は、アメリカで受容されたかどうかが、それがグローバルに波及するかどうか、ということと強く相関しています。と同時に、アメリカを経由したことによって、知が、本質的に変容してしまうこともあるので注意したほうがよい。

さて、まず言っておきます。フーコーとルーマンはまったく雰囲気の違う学者です。ルーマンの社会学は、ここまで見てきたように、非常に抽象的なシステムの理論を構築することに向けられています。それに対して、フーコーの学問的な主題は、常に歴史、西洋の歴史です。探求の矛先は、学問や思想や哲学に向けられるときもあれば、政治的な実践や名も知れぬ人物の私的な営みであることもあります。いずれにせよ、言説や言表に痕跡をとどめる歴史こそが、フーコーの生涯変わらぬ研究対象でした。

このように、ルーマンとフーコーはまったく資質を異にした思想家です。が、留保もつけておきましょう。ルーマンの論文や本を呼んでしばしば驚かされるのは、理論の裏づけとして出されてくる例から、彼が、歴史についての膨大な知識をもっていて、歴史に並々ならぬ関心をもっている、ということです。逆のことがフーコーにも言えて、彼の歴史学は通常の歴史学者のそれとはおよそ似ても似つかぬもので、抽象的な理論や哲学に対する関心と歴史学とがフーコーの中で完全に連動していることがわかります。

ミシェル・フーコー

が、いずれにせよ、フーコーとルーマンは、表面的には違いのほうが目立ちます。実際、フーコーとルーマンの両方に興味をもっている人も少ない。ただ、よく読むと、両者の研究は、互いによく似たモチーフによって駆り立てられていることがわかります。最終的に狙っているところも近いのです。こうしたことが、これからの説明からわかってもらえると思います。

フーコーとルーマンはほとんど同じ年齢です。フーコーは一九二六年生まれで、ルーマンは一九二七年生まれ。フーコーのほうが少し早く一九八四年に亡くなりました。ルーマンは一九九八年に亡くなりました。ルーマンについては経歴を少し紹介しましたが、フーコーについては省略いたします。フーコーは入門書も多いですし、詳しい評伝もありますから。それに、ルーマンの場合には、官僚だったという経緯が、彼の社会学に影響を与えているようにも思ったので詳しく話しましたが、フーコーについてはそうしたこともありません。ここでは、フーコーの学問にいきなり入ることにいたしましょう。

フーコーの研究の三つの段階

フーコーの学問の歩みは、はっきりと三つの時期に分かれます。初期のフーコーの研究の主題は、言説と、それに相関した認識の布置です。この時期を代表する著作は、『狂気の歴史』（一九六一年）から『言葉と物』（一九六六年）を経て、『知の考古学』（一九六九年）へと至る著作です。つまり一九六〇年代に矢継ぎ早に発表された諸著作に代表されるのがこの時期だと言えます。

中期は、一九七〇年代です。この頃のフーコーは、権力分析、とりわけ近代に固有の権力の歴史的な起源に関する研究に専念します。代表作は、『監獄の誕生』（一九七五年）と『知への意志　性の歴史1』（一九七六年）。フーコーの研究が、社会学の本流とも言える主題に関わることになるのは、この時期です。

そして、後期でありかつ晩年でもあるのが、一九八〇年代。フーコーは、一転して、古代ギリシアの「生の技法」に関心を向けるのです。「自己への配慮」を中核においた「生の技法」。この時期の代表作は、『快楽の活用　性の歴史2』（一九八四年）と『自己への配慮　性の歴史3』（一九八四年）ということになります。

フーコーの場合、このように、研究の段階がきわめてメリハリの利いたかたちで三期に分かれます。これらの間にどのような関係があるのか。どうして、研究の主題がこのように推移したのか。これらを一貫して導いている動機はなにか。こうした問いに答えることができれば、自然と、フーコーの研究の社会学理論としての骨格を抽出することができます。

「エピステーメー」の不連続的変化

したがって、初期フーコーの研究からかんたんに振り返る必要があります。その場合、フーコーの狙いを知るには、やはり彼を一躍時代の寵児にした初期の代表作、一九六六年の『言葉と物』という本がいいと思います。この本は、「バゲット、バゲット（パン）のように売れた」と言われるほどです。実際にはかなり難解な本ですから、バゲットを食べる人よりは、この本を完読した人のほうがずっと少なかったのではないか、と想像します。しかし、こんな難解な本がベストセラーになることには、それこそ、社会学的な理由があったでしょう。この本が熱狂的に迎えられた理由は、おそらく、レヴィ＝ストロースの『野生の思考』の場合と同じです。つまり、当時支配的だった実存主義とマルクス主義——とりわけ前者——に対する解毒剤的な効果をもったということだと思います。

『言葉と物』を理解する上で鍵となる概念は、まず「エピステーメー」です。もともと、「認識」を意味するギリシア語を、フーコーは独特の意味で使います。エピステーメーとは、ある時代や社会の思考のシステムの基本的な布置のことです。科学史などで使われている「パラダイム」という語にかなり近い意味です。『言葉と物』は、中世以降の西洋のエピステーメーの変化を追うことを主題としています。

この本でフーコーが示そうとしたことは、西洋の思考のシステム、つまりエピステーメーが不連続的に変化してきた、ということです。中世とつながっているルネサンス、そして古典主義時代（十七、十八世紀で、この講義の最初のほうで紹介した社会契約説などもこの時代に含まれる）、そして近代（フランス革命以降。十九世紀以降）という三つの段階があります。変化はじわじわと徐々に生じるのではなく、それぞれの段階の境目のところで一挙に不連続に生じているかのように書かれています。言い換えれば、ひとつの時代の中、たとえば古典主義時代の中では、通時的な変化はなかったかのように論じられます。つまり、古典主義時代のエピステーメーは、ひとつの共時的なシステムのように見なされる。

どうして、エピステーメーが不連続に変化するかというと、各時代のエピステーメーの座標軸の原点となっているような事項が、置き換わっていくからです。フーコーによると、中世・ルネサンスにおいては、エピステーメーの原点にあったのは「類似」ということでした。古典主義時代には、それが「表象」に置き換わる。そして近代には、その原点を占めるものとして「人間」が登場する。

エピステーメーの中心に「類似」がある、というのはどういうことかというと、言葉（記号）がある物を含意したり、物と関係づけられたりするのは、その言葉と物との間に類似があるからだ、と考えるということです。互いに類似していると見なされるということは、言葉と物とが同じ水準に属していると考えられているからです。類似のエピステーメーがどんなものかをイメージしてもらうために、フーコーによる『ドン・キホーテ』の分析を紹介しましょう。ドン・キホーテは、世界という織物が書物（言葉）とつながっているということを証明するために旅に出ます。彼が世界を解読するために用いる手段は、常に「類似」です。だから、彼は、旅籠屋を城と見なし、家畜の群れを軍隊と見なし、そして女中を貴婦人と見なします。

しかし、ドン・キホーテのふるまいは滑稽で、妄想や幻覚の類として描かれています。どうしてなのかというと、『ドン・キホーテ』は、十七世紀の初頭に書かれているからです。つまり、時代はすでに表象の時代に移行しているのです。ドン・キホーテは表象の時代に、類似の時代の様式で生きようとしたために、笑いものにされるような惨めな失敗を繰り返さざるをえなかった、というわけです。なかなか気の利いた解釈ではないでしょうか。

古典主義時代には、エピステーメーは、「表象（représentation）」という太陽の周囲を回っている、ということをフーコーは証明してみせるのですが、その際、まことに驚くべき大胆なことに挑戦しています。互いに直接に影響関係がない三つの学問分野をとりあげ、内容的には異なっているのに、それらが同じ形式的な構造をもっているということ、その構造の中心に「表象」があることを明らかにしているのです。三つの学問分野とは、博物学（生物学の前史）、富の分析（経済学の前史）、そして一般文法です。博物学にとっては、自然物の分類のための「特徴」が、富の分析にとっては「交換価値」が、一般文法にとっては「名詞」の体系が、それぞれ関心の焦点になっているわけですが、それらは、すべて「表象」のヴァリエーションです。

これらについて詳しく解説する余裕はないので、古典主義時代の絵画が「鏡」を好んで描いていたことを思い起こしてください。フーコーも『言葉と物』の冒頭で、ベラスケスの『ラス・メニーナス（侍女たち）』という絵を、古典主義時代そのものの表象として分析しています。この絵の中心にあるのは、鏡に映った国王夫妻です。鏡は、世界を映している。つまり鏡は、表象の中の表象です。

ただ、「類似」と「表象」との違いについて一言述べておきます。類似がエピステーメーの中心にあるときには、言葉（記号）と物とは同じ水準に属していなければならない、と先ほど述べました。ドン・キホーテが、書物と現実世界とが連続していると考えたように、です。しかし、表象が成り立つためには、記号の秩序と物の秩序が独立していなくてはならない。表象とは、これら二つの秩序の間の対応関係だからです。地図のことを思うとよい。地図は、現実の地形とは異なる秩序だからこそ役立つのです。

先験的かつ経験的な二重体

さて、そうすると、次に来るべきものが何かがわかるでしょう。記号の秩序と物の秩序の蝶番の位置にあるべき要素です。つまり、物の秩序の中から記号の秩序を引き剝がし、距離を作った上で、両者の対応を担う要素。それこそ「人間」に他なりません。そういうわけで、近代のエピステーメーの中心には、「人間」が置かれる。人間が知的な関心の中心にあるのは、ずっと昔からのことであって、当たり前ではないか、と思うかもしれませんが、そのような理解は間違っています。この場合の「人間」には特殊な意味が込められている。

フーコーは、人間のことを「先験的かつ経験的な二重体」と規定しています。とても難しい語ですが、このような特徴づけにぴったりなのが、まずはカントであり、そしてヘーゲルです。ここでは、ラフな直感的な理解だけで済ましておきましょう。「先験的かつ経験的な二重体」とは、かつては神（先験的＝超越論的な存在）と人間（経験的な存在）として分かれていたものが、人間そのものの中に組み込まれたものだ、と。

近代の学問のそれぞれの分野に、「人間」に対応する要素が、中心的な役割を果たしています。経済学においては、それは「労働」です。いまや、交換価値（金）が富の源泉ではなく、人間の労働こそが富の源泉と見なされているわけです。生物学にとっては、「人間」に対応しているのは「生命」。そして、言語学が注目したのは、語の「屈折」（語尾の変化）、とりわけ動詞の活用です。どうして、動詞の活用が「人間」に結びついているのかだけ説明しておきましょう。表象の時代である古典主義の時代は、世界や物を表象し、分類する「名詞」が重要でした。しかし、近代の言語学は、人間の意志や欲望が言語のどこに現れ、分節されているのかに関心がある。それこそ、動詞でしょう。こうして、近代言語学において、言語の歴史分析は、動詞にとりわけ大きな関心を寄せるわけです。

「表象」と「人間」との間の違いは、「時間」への関心に特に現れます。表象の秩序は、無時間的で静的なシステムです。それに対して、近代のエピステーメーは、目的＝終わりへと向かう時間というものに注目する。たとえば、経済学においては、人を疲労させる労働の時間が重要ですし、生命というのは、死というものに抵抗する時間において現れる。あるいは、動詞が、ダイナミックな運動に対応していて、時間的な厚みを感じさせることは言うまでもないでしょう。

このように、エピステーメーの座標の原点が、「類似→表象→人間」と不連続に変化してきた、とされます。その上、フーコーの見立てでは、「人間」も、主役の座から降りようとしている。フーコーがそのように書いているのは、一九六〇年代の後半です。人間は、いまや「波打ち際の砂の顔のように消え去ろうとしている」という有名な句で、この本を閉じています。

このように書くとき、フーコーは、実存主義、とりわけサルトルの実存主義に引導を渡そうとしているのです。サルトルに、「実存主義は人間主義（ヒューマニズム）である」という有名な講演がありますが、『言葉と物』の結末は、そのような実存主義の終焉を宣告している。サルトルの『存在と無』（一九四三年）には、「人間は自由へと呪われている」とあります。これは、フーコー的に言い換えれば、先験的かつ経験的な二重体としての運命を全面的に引き受ける他ない、ということです。しかし、フーコーから見れば、これは、いまや終わろうとしている人間の不遜さということになるのでしょう。

ここでルーマンを思い出してください。彼は、社会システムの要素は、行為や人間ではなくコミュニケーションだと主張していました。その点にこそ、ルーマンとハーバーマスの対立点があったのです。いわば、ルーマンの社会システム論は、人間主義の消滅という、フーコーの予言を証明しているわけです。ルーマンとフーコーが同時代にシンクロしているのがわかるでしょう。

言説の分析

さて、こうしたエピステーメーの変化は、どのような方法を通じて見出されているのか。それが、理論的には重要です。変化は、「言説」の分析を通じて見出すことができる。この「言説」というのが、フーコー独特の概念です。原語のdiscours（英語ならばdiscourse）は、ごくふつうに使われる語ですが、フーコーは、この語に独特の含みを与えました。

ふつう、文書やテクストを分析するということは、その意味内容を解釈することとです。しかし、「言説」というときには、そのように書かれたり、言われたりした言語の意味に加えて、言語の存在条件が問題になっている。ある言語の存在を支えている具体的な条件のすべて、です。社会的条件や物理的条件なども含みます。このとき、「言説」という語を使うわけです。さらに、言説の集合をひとつのシステムとして捉えたときには、フーコーはそれを「アルシーヴ（archive）」と呼びます。

言説という概念でどういうことが主題として探究されているのかを理解することが重要です。それは、言説の「希少化」ということです。と言ってもわかりにくいでしょう。まず、言語への制約は文法です。私たちは文法的に可能なことしか言うことができない。では、文法的に許されていることはすべて言われるか、というとそんなことはありません。

書かれたり、言われたりすることには偏り（バイアス）がある。繰り返し言われることもあれば、文法的には可能なのにまったく言われないこともある。これを言説の希少化と呼びます。

かつて、マルクス主義や、あるいは知識社会学者は、そうした言語の偏りを、たとえば階級的な利害から説明しようとしました。人は、自分が所属する階級にとって有利なことを語ったり、書いたりするのだ、と。しかし、言説は、階級やそれに規定されたイデオロギーによっては説明できない。そうしたものの制約よりはずっと自由に言説は発せられている。かといって、（文法的に）可能なことがすべて均等に語られるわけでもない。この言説の希少化というのは、ルーマン風に言えば、複雑性の縮減です。

言説の希少化には——つまり言説の集合の複雑性の縮減には——、時代や社会ごとに傾向性がある、これがフーコーの着眼点です。それぞれの時代や社会の傾向性を支配している法則を発見してみよう。つまり、何が基準になって、希少化（複雑性の縮減）に特定の傾向性が宿っているのかを探してみよう。そうすることで、各時代のエピステーメーを規定している基準のようなもの（「類似」「表象」「人間」といった原点）が見つけられてきたわけです。

そうだとすると、フーコーの言説分析は、ルーマンの根源的構成主義と同じアイデアを共有していることがわかるでしょう。たとえば、私たちは、「人間」なるものは客観的な実在で、いつでもどこでも人々はそれを観察し、それについて考えたり、研究したりしてきた、と思っていました。しかし、「人間」は、近代の言説の構成物だ、ということを『言葉と物』は示したわけです。近代的な言説が生まれる前には、「人間」なるものはなかったし、現代、再びそれは消えようとしている。このような見方は、根源的構成主義によく適合するでしょう。

「存在論的線引き」の問題

ただ、こうした構成主義の徹底化は、ある問題を抱えてしまう、ということが、フーコー自身によってではなく、フーコーが亡くなってから、言われるようになりました。S・ウールガー（Stephen Woolgar）とD・ポーラッチ（Dorothy Pawluch）という二人の学者が一九八五年に発表した共著論文の中で指摘した、「存在論的線引き（ontological gerrymandering）」という問題です。本人たちが明示的に語ったことを少し補って、哲学的に洗練させたかたちで言うと、これは次のような問題です。

何らかの「実在」（と信じられているもの）が実は社会的に構成されたものであるということを示す議論は、暗黙のうちに、そのような構成から逃れている客観的な実在を前提にしてしまうのです。構成主義の精神に則った議論が、そうとは自覚することなく、構成主義を裏切り、構成されざる生《なま》の客観的な実在を前提にしてしまう、というわけです。しかも、論者は、自分にとって都合のよいものだけを切り出して、「あなたが実在だと思っているものは構成されたもの」だと言い立て、そのくせ、自分自身も気付かぬうちに、確固たる実在を素朴に前提にしている。素朴な実在論を批判している当の者が、もっと素朴な実在論を密かに前提せざるをえない、というわけです。

どういうことなのか、少し背景を説明しながら解説しましょう。フーコー以降、実は何々は近代に発明されたものだといったタイプの構成主義的な研究が、続々と現れました。私たちが、永遠の実在だと思っていたものが、近代の言説や認識体系の中で見出された、カッコつきの実在に過ぎない、というわけです。たとえば、「子ども」「恋愛」「風景」「観光」「海水浴」「青年」……、ともう数えきれません。もちろん、そういう研究の価値は大きい。私たちが「真理」だと思っていたことが、幻想や近代的な偏見の産物だとわかり、まことに解放感があります。

とりわけ「社会問題」の領域では、この種の構成主義（構築主義）的な研究が大流行しました。はっきり言えば、「社会問題」化されている事項は――そうではない自明視されている「実在」よりも――、「実はそれは近代の（あるいは特定の時代の）言説による構築物だ」と指摘するのが最も簡単だからです。「社会問題の構築主義」というタイトルのもとでなされたこの種の研究については、〈意味〉の社会学を論じる中で、すでに解説いたしました。

こうした研究の流行を背景にして、先ほどの存在論的線引きということが指摘されるようになった。「社会問題」で考えるのはあまりにも自明なので、フーコー自身の研究を例にとって、解説しましょう。古典主義時代の富の分析と近代の経済学を比較することによって、「人間」という実在が言説的に構成されていたことに気づいたとします。富の分析というのは、交換価値の学であり、ある商品は、常にそれによって交換されうる他の商品の表象として扱われている。それに対して、十九世紀の経済学は、労働という活動は表象の分析には還元できないことを示した。富に一定の秩序があり、何かを何かで買うことができるのは、人間が時間、労力、疲労、そして究極的には死に支配されているからだ、ということに経済学は気づいたのです。このとき、知の主役が「表象」から「人間」へと転換している、というのがフーコーの発見でした。つまり、労働し、死へと向かって時間を消費する「人間」という実在が、経済学によって構成されている、というわけです。

しかし、このような分析が可能であるためには、「富の分析」と「経済学」が、同じものについての異なる言説だという了解が必要です。さもなければ、両者を比較することもできません。このとき、一方では「表象（交換価値）」によって、他方では「人間（労働）」によって把握されている「同じもの」が、言説の外部にある実在として前提にされている。このように、実在が構成されたものであることを示す研究は、構成されざる客観的実在を気づかぬうちに前提にしてしまうのです。このとき、構築された疑似実在と客観的なほんとうの実在との間に、恣意的な境界が設定されています。これが、存在論的線引きの問題です。

「線引き」と訳したGerrymanderingというのは、自分の党に都合のよいように選挙区の区割りをすることです（ゲリーという政治家の固有名に由来します）。それと同じように、疑似実在と実在とをご都合主義的に区割りしているではないか、ということです。

権力の分析

フーコーの初期の研究、言説の分析を見てきました。これを踏まえたとき、フーコーとしては、次に何をやらなくてはならなかったのか。言説の集合の複雑性は縮減されている、つまり、言説は希少化されている。そのことによって、言説の分布に特定の傾向性が生ずる。こうしたことがそれまでの研究で明らかになっている。そうだとすれば、さらに問うべきことは、言説の出現や存在を決めている要因は何なのか、ということではないでしょうか。この問題に対する回答としてフーコーが提起したこと、それは「権力(仏pouvoir, 英power)」です。

権力は、社会学の伝統的な主題です。しかし、フーコーの権力概念は、それまでにないまったく新しいもので、画期的なものでした。

これまで、権力は、他者に、その意志に反することをやらせる可能性として定義されてきました(ヴェーバーによる定義)。権力の対象となっている他者は、やりたいことがあるのにやることができない。つまり、権力は、抑圧する作用として、見られてきた。権力に属するのは、ふつうは、禁止の命令だと考えられていたわけです。

このような伝統的な権力に対して、フーコーが見出した権力は、言説の生産を煽る権力です。つまり抑圧する権力ではなく、構成する権力。フーコーが概念化した権力は、社会科学の中でそれまで誰も考えたことがなかった権力です。こうして、フーコーの初期の言説の分析は、権力の分析へと受け継がれていきます。

規律訓練型権力

フーコーにとって、まずは『言葉と物』が見出した近代の人間主義的な主体、これを構成した権力の輪郭を描くことが課題となります。そのような権力は、実際、フーコーによって発見される。フーコーは、これを「生権力（仏 bio-pouvoir, 英 bio-power）」と名づけることになります。古典的な権力は、基本的には殺す権力です。つまり、権力者は、生殺与奪の権をもつことによって、人を従わせるわけです。逆らったときには殺す、ということが権力の源泉となっていた。生権力は、これと正反対です。それは、生かす権力です。従属者たちの――「死」ではなく――「生」のほうに関心を寄せる権力が、フーコーによれば、近代的な主体の産出に関係しているのです。

実のところ「生権力」という語の使い方には、フーコー自身、かなり揺らいでいるように見えます。この概念は、最初、『性の歴史1』で提起され、その後も使われるのですが、本や論文によって少しずつ意味が異なっているようにも見えます。晩年は、「生権力」よりも「生政治（bio-politics）」という語のほうを好んで使うようにもなる。そういうわけで、ていねいに見ていくとかなりめんどうなのですが、社会学史の全体を見ようとするこの講義にとっては、そうした検討はあまりにも細かすぎます。ここでは、生権力は、近代から現代へとつながる権力の類型である、としておきます。そのように理解して大過ありません。

『監獄の誕生』の中でフーコーが詳しく描いている規律訓練型権力（pouvoir disciplinaire）というのは、生権力の一形態であると解釈することができます。フーコーは、西洋史（もちろんとりわけフランス史）を基準に考えているわけですが、規律訓練型の権力は、十八世紀までの絶対王政の権力とは異なったものとして、フランス革命ののちに登場します。それは、功利主義の哲学者として知られているジェレミ・ベンサムが設計した監獄、パノプティコンによって、比喩的に表現されるような権力です。パノプティコンは、真ん中に監視塔があって、その周りに、円形（または半円形）の形状に独房を並べた建物です。監視塔からは独房の中が見通せますが、独房からは監視塔の中が見えない。ということは、囚人からは、監視者がいるかいないかがわからない、ということになります。したがって、囚人は、いついかなるときも、監視者がいるかもしれない、ということを想定しなくてはならなくなる。

この建造物から、規律訓練型の権力を定義する条件を導き出すことができる。第一に、権力の原点、つまり権力者は不可視であり、いわば抽象化されている、ということ。監視する者は、具体的な人物としては存在しないかもしれないのに監視だけが機能するわけです。第二に、独房のように空間を限定した上で、権力の対象となる身体は、常に途切れることなく監視されている、ということ。第三に、集団としてではなく、個人化された身体が、権力の対象となっていること。

このような権力の対象となることで、個人は規律され、従順な主体として形成される、というわけです。でも、自分は監獄に閉じ込められたことなどないから、こんな権力による規律化からは無縁だ、と思う人がいるかもしれない。しかし、大間違いです。建築としてのパノプティコンは、この権力を具体的にイメージできるようにした一種の比喩です。監獄でなくても、このような権力は、近代社会の至るところで作用しています。その典型的な場所が学校です。授業のときでも、いや、それ以上に試験のときでも、物理的な壁こそありませんが、生徒たちは、パノプティコンの中に入れられているようなものです。生徒は「個人」として監視され、評価されます（だからカンニングは特にいけないことになる）。監視者にあたるのはもちろん先生です。

規律訓練型の権力の結果として生み出される実践が「告白」です。フーコーは、『知への意志　性の歴史1』で、近代社会における「告白」の蔓延——特に性欲をめぐる告白への強迫——について論じています。規律訓練型の権力によって常時監視されている者は、絶えざる告白へと駆り立てられます。正しくふるまっているか、私は何かよからぬ欲望をいだいていないか、私はそもそも何者なのか、等々の強迫的な自己反省と告白は、終わりません。

その告白の結果として、個人の「内面」というものが産み落とされる。告白しても告白してもなお語りつくせない、秘密の領域としての「内面」なるものがある、という感覚が生まれるわけです。語りつくせない「内面」というものがまずあって、告白がなされるわけではありません。論理の順番は逆で、告白するから、告白しなくてはならないと思うからこそ、告白しきれない「内面」が存在するように感じられてくるわけです。語ること（告白）と語りえないこと（内面）は表裏一体の関係にある。この「内面」なるものが、近代的な主体の成り立ちにとって不可欠であることは、理解できるでしょう。

生権力の系譜学

近代社会の「告白」には、歴史的・宗教的な源泉があります。いうまでもなく、カトリックの秘蹟のひとつ、懺悔としての告解です。近代の告白は、その世俗版です。ところで、いま、「カトリック」と言いましたが、プロテスタントはどうなるのか。プロテスタントは、カトリック的な意味での告解を重視しません。しかし、それは、プロテスタントが告白をしないということではない。むしろ逆です。秘蹟としての告解が重要でなくなったのは、プロテスタントにおいては、告白が日常化するからです。毎日、いや毎瞬間、プロテスタントは告白している。たとえば、プロテスタントの間で、「日記」という習慣が普及します。フーコーではなく、フーコーの継承者にあたるような研究者が強調していることですが、プロテスタントの日記は、神の視線を意識した、毎日の告白です。

では、この人に告白を強いる権力、つまり規律訓練型の権力の歴史的な源泉は、どこまで遡ることができるのか。フーコーによると、原点は、古代のヘブライズムの世界にある。その原点は、「牧人型権力（pouvoir pastoral）」と呼ばれます。ユダヤ教の伝統の中では、神と人間の関係は、牧人と羊の関係にしばしば喩えられる。このような比喩は、同じ古代でも、ギリシアなど他の文化にはないのだそうです。

牧人は、一頭一頭の羊に気を配ります。一頭でもいなくなったらたいへんです。いなくなった一頭のほうが、そこに残っている九十九頭よりも気になる。それが牧人です。この牧人と同じように、神は、一人ひとりの信者に気配りしており、見逃すこともありません。この牧人的権力が、ずっと後の近代において、規律訓練型の権力となり、社会全体に浸透した、というのがフーコーの説です。

抵抗の拠点はどこに

生権力の特定のタイプに対する従属が、近代の人間主義的な主体を産出する。フーコーのこの分析はあまりに鮮やかで、説得的でした。しかし、このことがかえって、ひとつの困難を呼び寄せることにもなるのです。学問的な困難というより、実践的な困難を、です。このことに、フーコー自身も、またフーコーの追随者たちも気づいていた。

もし、主体が、権力の相関物として構成されたのだとすれば、いかにして、権力に抵抗するのでしょうか。どうしたら、権力からの解放のルートを開くことができるのでしょうか。ルーマンのように、「別に抵抗する必要はない」と考えるならば問題なしですが、フーコー自身は、監獄反対運動にコミットしたり、権力に対して、左翼的な不信をもっていました。

伝統的には、主体こそが、権力への抵抗の拠点でした。その場合には、主体は、権力とは独立の実体であることが前提です。もし権力という関係の外に主体がいて、権力がその主体を外から抑圧している、という構図であれば、まさに主体に依拠して権力と対決することができます。

しかし、いまや、主体こそが、権力の主要な産物であったことがわかってしまったのです。この根源的な構成主義とも整合的な結論を得てしまったとき、私たちがなしうることと、なすべきことは何なのでしょうか。ルーマンと同じようなアイロニズムだけが残された道であるようにも見えます。現実的な行動は何も起こさず、啓蒙された立場から事態を冷笑的に記述することに徹する、これだけが残されている……そのように思えます。

けれども、フーコーの場合には、別の道を見つけ出そうとしました。それが、後期の、つまり晩年の研究というかたちをとります。

自己への配慮

それではフーコーはどう考えたか。フーコーは、脱出のための手がかりをどこに求めたのか。

フーコーは、言説の研究から始めました。それが、権力の分析論へと発展した。その経緯について、ここまで説明してきました。ここまでが、彼の研究の初期と中期にあたります。このあと、もうひとつ、はっきりと区別できる段階、後期に属する研究があります。後期は、一見、アカデミックなだけの地味な研究に見えます。前期や中期のように、哲学的に一般性をもった広がり、私たちの世界観の前提を揺るがすものがありません。そのため、後期のフーコーの研究は、初期や中期の研究ほどには継承されてきませんでした。しかし、ここまで紹介してきた前期から中期にかけての研究の問題意識を踏まえれば、後期の研究がどのような含意をもつのかがわかってきます。

フーコーの後期の研究テーマは、古代ギリシアと古代ローマ、とりわけ前者です。もちろん、彼は、ただの知的好奇心から研究の範囲を広げているわけではありません。古代ギリシアのことも押さえておこう、などという理由で、研究の新しい主題を選んだわけではないのです。では、どうして研究がこのように展開していったのか。それは、前節の最後に述べた閉塞を踏まえれば、理解できることです。

フーコーは、「主体」が権力の相関物であることを見出したわけですが、そうだとすると、権力への抵抗の根拠はどこにあるのか。主体と権力の間の循環の外に出ることはできるのか。ここで、近代的な権力の究極の源泉が、古代のヘブライズムの中にある、という認識をもう一度思い起こすとよいでしょう。フーコーは、主体と権力が循環する閉塞からの脱出の手がかりを、キリスト教以前の古代のうちに、ヘブライズムとは異なる西洋の源泉の中に、見出そうとしたのです。端的に言えば、西洋というもののアイデンティティの最も重要な部分には、ユダヤ教－キリスト教とつながっている一神教の精神が、とりわけカトリック（とそれへの抵抗勢力としてのプロテスタント）の伝統があります。西洋というものに根本的な限界を見た、西洋の哲学者や思想家が、西洋の中にあるもう一つの伝統としての、ギリシアやヘレニズムへと向かうということはよくあることですが、フーコーもこの線に乗っているように思います。

ともあれ、フーコーは、閉塞への脱出口を求めて探究した。こうして行き当たったのが、古代ギリシアの思想の内にある「自己への配慮（souci de soi, epimeleia heautou）」という観念だったのです。

フーコーによれば、「自己への配慮」は、古代ギリシアの思想の全体を貫通している中核的な観念です。古代の成年男子──男しか念頭にはないのですが──で、奴隷以外の人間は、自分自身を自分で配慮できなくてはならない。そういう自己への配慮を実現するために、どのような訓練をすればよいのか。そういうことが、古代ギリシアでは徹底的に探究され、フーコーはそれを掘り起こしています。

たとえば、ギリシア思想の中心テーゼとして、とりわけソクラテスの名と結びつけられているテーゼとして、「汝自身を知れ」という命令があります。これも、自己への配慮の思想の一部です。ただし、「一部」でしかない。ソクラテスが、アテナイの道行く人をつかまえては説いたのは、自分にとって付属物であるようなものを、自分自身に優先させてはならない、ということです。「自分にとって付属物であるようなもの」というのは、富とか地位とかのことです。現在でも、いや現在においてはなおのこと、私たちは付属物を優先させていますが、ソクラテスはそれを戒めていた。そして、自分自身に気をつけて、できるだけ善い者となるように、思慮ある者となるように配慮しなさい、と説いたわけです。これが「自己への配慮」です。

他に、私がおもしろいと思ったのは、フーコーが紹介しているストア派の四つの技術です。ストア派というのは、紀元前三世紀初めころの哲学の一派で、キティオンのゼノン(「ゼノンのパラドクス」で知られたゼノンは別のゼノン──エレアのゼノン──です)によって始められたとされています。ストア派は、真の知者は、向こう見ずな衝動に左右されることがない、等を説いたことで知られています。そのストア派は、「自己への配慮」につながる、自己吟味には四つの技術がある、として、それらを提案している。第一に、同志の間で、お互いの生活の細部を記述する書簡を送り合うこと。第二に、自己の良心を点検すること。第三に、自己認識のための禁欲(アスケーシス)。そして、第四に、夢の解釈。精神分析のような、です。

こうした研究は、それ自体としては、ただ知識を増やしているだけであるように見えます。現代社会を生きる私たちにとってのアクチュアルな意義は乏しいように感じられます。しかし、こうした研究には、暗黙のもくろみが潜んでいる。私はフーコーをそのように解釈します。

自己への配慮ということの目的は、自己が自己自身を統治できるようにすることです。そのような自己への配慮を保持するための「生の技法」が、古代ギリシアでは探究されていた。フーコーは、この生の技法によって、牧人型の権力の支配から逃れる、抵抗の拠点を確保できる、と考えていたのではないでしょうか。羊が自分で自分を統治できていれば、牧人に頼る必要はなくなるのですから。そして、牧人型の権力こそは、やがて、規律訓練型の権力、つまり近代的な権力へと成長するわけですから、フーコーの晩年の研究は、まことにアクチュアルな問題意識に支えられていた、ということになるわけです。

パレーシア

古典古代における「自己への配慮」という観念を探究する中で、フーコーの関心はやがて、「パレーシア（parrhesia）」というギリシアの概念に集中していきます。死の直前の二年間を、フーコーは、パレーシアの研究に費やしています。フーコーは、実際には比較的若くして、おそらくは志半ばの状況で亡くなっていますから、仮に彼がもっと長く生きていたとしたら、パレーシアの研究が彼の最後の言葉になっていたかどうかはわかりませんが、いずれにせよ、事実の問題として言えば、パレーシアについての考察が、彼の研究の行き着いた先となりました。

「パレーシア」とは、率直な語り、真実を語ること、真理への勇気等を意味するギリシア語です。自己への配慮を通じて、真理へ到達した主体は、パレーシアを実践するはずです。したがって、「自己への配慮」が古代ギリシア思想の中心的な観念であるとすれば、パレーシアは、その中心の中のさらなる中心である、ということになります。

パレーシアが何であるかを知るためには、パレーシアがことさらに強調されるとき、それが何と対比されているのか、を見ることが重要です。古典古代の文化の内部にあるもので、フーコーがパレーシアと鋭く対立する実践と見なしていたのは、「レトリック」です。パレーシアとは、端的に言えば、「真理を語ること（dire-vrai）」です。それに対して、レトリックの眼目は、「うまく語ること（bien-dire）」にあります。レトリックの教師の典型は、ソフィストです。それに対して、ソフィストに対抗し、彼らの欺瞞を暴いたソクラテスこそは、パレーシアの人だと言えるでしょう。

パレーシアは、権力への対抗のための根拠となりうるでしょうか。フーコーが（密かに）求めていたものは、パレーシアにあるでしょうか。少なくともこういうことは言えるのではないか、と思います。パレーシアは、つまり真理についての率直な語りは、当時の権力にとっては、脅威だったのだ、と。そのことは、よく知られているソクラテスの最期を思い起こせば、容易に想像がつきます。彼は、当時のアテナイの支配層、アテナイの民会の意志を左右できるような影響力の大きい者たちにとって、うとましく感じられた。ソクラテスは、ついに民会で死刑を言い渡され、（友人や弟子たちが逃亡を勧めたにもかかわらず）毒杯を仰いで死んだことは、誰でも知っているでしょう。この事実は、パレーシアの人であるソクラテスが、体制にとってきわめて危険な因子と見なされたことを示しています。

ソクラテスの「政治不参加」

ソクラテスの「パレーシア」をめぐる実践がどのようなものだったのか、もう少し詳しく見ておきましょう。ソクラテスは、公人としての活動を拒否したことで知られています。それは、アテナイの直接民主主義の政治参加から身を引くということです。しかし、アテナイの市民にとって、公人として直接民主主義に参加するということはとても名誉なことですから、これを拒否するというのはよくよくのことです。ソクラテス自身は、事情を、「ダイモニオン（ダイモン的なもの）」という神の声に止められたからだ、と説明していました。彼には、幼いときから、ときどきダイモニオンの声が聞こえてきたらしい。幻聴のような感じですが、おもしろいことに、その声は、「ああしろ」とか「こうしたほうがよい」とか、何かを積極的に命令したり、勧めたりすることは一切なく、ただ、何事かを禁じて、やめさせようとするときにだけ聞こえてきたという。その神の声が、ソクラテスに、政治にコミットすることを禁止した、というわけです。客観的に見れば、ソクラテス自身に、直接民主主義の政治にコミットすることはよくないという直感があり、それが、外部の神からの警告という形式で現れたということでしょう。

すると、ソクラテスは政治に無関心で、私的な世界に閉じこもった、というイメージをもつかもしれません。「パレーシア」とは、それは、私的な趣味のように真理を探究したということだ、と思われるかもしれません。しかし、そうではありません。そうではない、ということを理解することが肝心です。

まず、ソクラテスがパレーシアに忠実であろうとしつつ、他方で、民主主義の政治から撤退したということには、逆説があるということを理解しなくてはなりません。もともと、パレーシアと民主主義とはまっすぐにつながっていたのです。フーコーは、パレーシアこそ本来は、民主主義の倫理的な基盤であった、と述べています。いかなる虚飾も衒《てら》いもなく、自分が確信するところの真実を、勇気をもって、危険をものともせずに語ること、これが民主主義が機能するための必須の条件であることは、すぐにわかるでしょう。アテナイで「パレーシア」ということが大事にされたのは、そこに民主主義があったからです。つまり、もともと、パレーシアと民主主義は表裏一体の関係にあったわけです。だから、パレーシアに対して忠実であろうとするソクラテスが、民主主義の政治にはコミットしないと表明するということは、とても奇妙なことなのです。

どうしてこんなことになったのか。それは、ソクラテスの時代のアテナイの民主主義は、すでに腐敗し、堕落していたからです。もう少していねいに言えば、富の不平等から来る、政治的影響力の不平等が、民主主義に影を落としていた、ということです。そういう不平等がある中で、民主政の「ゲーム」に参加したらどうなるのか。そういうゲームで成功するためには、パレーシアよりレトリックを優先させなくてはなりません。真実を言うより、言葉たくみに話して、影響力のある人や大衆の願望に迎合したり、それを操作しなくてはならなくなる。「ほんとうのこと」を率直に語る人は、そのような民主主義では敗者になり、最悪の場合には、排除されます。実際、ソクラテスの死後に出てきたアテナイの政治家デモステネスは、当時のアテナイの大多数の市民にとっては不快な真実を、隣国マケドニア王国の危険や陰謀を語ったがために、市民たちの怒りを買い、結局、亡命を余儀なくされるのです。

ソクラテスが公人としての政治参加を拒否したのは、彼が私的なことにしか関心がなかったからではなく、むしろ、彼が真に政治的な人物だったからです。彼は、富の不平等によって歪められている民主主義に参加すれば、その不平等を強化することにしかならないことを理解していたのでしょう。このとき、真に政治的、真に公人であろうとすれば、かえって、私人に徹しなくてはならない、という逆説が出てくるのです。この点は、ずっと後、十八世紀の終わりころ、カントが『啓蒙とは何か』(一七八四年)で述べたことを思わせます。カントは、理性を公共的に使用するためには、徹底した私人でなくてはならない、という趣旨のことを言っているからです。

しかし、公人として直接民主主義の国事に関わらないのだとすると、どうやって政治をしたのでしょうか。どのようにパレーシアが活かされたのでしょうか。ソクラテスが実際に行ったことは、広場に出かけて、誰彼となく市民に話しかけ、問答に巻き込むことでした。この問答のやり方は、いささか変わっていました。それを、ソクラテス本人は、産婆術に喩えていた。これは、自らのまことに正直なパレーシアを通じて、相手にもパレーシアを実践させてしまう手法、とでも言うことができます。

つまりこういうことです。ソクラテスは、問答の相手が提示した命題を否定したり、それに別の真なる命題を対置したりはしません。相手の命題をまずは全面的に肯定してしまうのです。その上で、ソクラテスは、問答を通じて、この命題から、反対の命題を引き出しうることを示すのです。そうすると、自然と、相手は自分の前提が虚偽であったことを自覚するようになります。自分が真理であると信じていたことが、そうではなかったということを公然と認めざるをえなくなるわけです。言い換えれば、相手は、自分が実は何も知らなかったということを率直に認めるパレーシアを遂行せざるをえなくなるのです。だから、ソクラテス自身が真理を教えるわけではありません。そもそも、ソクラテスは、何も知らないのであり、そのことを、まさにパレーシアとしてはっきりと認めることから始まっているがゆえに、相手のパレーシアを引き出すことに成功しているわけです。

これがソクラテスの政治の実践でした。これが、当時のアテナイの支配層にきわめて危険な行いと見なされ、ついに、ソクラテス自身がそこから身を引いた民主主義を通じて、ソクラテスへの死刑判決が下された、ということは先ほど述べた通りです。

ほどほどの告白

さて、私たちはここまで、ミシェル・フーコーの思考の軌跡を追いかけてきました。しかし、この最終の地点に到達したところで、私としては、やはり大きく躓《つまず》かざるをえないのです。確かに、「自己への配慮」とか「パレーシア」とかの観念を古典古代の思想から抽出してくるフーコーの思想史研究者としての手腕には、感服せざるをえません。しかし、私たちは探していたものを見つけたのでしょうか。つまり、これらは、主体を構成する権力、規律訓練型の権力や生権力への抵抗のための根拠を与えるものなのでしょうか。そうした権力からの解放の糸口は、これらの観念や実践の中にほんとうにあるのでしょうか。

どうしてこんな意地悪なことをあえて言うのかというと、次のような疑問がどうしても湧いてくるからです。自己へと配慮する個人と規律訓練型の権力や牧人型の権力が生み出す主体性とは、いったいどう違うのでしょうか。自己への配慮は、自己の自己自身への統治を目的としています。しかし、この「自己自身に自己言及的に配慮する個人」というのは、主体の定義そのものではないでしょうか。権力の抵抗の拠点として見出されたものが、その権力の産物とあまりにも似通っているではありませんか。「抵抗の根拠とはなりえない」として不合格の烙印を押されたものと、あまり変わりがないものが、あらためて提示されているように見えるのです。

パレーシアについても同様です。パレーシアは「告白」とよく似ています。中期の研究の中で、フーコーが、主体を生み出す言語行為として抽出した告白、これはパレーシアと似ている。だから、次のように問わざるをえなくなります。結局、告白とパレーシアは、どう違うのか（どう同じなのか）、と。

この点についての私の結論はこうです。「自己への配慮」とか「パレーシア」は、原罪によって追い出される前に人類が住んでいた楽園のようなものなのです。それらは、すでに一種の「告白」です。ただし、それは、原初的な告白、まだ無垢で、原罪を犯す前の告白です。告白が、強迫的な徹底性を帯び、個人の身体に秘密の「内面」を産み落とすのは、それが、たとえば牧人に比せられる神による――あるいはパノプティコンの監視者による――、普遍的な視線を前提にしているからでした。そこまでの徹底した普遍的視線がなければ、つまり監視がもっと緩ければ、告白の強迫的な反復に至りません。ここで、「原罪」にあたるのは、普遍化した監視です。そうした監視が登場する前の無垢な告白、ほどほどの自己反省、それが「自己への配慮」であり、また「パレーシア」ではないか。

さて、そうだとするとどうなのでしょうか。「自己への配慮」や「パレーシア」は、ほんとうに私たちが求めていた正解なのでしょうか。つまり、無垢で、原初的な告白は、近代的な権力への抵抗の拠点を与えるものなのでしょうか。結局、自己への配慮やパレーシアに権力から逃れるための根拠を求めることは、徹底した告白はだめだが、ほどほどの告白ならばよい、と言っているに等しいわけです。しかし、徹底した告白が権力の効果に内在しているならば、ほどほどの告白でも同じことではないでしょうか。

たとえば、いま、ここに「極端な優等生」と「たまにサボりはするがほどほど勉強もして、ときどき校則に違反はするがおおむね遵守している生徒」と、二種類がいたとしましょう。前者は、学校権力に内在している。つまり、学校権力の求める期待された生徒像を完全に実現しているわけです。では、後者は、どうでしょうか。後者は、権力から解放されているのか。いやもっと積極的に、後者に、権力を震撼させる力があるでしょうか。もちろん、そんなことはない。極端な優等生が学校権力に内在しているならば、ほどほどによい――したがってほどほどに悪い――生徒もそうである（というより、ほんとうのことを言えば、いかなる逸脱の余地もなく権力に完全に従順に従う者こそ、権力にとっては脅威であるという逆説があるのですが、その点まで考えていくと、ここでの趣旨から逸脱してしまうので、そのことはいまは脇においておきます)。

フーコーの晩年の議論は、しかし、ほどほどの生徒になることで、学校の支配から逃れようという提案に近いように私には見えます。たまに授業をサボる程度のことで、学校権力はびくともしない。というより、権力は、そのくらいの逸脱をはじめから計算に入れていて、そのほうがむしろ円滑に機能するのです(繰り返しますが、だからこそ、先ほど暗示したように、あまりに律儀な従順さは、権力の存立をかえって脅かす側面をもつのですが、どうしてそうなるのかについては、詳しくは説明いたしません)。

ルーマンの場合には、理論の帰結に忠実な実践的な態度へと到達しました。それが、徹底したアイロニズムです。フーコーの場合には、逆である。理論的な含意を徹底的に追求しないことによって、何か、権力の支配に抗する拠点を見出しえたかのように感じられるわけです。しかし、それは不徹底からくる疑似的な抵抗に過ぎないようにも思えます。

3-4　神の受肉のように……

社会学理論のツインピークス

ルーマンとフーコーの二人の社会学理論について、かなりていねいに説明してきました。この二人の社会学者、つまり二十世紀の最後の三分の一くらいの時期に主に活躍し、二十一世紀への転換を待たずに亡くなった、ほぼ同年齢のドイツとフランスの社会学者。彼らの理論が、いまのところ、社会学理論の頂点だと思います。この二人の理論を超えるものは、まだ出てきていません。私は、社会学理論の「ツインピークス」と呼んでいます。

二人は一見、対照的です。しかし、両者は、基本的には同じ形式の論理にしたがって、社会現象を説明しているのです。説明しようとしている現象は、まったく違っています。ルーマンであれば、たとえば近代の社会システムの機能的な分化に、フーコーであれば、近代的な主体の出現に、関心を向けている。しかし、そうした現象がどのようにして生起したのか、ということを説明するための論理の形式に関しては、二人の理論は驚くほど似ているのです。ここでは、この章の「まとめ」的な意味をこめて、この点を、つまり二人の論理の形式の類似性を、かなり個性的な――というか奇抜な――隠喩を用いながら、確認しておきましょう。繰り返しますが、ここでは、かなり特殊で意外な類比を試みます。どうして、そんな奇抜な喩えを使ったのか、ということの理由は、この節の後のほうで明らかになるでしょう。

まず、論理の出発点には、言説とかコミュニケーションに関する、複雑性もしくは偶有性の過剰が置かれます。この前提は、ルーマンの理論では、はっきりと明示的に示されています。複雑性の過剰さとか偶有性とかは、ルーマンの概念です。フーコーの理論の場合には、この前提は、ルーマンほどあからさまにはなっていません。しかし、「言説の希少化」が云々されるということは、言説の過剰が、論理的な前提になっているということです。したがって、フーコーも、暗黙のうちにルーマンと似たような前提から論理を始めているのです。

ついで、この過剰性を小さくする作用をもった、超越的な――あるいは哲学の伝統に敬意を表して「超越論的」としたほうが正確かもしれません――契機が、コミュニケーションとか言説の集合の外にあるものとして、導入されます。ここで「超越的な契機」と呼んだのは、ルーマンの場合には、「社会システム」のことですし、フーコーの場合には、「権力」です。社会システムは、複雑性を縮減することができます。あるいは権力は、言説を希少化したり、その配分を決定する作用をもちます。

ここで気づいてほしいのです。社会システムや権力を、コミュニケーションや言説の立場から見ると、それらはどういう意義をもつのか、ということにです。コミュニケーションの側から見れば、あるいは言説の立場から見れば、これら超越的な契機というのは、自らの「無力」を補い、それを消し去ってくれる要素です。「無力」って何だ、と思うでしょうが、それは、過剰な複雑性に対処できない、ということです。あるいは、「他でもありうる」という偶有性を飼いならし、無害なものにすることができない、ということです。コミュニケーションや言説は、それ自体では、こうした問題をどうしても解決できない。その足りない分を助けてくれるもの、それが、ここで「超越的な契機」と呼んだ、社会システムや権力です。

ルーマンもフーコーも、このような論理の筋で、社会というものを理解し、説明しようとしています。

ユダヤ教のように

さて、ツインピークスがこのような論理を採用しているのだとすれば、この論理は、ユダヤ教的です。いきなり「ユダヤ教」とは何だ、と思うかもしれません。あまりにも突飛だ、と思って当然です。だから、先ほど、いささか奇抜な比喩を使ってまとめてみる、と述べたのです。

とにかく、ルーマンやフーコーが社会学理論において活用している論理は、古代ユダヤ教の中で——ユダヤ教徒自身にとっては無意識のうちに——働いていた論理と同じ形式をもっているのです。私にはそのように見えます。いったいどういう趣旨なのか、説明しましょう。

ユダヤ教は、人類史の上で最初に生まれた厳密な意味での一神教です。ユダヤ人は、人間を絶対的に超えている、全知全能の唯一神を信仰しました。その神ヤハウェは、神々の中で最も強いとか、偉いとかというのではなく、そもそも、その神以外の神は存在しないのです。その神は、宇宙の創造者であり、主宰者です。

ところで、――マックス・ヴェーバーもまさにこの点に注目したわけですが――ユダヤ人の歴史は苦難の連続でした。ユダヤ人の周囲には、古代の強大な帝国があり、それらに比してユダヤ人はあまりにも弱く、戦争にはただただ負け続け、しばしば侵略され、王国は滅ぼされ、集団的に捕虜にされたりしたのです。まさに苦難に継ぐ苦難、不幸に継ぐ不幸です。

ふつうは、不幸が襲ったり、戦争に敗れたりすれば、その共同体の神は信者に見捨てられるものです。もともと繁栄と勝利のためにこそ、人は神を信仰しているからです。言ってみれば、神への信仰は、神と安全保障条約を締結するようなものです。安保条約を締結しているのに、他国に負けたりすれば、そんな神との間に「条約」を維持する意味がありません。人は、勝利者の神か、いずれにせよ別の神へと信仰の対象を替えるのです。

もちろん、ヤハウェも、同じような期待のもとで信じられ、崇められていたはずです。

この神を信じていれば、自分たちは強くなり、繁栄し、救済されるだろう、と。とすれば、ユダヤ人ほどに不幸や敗北を経験すれば、ヤハウェへの信仰は廃れてもよさそうなものです。ところが、そうはならなかった。ユダヤ人は、連戦連敗なのに、ヤハウェとの安保条約を破棄しなかったのです。どうしてなのだろうか。これがヴェーバーの疑問でもありました。

消滅した民族を別にすれば、ユダヤ人ほど苦難や敗北ばかりを経験した民族はないでしょう。しかし、ユダヤ人は、ヤハウェへの信仰を捨てなかった。逆に、彼らは、全知全能の唯一神を発明したのです。他のどの民族や国家の神よりも圧倒的に強力で超越的な神の観念が、ユダヤ人の中から生まれてきた。どうしてなのでしょう。

全知全能の神こそは、ユダヤ人の極端な弱さを補償しているからです。あまり気づかれていないことですが、全能の神は、ユダヤ人の自己像なのです。ただし、それは反転した自己像、ユダヤ人自身の実態をひっくり返した像です。つまり、ヤハウェは、ユダヤ人と――順接ではなく――逆接によって対応するような像です。「弱きユダヤ人」は、まさに弱いがゆえに、「強き神」というかたちで自分自身を外化し、それを超越的な水準に投射したのです。ユダヤ人の弱さは、神の強さによって補われ、解消された。だからこそ、ユダヤ人は、相次ぐ敗北と侵略と離散にもかかわらず消滅することなく、ユダヤ人というアイデンティティを保ち続けることができたわけです。あるいは、こんなふうに言ってもよいでしょう。ユダヤ人が負けても負けても自尊心を失わずにすんだのは、強い神に自分自身を映していたからであった、と。ユダヤ人が脆弱であればあるほど、神のほうは強力で唯一的なものになっていくわけです。

ところで、こうした議論とルーマンやフーコーの理論とどう関係があるのか。突飛だと思われるに違いありませんが、ルーマンやフーコーの社会学理論は、抽象的で形式的に、このユダヤ教を生み出したメカニズムを反復しています。まず、コミュニケーションや言説の水準には、一見、収拾しがたい「弱さ」があります。「弱さ」とは、過剰な複雑性、飼いならすことができない偶有性を前にした無力のことを指しています。この「弱さ」を反転させて映し出しているのが、「超越的契機」です。つまりシステムや権力です。これらのおかげで、「弱さ」からくる困難を克服できるようになっているわけです。

神も人間と同じように弱い

なぜ、わざわざこんな奇抜な類比をしてみたのか。なぜユダヤ教をもち出してきたのか。それには理由があります。先ほど、ツインピークスは、いまのところの社会学の理論的な到達点だ、と言いました。しかし、いま述べたような類比が成り立つとすれば、社会学理論の二つの頂点を超えてさらに先にいく道があるのではないか、という見通しをもつことができるのです。どうして？　と思われるでしょう。

ユダヤ教というものは、それだけでは完結しなかったからです。ユダヤ教のあとに、キリスト教が続きました。キリスト教は、全面的にユダヤ教をもとにしてできています。キリスト教がユダヤ教に付け加えたものは何でしょうか。それはたった一つしかありません。全能の神の受肉、という着想です。

社会学理論のこれまでの到達点が、ちょうどユダヤ教の論理を無意識のうちになぞっているのだとしましょう。そうだとすると、「神の受肉」に対応する部分にまで歩みを進めた理論がありうるはずではないでしょうか。「神の受肉」は、もちろん信仰上の主題ですが、そこにも、合理的な論理が隠れています。その受肉の論理の中にある合理性をも吸収した、社会学理論が可能なはずではないでしょうか。

「神の受肉」とは、もちろん、神が人間になることです。しかし、それはどういう意味なのでしょうか。その合理的な核とは何でしょうか。

説明してきたように、もともと、神は、共同体のアイデンティティを反転させて反映しています。この「反転」という部分があるので、神と人間の間の関係は、「逆接」の関係になります。一方に、神の絶対の無限性や超越性が、他方に、人間の有限性や卑小さがあるわけです。この両極は、もともとは、人間そのものの中にあった矛盾・分裂です。ただ、その矛盾・分裂は、神と人間にそれぞれに別の要素を配分したことで、見えなくなっていただけです。そこで、神が人間になるということは、どういうことなのか。神そのものにも、人間と同じ矛盾・分裂が孕まれている、ということになります。「神／人間」という乖離が、神そのものに内在している、というわけです。

とても抽象的な説明だったので難解だったかもしれません。同じことを、もう少し平易に言い直してみます。人間たち（ユダヤ人の共同体）は弱い。そうであるがゆえに、「逆接」のかたちで——つまり反転像という形式で——、その弱さを否定した強力な唯一神を設定した。そのように説明しました。その上で、今度は、神が人間になる（受肉）。ということは、神もまた人間と同じように弱い、ということです。いま、「同じように」と言いました。ということは、今度は、神と人間との関係が、「順接」によって捉え直されている、ということです。

この受肉の論理までをも組み込むと、どんな理論になるでしょうか。それは、コミュニケーションと超越的契機との関係を、「順接」の形式において捉えるものになるでしょう。そのような社会学理論が構想可能なはずです。それは、来るべき理論です。

4　社会学の未来に向けて

4－1　現代社会学の諸潮流

後期近代の自己意識たち

もう社会学史の講義を終わらせてもよいような地点にまで来ています。最後に、二十世紀の末期（一九八〇年以降）から二十一世紀にかけての、社会学の最新の動向をごく簡単に紹介しながら、未来の社会学への展望を論じて、結びの代わりとしておきましょう。

社会というものを一般的に説明しようという骨太の理論としては、先にも述べたように、ルーマンとフーコー以降、それらに匹敵するものはまだ出ていません。一九八〇年頃から後の社会学のひとつの顕著な傾向は、近代の後期の様相を記述しようとする理論の多発的な出現です。社会学は、近代の自己意識である、と最初のほうで述べました。ところで、その近代が、二十世紀の最後の四半世紀あたりから、何らかの本質的な変容を被ったのではないか、ということが多くの社会学者に共有された認識です。ポストモダンとか、後期近代とかと呼ばれる、その近代の新しい段階――それを近代以降と見るのか、それとも近代の内部の新しいフェーズと見るのかも見解が分かれていますが、ともかくその新しい段階を、記述しようとする、さまざまな試みがあります。それらを駆け足で紹介しておきましょう。

たとえば、ジャン・ボードリヤール（Jean Baudrillard, 一九二九—二〇〇七）の消費社会論。人間の内的な本質を労働を通して外化する営みとして解釈されていた「生産」ではなく、商品の記号的な差異によってアイデンティティを演出する「消費」のほうに、現代社会を理解する上でのポイントがある、とボードリヤールが考えたのは、社会に根本的な変質が生じたという直観があったからです。ここにある基本的な洞察は、近代を特徴づけていた（個人としての）「主体」、フーコーが一生懸命その出現を説明しようとしたあの「主体」が、どうやら終わってしまった、ということです。「主体」は、生産や労働のイメージと結びつきます。しかし、「主体」が終わったあとの社会は、消費社会として記述したほうがよい、というわけです。

ジャン＝フランソワ・リオタール（Jean-François Lyotard, 一九二四—九八）は、近代社会の変容を、『ポストモダンの条件』（一九七九年）で、「大きな物語（仏 grands récits, 英 grand narratives)」の消滅として記述しました。この場合の「大きな」というのは、内容が気宇壮大という意味ではなく、社会的な意味で大きいということです。つまり、大きな物語とは、社会の大多数の人に自明のものとして共有されている価値観や信念体系のことです。それらは、来るべき理想へと向かう物語の形式をとっているのです。リオタールが提示し、その後、ほとんどの社会学者が踏襲してきた見方によれば、ポストモダンの社会は、大きな物語が失われた、ということによって特徴づけられます。

ウルリヒ・ベック（Ulrich Beck, 一九四四―二〇一五）によって唱えられ、いまや社会学という学問領域を超えて普及している「リスク社会（独 Risikogesellschaft, 英 risk society）」という概念も、後期近代への転換を記述しようとしたものです。現代社会のリスクは、古典的な近代のリスクとは異なった、新しいものだというのです。どう新しいのか。生態系の破壊とか原発事故のようなものを思い浮かべるとよいのですが、第一に、それは極端に大きく破局的だということです。場合によっては、人類の滅亡につながったり、ひとつの国の存亡すらも脅かしかねない。第二に、それが起きる確率が計算できないか、限りなくゼロに近い（ゼロに近くなくてはならない）。

リスクと危険との違いは、前者が、人間自身の選択に原因がある、ということにあります。自然災害でも、それがもし人間が自然環境に与えた変化に原因があると見えていれば、リスクです。だから、リスク社会のリスクは、再帰性（reflexivity）の高まりと結びついています。再帰性というのは、アンソニー・ギデンズ（Anthony Giddens, 一九三八―）の概念です。伝統社会では、人間の行為の前提となる要素（規範や制度や信仰）は与えられたものだったわけですが、近代社会になると、その前提そのものが反省の対象となり、修正したり選んだりされるようになる。リスク社会は、再帰性の領域が極端に大きくなったときに到来したのです。

ポストモダンへの変容を、イメージが湧きやすい言葉で表現したのが、ジグムント・バウマン（Zygmunt Bauman, 一九二五―二〇一七）です。バウマンによれば、現代社会はリキッド・モダニティです。それは、どんな秩序も流動的で一時的になる社会のことで、堅固な秩序の確立への志向があった古典的な近代、つまりソリッド・モダニティとは異なった性格をもつ、というわけです。この概念を使えば、フーコーのいう規律訓練型の権力が働いていたのは、ソリッド・モダニティだった、ということになるでしょう。ジル・ドゥルーズ（Gilles Deleuze, 一九二五―一九九五）は晩年のインタヴューで、規律訓練型の権力とは異なる権力が現れてきている、と語っています。

モダンからポストモダンへの変化を描いたマルクス主義系の著書としては、アントニオ・ネグリ（Antonio Negri, 一九三三―）とマイケル・ハート（Michael Hardt, 一九六〇―）の共著

『〈帝国〉』（二〇〇〇年）があります。この本で注目されているのは、「主権」というもののあり方の転換です。かつては、主権をもつ国民国家の体制とそれと結びついた帝国主義のイデオロギーによって特徴づけられる時代だった。これが近代です。しかし、いまや、グローバルでトランスナショナルな〈帝国〉（Empire）の時代が到来した、とされます。〈帝国〉は、抽象的には、グローバルな経済的・文化的な交換を調整する政治的主体として定義されます。重要なことは、〈帝国〉は、どの国とも、どの機関とも同一視できない、ということです。強いていえば、それは、国家や多国籍企業やＮＰＯまでをふくむさまざまな組織や機関のネットワークです。それが〈帝国〉と呼ばれるのは、その全体像をローマ帝国と類比させることで描くことができるからです。

以上はすべて、近代社会に生じたほぼ同じ大きな転換を、異なるところに力点をおいて描いたものだった、と解釈することができるでしょう。どの議論も、変化の全体を捉えきれてはいない。しかし、まさに変化しつつあるということについては、合意があるように見えます。

家族型による決定論

現在を「近代」というコンテクストとの関係で捉える理論だけが流行しているわけでは

ありません。現在を、世界史や人類史の中で相対化しようとする壮大な研究も現れています。そのひとつとして、エマニュエル・トッド（Emmanuel Todd, 一九五一―）の説を紹介しておきましょう。かつて、マルクス主義の史的唯物論は、生産様式（下部構造）によって、政治的・法的な構造やイデオロギーが規定されている、という構図を提起しました。この生産様式の位置に、家族構造を入れると、トッドの説になります。つまり、その社会が採用している家族構造の型によって、価値観や政治イデオロギーや宗教的信仰やらが強く規定されている、というわけです。

とすると、家族構造にはどのような型があるのか、それはどう分類することができるのかが、最も重要な理論的な課題になります。トッドは、『世界の多様性』（一九八三年、一九八四年）では、世界中の家族を八つに分類していますが、どうして八つになるのか、恣意的であるとの印象を与えます。西ヨーロッパに研究対象を絞った『新ヨーロッパ大全』（一九九〇年）では、きちんとした基準にもとづく家族型の分類が提起されているので、これを紹介しておきます。

親子関係の軸を見れば、「自由指向か、権威的か」ということがわかります。また兄弟関係の軸を見れば――たとえば相続のときの兄弟の扱いを見れば――、「平等か、非平等か」がわかります。これら二軸をかけあわせると、2×2の四類型の家族が得られます。

①平等主義核家族 la famille nucléaire égalitaire（自由・平等）、②直系家族 la famille souche（権威・不平等）、③外婚制共同体家族 la famille communautaire exogame（権威・平等）、④絶対核家族 la famille nucléaire absolue（自由）。トッドは、西ヨーロッパを、細かく四八三もの地域に分け、それぞれがどの家族型をもつかを見た上で、その家族型とイデオロギーが驚くほど見事に対応していることを示しました。たとえば、平等主義核家族が一般的な地域では、無政府主義が浸透し、外婚制共同体家族の地域では共産主義が定着する、とかです。

トッドの社会学は、マルクスやヴェーバーやフーコーの仕事のように「それまで誰も考えたことがなかったことの発見」というような意味での独創性は、ありません。むしろ、誰もがうすうす感じていたことを、実証してみせている、という印象をもちます。トッドの本に対しては、「なんとなくそう思っていたのだが、やっぱりそうだったのか」という感想を人はもつでしょう。しかし、だからといって学問的な価値が低いということにはなりません。ただぼんやりとそう感じているということと、厳密な方法によって実証されたということとは、大きな違いです。後者だけが、私たちの有意味な思考のための基盤になります。

ただ、この種の研究には、どうしても問題が残ります。家族型と価値観との間に対応関係があったとしても、両者のどちらが原因でどちらが結果かはわからないからです。どちらとも取れるので、いわゆる「鶏が先か、卵が先か」的な疑問が出てくるのです。やがて、つきつめていくと、トートロジーにもなりかねません（自由と平等を指向する家族だから、自由と平等の価値観をもっている、というような）。

いずれにせよ、もし家族の型による決定論を採用するとすれば、必ずさらに問われることになります。どうして、その地域、その社会では、そのようなタイプの家族が普及したのか、と。実際、トッドはいま、人類史的なスケールで、家族システムの起源を問う、恐ろしく野心的な研究を始めています。家族はどのような型から始まり、どのような型へと分岐し、多様化してきたのか。二〇一一年に出た『家族システムの起源　第一巻』では、人間の最古の家族形態は、「単婚（一夫一妻）小家族」であるとする仮説が提起されています。それは、少なくとも外見的には核家族に似た構造の家族です。

4-2　新しい実在論から社会学へ

思弁的実在論

前世紀末期から今世紀にかけての、社会学の最新の動向をごく簡単に紹介しました。しかし、正直なところ、少し寂しく感じるのではないでしょうか。本質的な理論的な発展は、前世紀末のツインピークスのところで終わっていて、その後の理論は、それらに比べるとスケールがかなり小さいからです。二十一世紀にはいって二十年にもなろうとしているのに、理論的なブレイクスルーはないのでしょうか。

ありますよ、とまではいきませんが、ありそうだ、ということを最後に示しておきましょう。前章の最後では、ユダヤ教とキリスト教の関係を比喩に使って、予言者めいたことを言いましたが、ここでは、もっと着実に、現に起きている学問の変化との関係で、見通しを述べておきます。

先に言っておかなくてはならないことは、社会学の大きな革新は、これまでも、社会学の内部だけで起きたわけではない、ということです。社会学をその一部に含むような知の大きな革新があるのです。その革新が、社会学の中にも反響を及ぼしてきた。だから、もし社会学の理論のさらなる展開が起きるとすれば、それは、自然科学もその中に含む知の大きな変化と結びついて起きるはずだ、ということです。

そういう観点で知を見渡したとき、二十一世紀に出てきた、哲学の新しいトレンド、思弁的実在論（speculative realism）等と呼ばれている流れが注目されます。このトレンドをリードし、最も洗練された議論を展開しているのは、カンタン・メイヤスー（Quentin

Meillassoux, 一九六七—）です。思弁的実在論の狙いは、相関主義を超えて、実在を復権させることです。「相関主義」というのは、メイヤスーが、二〇〇六年の著書『有限性の後で』で提起した造語です。相関主義というのは、思考と世界は相互的な相関の関係にある、という考え方です。つまり、思考とは無関係な、なまの「実在」というものを積極的には認めない立場、ということです。メイヤスーによれば、まともな近代哲学、とりわけカント以降の哲学は、すべて相関主義を採用している。思考や認識とは無関係な実在を信じる立場を、近代哲学は、「素朴実在論」などと言って嘲笑してきたのです。

ここで気づくと思います。ルーマンの「根源的構成主義」は、相関主義の極端なケースである、と。「思考」にあたる部分を、システムによる「観察」に置き換えれば、根源的構成主義は、最も強い相関主義だとわかります。私たちは、フーコーにもルーマンと同じような、構成主義への傾きがあることを確認しました。

相関主義は哲学的には主流かもしれませんが、自然科学とは相容れません。誰も認識する者がいなくても、ビッグバンは実在したと言えなくてはなりません。自然科学だけではなく、私たちの常識とも、相関主義は対立します。思弁的実在論は、相関主義を乗り越えて、実在をなんとか回復しようとしている、と言いました。ということは、思弁的実在論は自然科学や常識の味方です。

神の存在の存在論的証明のように

しかし、どうやって実在を救い出すのか。メイヤスーの論理はまことにアクロバティックなものです。ここではていねいには紹介しません。結論も非常に意外です。どういう結論か。「偶有性（contingency）」だけが、相関主義的な循環（思考と世界の相互依存の関係）から独立した、絶対的な実在である、というのです。偶有性というのは、「他でありうる」という様相でした。これは、実体ではなく、可能性とか必然性とかと同じような様相ですから、それが実在である、と言っても何がなんだかわかりにくいかもしれません。要するに、「この世界がまったく別のものになりうる」ということ、そのことだけが、絶対の原理になっている、ということです。

たとえば、私たちの宇宙では、光の速度は、どういうわけか秒速三十万キロメートルです。このことがさまざまな物質の振る舞いに因果的な影響を与え、太陽系もあり、地球もあり、生命が誕生し、私たちもいる。しかし、突然、別様になるかもしれません。光速が、秒速三メートルくらいの宇宙に変貌するかもしれない。そうなればすべてが変わり、私たち人間も存在しなかったでしょう。このように、宇宙が根底から別様になる可能性がいつでも存在しているということ、これだけが絶対的な原理である、とメイヤスーは主張する。

いったいどんな論理でこんな結論にもってきたのか。ていねいには追いかけませんが、基本的なことだけは述べておきます。これは最新の哲学ですが、論証のやり方は、きわめて伝統的なものなのです。次のような意味で、です。西洋の中世の神学に、神の存在についての存在論的証明という有名な論法がありますが、メイヤスーの論証は、この論法のそのままの応用なのです。

神の存在の存在論的証明というのは、「われわれは至高の存在〔＝神〕の可能性について考えることができる」①という事実を前提にして、ここから、「神の実在」②を結論として導き出すやり方です。

メイヤスーの論証も、これと同じです。まず、「われわれは、実在の必然性（の可能性）について考えることができない」①ということから始めます。これは、人間の理性は有限なので、事実はまさにこの通りであるということは記述できても、その事実が必然であるかどうかは知りようがない、ということです。たとえば、光速が秒速三十万キロメートルだということは調べればわかりますが、どうしてこの速度なのか、それは必然なのか、それにどんな理由があるのかは、私たちにはわからないのです。したがって、人間の有限な理性には、実在については、「(このようであることに関して）理由なし」に見える。言い換えれば、偶有的なもの（他でもありうるもの）と見えているということです。とするならば、①の命題は、「われわれは存在の偶有性の可能性について（だけ）考えることができる」（①′）と置き換えることができる。ここからは、神の存在論的証明と同じで、「偶有性こそが実在である」（②）が導出されます。

しかし、この存在論的証明に対しては、有力な反論があるのです。カントによるものです。結論だけ言うと、難しげです。「神の概念〔考えられた神〕には『存在』は含まれない。なぜなら、存在は述語ではないから」。カントは、こんなふうに言っています。たとえば想像された一万円と、実際の一万円。どちらもまったく同じ性質をもち、同じ述語でそれについて記述することができます。だからといって、想像された一万円が存在していることにはならない。同じように、神の概念からその存在を導くことはできない。とすれば、メイヤスーの証明も失敗です。

偶有性と社会性

なんだ、結局ダメなのか。そう思われたでしょう。しかし、〈偶有性〉ということを、それについての概念からではなく——つまり私たちがそれについて考えることができるということからではなく——、もっと別の源泉からもってくることができるとしたらどうでしょう。そうすれば、思弁的実在論を生き返らせることができます。

ここでこの講義を思い起こしてほしいのです。〈偶有性〉は、社会学にとってもキー概念だったということを。ルーマンの社会システム論の紹介の中で、〈偶有性〉がいかに重要な概念であるか、ということについて私は論じました。そして、この概念は、〈二重の偶有性〉という術語の中に現れる、と。

〈二重の偶有性〉は、私の選択の偶有性と他者の選択の偶有性とが合わさった結果ですが、私は、このことについて批判的なコメントを付けておいたはずです。〈偶有性〉というものは、本来的に二重なのではないか、と。まず一重の偶有性があって、それが二つ足し合わさって二重になったのではないのです。〈偶有性〉は、二重という形式でしか現れない。どうしてかというと、〈偶有性〉というのは、この宇宙の中で、私が他者とともにいる、という事実と同じことだからです。

私が、世界を偶有的なものとして見ることができるのは、いやそのようにしか世界を考えることができないのは、他者が存在していることを私が知っているからです。他者にとっては、世界はまったく別様かもしれない。そのように世界を別様に見る他者が存在しているということを、私は、どうしても無視できない。そのために、私にとって、世界の偶有性は絶対的で、どうしても消去することができません。

このように、〈偶有性〉ということを、人間の社会性に由来するものと見なし、「絶対の実在」に相当する原理として置いたらどうでしょう。そうすると、相関主義を乗り越えることができるのではないでしょうか。ここで私が述べていることは、理論の方向性を暗示するスケッチでしかありませんが、この理論が成功すれば、社会学理論は新しい段階に飛躍できるのではないか、と思います。思弁的実在論と社会学が合体したとき、はじめて相関主義は乗り越えられます。そして、実在論を取り戻すこともできます。しかも、相関主義を乗り越える上で必要な道具を、相関主義の極致のような根源的構成主義を唱えたルーマンの理論から取り入れることができるのだとすれば、この展開は、まことにダイナミックで、逆説的で、弁証法的ではないでしょうか。

失敗を通じての変革

最後にもう一言、付け加えておきます。

ルーマンとフーコーの理論を紹介したとき、それらの実践的な含意について論じました。ルーマンは、社会変革を目指す任意の運動を、アイロニカルに静観するだけです。ルーマンから見れば、どうせ、そのような運動は失敗するに違いない、ということになります。というのも、そうした運動は、一種の「幻想」にもとづくものだからです（つまり、自分たちの相対的な価値観を普遍的で絶対的なものと勘違いしているからです)。フーコーは、ルーマンよりは、社会運動に積極的です。しかしフーコーが積極的なのは、彼がルーマンほどには理論の含意に忠実ではないからです。

実践を意気沮喪させる理論の中核にあるものは何か、と言えば、根源的構成主義です。しかし、いま見たように、相関主義(根源的構成主義)が乗り越えられるのだとしたらどうでしょうか。それは、独特の実在論の方向へと脱構築されるのだとしたらどうでしょうか。理論の実践への積極的な含意も取り戻されるのではないでしょうか。どんなふうに取り戻されるのか。

ここで、私は、かつて、女性のマルクス主義者ローザ・ルクセンブルク(Rosa Luxemburg, 一八七一―一九一九)が、修正主義者のベルンシュタインたちとの論争で述べていたことを思い出します。ベルンシュタイン(Eduard Bernstein, 一八五〇―一九三二)たちは、時期尚早の段階で権力奪取のために蜂起し、失敗することを恐れている。それに対するルクセンブルクの反論はこうです。

革命の好機を待っていたら、それは永遠にやってこない。最初の「権力奪取」の試みは、原理的に時期尚早で、失敗する他ない、というのです。なぜかというと、時期尚早の権力奪取の試みの反復的な失敗こそが、革命の主体を教育し、成熟させるからです。つまり、失敗こそが、成功のための不可欠の条件です。

ヘーゲルの『精神現象学』に、「誤ることへの恐怖こそが誤りそのものに他ならない」という言葉があります。これは学問について述べたことですが、同じことは、社会変革についての実践にも言えます。失敗への恐怖こそが純粋な失敗である、と。

なぜ失敗を恐れるのか。それは、現実の偶有性を信じることができないからです。現実が、こうである他ない、という思いから自由になれないからです。しかし、現実の根底からの偶有性を、基本的な前提、絶対の実在に等しい前提として組み込む社会学理論を作ることができたとしたらどうでしょうか。

このとき、私たちは、おそらく、独特のひねりをともなったかたちで、実践のための指針をも獲得するはずです。その理論は、失敗ということがそのまま変革の成功へと転ずることを保証するような理論になるはずです。失敗することへの勇気のようなものをもたらす理論が現れるでしょう。

そのように予言して、講義の締めくくりといたします。

おわりに

社会学は、他の人文・社会系の知と同様に、その歴史を知らなければ、あるいはその歴史についてのイメージをもたなければ習得できない。それなのに、社会学の歴史を全体として論じた本は少ない。だから本書を、私はことのほか強い使命感をもって書いた。

ここには、「社会学」という学問領域の下に包摂されてきた重要な事項や人物は、ほぼすべて登場する。これで社会学を、その前史を含め現在まで「基本的に押さえている」と言ってよいはずだ。バランスを失することなく、すべてを視野に収めたつもりである。

学者と学説を時系列にそって羅列し、解説するだけの本は退屈で、通読できない。だが、できあがった概念をただ紹介するのではなく、その概念を生み出さざるをえなかった必然性に立ち返るようにして説明するならば、知は、その本来の楽しさをとりもどす。

本書は、初学者にも、専門家にも有意味なものになるように書いた。これから社会学を勉強しようと思っている人、まさに社会学を学びつつある人には、この学問の全体像をつかむ上で、きっと役に立つ。専門家にとっては、それぞれ探究している特定の分野の主題が、社会学という知の全体の中のどこにあるのか、どこからどこへと向かう知の過程のうちにあるのか、そうしたことを判断し、反省するための地図となるだろう。

本書は、講談社の会議室で実際に行った講義を基にしている。意欲ある人に直接語ることを通じて執筆したいという私の希望に応じて、毎回講義に出席してくださったのは、講談社の上田哲之さん、川治豊成さん、丸尾宗一郎さん、奥村元春さんである。全員、まことに熱心であり、そして何より知識が豊富で有能なのには驚いた。

講義の文字起こしは、川治さんにやってもらった。起こした記録を読みやすいものへと整えたのは、上田さんである。上田さんがリライトした原稿には、私の予想をはるかに上回る、講義に対する的確な理解が示されていた。おかげで私としては、自分の講義に手応えを感じることができたし、何より加筆修正の作業を楽しむことができた。

新書として完成させる作業を担当してくださったのは、講談社現代新書の米沢勇基さんである。現代新書編集長の青木肇さんからも何度も激励の言葉をかけていただいた。編集長から直接、あれほど熱のこもった言葉をかけていただいた経験は、あまりない。

社会学史を主題にした新書を、という依頼を、川治さんから受けたのは、十一年も前のことである。本書を世に送り出すことができたのは、多くの編集者の熱意あるサポートのおかげであったとあらためて思う。編集者の皆さんに心よりお礼を申し上げたい。

二〇一九年二月二十日

大澤真幸

【ま】

【や】

【ら】

【た】

【さ】

索　引

N.D.C. 361　640p　18cm
ISBN978-4-06-288449-5

写真：p127, p528 dpa／時事通信フォト　p221 Bridgeman Images／時事通信フォト　p382 GRANGER／時事通信フォト　p509, p514, p569 AFP＝時事　p535 Teutopress／ullstein bild／時事通信フォト
他は、講談社資料センター

講談社現代新書　2500

社《しゃ》会《かい》学《がく》史《し》

二〇一九年三月二〇日第一刷発行　二〇二三年一一月二日第九刷発行

著　者　大《おお》澤《さわ》真《ま》幸《さち》

発行者　髙橋明男

発行所　株式会社講談社
東京都文京区音羽二丁目一二―二一　郵便番号一一二―八〇〇一

電　話　〇三―五三九五―三五二一　編集（現代新書）
〇三―五三九五―四四一五　販売
〇三―五三九五―三六一五　業務

装幀者　中島英樹

印刷所　ＴＯＰＰＡＮ株式会社

製本所　株式会社国宝社

定価はカバーに表示してあります　Printed in Japan

「講談社現代新書」の刊行にあたって

教養は万人が身をもって養い創造すべきものであって、一部の専門家の占有物として、ただ一方的に人々の手もとに配布され伝達されうるものではありません。

しかし、不幸にしてわが国の現状では、教養の重要な養いとなるべき書物は、ほとんど講壇からの天下りや単なる解説に終始し、知識技術を真剣に希求する青少年・学生・一般民衆の根本的な疑問や興味は、けっして十分に答えられ、解きほぐされ、手引きされることがありません。万人の内奥から発した真正の教養への芽ばえが、こうして放置され、むなしく滅びさる運命にゆだねられているのです。

このことは、中・高校だけで教育をおわる人々の成長をはばんでいるだけでなく、大学に進んだり、インテリと目されたりする人々の精神力の健康さえもむしばみ、わが国の文化の実質をまことに脆弱なものにしています。単なる博識以上の根強い思索力・判断力、および確かな技術にささえられた教養を必要とする日本の将来にとって、これは真剣に憂慮されなければならない事態であるといわなければなりません。

わたしたちの「講談社現代新書」は、この事態の克服を意図して計画されたものです。これによってわたしたちは、講壇からの天下りでもなく、単なる解説書でもない、もっぱら万人の魂に生ずる初発的かつ根本的な問題をとらえ、掘り起こし、手引きし、しかも最新の知識への展望を万人に確立させる書物を、新しく世の中に送り出したいと念願しています。

わたしたちは、創業以来民衆を対象とする啓蒙の仕事に専心してきた講談社にとって、これこそもっともふさわしい課題であり、伝統ある出版社としての義務でもあると考えているのです。

一九六四年四月　野間省一